Une lignée de femmes

Peut-on échapper à l'emprise de sa mère ?

Catherine Missonnier

Une lignée de femmes

Peut-on échapper à l'emprise de sa mère ?

L'Harmattan

Du même auteur :

Premier en foot, Rageot (coll. Cascade), 1996
Mystère à bord, Rageot (coll. Cascade), 1998
Si j'avais un copain grand et fort, Nathan (coll. Demi-Lune), 2001
Le goût de la mangue, Thierry Magnier (coll. Roman), 2001
On ne badine pas avec les tueurs, Gallimard (coll. Folio junior), 2002
Une saison avec les loups, Gallimard (coll. Folio Junior), 2002
Sombre trafic, Rageot (Coll. Heure noire), 2004
L'heure de la vengeance, Rageot (coll. Heure noire), 2005
Superman contre CE2, Rageot (coll. Poche), 2006
Panique en sixième A, Rageot (coll. Poche), 2006
Étranges connexions, Rageot (coll. Roman), 2007
Au cœur du complot, Rageot (coll. Roman), 2008
La vérité en face, Rageot (Coll. Roman), 2009
Les CM1 en classe mystère, Rageot (Coll. Poche), 2012

© L'Harmattan, 2015
5-7, rue de l'École-Polytechnique ; 75005 Paris
http://www.harmattan.fr
diffusion.harmattan@wanadoo.fr
harmattan1@wanadoo.fr
ISBN : 978-2-343-06546-5
EAN : 9782343065465

À Gérard

« Quand la réalisation de soi est minable comparée au rêve de soi, l'image déchirée qui nous représente crée un sentiment de honte sous notre propre regard. »
Boris Cyrulnik, *Mourir de dire – La honte*, Odile Jacob, 2010.

« Il y a un temps pour tout, un temps pour toute chose sous les cieux : ... un temps pour lancer des pierres, et un temps pour ramasser des pierres ; ... un temps pour déchirer et un temps pour coudre... »
Ecclésiaste 3 V.1 et 5.

J'ai longtemps vécu avec le sentiment de n'avoir de femme que l'apparence. J'étais une petite fille, une adolescente, une fille, avec un corps et des désirs de femme, mais je ne possédais pas le mode d'emploi.

Chaque fois que je me trouvais dans un dîner ou une soirée, je flairais les invitées. Je les regardais se mouvoir, s'adresser aux hommes, poser leur corps en face du leur et très vite je savais celles qui, comme moi, faisaient semblant et celles qui avançaient avec l'assurance tranquille des nanties, modestes ou brillantes, mais pleines de cette mystérieuse conviction : « Je suis une femme. » Et je passais la soirée à les boire des yeux, fascinée par leur manège comme par la performance d'un acteur qui habite si totalement son rôle qu'il peut se permettre de lui donner, en plus, sa propre personnalité.

Je sentais bien que derrière ce mystère, il y avait une histoire de sexe. Non seulement de désir, ou de jouissance, aptitudes triviales accessibles à n'importe quelle adolescente, mais de quelque chose de plus subtil comme la fierté d'être source de plaisir et le sentiment de puissance qui va peut-être avec.

Ce talent-là était trop élaboré pour faire partie du simple *package* chromosomique. Il relevait de l'acquis, mais d'un acquis de base, de ceux qui s'imprègnent par les pores de la peau, de la mère à la fille, au cours de la petite enfance, à travers une alchimie de caresses, de regards, de murmures qui lui donne cette certitude tranquille : « Tu es belle, tu es aimable, tu seras désirable. » Un tel cadeau ne garantit pas le bonheur, mais les filles qui le reçoivent en sont parées pour la vie.

Seulement pour le transmettre, la mère doit l'avoir reçu de la sienne, et celle-ci à son tour reçu de la sienne. C'est un cadeau de famille qui ne faisait pas partie de mon patrimoine. Moi j'étais l'héritière d'une lignée de femmes dominantes, exigeantes, frustrées mais fécondes, fabriquant des brochettes de filles à leur ressemblance, les aînées surtout, et prudemment de très rares garçons.

Depuis toujours je sentais leur poids sur mon dos, leurs serres plantées dans ma chair, l'une par-dessus l'autre, chacune enserrant la suivante dans ses griffes. Éliane ma mère, Marion la sienne, et au-dessus d'elle, Charlotte qui nous domine toutes. J'étais leur otage, j'étais partie pour commettre les mêmes dégâts. Moi aussi j'avais des filles, et un fils, ce qui est encore plus risqué pour des femmes comme nous.

J'avais compris que derrière leurs hurlements s'embusquaient des espoirs déçus, mais n'y a-t-il pas d'autre exutoire à la frustration que les cris ? D'où venait ce mélange de dynamisme épuisant et d'insatisfaction chronique qui les caractérisait ? Et pourquoi, malgré la valeur des hommes qu'elles ont épousés, car toutes ont trouvé des maris très présentables, ceux-ci n'ont-ils pas réussi à casser ce moule ? Qu'y avait-il de si impérieux chez ces femmes pour annihiler l'héritage culturel des hommes qui ont partagé leur vie ?

Du marchand de bois hongrois qui menait ses fils au knout, des petits négociants de Coulanges-la-Vineuse si soucieux de tenir leur rang, ou des receveurs des postes scrupuleux serviteurs de l'État qui forment l'éventail de mes autres ancêtres, j'ai le sentiment qu'il ne me reste que les gènes. Seul l'humanisme tolérant de ma lignée paternelle a légèrement infléchi l'activisme protestant hérité de Charlotte.

Là niche la source de notre histoire, chez un jeune curé bourguignon qui renia le catholicisme par conviction et peut-être par bravade, pour adopter le protestantisme et devenir pasteur, Charles le père de Charlotte. Charlotte était sa première née, sa petite gloire. Ce qui s'est tissé entre eux dans son enfance l'a marquée au fer doux. C'est à la recherche de cette empreinte que je devais partir.

J'avais peur de manquer de matériaux, mais les femmes de ma lignée ne sont pas de ces créatures dignes et réservées qui gardent pour elles leurs peines et leurs exploits. Ce sont des prolixes, rien ne leur plaît tant que de se raconter directement ou par l'intermédiaire de la fiction.

J'ai rassemblé des cartons pleins de poèmes, romans, pièces de théâtre, contes, mémoires, lettres, de photos aussi qui en révèlent souvent plus que les discours. Le plus difficile a été de pister la trace des hommes. Eux sont restés discrets, sauf Charles le père de Charlotte, ce qui n'a rien de surprenant.

Pour les autres hommes j'ai dû me contenter de bribes échappées par chance à la destruction et des récits des femmes, à prendre avec des pincettes.

J'ai interviewé les survivants, ceux de la troisième génération qui avaient encore des souvenirs précis des deux générations précédentes, et peu à peu je les ai vues apparaître et prendre forme, j'ai vu l'empreinte les marquer, différemment mais impitoyablement et j'ai compris pourquoi, depuis vingt ans que j'écris, je ne sais faire que des histoires d'enfance pour les enfants. Dans mes récits je me délecte de donner à mes jeunes héros la force de casser le moule qui les emprisonne, de dévier le cours du destin. C'est ma façon de réparer mon enfance et, avec elle, celles des femmes de ma lignée.

Mais depuis un moment l'Ecclésiaste me taraude, il me souffle que vingt ans de réparations, ça suffit. Il faudrait voir à grandir avant de disparaître. Est venu pour moi le temps de la lucidité.

Cette plongée dans le passé à la recherche de mes racines me donnera-t-elle les outils pour couper le cordon et m'arracher à l'emprise de mes aïeules ? Savoir n'est pas forcément vouloir. Au bout de la route, en aurais-je d'ailleurs encore envie ?

1

Picardie 1864

La pierre angulaire de notre histoire, notre fierté et notre carcan, est un protestantisme bravache, brandi en étendard contre un catholicisme qui restera pour nous celui de 1860, rustique, superstitieux et dominant. Je le sens encore dans l'agacement que lèvent en moi les psalmodies enfumées d'encens d'une pompeuse grand-messe. Charlotte en a été nourrie plus encore que du lait de sa mère.

Lorsqu'elle naît, en 1864 au milieu du Second Empire, les protestants français sont un groupe minuscule, mais plus instruit, plus urbain que le peuple catholique. Ce sont des hommes du *Livre*, peu d'analphabètes dans leurs rangs, et des hommes libres. Aucune autorité, si ce n'est eux-mêmes rassemblés en synode, ne leur dicte comment vivre leur foi.

Ils ont accepté l'Empire, certains d'entre eux seront ministres, mais leur appétit de liberté et d'égalité les font regarder avec méfiance par un pouvoir autocratique. Malgré un décret de 1852 leur reconnaissant liberté de conscience et droit de culte, ils restent concordataires : les pasteurs sont payés par l'État qui seul autorise la création des nouveaux lieux de culte. Ce n'est qu'après polémiques et réclamations de plusieurs années que le consistoire de Saint-Quentin s'est vu accorder le droit d'installer un pasteur pour desservir les quarante et une familles protestantes recensées à Fresnoy-le-Grand dans le temple qu'elles avaient commencé à construire pendant la grande bouffée de liberté de la Seconde République. Charles Delinotte, nommé en 1863, en sera le deuxième pasteur.

Il y arrive à l'apogée des florissantes années 60 qui draineront jusqu'à la pauvre Picardie des bribes de l'essor économique déclenché par la frénésie d'investissements de l'Empire. Mais dans cette campagne ingrate, la misère revient vite. Elle offrira à Charles l'occasion d'apporter, pour sa plus grande fierté et jusqu'à épuisement, soutien, éducation et conseils à ses paroissiens.

Avec l'instinct sûr des enfants, Charlotte sait très vite que Charles Delinotte est l'homme le plus respecté de Fresnoy-le-Grand et qu'elle est sa préférée. *« Elle était la bien-aimée de son père, et lui l'amant de son enfance »*, me racontera sa petite-fille Jeannine, confidente des vieux jours de Charlotte. Il n'est pas difficile de voir que sa mère, Henriette, est plus servante qu'épouse. Le bonheur du pasteur c'est elle, Charlotte. Toute notre histoire s'est jouée dans la prime enfance de Charlotte, entre une exigence : « Tu es ma fille première née, tu seras digne de moi », et une volupté interdite : « C'est toi ma joie. » La Charlotte impériale et inconsciente qui ballotera ses enfants au gré de ses foucades est là en germe.

Je la vois très bien, à cinq ans, faisant la révérence aux visiteurs, chantant fièrement les psaumes, buste droit, tête haute déjà, et s'admirant dans la nouvelle robe que sa mère vient de lui confectionner avec le velours châtaigne, couleur de ses cheveux, envoyé de Hollande par sa grand-mère Berthe. Avec un ruban du même velours dans ses cheveux, ne serait-elle pas encore plus jolie ?
- Tu es bien coquette, rit maman, mais elle ne sait pas refuser ce plaisir à Charlotte.

Pour le culte de Pâques, elle se mettra au premier rang entre Madeleine et maman, et elle entrouvrira son manteau pour qu'on voie sa robe neuve. À la sortie, on ne manquera pas de la complimenter. Papa fera semblant de ne pas entendre, on ne complimente les enfants que pour leurs efforts, mais il sera fier, elle en est certaine. Il prend soin de ne pas le montrer car c'est un peu injuste pour les autres, mais Charlotte sait qu'elle est sa préférée. D'ailleurs il lui a donné son nom.

Charles ne nous a pas laissé le choix, faute de fils aîné (mais cet intègre intransigeant aurait-il supporté la rivalité d'un fils ?), c'est sa fille que Charles a investie de l'indélébile injonction de transmettre ses choix.

À cinq ans, Charlotte ne perçoit encore que les avantages du rôle. Quand son père rentre de ses visites, c'est elle qu'il cherche du regard. Elle est la petite lumière qui ravive ses forces pour continuer à s'occuper de tous ces gens qui ont besoin de lui : le fils Carpentier qui attend un remède contre sa fièvre, le père Cassard qui veut entendre que Jésus sera là lorsque la vie le quittera, les enfants Carlier qui ont besoin de livres, tous ses paroissiens pour qu'il leur assure, à chaque sermon, que Jésus les aime, qu'il connaît chacun d'eux, qu'il a tendu la main à la Samaritaine, pardonné à la femme adultère, à Pierre qui l'a renié trois fois, qu'il leur pardonnera aussi et les accueillera dans son royaume. Charlotte ne sait pas ce qu'est une femme adultère, ni ce que signifie renier, mais elle sait qu'elle sera reçue comme une princesse dans ce royaume. Elle marchera sur un chemin pavé d'or, des anges en tuniques blanches sonneront de la trompette et Jésus lui tiendra la main pour la guider vers son père qui l'attendra, car lui sera sûrement à la place d'honneur.

Même les catholiques admirent le pasteur Delinotte, les remèdes qu'il fabrique avec des plantes, il en donne à tous les habitants de Fresnoy, catholiques ou protestants. À eux aussi il dit que Jésus les aime et les recevra dans son royaume, avec ou sans confession. Et ils le croient car il est l'homme le plus savant de la ville, plus même que M. Ladam l'instituteur. Il connaît les poèmes de Dante, de Pétrarque, d'Homère et aussi de Goethe, écrits dans des langues que personne ne parle à Fresnoy.

Et chacun sait qu'en frappant à la porte du presbytère, on trouvera aide et réconfort. Même si, après le départ du visiteur, maman soupire :
- Il y laissera sa chemise, et un jour je n'aurai plus de quoi vous nourrir.

Quand Charles Delinotte et sa toute jeune femme Henriette sont arrivés à Fresnoy-le-Grand, en 1863, la ville n'était pas riche, les terres alentour ne sont guère généreuses, mais le tissage de la gaze de soie et du cachemire apportait un revenu complémentaire aux familles. Le grand métier de bois occupait l'essentiel de la pièce principale de la maison, à l'endroit le mieux éclairé pour que le tisseur perçoive les moindres changements de forme et de couleur commandés par le carton, et la seule pièce chauffée, car les doigts gourds ne sont plus aussi habiles et rapides. Dans la petite maison de tisserand reconstituée par le musée du Tissage de Fresnoy, le métier, immense, accapare tout l'espace et capte toute la lumière, ne laissant à la vie familiale que les recoins pour se réfugier.

Mais la bourgeoisie française, gagnée par l'esprit d'entreprise et le goût du lucre des Anglais, s'est mise à couvrir le pays d'usines mécanisées qui produisent les mêmes tissus, plus vite, beaucoup moins chers et presque aussi beaux que ceux des tisserands à domicile. Les magasins à façon, qui passaient commande aux tisseurs à bras, ferment les uns après les autres. La pauvreté est revenue mordre le ventre des habitants de Fresnoy. Les mille cinq cents francs de salaire annuel de Charles Delinotte, pourtant maigres, lui paraissent indécents. Il n'a de cesse de les redistribuer.
- Quelle misère ! soupire-t-il en rentrant de ses visites. Marie-Anne Gosset n'a pas même une chaise. Pour me faire asseoir, elle a retourné le chaudron et posé son tablier dessus.
- Tu lui as donné combien ? demande maman en s'essuyant les mains.

- Deux francs, avec ça ils mangeront jusqu'à la fin du mois.
- Et nous nous passerons de beurre un certain temps.
- Ce n'est pas important, n'est-ce pas Charlotte ?
- Bien sûr que non, nous avons encore les confitures de mamie Madeleine.

Charlotte est satisfaite, elle a réussi à faire rire son père et sourire sa mère.

Au mois d'octobre, elle ira à l'école. Elle connaît déjà les lettres de l'alphabet, elle sait écrire son nom et maman lui apprend à déchiffrer ses premiers mots.
- J'ai composé pour toi une petite phrase avec des graines de cresson dans le jardin, annonce papa. Quand elles pousseront, tu pourras la lire.
- C'est compliqué, toute une phrase, proteste Charlotte.
- D'ici là je suis sûr que tu sauras, et à l'école tu donneras l'exemple.

C'est le problème avec papa, il lui demande parfois des choses difficiles. Il ne crie pas, il ne se met jamais en colère, mais quand il dit doucement : « Tu as trois poupées, tu ne crois pas que tu pourrais en offrir une à Joséphine Carlier ? », si elle ne le fait pas, elle se sentira misérable. Et si elle donne la plus abîmée, elle aura honte. Alors elle a choisi la très belle au visage de porcelaine que mamie Berthe lui a envoyée d'Amsterdam pour son anniversaire. Elle avait envie de pleurer en la posant sur les genoux de Joséphine mais son cœur était plein de fierté. Maman, par contre, n'était pas contente.

Charlotte espère que son père ne lui demandera pas trop souvent d'être une aussi bonne chrétienne. Elle préfère lui faire plaisir autrement, en apportant son dictionnaire hébraïque à M. Ladam. C'est une mission de haute importance, le livre est énorme, très lourd et très précieux. Lui seul en possède un à Fresnoy. Quand on lui demande où elle va si lourdement chargée, elle répond fièrement.
- J'apporte le dictionnaire hébraïque de papa à monsieur Ladam.

La surprise admirative qu'elle lit dans les regards est très agréable. Papa lui a expliqué que ce dictionnaire et celui de grec, qui est un peu moins gros, l'ont aidé à comprendre la vraie parole de Dieu quand il était au séminaire de Sens, chez les catholiques.
- C'est un livre de secrets ? a demandé Charlotte.

« Hébraïque » ressemble un peu à magique. La vraie parole de Dieu se cache sûrement dans des formules étranges que seul un savant comme son père peut déchiffrer.

- Au contraire, c'est un livre qui permet d'expliquer à tout le monde ce que Dieu et Jésus ont réellement dit.
- Mais… c'est dans la Bible.
- La Bible n'a pas été écrite en français, ni même en latin. Elle a été écrite en grec et en hébreu. Ce sont les catholiques qui l'ont traduite. Ils ont transformé des phrases et en ont oublié d'autres. C'est pour lire la vraie Bible que j'ai appris le grec et l'hébreu.

Cette histoire de Bible est un peu compliquée, mais ce dont Charlotte est certaine c'est que son père a eu raison de se rebeller contre l'enseignement du séminaire qui interdisait aux élèves de chercher par eux-mêmes des réponses à leurs questions sur la pauvreté, le mariage, l'amour… et racontait que Marie et les saints étaient aussi bons et puissants que Jésus. Pourtant il a continué ses études et il a été ordonné prêtre. Mais ses sermons ne plaisaient pas à l'archiprêtre, alors on l'a envoyé dans un village très pauvre pour le punir. C'était idiot, car son père est heureux parmi les pauvres.

Pourtant un jour, il en a eu assez de voir ses paroissiens se coller en prière devant la statue de Saint-Loup, lui offrir des cadeaux, pour qu'il guérisse leurs blessures, leurs furoncles… « Des ignorants superstitieux », gronde maman méprisante. Quand un petit garçon est mort faute de soins, papa a décidé de quitter l'église catholique. Il est parti en Hollande où il a étudié chez les protestants, il s'est marié avec maman, qui est une vraie protestante descendante des Huguenots partis de France au XVIIe siècle pour garder leur religion.

Ainsi s'est forgée la légende familiale dont nous nous gargarisons depuis quatre générations.

Quelques semaines plus tard, quand les petites pousses vertes sont sorties de terre, Charlotte parvient à déchiffrer « Charlotte est bien sage. » Elle est à nouveau coincée, il va falloir se conduire comme dit le cresson.

- Pour te récompenser, je t'emmène herboriser.

De tous les moments passés avec son père, ce sont ses préférés. Dès qu'ils sortent de Fresnoy, ils se mettent à respirer à grandes goulées l'odeur fraîche du printemps, celle des fleurs d'aubépine, de la terre humide, du crottin des chevaux… La lumière du soleil est douce, filtrée par les jeunes feuilles des arbres, la campagne bruit du halètement des bêtes de trait, des cris des hommes qui les guident, et du pépiement des oiseaux. Les yeux de papa sont plissés de plaisir, il prend Charlotte par la main pour sauter par-dessus le ruisseau.

- Attention, tu vas marcher sur les violettes.

Elle n'avait pas vu les petites fleurs à moitié cachées par la mousse.

- Regarde comme elles se poussent du col pour attraper le soleil.

Penché sur la touffe mauve, papa sourit.

- Chacune des fleurs de ce bois est une œuvre d'art de notre créateur, comme les dessins de cette toile d'araignée accrochée là entre deux branches. La nature nous parle comme un évangile.

Papa voit la main de Dieu partout.

- Allons plus loin, je n'ai plus d'œillette ni d'ortie blanche.

L'ortie blanche c'est pour les bronchites, il y en a sur tous les talus, l'œillette est plus rare. Ils en trouvent parfois sur le remblai du chemin de fer. L'infusion de ses graines noires soigne les coliques et les diarrhées.

- Les géraniums des prés sont sortis, annonce papa, je t'en cueille une poignée, tu pourras les dessiner.

Les fleurs de géranium sont minuscules, le dessin sera difficile.

- Tu m'aideras ?
- Bien sûr. Mais d'abord allons cueillir des feuilles de saule près du canal des Torrents.

Cet après-midi le soleil est doux sur la peau, les blés tout neufs veloutent de vert vif les champs ceinturés de haies neigeuses d'aubépines, c'est vrai que la nature est un évangile. Charlotte glisse sa main dans celle de son père, elle voudrait que ce moment ne finisse pas. Quand ils reviennent vers la maison, leur panier et leur seau remplis, Charlotte a les joues aussi roses que les fleurs de géranium.

- Laisse tes galoches devant la porte, rappelle maman, elles sont pleines de boue.
- Nous avons fait une belle cueillette, dit gaiement papa.

Ces escapades à deux resteront dans la mémoire de Charlotte comme les moments les plus heureux de son enfance. *« De toutes les influences qui ont enrichi mon existence, c'est celle de mon père qui fut la plus lumineuse »*, écrira-t-elle cinquante ans plus tard.

Jusqu'à sa mort elle gardera ancrée au cœur la nostalgie du protecteur aimant et honorable, socle de sa dignité de femme. Là est le second pilier de notre culture.

2

Au mois d'octobre, Charlotte est entrée à l'école. Elles sont quinze filles dans sa classe, Charlotte est la seule qui sache déjà lire.

Ce matin, pendant la leçon de grammaire, le martellement des sabots de nombreux chevaux fait vibrer les vitres de la salle de classe. Puis il y a des cris, les chevaux s'arrêtent, une voix rauque ordonne quelque chose en une langue qu'ils ne comprennent pas.
- Les Uhlans ! dit la maîtresse en lâchant sa craie.

Depuis que la guerre avec l'Allemagne est déclarée, les villes et les villages sont traversés par des troupes françaises qui se rendent au front. On savait à Fresnoy que les Allemands n'étaient pas loin. Ils étaient passés à Bohain où ils avaient réquisitionné la farine, le pain, le lard des saloirs, et même les bêtes en pied pour se nourrir. Et quand les gens leur résistaient, ils tiraient. Chaque famille de Fresnoy a caché le mieux qu'elle a pu ses provisions pour l'hiver. Mais les Uhlans sont capables de prendre des otages jusqu'à ce qu'on leur donne satisfaction. Ils l'ont fait à Bohain.

Charlotte sait tout cela mieux que les autres car son père a décidé d'aller voir le général allemand si ses troupes entraient à Fresnoy. Maman l'a supplié d'y renoncer.
- S'ils ne te prennent pas en otage, ils te fusilleront pour leur avoir résisté.
- C'est un risque à courir, mais je parle allemand, je peux parlementer avec eux. Et leur général, le comte de Lippe, est un homme d'honneur, il fait la guerre à nos soldats, pas à nous. Il m'écoutera.

La rue est envahie de cavaliers en pantalon noir, vareuse blanche, l'épée sur le flanc gauche du cheval, le fusil sur la droite, leur casque de cuivre rutilant au soleil. Leur visage est à moitié caché par la visière du casque, mais ils ont une mine imperturbable. Ils obéiront à n'importe quel ordre, passer leur chemin ou tuer.

Charlotte cherche le général, il devrait avoir un plus bel uniforme ou être entouré de gardes. Elle ne voit rien de ce genre, pourtant il doit être là, car voici son père qui arrive à pied depuis l'autre bout de la rue. Il paraît maigre et faible avec son vieux manteau noir, sa barbe déjà grise et son visage fatigué. Mais il marche fermement. « C'est le seul homme de Fresnoy à ne pas trembler devant les Prussiens », pense Charlotte gonflée d'orgueil et terrorisée.

Il s'arrête à côté du premier cavalier et lui parle tranquillement. L'homme semble surpris, il écarte son cheval pour laisser passer un autre cavalier en casquette noire et or. Papa lève la tête vers lui et doit recommencer sa phrase. Les échanges avec le cavalier en casquette durent un moment puis ils s'éloignent tous les deux vers la mairie où ils pénètrent.

- Prions pour ton père, remercions Dieu de son courage, dit M. Ladam qui est entré dans leur classe pour observer la scène.

M. Ladam sait ce que son père demande au général. Ils en ont longtemps parlé ensemble. Il expliquera que Fresnoy est une ville très pauvre, les familles ont juste assez de réserves pour l'hiver, si les Prussiens réquisitionnent le blé, la viande et le fourrage comme à Bohain, ici, les gens mourront de faim. Les familles qui ont des maisons pas trop petites veulent bien loger un ou deux Uhlans, mais pour se nourrir eux et leurs chevaux, peuvent-ils s'approvisionner ailleurs ? Le marché de Saint-Quentin est bien fourni, ils y trouveront ce qu'ils veulent.

La discussion dure le temps de la leçon de grammaire puis de la leçon de choses, que personne n'écoute. Et quand papa sort de la mairie, il a ôté son chapeau et il sourit. M. Ladam prend Charlotte dans ses bras.
- Nous pouvons être fiers de notre pasteur, clame-t-il.

Charlotte avait compris depuis longtemps que les protestants étaient d'une autre qualité que les masses catholiques ignares et superstitieuses. Elle sait maintenant que fille préférée du pasteur qui tient tête au général des Uhlans, elle ne peut être qu'une personne d'encore plus grande qualité.

Voilà cinq ans que Charlotte va à l'école de Fresnoy, l'année prochaine elle ira au cours secondaire de jeunes filles à Saint-Quentin, son père l'a promis.
- Et j'espère que tu ne t'arrêteras pas là, je veux des filles instruites.

Elle aussi veut continuer à étudier, pour être professeur peut-être, de dessin ce serait son rêve. Son père ne dit pas non, puisqu'elle ne peut pas être pasteur comme lui. À moins qu'elle ne se trouve très vite un bon mari, suggère maman, jolie comme elle est et cultivée, elle ne manquera pas de prétendants de qualité. Parmi les enfants des familles protestantes il y a des garçons très bien. Charlotte fait la révérence, maman sourit, elle aussi est heureuse de la voir filer vers le cours secondaire, dans sa famille en Hollande les filles étudient jusqu'à dix-sept ans, les femmes protestantes se doivent d'être instruites. Mais Charlotte devra être interne, la route est trop longue entre Fresnoy et Saint-Quentin pour la parcourir chaque jour.

Ce sera moins gai qu'à la maison avec Madeleine, Augustine et Théo qui a six ans maintenant. Le jardin, le vieux poirier lui manqueront, et surtout les escapades au bois, dans les prés, avec son père. Quoique cet automne ils n'ont presque pas herborisé. Papa était trop occupé par ses paroissiens. Il y a de moins en moins de travail à Fresnoy, il ne reste plus que deux ateliers à façon, les dix autres ont fermé, beaucoup d'hommes sont sans travail.
- Trois cents, a dit papa hier soir. C'est une catastrophe.

Les plus jeunes et les plus courageux s'en vont, et les maisons restent vides car personne ne veut venir vivre à Fresnoy.
- Les usines produisent beaucoup moins cher, il n'y a plus de commandes pour les tisseurs à bras.
- Ils sont pourtant payés une misère, s'insurge M. Ladam.
- La loi du commerce s'en moque. Je ne sais plus comment les aider.

Maman sort de la pièce en claquant la porte. Elle n'en peut plus. En rentrant de l'école hier, Charlotte l'a trouvée dans la cuisine épluchant les légumes le visage plein de larmes. Maman est souvent de mauvaise humeur, mais jamais Charlotte ne l'avait vue pleurer.
- Qu'est-ce qui se passe ?
- Ce n'est rien, a dit maman en s'essuyant les yeux. C'est fini.
- Tu es malade ?
- Fatiguée seulement.
- Je vais t'aider, a proposé immédiatement Charlotte en s'emparant d'un couteau.
- C'est gentil, ma chérie.

Maman ne l'appelle presque plus « ma chérie », elle est trop grande. Charlotte a senti les larmes lui monter aussi aux yeux.
- Tu es malheureuse ? a-t-elle osé demander.

Maman a souri, d'un petit sourire triste.
- Ton père me croit plus solide que je ne suis.

Jamais maman ne lui avait parlé ainsi.
- Il n'est pas assez gentil avec toi ?

Charlotte aurait dû se taire. Les larmes de maman ont jailli de nouveau.

- Très gentil, comme avec tout le monde. Certains jours, Dieu me pardonne, j'aimerais qu'il pense un peu plus à lui. Il vient de donner son manteau au père Cassard, qui grelottait dans son paletot hors d'âge.
- C'est… très généreux, a balbutié Charlotte.
- Oui, bien sûr. Mais il aurait pu lui donner le vieux, pas le neuf qu'on vient d'acheter à Saint-Quentin. Il tousse de plus en plus, et il ne veut pas qu'on en parle. Tu pourrais le lui dire ? Peut-être que toi, il t'écoutera.

Il y avait dans la voix de maman une telle tristesse que Charlotte a posé les bras autour de son cou et niché la tête dans le creux de son épaule. Maman a refermé les bras sur elle, lui a caressé les cheveux, ses longues boucles couleur châtaigne que papa aime tant.
- Ma petite, ma belle, a dit maman.

De grosses larmes ont dégouliné dans le cou de maman comme un ruisseau qui sauterait d'un coup le barrage qui le retenait. Maman ne lui en voulait pas du temps que papa passait avec elle.

Ce soir c'est à elle de la défendre.

Lorsque papa quitte son bureau, enfile son vieux manteau pour sortir, elle bondit :
- Tu n'as pas besoin d'aller chez les Carpentier. Maman a fait goûter les enfants hier. Ils sont partis le ventre rempli.
- C'est gentil, mais aujourd'hui aussi ils ont faim.
- Et toi tu as pris froid, tu tousses plus fort qu'hier, alors s'il te plaît reste à la maison. Je vais mettre de la soupe dans une jatte, M. Ladam la leur apportera.

Par chance Papa est pris d'une quinte de toux longue et violente.
- Il faut croire que tu as raison, accepte-t-il. Je vais rester au chaud avec vous.

Quand maman revient dans la cuisine, elle ne cherche pas à cacher qu'elle a pleuré, elle serre son mouchoir dans sa main, sourit sans gaieté à M. Ladam et pose la marmite de soupe sur le feu. Puis pendant toute la soirée, tandis que papa travaille à côté du poêle, elle reprise les chaussettes.

« Bonne mère lorsque je vois
Lorsque je songe et je contemple
Comment tu sus porter ta croix

J'éprouve ce que je dois
À ton exemple », écrira Charlotte devenue une vieille dame qui aura toujours détesté repriser les chaussettes, faire le ménage, cuisiner…

Comme ma mère, comme moi. Marion s'y pliera par devoir non par goût. Chez nous les soins de la maison sont affaires d'intendance, délégués, autant que faire se peut, à du personnel rétribué. Le bonheur domestique ne nous fait pas vibrer. Cet héritage-là aussi nous vient de Charlotte. Comment sa « bonne mère », servante familiale sans attrait sexuel, pouvait-elle lui insuffler la certitude tranquille qu'être grillon du foyer est un cadeau ? Pour Charlotte, le seul modèle enviable, celui qu'on admire et qu'on écoute, celui qui a fait des études savantes, celui qui écrit des poèmes, c'est Charles.

À la fin de l'hiver, qui a été particulièrement froid, la toux de Charles Delinotte n'a pas diminué, au contraire. Il a beaucoup maigri, et sa barbe est encore plus grise et aussi longue et large que celle de Moïse dans les dessins de l'école du dimanche.

Il court moins les routes pour visiter ses paroissiens, il passe plus de temps dans son bureau à lire et écrire ou devant la maison sur son banc à contempler la campagne qu'il aime. Les abeilles des ruches voisines, qui viennent butiner les roses du jardin, font un arrêt pour lui rendre visite. Elles se lovent dans sa barbe et les boucles de ses cheveux gris, le décorant de dizaines de taches brun doré. Aucune ne le pique et quand il se lève, il s'ébroue doucement et les abeilles retournent à leur ruche.

« Même les abeilles savent qu'il ne leur fera aucun mal », pense Charlotte qui ne peut s'empêcher de le comparer aux images de Saint François d'Assise du livre de catéchisme de son amie Solange Flamant.

Au mois de mai, quand la nature est en pleine fête, que les prés et les taillis se couvrent de fleurs, au meilleur moment pour herboriser, son état empire, il se met à cracher du sang. Pour la première fois de sa vie, un matin il ne se lève pas.

Deux jours plus tard, il est mort.

3

La journée a été un long défilé de visiteurs compatissants auxquels il a fallu servir force tasses de café.

C'est seulement le soir, quand ils se retrouvent tous les cinq autour de la table que maman leur avoue :
- Nous ne pourrons pas rester ici.
- Mais c'est notre maison !
- Non c'est le presbytère. Un autre pasteur va venir, avec sa famille, il faudra lui céder la place.
- On partira loin ?
- Ça dépendra de mon travail. Si je suis gouvernante dans une famille, je ne pourrai pas vous garder avec moi.
- Et le cours secondaire ? s'inquiète Charlotte.
- On demandera une bourse.

D'ici la rentrée ils ne sont pas sûrs de l'obtenir, et si la bourse ne couvre pas les frais d'internat, Charlotte aussi devra travailler. Elle n'étudiera ni le latin, ni le dessin. Elle tombera au même rang que les filles du charron qui n'ont pas leur certificat d'études. Elle sera bonne chez les riches, ou laveuse. Pire, tisserande à la maison, vissée à son métier du matin au soir pour quelques sous par mois. Pourquoi papa lui a-t-il fait des promesses qu'il ne pouvait pas tenir ? Il n'avait pas le droit de l'abandonner.
- Mamie Berthe et mamie Madeleine vont sûrement nous aider, continue maman, peut-être pourront-elles vous garder si mon travail doit m'éloigner de vous.

Pendant une semaine, ils continuent à vivre comme avant. Maman attend des nouvelles de la Société Evangélique Hollandaise propriétaire du presbytère, elle a écrit aux pasteurs de l'Oratoire et d'autres riches paroisses parisiennes pour demander s'ils connaissaient des familles cherchant une gouvernante pour leurs enfants. M. Sage leur a apporté un gros sac de pommes de terre, Mme Flamant leur a donné une douzaine d'œufs de ses poules, le père Cassard est venu biner le potager pour dégager les plants de courgettes et de haricots.

Tout Fresnoy veille sur eux, comme pour leur rendre ce que papa n'a cessé de donner pendant les onze ans qu'il a passés ici. Ça fait du bien, mais ça ne durera pas. L'été arrive, les moissons vont mobiliser les hommes, les femmes prendront leur place au grand métier à tisser pour ne pas perdre d'argent, les hommes sans travail partiront, les femmes sans homme et sans métier à tisser chercheront à se louer comme servantes à Saint-Quentin et au-delà. Dans quelques mois les gens en auront assez de les aider.

Charlotte a quand même rempli les papiers pour s'inscrire au cours secondaire et maman a envoyé un courrier à l'Académie pour demander une bourse. Mais elle a aussi commencé à empaqueter l'argenterie, les beaux verres et les belles assiettes qui servent pour les fêtes. Charlotte ne parvient pas à lui demander si c'est pour préparer un déménagement ou pour les vendre.

Ce soir, quand elle rentre de l'école avec Madeleine et Augustine, elle traîne les pieds. Il fait une de ces belles journées de juin, douce, lumineuse et longue, comme son père les aimait. Les buttes, les prés, les taillis sont couverts de fleurs, des utiles pour la pharmacie, et les autres pour égayer la maison, que Charlotte peignait sur son carnet de croquis. C'était avant. Dès qu'elle rentrera, maman lui demandera d'éplucher les légumes pour le souper, de laver Théo qui a joué dans le jardin toute la journée, de ranger le linge sec, d'aider Madeleine et Augustine à faire leurs devoirs… Ses devoirs à elle, elle ne les fera qu'après souper, quand Théo sera couché. Alors Charlotte étire le trajet le plus longtemps possible. À coup sûr, maman les attendra sur le pas de la porte.

Mais elle n'est pas là. Elle a de la visite. Un élégant cabriolet attelé à deux alezans stationne devant la maison. Personne ne possède un tel équipage à Fresnoy. Debout au milieu du salon, une dame aux cheveux gris tient les mains de maman serrées dans les siennes.
- Voici Charlotte, Madeleine et Augustine, dit maman souriant pour la première fois depuis la mort de papa.
- Elles sont aussi charmantes que Charles les décrivait dans ses lettres. Charlotte est presque une jeune fille dites-moi.

Charlotte esquisse une petite révérence. La dame lui prend le menton dans ses mains.
- Tu as le regard de ton cher papa, murmure-t-elle.

Elle sent bon, sa robe de taffetas prune, une sobre tenue de voyage, crisse comme un vêtement neuf, son châle de cachemire est digne des plus beaux modèles tissés par les ouvriers de Fresnoy, son chapeau est

attaché par un ruban du même tissu que sa robe. Elle n'arbore pas de dentelle ni d'autre ruban que celui qui tient le chapeau, et, pour tout bijou, un camée en broche sur son corsage.
- Ce sont des circonstances bien tristes qui m'ont conduite ici, mais je suis heureuse de te connaître.

La dame parle un français aussi élégant que sa robe, avec un accent étranger qui ressemble un peu à celui de l'aide de camp du général comte de Lippe.
- Madame Labouchère est venue de Rotterdam quand elle a appris la mort de ton père, explique maman.

Charlotte s'en doutait. Une dame vêtue de façon aussi élégante que simple et en si bel équipage ne pouvait être que l'épouse du banquier protestant qui avait aidé papa à devenir pasteur. Pour financer ses nouvelles études de théologie en Hollande, son père était devenu précepteur des enfants d'August Labouchère, directeur de la Rotterdamsche Bank, descendant de huguenots exilés au moment de la révocation de l'Édit de Nantes. Ces familles se mariaient souvent entre elles et avaient gardé la pratique du français. Les Labouchère avaient beaucoup apprécié son père, qui d'ailleurs ne l'appréciait pas ? Ce sont eux qui lui avaient présenté maman. Ils s'écrivaient régulièrement, et tous les ans à Noël, les enfants recevaient un colis de bonbons et de jouets venant de Rotterdam.
- Vous savez combien nous vous aimons, dit la dame. Il n'était pas question de vous laisser seule dans cette épreuve.

Sans façon, elle s'assoit à la table de la cuisine où elle accepte une tasse de thé à condition que maman en prenne une avec elle.
- Comment envisagez-vous votre avenir et celui des enfants ? demande très gentiment Mme Labouchère.

C'est agréable, après tous ces gens qui les plaignent, de trouver quelqu'un qui pose les bonnes questions sans pleurnicher.
- Je cherche du travail. Je parle allemand, hollandais et un peu d'anglais. Et j'ai suivi de bonnes études en Hollande, je devrais pouvoir trouver une place de gouvernante.
- Et vous ferez quoi des enfants ?
- Je les mettrai en pension chez ma belle-mère, ou en internat.
- Je vous apporte quelques propositions.

Le mari de cette dame, August Labouchère, est un membre important de la Société Centrale Évangélique qui a envoyé Charles Delinotte à Fresnoy. Cette société gère aussi quelques écoles protestantes en France.
- Nous avons moins de moyens que les catholiques, mais nous tenons aussi à former les enfants. La communauté protestante de Fresnoy est

suffisante maintenant pour y ouvrir une école, vous en serez l'institutrice. Et vous pourrez continuer à habiter le presbytère. Nous avons passé un accord avec l'Église Réformée de France, le culte sera assuré par le pasteur de Bohain jusqu'à ce qu'on nomme un nouveau pasteur. La Société Centrale Évangélique ne peut vous allouer que neuf cents francs par an, mais vous ne paierez pas de loyer.

Maman restera à Fresnoy, dans la maison, donc eux aussi, et Charlotte pourra peut-être aller au cours secondaire, si l'internat n'est pas trop cher.

- Quant à Charlotte, continue Mme Labouchère, nous savons les espoirs que Charles fondait sur elle. Par fidélité pour lui, elle doit continuer ses études.

Charlotte retient son souffle. Est-ce que ça veut dire que cette bonne fée paiera son internat ?

- Que pensez-vous d'Ostervolde ?

Maman sursaute comme si elle avait reçu une décharge électrique.

- Ostervolde ! Vous n'y pensez pas, ce n'est pas notre milieu. On ne l'y acceptera jamais. Et puis, c'est bien trop coûteux.
- Je me suis renseignée. Madame de Groot, la directrice, serait honorée de recevoir la fille de Charles Delinotte, elle l'a rencontré chez nous. Quant aux frais, ma chère enfant, c'est bien la moindre des choses que nous nous en chargions.

Le sort de Charlotte est en train de se décider sans elle.

- Qu'est-ce que c'est qu'Ostervolde ? se risque-t-elle à demander.
- Un cours secondaire un peu spécial, on y apprend bien sûr la littérature, les mathématiques et les sciences, mais aussi la musique, la peinture, le chant, et les leçons sont en quatre langues, anglais, allemand, hollandais et français. Toutes les élèves en sortent en parlant couramment ces langues, et cela se passe dans une jolie maison à la campagne.
- En Hollande ?
- À côté de Steenendam, pas loin de chez nous. Nous aurons le plaisir de te voir pendant les petites vacances, lorsque tu n'auras pas le temps de venir en France rejoindre ta maman.
- C'est la pension où vont les filles des meilleures familles du pays, explique maman.

C'était ça la décharge électrique, maman n'est pas allée à Ostervolde, elle n'était pas d'une famille « assez bien » ou assez riche.

- C'est surtout, corrige Mme Labouchère, une merveilleuse école, où l'on prend soin de développer les talents des jeunes élèves, où la discipline est douce et les professeurs excellents. Tu devrais y être heureuse, Charlotte.

Ça veut dire partir loin d'ici pour longtemps, arriver en milieu inconnu, être sûrement la seule pauvre de toute la pension.
- Je t'y accompagnerai, je connais bien madame de Groot, ma fille Eva était élève à Ostervolde. Nous ferons quelques emplettes à Rotterdam, pour compléter ton trousseau.

Charlotte a honte de la bouffée de plaisir qui lui monte soudain au cœur. Un « trousseau », c'est bien plus et bien mieux que ses trois robes, ses deux gilets, son vieux paletot, ses galoches, ses bottines du dimanche et son manteau trop petit, usé au col et aux poignets. Avec un trousseau neuf, elle n'aura pas l'air pauvre, elle sera peut-être bien accueillie par les autres pensionnaires. Bien sûr elle ne verra ni maman, ni ses sœurs, ni Théo pendant de longs mois, mais elle ne sera plus la grande qui se doit d'aider à la cuisine et au ménage pour seconder sa mère. Étudier le chant, la poésie, la peinture… c'est quand même mieux que repriser les chaussettes. Et puis n'est-ce pas ce que papa aurait voulu pour elle ?
- C'est très gentil à vous, bafouille Charlotte.
- Un nouveau pays, une nouvelle langue, des coutumes nouvelles ce n'est pas toujours facile à vivre, même si on est bien entourée, dit maman qui a l'air de se souvenir. Tu crois que tu y arriveras ?

Elle ne sait pas, mais elle n'a pas envie de renoncer au trousseau, aux cours de peinture et de poésie, à cette belle maison dans la campagne…
- Je crois, je ferai de mon mieux.

Maman soupire. Après tout, c'est une chance extraordinaire qui est offerte à Charlotte.
- Tu vas nous manquer mais nous t'écrirons souvent.
- Moi aussi, je vous raconterai chacune de mes journées, comme ça nous n'aurons pas l'impression d'être séparés.

Elle a mis dans son ton toute la tendresse qu'elle est capable de mobiliser pour que son excitation ne se voie pas trop. L'âme de son père continue à veiller sur elle, elle ne sera pas tisserande ou domestique, elle aura droit, comme promis, à une éducation de qualité.

Mme Labouchère est restée dîner et dormir chez eux. Maman lui a fait un lit propre dans la chambre d'Augustine et Théo. Augustine dormira avec ses sœurs et Théo avec maman. Une fois Mme Labouchère retirée, maman s'approche de Charlotte qui finit d'essuyer la vaisselle.
- Tu as bien compris l'honneur qui t'est fait ?

Maman a du mal à digérer Ostervolde. Si elle était allée dans cette école, peut-être ne se serait-elle pas mariée à dix-huit ans avec un pasteur

pauvre de quinze ans son aîné. Était-elle même amoureuse de papa quand elle l'a épousé ? Ce sont les Labouchère qui les ont réunis. Elle était exactement la femme qu'il lui fallait : protestante, instruite mais sachant tenir une maison, vaillante, douce et soumise. Et fraîche comme une claire matinée, ainsi que le montre le joli portrait accroché dans le bureau de papa. À trente ans elle n'a plus de mari, elle est déjà lasse et résignée. Ce ne sera pas le destin de Charlotte.
- Bien sûr, maman.
- Tu sais aussi que c'est à ton père que tu le dois. Je compte sur toi pour être digne de lui.
- Tu peux compter sur moi, je n'oublierai pas.
- J'ai pensé, continue maman en prenant sur la table la Bible à couverture noire de Charles, que tu aimerais emporter un souvenir de ton père…

Une grosse boule se forme dans la gorge de Charlotte. C'est dans cette Bible qu'il lui a appris à reconnaître les lettres, qu'il lui a lu l'histoire de Moïse, celle de Joseph, puis plus tard des versets du Nouveau Testament qu'il choisissait pour elle.
- … elle t'aidera à lui rester fidèle dans les moments difficiles.

La boule se mue en sanglots. Maman la prend contre son cœur et Charlotte espère de toutes ses forces que sa mère ne réalise pas que le souvenir des moments passés avec son père la bouleverse plus que leur prochaine séparation.

4

Hollande 1874

Sa mère a beaucoup demandé à Charlotte cet été, de s'occuper de Théo, de la cuisine, du linge, de balayer la maison, pendant qu'elle préparait ses premières leçons. Elle veut tellement être digne du poste qu'on lui a confié !
- Tu t'en sortiras très bien, s'agace Charlotte, c'est toi qui nous as appris à lire, à écrire et à compter, tu seras une parfaite institutrice.

Maman sourit vaguement et se replonge dans ses livres et ses cahiers. C'est lassant cette peur qu'elle a toujours de ne pas être à la hauteur. Papa n'était pas comme ça, il savait qu'il était le meilleur pasteur de toute la région, le plus savant et le plus dévoué. Charlotte va quitter sa maison, ses sœurs et son petit frère, et la campagne qui les entoure, elle est triste, mais soulagée.

Quand le cabriolet de Mme Labouchère, le même que celui qu'elle avait loué à Saint-Quentin il y a trois mois, s'arrête devant le perron, le maigre bagage de Charlotte est déjà prêt.

Les adieux sont rapides, le voyage est long, Mme Labouchère ne peut pas s'attarder. Charlotte pleure de bon cœur en embrassant toute la famille et elle s'en va. Le vent de la course soulève ses cheveux, elle enlève son chapeau pour mieux le sentir passer.

Deux jours plus tard, après une nuit dans un hôtel à Maubeuge, des heures de diligence jusqu'à Mons, une journée et une nuit en chemin de fer avec plusieurs changements, sa robe de voyage froissée et tachée, ses cheveux collants de suie, une culotte, une chemise et des bas qui sentent la sueur et d'autres odeurs pas très agréables, elle grimpe avec appréhension les trois marches du perron de la maison des Labouchère. Loin du palais à colonnes qu'elle avait imaginé, ce n'est qu'une simple maison, ni plus haute, ni plus large que ses voisines, mais une maison douce, confortable, qui sent à la fois l'encaustique et les fleurs fraîches, où des tapis épais recouvrent les planchers cirés, des rideaux protègent

l'intimité des habitants de la curiosité de la rue, où une servante aux joues rondes et roses, portant bonnet de dentelle et tablier blanc, comme dans les livres d'images, leur ouvre la porte avec un vrai sourire joyeux :
- Mademoiselle Charlotte, bienvenue.
- Greta parle bien français, elle va t'aider à t'installer.

Greta empoigne sa misérable valise de carton et la devance dans les escaliers jusqu'à une petite chambre claire :
- Celle de mademoiselle Éva, elle est déjà partie à Amsterdam à l'université. Vous voulez prendre un bain avant le souper ?

Les pieds nus de Charlotte s'enfoncent délicieusement dans les fibres du tapis de laine, la salle de bains est tiède, toute la maison est tiède, dans tous les recoins. Pas de vent coulis glacé passant sous la fenêtre de sa chambre, pas de dalles de pierre froide, pas de maigre feu dans la petite cheminée du salon, quand on l'allumait, pas de cuvette et de broc pour se laver parcimonieusement par petits bouts. De gros poêles de fonte émaillée verts ou rouge sombre dans presque toutes les pièces, qui ronflent doucement sans cracher la moindre escarbille. Et une baignoire remplie d'eau chaude parfumée dans laquelle s'enfoncer jusqu'au cou.

Charlotte en pleure de béatitude.

Et le lendemain, de boutique en boutique, Mme Labouchère lui constitue un vrai trousseau de jeune fille : manteau, chaussures, bottines, gants, jupes de laine, gilets, robes, chemises, bas, et même des culottes bordées de dentelle. C'est merveilleux, mais était-elle si pauvre ?
- C'est pour toute une année, explique sa bienfaitrice, qui se rend compte de sa gêne.

Charlotte n'a qu'à se dire que cette dame est une bonne fée, envoyée par son père pour veiller sur elle. À minuit, il faudra rendre les habits de princesse, seulement minuit n'arrivera que dans sept ans.

Le lendemain, ses beaux habits neuf rangés par Greta dans une malle d'osier, neuve elle aussi, elle part pour Ostervolde. Cette fois, la maison est presque comme elle l'imaginait, une grande demeure de briques aux huisseries peintes en blanc, dominant de vastes prairies, quelques fermes et des moulins à vents. La maison est entourée de plusieurs petits bâtiments, écurie, resserre et autres édifices utiles, dans un grand parc soigné : longues pelouses, chênes et hêtres centenaires, buissons de rhododendrons, mais aussi un potager et un verger d'arbres fruitiers. Ce qu'elle n'avait pas imaginé, c'est le bois de pins sombres auquel elle s'adosse, ni derrière et à perte de vue, la lande de bruyère sans fin.

« L'interminable et sombre lande,
De la Hollande… »

Elle a donné une description précise d'Ostervolde et de la vie qu'elle y a menée de dix à dix-sept ans, dans un roman très autobiographique auquel elle tenait tant qu'elle l'a publié à compte d'auteur à Genève autour de 1920, *L'écolière de Dennenoord*, Dennenoord est Ostervolde.

Elle n'a pas le temps de descendre de voiture qu'une forte dame vêtue d'une robe noire à col de dentelle blanche, vient à leur rencontre.
- Chère madame Labouchère, *goed om je te zien* ! Et voici la jeune Charlotte, continue-t-elle en français. Nous sommes heureux de vous accueillir à Ostervolde, jeune fille.
- C'est moi qui suis honorée, madame, répond courtoisement Charlotte avec une petite révérence.

Depuis quatre jours qu'on la comble de bienfaits, elle commence à savoir manier la reconnaissance avec dignité.
- La plupart de nos pensionnaires sont arrivées hier, j'ai prévenu de votre venue les plus jeunes, vos compagnes d'études. Je vais vous montrer votre chambre, puis nous ferons le tour de la maison.

La chambre, au deuxième étage, est moins confortable que celle de la maison de Rotterdam, mais elle est agréable, les murs sont tendus de papier à fleurs, des rideaux de coton clair encadrent les fenêtres, quatre lits recouverts de cretonne assortie aux rideaux occupent les quatre angles de la pièce.
- Vous la partagerez avec Elsje Meetelar, Cato Adelaar et Dora Carletti. Elles ont à peu près votre âge.

Il y a un petit placard pour ses vêtements et un cabinet de toilette de l'autre côté du couloir pour les occupantes de la chambre, avec deux lavabos et une baignoire, mais il y fait moins chaud que dans la salle de bains des Labouchère et le tapis au sol est moins épais. L'agencement de cette maison, sa décoration, la tenue de la directrice, tout informe immédiatement l'arrivante qu'elle ne manquera de rien, mais qu'elle devra s'adapter à la vie commune. Elle est certes ici pour s'instruire, mais aussi pour apprendre à se tenir, à vivre avec d'autres et à devenir une femme de qualité. « Pourvu qu'on puisse sortir librement dans le jardin, espère Charlotte, et qui sait, dans le bois de pins. » Elle veut bien devenir une dame de qualité, mais pas enfermée.

Mme de Groot la présente ensuite à Fraulein Auerbach, la maîtresse de chant et de piano, qui a des yeux très doux et un visage ingrat, et à Juffrouw de Vries, la maîtresse de dessin et de peinture, plus jeune et ravissante. Ces dames doivent tenir une place importante dans la maison car elles y vivent en permanence avec les élèves pensionnaires.
- Vous rencontrerez demain les maîtresses de langue et les autres professeurs qui viennent de Steenendam, explique Fraulein Auerbach.

- Vos jeunes camarades ne parlent pas encore bien le français, vous allez devoir faire de rapides progrès en hollandais pour communiquer avec elles, mais rassurez-vous, nous leur avons demandé un peu de patience, ajoute gentiment Juffrouw de Vries.

À ce moment, trois gamines de dix ou onze ans pénètrent dans le bureau de Mme de Groot, conduite par une troisième dame souriante.

- Bonjour Charlotte, dit-elle en français sans accent, je suis mademoiselle Borel, votre maîtresse de français, et voici Elsje, Cato et Dora.

Des tresses sages encadrent leurs trois visages, des bas blancs sans taches ni reprises couvrent leurs mollets, des robes claires dépassent de leurs semblables blouses beiges. Charlotte remercie le ciel de la générosité de Mme Labouchère qui lui a offert des bas et des souliers neufs et une jupe de serge gris perle tout à fait dans le ton d'Ostervolde.

- Bonjour Charlotte, lancent les trois filles à l'unisson avec un joli accent flamand.
- Bonjour, répond Charlotte.

Elle sent qu'elle doit ajouter quelque chose.

- Je suis contente d'être dans votre chambre.

Mlle Borel traduit.

- Nous aussi, répond Cato pour le compte des autres. Nous allons te conduire à la salle d'études.

Cato est la seule des trois à avoir des yeux bruns, peut-être a-t-elle des ascendants français pour le parler aussi aisément.

- J'espère que tu seras aussi heureuse ici qu'Éva l'a été, dit Mme Labouchère en la serrant dans ses bras. Je vais te laisser maintenant, nous nous reverrons à Noël, mais je compte sur toi pour me donner régulièrement de tes nouvelles.

Charlotte promet une lettre par semaine, embrasse sa bonne fée et suit Cato dans les profondeurs de la maison jusqu'à une porte d'où s'échappent des éclats de voix et de rire. Quand Cato ouvre pour laisser entrer Charlotte, les rires et les voix s'arrêtent. Une trentaine de filles de dix à dix-sept ans, assises derrière des bureaux de bois, des cahiers, des livres, des dessins, mais aussi des ouvrages de couture ou de tricot posés devant elles, l'examinent de la tête aux pieds. Cato lui a expliqué qu'elle est la seule française d'Ostervolde, une curiosité.

- Ta place, dit Cato en désignant un siège vide à côté du sien.

La jeune femme installée derrière le bureau sur l'estrade vient vers elle.

- Bienvenue à Ostervolde, dit-elle avec un fort accent. Nous sommes en études, tu peux parler avec tes voisines, mais à voix basse car certaines travaillent.
- Juffrouw van den Broeck est très gentille, murmure Cato, elle nous laisse bavarder. Mais Fraulein Hartman est plus sévère. Elle surveillera l'étude demain.
- Où as-tu appris le français ?
- À Paris, nous y avons habité trois ans. J'avais une nurse française, Colette, très gentille.
- Pourquoi êtes-vous partis ?
- Mon père a été nommé à Madrid, il est ambassadeur. Mais maintenant je reste en Hollande pour faire mes études à Ostervolde. Et toi, tu viens d'où en France ?
- D'un petit village de Picardie, Fresnoy-le-Grand. Mon père était pasteur, explique Charlotte la tête haute.
- Comme celui de Dora.

Cato traduit aux autres filles qui se sont resserrées autour d'elles. Dora pose une question en hollandais.

- Est-il très sévère lui aussi ? traduit Cato.
- Pas du tout, c'était un homme très bon.

Est-ce la bouffée de souvenirs qui lui monte à la gorge ou le sentiment d'être étrangère à ce monde de jeunes filles gentilles, hollandaises et riches, les larmes lui montent aux yeux.

- Il est mort il y a quatre mois, bafouille-t-elle.

L'élan de sympathie qu'elle perçoit, quand Cato traduit sa réponse, n'est pas feint. Dora pose une main sur son épaule, Elsje lui sourit maladroitement et Cato dit :

- Tu verras, on est bien ici.

Les jeunes filles riches - elle apprendra peu après que le père pasteur de Dora est également l'héritier d'une très vieille et fortunée famille d'armateurs - ont aussi du cœur.

Le soir, dans son joli lit blanc, après avoir dîné au réfectoire de mets encore un peu bizarres, elle ferme les yeux comme elle le faisait chaque soir à Fresnoy avec son père quand elle était petite, puis seule plus tard, pour rendre grâce à Dieu des bonnes choses que la journée lui avait apportées.

« Merci pour cette belle maison, ces maîtresses accueillantes, ces filles qui sont si gentilles, cette chance que vous m'offrez. » La prière s'adresse autant au Seigneur qu'à son père. C'est à lui qu'elle doit d'être ici.

« Papa », murmura-t-elle très bas, pour que ses voisines ne l'entendent pas. Elle serre les lèvres pour ne pas pleurer à nouveau et attrape la Bible à couverture noire posée sur sa table de chevet. Les feuillets fins défilent sous ses doigts, dégageant une légère odeur de fumée et de moisi, celle qu'on sentait dans le bureau de son père où le feu de la cheminée ne parvenait jamais à assainir l'atmosphère humide. La chemise de cuir noir qui recouvre le livre se détache, révélant une jaquette brun sombre ornée de lettres d'or. Et, entre la jaquette et la couverture, une feuille de papier bleu fané pliée en quatre. Une lettre, d'une écriture longue et soignée.

Ce 16 août 1857.

Mon cher amour,

Que ta décision est terrible et cependant la seule bonne. Je n'aurais jamais, quant à moi, eu le courage de la prendre. Tu as raison, mille fois. Mais je dois me le répéter pour m'en convaincre. Nous ne serons pas scandaleux, tu vas partir pour que la tentation ne soit pas trop forte de me serrer dans tes bras aimants. Et nous ne nous reverrons plus. C'est affreux et complètement injuste, car Dieu lui-même a dit : « Il n'est pas bon que l'homme soit seul. Il convient qu'il ait une compagne semblable à lui. »

Mais tu ne dois pas être objet de scandale, pas toi. Et moi je vais mourir de peine. Je me répète ce tercet de Dante que tu m'as souvent murmuré :

 Jo nil son un che quando
 Amore spira noto e a quel modo
 Che detta dentro vo significando.

Tu l'as exprimé si bien, si noblement, si tendrement. C'était trop de bonheur, sans doute.

Que Dieu t'accompagne dans ta nouvelle paroisse, qu'il veille sur toi, mais ne me demande pas de t'oublier. Tu resteras à jamais dans mon cœur.

Ta « Charlotte ».

Je ne sais quand Charlotte a découvert l'existence de l'autre Charlotte, le premier amour de son père lorsqu'il était jeune curé à Branches en Bourgogne, amour auquel il a renoncé par fidélité à ses vœux, mais la mort dans l'âme.

Non seulement il n'en faisait pas mystère, mais il en était fier, puisqu'il y consacre un chapitre entier intitulé *Un amour* sur les onze du récit de son chemin vers le protestantisme, qu'il a appelé, sans fausse honte, *Les voies de Dieu*.

Il me semble improbable qu'à dix ans son père ou sa mère lui en ait déjà fait la confidence. J'ai imaginé cette lettre à partir du témoignage et des réflexions de Charles dans son récit autobiographique, citation de Dante incluse. Elle n'a sans doute jamais existé, mais dans le cas contraire, l'orgueil que Charles affiche de ce douloureux renoncement ne lui aurait causé aucun embarras de conscience à la conserver.

« J'atteste devant Dieu que c'est ainsi que j'ai aimé, jusqu'au jour où, me sentant dans la plénitude de ma liberté d'homme, j'ai cru devoir et pouvoir replier mes ailes d'ange », clame-t-il.

Quel que soit le moment de cette révélation, elle me semble une des clefs du cœur compliqué de Charlotte : son père a aimé une femme passionnément, bien plus que son épouse Henriette, et cette femme s'appelait, ou il l'appelait, Charlotte, *« Sois donc ma Charlotte… que je sois ton Werther, et de plus chrétien »*, écrit-il dans sa confession.

Non seulement il lui a donné son nom à lui, mais celui de son seul véritable amour d'homme, auquel il a héroïquement renoncé.

C'est dans ce malaise incestueux et sacrificiel que notre lignée de femmes prend racine, de quoi empoisonner pour longtemps nos relations avec les hommes.

5

Voilà sept ans maintenant que Charlotte est écolière à Ostervolde.

C'est devenu sa seconde maison : « *C'était toujours avec joie que je rentrais à Dennenoord, non pas tant à cause des études que j'y faisais, que par le plaisir d'y revoir les bois, la lande et les prés que j'aimais.* »

À l'inverse de son père, la curiosité intellectuelle n'aiguillonne pas Charlotte. Aux livres, elle préfère la compagnie des vivants, elle a noué de vraies amitiés pendant ces sept années. Fraulein Auerbach a pour elle des attentions maternelles et elle s'est fait une protectrice et une amie de la maîtresse de dessin et peinture, la délicieuse Juffrouw de Vries, qui est persuadée qu'elle a l'étoffe d'un grand peintre.

- Il faudrait seulement continuer à étudier, insiste-t-elle régulièrement.

Le dessin et la peinture sont ses points forts, qui compensent ses résultats en mathématiques et en sciences. Ses études de fleurs sont toujours affichées. Ses portraits crayonnés sont si ressemblants que chacune de ses amies veut le sien. Mais elle aime surtout peindre les paysages et les fleurs. Ce soir encore quelqu'un a posé sur le rebord de la fenêtre de la salle d'études une oxalide en pleine floraison, une touffe de fleurettes roses, transparentes dans le contre-jour. Avec son carmin desséché, elle n'arrivera pas à rendre l'auréole éblouissante des fleurs. Elle va demander à Elsje de lui prêter son rose de carthame, il sera parfait.

- Voyons Charlotte, cessez de rêver, la rappelle Fraulein Hartman, vous avez du travail.

Dans deux mois, plus personne ne lui dira ce qu'elle doit faire. Plus personne ne l'empêchera de courir la lande à l'automne et les prés au printemps. Plus personne ne l'arrachera à la contemplation de la petite mare dans son écrin de fleurs roses et blanches, rendez-vous des papillons et des libellules *« un endroit exquis »*. Elle ne se sentira plus harcelée par les gémissements de l'*ostwind* qui s'insinue partout pendant les mois d'hiver, gâchant le plaisir de toute escapade au parc : « *J'aimais me lever de bonne heure afin d'aller au jardin avant de déjeuner, contempler les toiles d'araignées emperlées de rosée.* »

Elle ne connaîtra plus, non plus, le délicieux plaisir des grands froids, le patinage sur l'étang gelé, les chutes, les rires, et l'éclat du soleil d'hiver reflété par la glace, ni l'ennui des longues soirées passées à broder un ouvrage sans intérêt en faisant semblant d'écouter la lecture de l'Odyssée que Juffrouw van den Broeck réussit à rendre mortelle. Elle ne retrouvera plus non plus, chaque automne, la rassurante sécurité des rires et des moqueries de ses amies.

Dans deux mois elle sera seule et libre et elle n'aura pas plus d'argent qu'en arrivant ici. Pour continuer à étudier, elle dépendra encore de la générosité des Labouchère, qui ne la lui refuseront pas. Bien sûr, elle a envie d'entrer dans une école d'art, dessiner, peindre, sculpter peut-être, sous la conduite de maîtres compétents. Ce dont elle n'est pas sûre, c'est la suite, faire de la peinture, du dessin, un métier. Devenir une artiste à plein temps. En a-t-elle d'ailleurs l'étoffe ? Certains soirs, cette question la terrifie.

Cato, Elsje et Dora lui affirment qu'elle sera un jour célèbre, et qu'elles pourront se vanter d'avoir vécu sept ans avec elle. Elize de Ridder, une externe qui est devenue sa meilleure amie et l'invite presque chaque dimanche dans la propriété de sa famille, tout près d'Ostervolde à Molenzicht, y croit plus encore que les autres.
- Juffrouw de Vries a raison, Charlotte, tu as beaucoup de talent. Il faut que tu ailles dans une école d'art.

C'est facile pour elles, elles n'auront jamais à gagner leur vie. Elize est déjà fiancée à l'héritier d'une famille de banquier, Elsje est courtisée par un jeune attaché d'ambassade, Cato est si riche qu'elle n'a qu'à se baisser pour se cueillir un prétendant.

Tant qu'elle est entre les murs d'Ostervolde, où tout le monde suit la même règle, Charlotte ne se sent pas différente. Elle parle maintenant couramment hollandais, allemand et anglais comme les autres. Elle est la Française de l'école qui peint et dessine si bien, comme Dora Carletti est l'Italienne frondeuse, Constance la naïve serviable, Elize la romantique, Elsje la musicienne… mais dès qu'on parle sortie, voyages, vacances… Charlotte préfère se taire. Non qu'elle ne soit jamais allée au théâtre ou au musée, dans ce domaine les Labouchère la traitent comme leur fille, mais pour le reste, les étés en Italie, la découverte des tableaux de Raphaël, des sculptures de Michel-Ange, de tant d'œuvres dont elle ne connaît que de mauvaises copies, la douceur des soirées sur la terrasse des villas, la tiédeur du vent, la transparence de la mer, la frénésie de Paris, l'Opéra, la Comédie-Française… elle ne peut qu'en rêver.

Quand elle quitte la Hollande, l'été, c'est pour retourner à Fresnoy, dans la maison aux volets verts. Bien sûr elle est heureuse de retrouver ses sœurs et son frère, mais surtout de courir à nouveau librement la campagne, se rouler dans l'herbe, respirer l'odeur des foins qu'on vient de couper, celle du chèvrefeuille, de la mousse... C'est là qu'elle est vraiment vivante. Hélas on ne fait pas métier de cette joie-là.

Avec sa mère, passé le bonheur de se réchauffer à *« son bon sourire »*, très vite elle s'ennuie. Une fois racontées les péripéties de son année scolaire, montré ses croquis, ses pastels et ses gouaches, elle n'a plus grand-chose à lui dire. En plus, elle doit faire attention à ne pas la blesser en vantant le confort d'Ostervolde, ses dimanches chez les de Ridder, ses séjours à Rotterdam chez les Labouchère. Quand, très rarement, sa mère parle de son travail, elle a l'impression de petites boîtes bien rangées, l'orthographe, le calcul, l'écriture... qu'elle ouvre à tour de rôle pour en distribuer le contenu. Que peut-il se passer d'agréable dans sa vie quand la maison est vide, une fois ses enfants repartis ?

« Ainsi seule de soir en soir
Sans une âme qui lui réponde
À quoi peut bien rêver au monde
Cette victime du devoir ?
Quelle peine peut-elle avoir
L'institutrice », écrira férocement Charlotte sur son carnet de poésie.

Au fond maman a toujours été comme ça, bonne à mourir d'ennui. S'il y a une chose dont Charlotte est certaine, c'est qu'elle ne veut pas devenir cette femme triste et grise. Plus encore que peindre, elle aimerait – elle rêve – faire du théâtre, jouer Chimène, Esther, Armande... Au spectacle de fin d'année de l'école, on lui laisse souvent le rôle principal. Sur scène elle peut enfin donner sa mesure, exprimer l'amour, la rouerie ou la détresse sans paraître effrontée... Quelle ineffable jouissance monte des visages attentifs, des salves d'applaudissements ! Mais comment oublier le sourire entendu de Mme De Koninck, la femme du pasteur qui a remplacé son père, quand elle lui a dit son admiration pour Sarah Bernhardt ?

- Une bien belle femme et une grande artiste, mais je ne l'envie pas.
- Pourquoi ? s'est étonnée Charlotte.
- Il est difficile de faire ce métier en restant honnête.

Si elle n'est pas « honnête », ou « sage », comme son père l'écrivait en lettres de cresson, le monde de Mme de Koninck, celui des Labouchère, des de Ridder, de ses amies, lui fermera tranquillement la porte au nez. Un homme de qualité n'épousera jamais une actrice. Une jeune fille pauvre, avec une excellente éducation, à la rigueur, s'il est très amoureux.

Elle est aussi jolie que Cato ou Dora, plus éclatante qu'Elize. Elle est grande, on dit d'elle qu'elle a de l'allure. Quand elle entre dans une pièce, les regards des hommes se tournent vers elle. Elle est très fière de sa poitrine ronde et haute et de sa chevelure abondante, bouclée naturellement. Seul son nez est peut-être un peu grand. « *Bourbon,* assure-t-elle. *Louis XV a dû faire des chasses en Bourgogne et y laisser quelques souvenirs.* » Non mais !

Si elle arrête ses études, elle est condamnée à Fresnoy-le-Grand où aucun jeune homme séduisant et bien né ne viendra la chercher. À Stuttgart, où se trouve l'Académie des beaux-arts que Juffrouw de Vries lui conseille, elle rencontrera des étudiants, en arts mais aussi en d'autres matières, il y a plusieurs universités à Stuttgart. Ce n'est peut-être pas une mauvaise idée.

6

Stuttgart 1881

Charlotte a laissé peu de traces de ses trois ans à Stuttgart : une photo d'elle à son arrivée, ses carnets de croquis, quelques plaques de cuivre gravées, quelques poèmes…

Elle n'aime pas : « *La ville boueuse, ses hautes maisons, son brouillard et la lueur faible et peureuse de son triste soleil blafard.* »

De ses études, il nous reste des carnets de croquis remplis de troncs noueux, de ramures de chênes, de châtaigniers, de bouleaux aux feuillages très reconnaissables, de pieds de pensées ou de violettes, des fleurs discrètes qu'elle pare de teintes subtiles, et de quelques portraits tendres d'enfants ou acérés de femmes tristes ou hautaines.

Les fondements de ce qu'elle développera plus tard sont là en germe. Elle saura les faire fructifier, mais elle ne les bouleversera pas, Charlotte n'est pas une novatrice.

Ses camarades d'études l'étaient-ils d'ailleurs ? Il est probable que dans ce milieu d'étudiants en arts, les idées socialistes qui commençaient à innerver l'intelligentsia allemande, trouvaient un terreau favorable. Büchner et plus encore le militantisme chrétien de Heine ne pouvait que la toucher. Le portrait amer de ses *Tisserands de Silésie* pourrait aussi bien représenter les tisseurs à bras de Fresnoy-le-Grand.

Charlotte a toujours aimé les débats exaltés, elle a dû trouver plaisir à frotter ses idées mal équarries aux convictions de ses compagnons. Elle en est sortie plus socialiste de cœur, guère en action.

En dehors des cours, elle est plus attirée par la troupe de théâtre amateur que par les réunions politiques. Elle remonte sur scène, exaltation, se laisse courtiser, délice, si bien qu'un des comédiens se permet, un soir après la représentation, de lui voler un baiser. *« Pour ce prix, ô folle étourdie, je rejouerai la comédie. »* Ce ne devait pas être très sérieux. Aucun poème en trémolo ne parle d'amour.

Le prince charmant n'était pas à Stuttgart. Malgré la camaraderie, l'enseignement choisi, malgré le théâtre, elle se retrouve aussi seule à la fin de ces trois années qu'en arrivant.

Mme Labouchère l'a félicitée pour son diplôme et lui a envoyé un petit pécule « pour l'aider en attendant ». Ce sera le dernier, ce n'est pas précisé, mais elle a compris.

En remplissant sa malle, Charlotte tente de se raisonner. Ce n'est pas si terrible de gagner sa vie, ni si compliqué. Certains de ses amis postulent dans des écoles pour enseigner le dessin, d'autres dans des journaux pour des illustrations, quelques-uns, grâce aux relations de leurs parents, commencent à être exposés.

Charlotte ne restera pas en Allemagne, elle s'y sent trop étrangère. Elle n'a pas d'autre choix que de rentrer à Fresnoy, mais sa mère à elle n'a aucun ami qui possède une galerie de peinture. Il faudrait prendre ses tableaux sous le bras, aller à Paris, tenter de les placer chez les marchands, au Grand Salon de la peinture et de la sculpture... Son travail est-il assez original pour éveiller l'intérêt des acheteurs ? Affreuse question. Pourquoi faut-il « vendre » pour vivre et être reconnue ?

Alors travailler comme salariée ? Professeur dans un lycée ? Son diplôme n'est pas français, ça ne marchera pas. Dessinatrice dans un journal ? Ce sont des caricaturistes, elle n'a pas ce don. Composer des motifs décoratifs pour des tissus, des papiers peints, de la porcelaine, elle saurait, mais c'est aussi à Paris que se trouvent les commanditaires. Le dernier cadeau des Labouchère ne lui permettra pas de tenir plus de huit jours dans la capitale. Elle prospectera de loin, depuis Fresnoy, où au moins elle ne dépensera pas grand-chose.

Cet été son cœur n'est pas si joyeux de retrouver l'ancien presbytère.
À toi douce Agnès la vie en famille...
Le contentement d'un simple devoir
Et la paix du cœur que tu dois avoir...
À moi les hasards d'une vie errante...
À moi la souffrance,
À moi les regrets », écrit-elle à une amie qui reste tranquillement sous la protection de son père, en attendant mieux.

M. Ladam, son ancien instituteur, lui conseille d'envoyer sa candidature aux négociants qui commandent les dessins des châles de cachemire. Il lui donne des adresses. Sur dix lettres, elle ne reçoit qu'une réponse, polie mais négative. Elle écrit à Lyon à trois maisons de tissus, l'une lui propose un travail d'ouvrière pour cinq cents francs par an, une autre de s'occuper des expéditions. Le troisième lui demande de venir montrer ce qu'elle sait faire.

Le cœur battant, elle prend le train, son carton à dessin sous le bras, avec ce qu'elle a peint de plus beau, de plus élégant.
- Charmant, mais vous manquez encore d'expérience. Venez passer quelques mois dans nos ateliers, pour observer.
- Je serai payée ?
- Comme apprentie, trois cents francs. On vous trouvera une chambre en ville pas chère.

Un taudis quelque part sur la Croix-Rousse. Elle remercie, elle réfléchira. Rentrée à Fresnoy, elle s'enfuit dans les bois pleurer tout son soûl. « *Je suis de ceux qui ne sont rien, mais le cœur me bat tout de même* », écrit-elle humiliée et rageuse.

Elle ne sera pas ouvrière d'usine, elle veut vivre dignement, avec des gens bien élevés, qui la respectent. Les jeunes filles pauvres, de bonne famille, comme les filles du pasteur Monod de l'Oratoire à Paris, la crème du protestantisme français, deviennent demoiselles de compagnie ou préceptrices dans des familles riches quand elles n'ont pas la chance « *de quitter leurs parents pour l'affection d'un bon mari* », comme l'écrit Adèle Monod dans son journal.

Ses amies d'Ostervolde connaissent sûrement des familles riches à la recherche de gouvernantes. Charlotte leur écrit. Et cette fois la chance lui sourit. Les parents de Dora ont justement entendu un de leurs bons amis, le marquis de Baldaccini, dire qu'il cherchait une jeune fille française pour être gouvernante de ses enfants. En Italie, loin de brumes du Nord, dans le pays de Raphaël, du Titien, de Michel-Ange. On lui propose soixante louis par an, mille deux cents francs, presque le salaire de son père. Charlotte accepte tout de suite.

7

Italie 1884

On ne sait quasiment rien de l'année de Charlotte en Italie : les dates de ce séjour : 1884 - 1885, le nom des Baldaccini, une ode à l'Italie, une autre à une vierge de bois peint *« À droite du chemin qui conduit à Sorrente »* et deux poèmes. Elle n'a jamais parlé à Marion de ce qu'elle y a vécu, ce qui est étonnant car elle arrivait sur les marches du paradis : le pays de ses rêves, une famille des plus nobles, une fonction tout à fait convenable, elle était au sommet de sa jeune beauté… et rien, pas même une anecdote, alors qu'elle en a racontées de nombreuses sur son poste suivant dans la famille d'un diamantaire à Londres.

Par contre, après cet épisode, elle n'écrira plus de poèmes pendant un long moment.

Je ne peux m'empêcher de penser que sa réserve, comme le silence qui l'a suivie, cachent une blessure de cœur et d'amour-propre dont elle ne guérira jamais vraiment.

On ignore même où résidaient les Baldaccini, à Gênes peut-être, elle cite deux fois ses grands pins sombres dans ses poèmes, et une fois la transparence de la mer. Elle a dû y arriver en septembre, c'est généralement après les chaleurs de l'été, quand les familles aisées revenaient de villégiature, que les gouvernantes prenaient leur poste.

Charlotte y a sûrement été bien accueillie, elle était une amie d'amis. Apparemment on ne l'a pas cantonnée à son rôle de gouvernante, on l'aurait promenée pour lui faire découvrir l'Italie, ses paysages, ses villes, et ses trésors artistiques, comme elle le proclame :

« J'aime à la folie
Toute l'Italie,
J'aime la peinture
Qui transfigure
De vieux murs fort laids
En palais…

Voyez Michel-Ange
Qui nie à Florence
La magnificence
Du tombeau qu'il fit...»

Elle a sans doute été conviée à participer à la vie de la famille, à assister aux dîners, voire aux fêtes... Comme elle gagnait très correctement sa vie, elle a pu satisfaire ses envies d'élégance... Joliment vêtue, elle a voulu plaire à la compagnie de qualité qui l'entourait. D'après Jeanine, la fille de Charlotte junior qui a passé près d'elle ses vingt dernières années à Genève, à plus de soixante ans « *elle roucoulait comme une colombe quand un mâle passait par là. Elle avait la libido à fleur de peau.* »

Pendant cette année italienne, elle a vingt ans, l'air est doux, les pins sombres exhalent le soir des senteurs troublantes... Les Baldaccini ont sûrement une grande et belle villa et ils y reçoivent bien sûr la meilleure société. Dans ce cadre romantique à souhait, c'est Charlotte qui est séduite, probablement par un de ces jeunes hommes de bonne famille qui fréquentent la maison.

La rencontre était assez enivrante pour qu'elle en fasse un poème :
« *Son être fier et résolu*
Toujours davantage m'a plu....
Sa pâleur, son grand œil noir
Faisait rêver sans le savoir... ».

Puis elle est tombée vraiment amoureuse :
« *... mes rimes ne rendent pas*
La beauté de tes traits
Ni la profondeur de tes yeux
Ni la douceur de ta voix... »

Pour s'épancher de la sorte, je pense qu'elle a cru en l'amour de cet homme, sans doute s'est-elle laissé embrasser, caresser peut-être... Elle a surtout espéré. Et rien n'est venu.

Le bel inconnu disparaît de ses cahiers de poésie. La noblesse italienne n'a pas voulu d'elle.

Elle n'écrira plus de poème jusqu'à son installation à Paris, trois ans plus tard.

Son rêve d'une existence honorable et choyée auprès d'un homme de qualité, riche et aimant, a dû être piétiné. Cette société dont elle a cru que ses talents et son éducation suffiraient à lui ouvrir la porte, la lui ferme au nez. Elle est rejetée dans les ténèbres extérieures, celles de la roture et de la pauvreté.

Je pense que c'est en grande partie de cette rencontre avortée que naîtra la noblesse de Karel von Texel, le comte qui, dans son récit *L'écolière de Dennenoord,* s'éprendra assez de la modeste écolière, le double de Charlotte, pour lui offrir son nom et sa fortune. Fallait-il que ce rêve lui tienne à cœur, pour qu'elle consacre un roman entier à l'exaucer !

Il est possible que le silence dont elle a couvert cette année italienne, comme son incapacité à se remettre à écrire durant trois ans, cache aussi une première vraie dépression, de celles qui l'engloutiront cycliquement chaque fois qu'elle prendra conscience de la résistance du monde à ses désirs. Charlotte n'anticipe pas, ce n'est pas une calculatrice, c'est une force qui va, sans bien savoir où, sans bien voir non plus les obstacles ou les fossés qui s'annoncent. Quand la route est barrée, elle s'écroule un temps, puis elle repart. Comme elle le dit si bien elle-même :

« Ma vie est la mer, sans cesse changeante
Ses flots qui parfois, sont calmes un jour
Sur le sombre écueil pendant la tourmente
Meurent tour à tour. »

Une chose est certaine, elle quitte les Baldaccini au bout d'un an, ce qui est très court pour une fonction de gouvernante. Si elle n'a pas failli, elle a trop d'amour-propre pour déchoir de son propre chef, c'est qu'elle a fui, vers le seul refuge qu'elle connaisse, Fresnoy.

8

Londres 1885

La joie de retrouver la maison familiale et le « *bon sourire* » de sa mère est de courte durée. Ses frères et sœurs ont pris des chemins balisés : Madeleine termine des études d'anglais pour être professeur, Augustine est fiancée à un jeune clerc de notaire, Théo commence des études de théologie pour devenir pasteur, ils ne comprennent pas son désarroi.

Alors elle passe l'été à peindre, la tonnelle de roses blanches sous laquelle ils se groupaient, enfants, pour chanter des cantiques, le gris rugueux du tronc du vieux poirier, l'or brun des mottes de foin, le vert sombre du bois de pins au bout du chemin d'Étaves, les témoins de la vie modeste et douce qu'elle a connue ici. Par moment, quand une couleur du ciel ou l'odeur des pins lui rappelle trop l'Italie, elle suffoque de tristesse. Et toujours revient la lancinante question : que faire d'elle-même ? Elle ne renouvellera pas ses candidatures humiliantes aux fabricants de tissus. Elle a assez de toiles pour les proposer à une galerie. Tous leurs visiteurs louent le charme de ses paysages et de ses portraits, mais personne n'a encore proposé d'en acheter. Le pasteur Boegner, qui assure maintenant les services des paroisses de Bohain et Fresnoy, lui propose de la mettre en relation avec ses amis Ollivier, à Paris. Ils sauront la guider vers des galeries sérieuses.

Elle choisit une dizaine de toiles, commence à les empaqueter, défait les paquets, remplace deux toiles de paysage par des portraits, refait les paquets… remplit sa chambre de son travail de l'été et s'effondre sur son lit. Pourquoi la vie est-elle si compliquée pour elle ? Pourquoi lui donner du talent, s'il est si difficile de l'exercer ? N'existe-t-il pas d'homme aimable et bien né capable de l'apprécier comme épouse et comme peintre ?

Elle remballe, prépare une demande d'introduction pour la famille Ollivier et reçoit une lettre d'Esther Hirsh, une de ses amies d'Ostervolde à qui elle s'était adressée il y a un an quand elle cherchait une place de demoiselle de compagnie. Esther lui demande si elle viendrait enseigner les langues à ses frères, à Londres. Pour un salaire aussi confortable que celui que lui ont offert les Baldaccini. M. Hirsh est diamantaire.

Un diamantaire, à Londres, capitale d'un immense empire, le Seigneur veille sur elle ! Elle range soigneusement ses toiles au grenier, refait sa malle et part pour l'Angleterre.

Elle déchante vite. Les Hirsh sont des gens bienveillants et généreux, mais ce n'est pas chez eux qu'elle trouvera un mari à son goût. Elle qui se moquait des catholiques engoncés dans leurs rites solennels, elle découvre le carcan des interdits et des rituels juifs. Elle ne pensait pas que se nourrir pouvait être si compliqué ! Et quand le digne M. Hirsh entre dans la salle à manger avec six chapeaux haut de forme, en distribue un à chacun de ses fils, pose le dernier sur sa tête et une fois tous les mâles coiffés, se met à psalmodier le bénédicité, Charlotte se sent assez fière de son protestantisme sobre.

Au bout d'un an chez les Hirsh, elle commence à étouffer. Elle a déjà vingt-trois ans, toutes ses amies sont mariées, elle n'a pas eu beaucoup de mal à rester chaste à Londres, mais son corps piaffe, et son âme est vide.

Elle se moquait de sa mère et de sa vie routinière, mais que fait-elle de mieux ? N'y a-t-il pas d'autres missions plus exaltantes pour une jeune fille sans dot ? Les journaux sont pleins des exploits de William Booth et de son Armée du Salut. Scandalisé par la pauvreté des familles qui s'entassent dans les taudis de l'East End, les hommes qui se soûlent pour se réchauffer, puis battent leur femme pour soulager leurs nerfs, les filles qui n'ont d'autres ressources que la prostitution et les enfants que le vol à la tire, le pasteur Booth a décidé de s'attaquer aux maux qui détruisent les corps et corrompent les âmes. L'entreprise étant colossale, il lui fallait une armée pour collecter des dons, les changer en repas, en soins, et les accompagner de conseils et de prêches, car les hommes restent sourds aux réformes avec un ventre qui se tord de faim. Charles Delinotte ne parlait pas autrement. Charlotte veut voir le pasteur Booth.

Debout sur une petite estrade, il attend, la mine grave et le profil impérieux, que la fanfare de ses lieutenants rabatteurs se taise. Une foule impatiente et malodorante bouscule Charlotte pour passer, mais il suffit que le général relève le menton pour que l'agitation cesse.

- Mes amis, je suis heureux de vous voir et de vous apporter une bonne nouvelle...

Il parle une grande demi-heure, sans être interrompu. C'est tout juste si les quinteux osent tousser. Il dit d'abord que l'amour de Jésus est le même pour tous, les riches et les pauvres, les honnêtes et les voleurs, les épouses et les prostituées… car c'est dans leur cœur qu'il lit. On l'écoute avec avidité. Il parle de la dignité de ceux qui ont faim, de ceux qui ont froid, des femmes humiliées, il insiste sur les femmes qui donnent souvent le plus et sont payées le moins en retour, alors que Dieu a fait l'homme homme et femme, semblables et avec les mêmes droits… Des têtes en bonnet se relèvent et d'autres en casquette s'inclinent. Il parle de repentance et d'amour, de changement et de solidarité… et des repas qui sont servis à côté de Saint George's Church à ceux qui n'ont pas mangé depuis un moment.

Quand il se tait, Charlotte se sent neuve, comme à la sortie du temple le dimanche matin. Autour d'elle on s'ébroue, on a du mal à revenir à la réalité. Certains se tiennent déjà plus droits, plusieurs hommes, leur casquette à la main, se rapprochent du pasteur ou des autres membres de l'Armée qui leur remettent des petits papiers sur lesquels sont inscrites les adresses de différents centres d'accueil. Les femmes en bonnet ou en cheveux vont vers les femmes en chapeau mauve. Plusieurs pleurent sans vergogne et remercient à voix haute pour ces paroles bienfaisantes.

Cet homme rayonne de conviction et son action est profondément juste. Ceux qui travaillent avec lui doivent s'endormir le cœur en paix.

- Savez-vous si le pasteur Booth a besoin d'aide ? demande-t-elle à une jeune femme en chapeau Hallelujah.
- Tous les dons sont bienvenus.
- Je parlais de gens, de renforts.
- Nous manquons de médecins et d'infirmières.
- Pas d'autres talents ?
- Si bien sûr, il y a chaque jour des familles à visiter, des vivres à distribuer, il faut aussi cuisiner les repas avec ce qu'on nous donne.

Et ces soldats dévoués, de quoi vivent-ils ? réalise Charlotte. Le général peut-il les payer ? C'est qu'elle n'a ni mari ni famille pour l'entretenir.

- Notre œuvre vous intéresse, mademoiselle ? demande la voix grave du général.

L'homme est un charmeur malgré son visage émacié et les fils blancs qui éclaircissent sa barbe de prophète, comme celle de son père peu avant sa mort. Mais le regard n'est pas aussi doux.

- Ce que vous faites est admirable.
- Peut-être, mais très insuffisant par rapport aux besoins. Vous envisagez de nous aider ?

Son manteau à col d'astrakan assorti à sa toque, son manchon douillet, ses gants d'agneau ne sont pas d'une pauvresse. Et il n'est pas

écrit sur son visage qu'elle est la fille d'un homme qui fit autant, sinon plus, dans sa courte vie, que ce général.
- Je m'informais de vos différentes actions, dit Charlotte en sortant deux billets d'une livre de son manchon.
- Très généreux, remercie le général. À qui ai-je l'honneur ?
- Charlotte Delinotte, je suis répétitrice auprès des enfants d'un diamantaire. Mais mon père était pasteur dans une ville très pauvre du nord de la France.
- On voit que vous savez où peut conduire la misère. Revenez nous voir quand vous voulez, je vous ferai visiter nos centres d'accueil.

Charlotte remercie d'une courte révérence. Si elle s'engage dans cette armée, elle ne renouvellera pas de sitôt son manchon et ses gants, et elle peut dire adieu au confort de la maison Hirsh. Est-ce important, si sa vie devient riche et exaltante, si elle s'épuise à aider ceux qui n'ont rien du tout, si elle accompagne le général dans ses collectes de dons, qu'elle parvienne à émouvoir les puissants et les nantis ? Elle serait très convaincante dans ce rôle, car, comme dit le général Booth, elle connaît le sujet.

Charlotte rentre toute enfiévrée chez les Hirsh, mais c'est un peu tôt pour annoncer ses projets, on risquerait de lui donner son congé tout de suite. Elle doit y réfléchir. Le lendemain elle est très occupée à aider Mme Hirsh à préparer une réception, et le jour d'après, elle en profite pour retourner à la Tate Gallery qui expose des Whistler. Puis il y a un week-end à la campagne, chez des amis des Hirsh, puis ce sont les fêtes de Noël pour lesquelles elle rentre chez elle et se fait une joie de couvrir la famille de pain d'épices et de *fudge* anglais. Elle suit toujours dans les journaux le développement de l'Armée du général Booth, le nombre de nouveaux centres qui ouvrent, son départ aux États-Unis... Elle regrette parfois de ne pas s'être engagée plus avant. Elle serait peut-être partie à New York avec lui... Et puis elle repense à cette galerie de peinture où elle a parlé de son travail, où on lui a demandé de revenir avec des exemples.

Son cœur bat à tout rompre tandis que le directeur de la galerie, un homme élégant et méticuleux, tourne les pages et les feuillets.
- C'est exquis.

Aucune phrase ne lui a jamais fait autant plaisir.
- Vous avez un vrai talent, délicat et sensible. Vous êtes particulièrement bonne à la plume. Avez-vous essayé la gravure ?
- Bien sûr, à l'Académie des beaux-arts à Stuttgart, mais je n'ai pas acquis le matériel pour continuer.

- Vos plumes relèvent d'une approche voisine. Je connais quelqu'un qui serait intéressé par votre travail, un de mes amis qui travaille chez le successeur de Goupil, l'imprimeur de livres d'art à Paris, il cherche des graveurs pour l'atelier de reproduction. Vous iriez le rencontrer ?

Chez Goupil ! C'est une maison sérieuse, dont les graveurs sont réputés. Elle n'avait pas osé, ni même pensé, s'adresser à eux. Ce serait la chance d'avoir un emploi sûr de salariée pour ne faire que ce qu'elle aime. Ça voudrait dire aussi vivre à Paris. Cette fois pas de chambre chez des amis des Labouchère comme à Stuttgart, elle est majeure, elle n'a plus besoin de protection, mais peut-on à vingt-trois ans habiter seule dans une ville aussi sulfureuse que Paris sans être montrée du doigt ? Si elle était professeur comme Madeleine, personne n'y trouverait à redire. Pourquoi, parce qu'on est intitulée « artiste », passe-t-on pour une dévergondée ? C'est Dieu qui lui a donné ses talents, son père les a encouragés, elle n'a pas à en rougir. Et puis la société parisienne est peut-être moins prude que Mme de Koninck. Elle ne laissera pas passer cette chance à cause d'une chaisière de province.
- Je dois revenir en France dans un mois, pour visiter ma mère. Je peux me rendre d'abord à Paris.

9

Paris 1887

Deux mois plus tard, le temps de terminer son engagement auprès de la famille Hirsh, de se trouver une chambre à louer au sixième étage sur cour avec un petit lavabo et des toilettes sur le palier, mais dans un immeuble bien habité, rue de Miromesnil, pas très loin du boulevard Montmartre où se trouvent les bureaux et ateliers de la maison Boussod et Valadon, successeurs de Goupil, elle est installée à Paris. Elle ne gagne que mille quatre cents francs par an, à peine plus que chez les Hirsh et elle doit payer son logement et sa nourriture, mais le travail est agréable et ses collègues amicaux. On apprécie la précision de son travail, et le petit quelque chose de plus qu'elle donne à ses reproductions, un charme, une douceur, lui dit-on.

Serait-elle arrivée enfin quelque part ? Si elle progresse, on lui confiera des travaux plus compliqués ou plus vastes, elle gagnera un peu plus d'argent, elle se trouvera un lieu pour peindre, un atelier à partager avec d'autres. Et elle ne tardera pas à rencontrer un homme digne de son amour et qui ne la décevra pas.

Elle se lie vite d'amitié avec l'autre graveuse de l'équipe, Adèle Quentin, jeune femme gaie et insouciante. Elle peut, son père a un poste important dans quelque ministère, elle a un mari ingénieur chez Joly, l'entreprise qui construit les Halles de Paris, ils vivent dans une jolie maison sur les collines d'Argenteuil. Charlotte est souvent invitée à passer le dimanche chez eux avec d'autres amis. Son éducation internationale, la dignité de son histoire familiale, sa fougue à défendre les idées socialistes aussi bien que les tableaux de son bien aimé Whistler, son élégance naturelle, et son allure de duchesse émoustillent les jeunes hommes.

Pour la première fois, elle jouit de sa liberté. Elle s'offre des places à la Comédie-Française, quelques dîners en ville avec des amis, elle visite le Louvre… Et quand les dimanches sont vides, elle se replie dans sa chambre, « *mon refuge, ma cachette* », pour peindre. Il ne fallait pas tant de place, elle a repoussé la commode, placé un chevalet près de la fenêtre. Dès qu'elle prend un fusain, qu'elle ouvre un tube de couleur, plus rien d'autre n'existe.

Et elle se laisse à nouveau courtiser. Voilà trois fois qu'elle rencontre Gabriel, il s'arrange pour être chez les Quentin quand elle y est conviée. C'est un brillant causeur, un sportif au teint hâlé par le canotage sur la Seine. Dès qu'elle arrive, il la rejoint, il trouve toujours un sujet important dont il doit l'entretenir. Et puis ce dimanche, il ne l'a pas quittée de la promenade :

« En longeant le torrent, comme j'étais peureuse
Il me tendit la main et tranquille et joyeuse
Je ne me doutais pas que déjà je l'aimais...

Tant pis, le mot est écrit. Elle accepte les sorties au théâtre, les baisers, les caresses... elle n'en peut plus de l'envie de se laisser aller.

« ... Loin des mille devoirs maudits
Qu'enseigne la vaine étiquette
Ne voudrais-tu la voir, dis
Ma chambre ? »

Gabriel est « un bon parti », il est ingénieur comme le mari d'Adèle, mais c'est un séducteur. Tant qu'il ne se déclare pas, elle se refusera.
- Mademoiselle Delinotte, monsieur Morse voudrait vous voir.

Va-t-on lui reprocher son inattention ? Depuis quelques jours, à l'atelier, elle a la tête ailleurs.

M. Morse l'attend dans son bureau, il ne semble pas courroucé.
- Ma chère Charlotte, vous savez combien nous vous apprécions. Vous êtes le fleuron de notre atelier de graveurs. C'est pourquoi j'ai songé vous demander d'accompagner l'équipe qui va partir à Chicago représenter notre maison à la grande Exposition universelle qui fêtera les quatre cents ans de la découverte de l'Amérique par Colomb.
- À Chicago !
- L'exposition ouvre dans deux ans, des centaines d'entreprises du monde entier se disputent pour y présenter leur production aux Américains, il y a de gros marchés à la clef. Nous devons nous y rendre dès maintenant pour obtenir un bon emplacement dans un bon stand. J'ai déjà écrit en ce sens, mais mieux vaut s'en assurer. À côté des ouvrages que nous exposerons, je veux qu'il y ait un atelier de gravure pour retenir l'attention des visiteurs. Votre talent, votre jeunesse et votre beauté feront merveille, et puis vous êtes aussi la seule qui parle couramment anglais. Il va de soi qu'une telle responsabilité mérite salaire, le vôtre sera augmenté de cinq cents francs.

Un tiers de plus que ce qu'elle gagne aujourd'hui !
- Vous avez prévu de partir quand ?
- Dans trois mois. J'ai réservé des places sur le *Ville de New York* qui quitte Liverpool le 6 juin.

Elle en a la tête qui tourne. Il faudra renoncer à Gabriel, mais Gabriel tient-il assez à elle pour la retenir ? Elle en doute. Pourtant s'en aller si loin de sa famille, de ses amies, se trouver seule à nouveau… Pour deux ou trois ans, a expliqué M. Morse. Quand elle reviendra, elle aura vingt-neuf ans, une vieille fille qui aura, en plus, osé s'offrir une vie aventureuse, l'Amérique c'est encore plus sulfureux que Paris. Aucun mari convenable ne voudra d'elle. Mais partir, quitter cette Europe engluée dans ses codes moraux, les moues de Mme de Koninck, la condescendance des Baldaccini et consorts, quelle jouissance ! Il y aura peut-être, dans cette Amérique en plein essor, des hommes d'une autre trempe que les bourgeois conformistes et les aristocrates suffisants qui ne l'ont pas jugée digne d'eux. Peut-être, mais si elle part, c'est sans filet.
- Qui sera du voyage ?

M. Morse lui-même, deux représentants commerciaux, deux graveurs, deux imprimeurs, six hommes et elle, la seule femme.

Ce n'est pas du tout convenable. Au diable les convenances, elle les laisse derrière elle, elle s'en va vers un pays neuf.

10

Chicago 1890

Elle s'est acheté une très belle malle de voyage, dans une boutique au nom approprié : « Aux États-Unis », rue Saint-Honoré. Cette malle est toujours dans la famille. Elle y a soigneusement rangé ses plus jolies toilettes, s'en est offert de nouvelles, très légères et bien chaudes car il paraît que le climat de Chicago passe d'un extrême à l'autre. Pour les fourrures, il vaut mieux attendre d'être là-bas, lui a conseillé une amie, elles y sont bien moins chères.

Les cinq jours de traversée sont une parenthèse enchantée. Dans les salons de première classe, elle retrouve la courtoisie et l'atmosphère feutrée des bonnes maisons hollandaises. Son aisance à passer du français à l'anglais, à l'allemand et même l'italien, lui vaut très vite une cour d'admirateurs. M. Morse se félicite chaque jour de son choix. L'Amérique sera peut-être sa terre promise. Les silhouettes mal fagotées des mille émigrants entassés sur l'entrepont ne parviennent pas à l'incommoder : après tout ils ont des cabines, eux aussi.

Puis le paquebot entre dans la rade de New York. La grande statue, dont un oncle de sa mère a sculpté le nez avec l'équipe de Bartholdi, l'accueille. Des centaines de bateaux, lourds navires marchands, gigantesques paquebots, remorqueurs trapus, voiliers effilés aux multiples mâts, et des troupeaux de barques à voile, à moteur, sillonnent frénétiquement la rade. La ville est là, haute, minérale, neuve. Les docks sont une fourmilière, le front de mer une suite de chantiers. « Vous allez au pays de tous les possibles », lui a dit le mari d'Adèle. Pour elle aussi, peut-être.

Chicago lui plaît beaucoup moins. Elle savait qu'elle débarquait dans une énorme agglomération industrielle où poussaient chaque jour une nouvelle usine, de nouveaux entrepôts. Elle ne s'attendait pas à un tel chaudron. Même Londres, avec ses quartiers misérables et sa ceinture d'usines, a des allures policées à côté de « cette cité hurlante de labeurs accumulés », comme l'écrivait un journaliste de l'Illustration venu visiter l'Exposition universelle. Noire des fumées de charbon que crachent ses usines, résonnant des grondements des convois de trains qui y conduisent et remmènent chaque jour des centaines de milliers de travailleurs et des tonnes de marchandises vers les quais du port, des métros surélevés qui enserrent le centre de la ville d'une ceinture cliquetante, vibrante et incessante, du tintamarre des cloches des trolleys censées avertir les piétons qu'ils risquent leur vie s'ils ne s'écartent pas, des cris des conducteurs de voitures à cheval, des charrettes, puant les ordures, le crottin et cette odeur âcre des fumées de charbon brûlé que le vent de sud-ouest rabat sur la ville avec les remugles de viandes en décomposition venant des abattoirs.

La ligne de gratte-ciel de New York a un côté exaltant, elle y sentait l'audace de la jeune Amérique, ceux de Chicago semblent pousser avec prétention leurs bas-reliefs dorés vers le ciel sale. State Street est bordée de magasins aguicheurs, aux vitrines remplies de tentations pas vraiment tentantes, trop voyantes ou bien trop ternes et fonctionnelles. Et partout, tout le temps, des gens pressés, tendus chacun vers son but, les hommes d'affaires en chapeau melon vers la Bourse, le Board of Trade et l'argent à faire fructifier, les femmes oisives vers les boutiques, les distractions, et la masse compacte des employés vers leurs bureaux, leurs postes de vendeuses, de serveurs... un peu d'argent. Pour vivre, un peu mieux si possible.

Et ça c'est dans le centre, dans le quartier privilégié entre le lac et la Chicago River, jusqu'à la douzième rue au sud. Au-delà, quand on passe la rivière à l'ouest, c'est la même misère sordide qu'à White Chapel, entassée dans des immeubles de rapports étroits, serrés l'un contre l'autre, parfois sans fenêtre, avec une toilette par étage, mêlant dans le même bloc et la même indigence Lithuaniens, Polonais, Juifs, Italiens, Noirs... Et au sud, où elle ne s'est égarée qu'une fois, le quartier des jetées, le Levee, celui des femmes vendues comme bétail entre deux rangs de maisons de jeux et de saloons.

Charlotte a envie de fuir :
« ... ces murs sales et noirs,
... ces dégoûtants trottoirs,
Où fourmille matin et soir
La foule immonde... »

Et puis la vie s'organise. Ses collègues et elle sont logés dans un hôtel très correct, à l'angle de Hubbard et Wabash, à un bloc de Michigan avenue et du lac, là où la brise venant du large parvient à chasser les miasmes des fumées. Ils ne sont qu'à cinq blocs d'Adams Street, où se trouvent les bureaux loués par Goupil, Boussod et Valadon. Charlotte est beaucoup sollicitée pour servir d'intermédiaire entre M. Morse et les Américains. Jackson Park, où se construit l'exposition, est à sept miles au sud de la ville. Heureusement les tramways conduisent jusque-là, mais il faut près d'une heure pour y arriver et chaque expédition gâche une paire de chaussures à piétiner dans la boue et les gravats. M. Morse finit par lui offrir des bottes en cuir épais pour l'accompagner sur le chantier. Les organisateurs, les chefs de chantier, sont surpris de la voir prendre la parole à côté de M. Morse. Elle a appris à être précise et exigeante, à rappeler les engagements antérieurs. Elle aime voir la surprise se changer en admiration dans le regard de ses interlocuteurs. Elle revient presque toujours satisfaite des visites de chantier.

Comme le lui avait prédit le mari d'Adèle, l'été est vite une fournaise. Sandy, la secrétaire de M. Morse recrutée à Chicago, est chargée de renouveler chaque jour les blocs de glace qu'on laisse fondre dans des bacs sous les fenêtres pour rafraîchir un peu l'air. Toute l'équipe rêve des ventilateurs électriques qui équipent les plus riches boutiques de State Street. Charlotte ne commence à revivre que lorsque le soleil disparaît enfin sous l'horizon.

- Tu nous accompagnes, Charlotte ? propose Emile Coudrier, un des graveurs qui lui fait un peu la cour.

Leur groupe a découvert un restaurant français, Papa Tanti, qui réussit ce miracle d'avoir une petite terrasse au-dessus de la Chicago River. Ils y dînent presque chaque soir en attendant que l'air de leurs chambres devienne respirable. Papa Tanti leur réserve la table la plus proche de la rivière.

- J'ai de superbes *sirloin steaks* ce soir, annonce-t-il, et je vous fais des pommes frites pour l'accompagner.

Avec tous les troupeaux qui viennent se faire tuer dans les abattoirs, les restaurants de Chicago proposent des steaks ou des côtes d'agneau pour cinquante cents, mais Papa Tanti sait choisir les meilleurs morceaux. Charlotte est lasse de la viande.

- Vous n'auriez pas quelque chose de plus léger ? Du poisson ?
- Un filet de *black bass* avec un petit beurre blanc ?
- Sans beurre blanc, juste du citron s'il vous plaît.
- Vous avez raison, le *black bass* a une chair subtile, ce serait dommage de la masquer avec une sauce trop riche, assure-t-on derrière elle.

Celui qui parle s'est exprimé en français mais avec un accent qui n'est pas américain.

- Vous vous y connaissez en cuisine ? s'étonne Charlotte en se retournant.

Son interlocuteur a belle allure, le crâne dégarni mais un grand front intelligent, une moustache à l'abondance débonnaire. Il est vêtu d'un élégant costume de lin grège. Il observe Charlotte avec un amusement gourmand.
- Un peu, pas un restaurant à Chicago ne sait faire un bon goulasch. Je dois me le confectionner moi-même.
- Un goulasch ?
- C'est un plat hongrois que ma mère réussissait à merveille.
- Vous êtes hongrois ?
- Par mon père, autrichien par ma mère.
- Vous parlez très bien français.
- J'étais un enfant rétif, mon père, lassé de me dresser à coups de ceinture, m'a expédié étudier chez les Dominicains français à Vienne.
- Et de Vienne vous êtes venu à Chicago ? ne peut s'empêcher de demander Charlotte piquée de curiosité.
- En passant par Buenos Aires, la Californie et Hawaii.

Cet homme est une rareté.
- Pardonnez-moi, je ne me suis même pas présenté. Joska Mohor, je viens souvent dans ce plaisant restaurant en espérant y rencontrer des Français pour ne pas oublier l'enseignement des pères dominicains.
- Nous sommes sept Français à cette table, voulez-vous vous joindre à nous ? propose M. Morse, qui n'est pas mécontent de voir sa troupe distraite des tâches administratives ingrates qu'il leur impose.
- Alors permettez-moi de vous offrir du vin ?

C'est bien un raffinement d'Européen et un geste princier. À Chicago on boit de la bière et du whisky. Le vin est hors de prix, il est réservé aux réceptions.

Pendant tout le repas, le nouveau convive les régale d'anecdotes sur la vie à Chicago, le luxe ampoulé qui se cache derrière les murs des superbes maisons de Prairie Avenue et du nouveau quartier chic au nord, près de Lake Shore drive.
- La plus surprenante au sud est celle de Marshall Field.
- Pourtant, de l'extérieur, c'est la plus sobre, s'étonne Charlotte.
- Marshall Field est un puritain, il veut bien montrer qu'il a réussi, mais qu'il n'est pas un gaspilleur. Sa femme a obtenu qu'il lui laisse décider de l'aménagement intérieur. Elle n'a eu peur de rien. Un régiment de fantassins pourrait passer de front dans l'escalier central, et sa salle de réception ivoire et or veut rivaliser avec celle de Buckingham, en plus

prétentieux. Mais le château bavarois à tourelles de Potter Palmer, au nord, est encore plus extravagant.
- On dirait que vous n'aimez pas la bonne société de cette ville ? s'amuse M. Morse.
- Elle me ravit, je n'ai jamais rencontré au cours de mes voyages, qui furent nombreux, une telle abondance d'argent et de mauvais goût. Mais ils apprennent vite, les cours de danse de Bournique sont très fréquentés.
- Je me disais aussi, hasarde Charlotte, qu'il était surprenant que cet invraisemblable château mauresque de Kinsley soit le restaurant le plus couru de Chicago.
- Vous avez essayez leur French Café, au troisième étage ?
- Pas encore.
- On ose à peine s'asseoir sur les chaises tant elles sont délicates, mais dorées à la feuille ! Avec les stores rayés rouge et blanc, raides comme des toiles de tente, qui tombent des fenêtres, le contraste est surprenant. Si cela vous amuse, je me ferai un plaisir de vous y emmener.

L'invitation concerne toute la table, mais s'adresse plus particulièrement à Charlotte.
- Pourquoi pas, répond-elle aimable.

Quelque chose en elle frétille. Quelle élégance, quel humour, quelle largesse ! Et quelle gentillesse se devine derrière la moustache germanique et le regard qui frise. Joska Mohor les régale pendant le reste du dîner d'anecdotes toutes aussi savoureuses sur les us et coutumes des habitants de Chicago, la taille des diamants de Mrs. Palmer et la férocité de George Pullman, puis en les quittant, il leur donne rendez-vous le surlendemain au café français de Kingsley.
- Chicago recèle aussi d'agréables surprises, dit-il en les quittant, ce dîner en est une.

Il baise les doigts de Charlotte avec juste un peu plus d'insistance que l'exige la politesse.

Le French Café de Kinsley n'a de français que le nom et celui des plats inscrits sur la carte. Le « Chateaubriand pomme mousseline », n'est qu'une version un peu plus raffinée du *tenderloin* américain, et les pommes mousseline rien de plus que des *mashed potatoes* rêches et bourratives, mais Joska fait accompagner le tout d'un *saint-émilion* fastueux qui enchante la compagnie, et les fenêtres largement ouvertes de toute part laissent passer un courant d'air bienfaisant.

- Si on pouvait dormir ici, soupire Emile Coudrier, j'étouffe à l'idée seule de retrouver ma chambre.
- C'est le meilleur moment pour une promenade au bord du lac, propose Joska. Des *cabs* stationnent toujours sur Washington, près du City Hall, voulez-vous que j'aille en chercher ?

L'équipe approuve avec enthousiasme.

- Cette fois c'est moi qui vous invite, insiste M. Morse.

Comme Joska tend la main à Charlotte pour l'aider à monter la première dans la voiture, il est normal qu'il s'asseye à côté d'elle.

- Si on longeait le *Millionnaires' row* ? propose un des passagers, il paraît que les jardins et les façades sont éclairés dès que le soleil baisse.
- Quelle bonne idée ! s'exclame Charlotte, je n'ai pas encore osé m'y promener de peur de passer pour une voyeuse.
- Vous ne risquez rien, en été les millionnaires fuient la chaleur de Chicago, annonce Joska, mais ils laissent les lumières pour marquer leur territoire.

À mesure que les voitures se rapprochent du lac un petit vent venu de l'eau caresse les visages, et dans Michigan Avenue les odeurs de jardins en fleurs parviennent à masquer les remugles des abattoirs.

Devant chaque demeure luxueuse, les exclamations fusent de chaque voiture. Sur les conseils de Joska, les cochers les conduisent ensuite sur Prairie Avenue jusqu'aux maisons palais des trois maîtres de la ville : Marshall Field, George Pullman et Philip Armour.

- On est tout près de Levee, s'étonne Charlotte, c'est bizarre qu'ils se soient mis là.
- C'est Chicago, explique Joska, la débauche et les affaires y font bon ménage depuis toujours. Ce sont les tenanciers du plus fameux saloon qui font gagner les élections du *First Ward*, le maire leur est très reconnaissant. Et puis, ici, étaler sa richesse est pédagogique : les pauvres n'ont qu'à en prendre de la graine.
- Il doit bien y avoir des révoltes.
- Il y en a régulièrement, les derniers meneurs ont été vite pendus.
- Cette ville est impitoyable.
- Puisqu'il fait encore trop chaud pour rentrer et que nous avons des voitures, si nous poussions au nord jusqu'à la plage ? propose M. Morse.
- Je n'osais vous le suggérer, déclare Joska. Vous n'êtes pas trop fatiguée ? s'inquiète-t-il auprès de Charlotte.
- Marcher au bord de l'eau sera un plaisir.

Dès qu'on traverse la Chicago River, la foule qui envahit le centre se clairsème. Malgré les lueurs roses du couchant qui éclairent encore

l'horizon, il fait presque noir au bord de l'eau. M. Morse demande aux cochers des deux *cabs* de les attendre et la troupe descend joyeusement sur la plage pour admirer les lumières des *steamers* qui arrivent de Portland. Joska marche à côté de Charlotte, s'arrête avec elle quand elle se tourne vers le large.
- On se croirait au bord de la mer. Mais l'odeur de l'eau n'est pas la même.
- Les vagues y sont aussi violentes lorsque souffle le vent du nord.
- Vous venez souvent ici ?
- Quand j'ai besoin de respirer.
- Je comprends.

Imperceptiblement, ils se rapprochent l'un de l'autre, sans vraiment se toucher, mais Charlotte sent contre son dos la chaleur du corps de cet homme qui vient de lui tomber du ciel.

« Tout le long de la sombre plage….
À cette heure où le jour expire
Tous deux gardant notre secret
Nous sentions sans oser le dire
L'amour qui nous enveloppait. »

11

Joska est tenté. Voilà un moment que l'envie lui prend de serrer un enfant dans ses bras, puis deux, puis trois, qui sautent, courent, comme autrefois lui et ses frères dans la maison de Marburg. Mais les Américaines ne sont pas épousables. Même s'il a une réelle affection pour Amy, il n'est pas le seul. Elle est quand même passée par beaucoup de mains pour en faire une épouse et une mère. Les autres, les jeunes femmes bien élevées, sont trop puritaines ou trop avides, ou les deux. Cette Charlotte venue de France a un parfum d'Europe, de la tenue sans pruderie, de la séduction sans vulgarité, du cran, elle a quitté famille et amis pour venir seule dans cette ville infernale, un peu comme lui à dix-sept ans quand il s'est engagé comme mousse sur le *Caledonia*. Elle a une aisance naturelle qui sent son éducation de qualité. Elle a de l'humour, la taille fine, des hanches larges et des seins voluptueux, elle n'aime pas la richesse qui s'étale mais ne rechigne pas devant une jolie robe, elle ne sait pas confectionner les tartes aux pommes, elle préfère peindre un paysage, elle n'a peut-être jamais eu d'amant, mais elle est en manque d'homme, il suffit de la respirer pour le sentir. Et il a l'air de lui plaire.

« Pourquoi pas ? », songe-t-il en allumant un cigare.

Il n'a pas osé tout à l'heure à la fin du repas, de peur de l'incommoder avec la fumée. Mais voudra-t-elle de lui ? C'est son élégance, sa générosité qui lui plaît. Le fait qu'il soit lui aussi un immigré, de culture européenne, mais pour le reste ?

Son instinct lui dit qu'elle devrait aimer ce qui reste en lui du gamin casse-cou qui plongeait dans la Drave du pont de Marburg au printemps quand le flot bouillonnant était le plus dangereux, ou du petit provocateur qui recevait trop souvent des coups de règle sur le bout des doigts, riait et tendait l'autre main par bravade.

Pauvre maître, ce n'était pas contre lui que Joska se rebellait, mais contre son rustre de père, qui dressait ses fils au fouet et avait transformé sa femme en servante, usée par neuf maternités et se crevant les yeux à raccommoder leurs multiples chaussettes.

Elle aimerait moins celui qui sirotait à huit ans l'alcool des bocaux de fruits de sa mère. Pas bégueule, mais protestante quand même. Le lui avouera-t-il ? Peut-être, lorsqu'il la connaîtra mieux.

Il est las de sa vie solitaire, même des soirées tendres chez Amy, de ses dîners au Bismarck avec ses vieux amis allemands. Même de la liberté de se soûler à en rouler par terre pour oublier qu'il a quarante-trois ans et que les ravissantes maisons de pierre de Goethe Street, à cinq blocs des châteaux indécents des Potter Palmer, Mc Cormick et autres « moguls », qui valent chacune bien trente mille dollars, sont construites sur le terrain qu'il a bradé pour huit mille dollars à Lyman Baird, après l'incendie. Il n'avait que vingt-quatre ans, mais ce n'est pas une excuse.

En fait, il a eu peur. Il avait réussi, il était riche, avec des revenus réguliers, les dix maisons de bois qu'il avait fait construire en transportant lui-même les matériaux et en clouant plus de planches que les charpentiers, lui rapportaient chaque mois trois cents dollars, une rente ! Il était devenu un gagneur, comme son père. Il a commencé à fumer des cigares. Et puis, en une chaude nuit d'octobre, tout Chicago a brûlé. Il n'a réussi à sauver que la vieille Mrs. Stringfold bloquée à l'étage dans sa chaise roulante. Il a bien cru y laisser sa peau lui aussi, mais son cheval a été assez rapide pour les évacuer tous les deux jusqu'au Lincoln Cemetery, loin des murs en flammes qui s'effondraient sur les chaussées.

Les assureurs, ces escrocs en jaquette, n'offraient, vu l'ampleur de dégâts, que 18 % de la valeur des biens, huit mille dollars pour ses dix maisons ! Et il fallait qu'il s'estime heureux d'en tirer quelque chose.

Il aurait pu garder ses terrains, rebâtir. C'est ce que des tas d'autres ont fait. L'incendie à peine éteint, des baraques de fortune se relevaient à la place des cendres, des pancartes annonçaient fièrement : « On a tout perdu, mais on est vivants. Dans quelques jours on rouvre. » Il fallait se retrousser les manches et trouver de l'argent à emprunter, donc avoir des amis bien placés dans les banques, au City Hall, au Board of Trade… Et si on n'en avait pas, se glisser dans leurs bonnes grâces à coups de pots de vin, flatteries, flagorneries, promesses de vote… Si on rampait bien, on aurait une part du gâteau. Joska ne savait pas ramper, son père avait essayé de lui apprendre à coups de ceinture. Il n'avait pas réussi.

Alors il a vendu, et avec l'argent, une fois de plus, il a filé.

La légende familiale est maigre et confuse sur la période suivante de la vie de Joska. Une chose est sûre, il a quitté les USA pour une île. Certains disent Haïti, d'autres Hawaii, d'autres Tahiti. Je pencherais pour Hawaii, pas encore américaine mais déjà très liée aux États-Unis par le commerce du sucre. La légende dit aussi qu'il y apporta le premier cheval. Haïti était déjà bien pourvu en chevaux venus d'Europe avec les colons, Tahiti me semble vraiment trop loin pour avoir attiré Joska. Des chevaux étaient arrivés récemment dans la principale île de l'archipel d'Hawaii à cette époque, mais peut-être pas dans les îles plus petites. Joska se serait lancé dans la plantation, certains disent de thé, d'autres d'ananas. Le thé n'a été introduit à Hawaii qu'en 1887, l'ananas par contre y était cultivé depuis 1813. Le café commençait aussi à s'y répandre.

On ignore combien de temps Joska est resté dans cette île. Cette période de presque vingt ans, entre le grand incendie de Chicago et sa rencontre avec Charlotte, reste la partie obscure de sa vie, celle dont il a peu parlé à Charlotte comme à ses enfants. Sans doute n'était-elle pas assez glorieuse. Il n'a pas dû y refaire fortune, puisqu'en 1890 il est représentant de la Standard Oil. À l'époque il n'y avait pas encore de voiture à moteur, il devait vendre des solvants ou des goudrons aux entreprises de peinture, du pétrole lampant pour l'éclairage des rues et des maisons.

Son travail marche bien, ses clients lui sont fidèles et lui en apportent d'autres. Il a placé un peu d'argent à la Bourse, qui monte tous les jours, mais son appartement est trop petit pour accueillir une femme et peut-être des enfants.

Joska a déboutonné son gilet, il s'enfonce dans son large fauteuil, secoue les cendres de son cigare, se verse un cognac. La bouteille et son verre ballon sont toujours sur le guéridon à portée de sa main. Charlotte le laissera-t-elle fumer et boire à sa guise ? Les femmes n'aiment pas l'odeur du cigare, et les filles de pasteur encore moins. Mais Charlotte n'est pas une « cul serré » pentecôtiste. Elle apprécie le vin, elle est coquette… Une femme avec lui, le matin, le soir, la nuit… Amy aime qu'il passe la nuit avec elle, elle est tendre, elle est gaie… Mais des enfants avec Amy, ce n'est pas possible.

Dans une maison pleine de vie, il cessera de ressasser ses années héroïques, son départ de Trieste au petit jour, maigre sac sur le dos, car il ne voulait rien emporter qui ait appartenu à son père, le mugissement de la sirène du *Caledonia* comme un adieu lancé à sa mère, à ses frères et sœurs, ses larmes et sa joie féroce. Je suis parti, qu'il crève. Les ordres claquants du capitaine, les montées dans les haubans, sa fierté là-haut d'avoir choisi librement d'obéir. Et puis Buenos Aires, les cafés de la Bocca, les monstrueux dockers allemands pleurant dans leur bière en écoutant gémir le chanteur de tango. Il les prenait par les épaules, les consolait dans leur langue, payait les bières avec le peu d'argent de son salaire de mousse. Et le lendemain, ils l'emmenaient avec eux sur les quais pour charger les sacs de cinquante kilos de blé.

La fraternité de la bière a duré jusqu'à ce qu'il rencontre Victor Grigorio au bar de l'hôtel Asturias où il aimait se réfugier quand la Bocca lui poissait trop le cœur.

Victor était imposant, large d'épaules, la moustache mexicaine et l'élégance italienne. Il cherchait de la compagnie, mais il n'y avait pas de femme au bar ce soir-là. Il s'est étonné de sa commande :
- Tu bois du cognac ?

Joska commençait à baragouiner suffisamment d'espagnol pour lui répondre.
- J'en ai assez de la tequila et du rhum.
- C'est cher.
- Et alors ? Vous me trouvez trop jeune pour gagner ma vie ?

Victor a ri, ils ont bavardé toute la soirée.
- Tu montes à cheval ?

Il ne s'était risqué qu'une fois, sur le hongre de son père. Il n'y était pas resté longtemps.
- Bien sûr.
- Ça te dirait de changer d'air ? Je cherche des hommes jeunes et hardis pour surveiller mon troupeau.

Victor venait de vendre quelques centaines de ses bêtes aux abattoirs de Buenos Aires.
- Vous payez combien ?

C'était le double de ce qu'il gagnait à se casser le dos sur le port. Le lendemain il prenait la diligence pour Cordoba.

Il avait adoré sa vie dans la pampa. Rodrigo, un péon métis lui avait vite appris à monter, puis les rudiments du métier : attraper les bêtes au lasso, les marquer, aider les vaches à vêler... Ils étaient six sur l'estancia de Victor, à surveiller un troupeau de trois mille têtes. En un an il était devenu Don José, un vrai gaucho, roulant son tabac sur la cuisse et crachant droit sur les énormes crapauds qui se rassemblaient le soir autour de l'abreuvoir.

Alors seulement il avait envoyé une lettre à Marburg, pour rassurer sa mère, dire qu'il était sain et sauf et qu'il avait un bon travail. C'est le vieux qui a répondu : « Que tu sois en Argentine, je le vois, que tu travailles, j'en doute. » Qu'il crève !

Mais de ce jour, les nuits fraîches sous les étoiles, l'amitié de Rodrigo, la douceur de sa selle neuve ont perdu leur charme.

Le destin devait être bien disposé, il lui a fait un second cadeau. Victor a reçu la visite d'un de ses amis, un important homme d'affaires

de Buenos Aires et a demandé à Joska de lui montrer l'estancia. Au retour, le visiteur a tenu à partager une bière avec lui.
- Je resterai bien un peu plus longtemps, a soupiré Don Ignacio, le visiteur.
- Vous êtes obligé de repartir ?
- Une grosse affaire à organiser. Une ligne de télégraphe à construire entre Buenos Aires et Cordoba, la première d'Argentine.
- C'est compliqué ?
- Il faut trouver plusieurs milliers de poteaux, de dix mètres de haut.
- Il suffit d'une belle forêt de sapins, a dit Joska.
- Les forêts on en a au-dessus de Bariloche, au sud, mais des hommes qui savent organiser un chantier de coupe et ramener les troncs, l'Argentine n'en possède pas beaucoup.
- Moi je m'y connais, c'est ce que je faisais à Marburg, avec mon père.
- Toi ?
- Je suis jeune, mais j'ai l'habitude de travailler avec des bûcherons. Chez nous on descendait le bois de la montagne par flottage sur la Drave, puis sur la Socca jusqu'au golfe de Trieste où on les embarquait pour l'Angleterre. C'est le plus simple et le moins cher. Il doit bien y avoir des rivières près de vos forêts ?
C'est Victor qui a convaincu Don Ignacio :
- Ce garçon, je lui laisserais le troupeau et la maison si je devais m'absenter longtemps. C'est un homme de parole et de décision, il a la manière avec les hommes, il en obtient ce qu'il veut car il travaille plus qu'eux. Et il est increvable.

Le lendemain il partait avec Don Ignacio pour Buenos Aires étudier de plus près le projet.
- Combien de temps penses-tu qu'il te faudra pour descendre jusqu'à la mer les premiers cinq cents fûts ?

Il fallait d'abord qu'il se rende là-bas pour repérer les parcelles à exploiter les plus proches des torrents qui descendaient vers le Rio Negro. Don Ignacio se chargerait d'obtenir les autorisations. Après il chercherait de la main d'œuvre, ce n'est pas très peuplé par là-haut, en dehors de quelques Indiens et des chasseurs de bêtes à fourrure. Il faudrait recruter ailleurs, certains de ses amis dockers pourraient faire de bons bûcherons une fois sevrés.
- Six mois. Le plus long sera de trouver les hommes et de les former, puis ménager des chemins jusqu'aux rivières. Après on accompagnera les troncs jusqu'à Viedma, plus de huit cents kilomètres de rivière et

de fleuve. J'aurais besoin d'une avance pour organiser les chantiers, loger et nourrir les hommes et payer les salaires.
- Combien ?
- Trois cent mille pesos me suffiront pour commencer. Vous me paierez le reste à mesure des livraisons.

Don Ignacio s'attendait à plus. L'Argentine est riche, tout le monde profite de la vénalité des gouvernants.
- Le reste, ce sera combien ?
- J'ai fait une estimation, dit Joska en sortant des papiers de la serviette de cuir qu'il s'est achetée la veille. Cela vous semble-t-il raisonnable ?

Si Don Ignacio accepte, il sera millionnaire.
- C'est raisonnable. Victor a raison, tu es un homme efficace.

Ce n'est qu'hors de vue des bureaux de Don Ignacio que Joska s'autorise un bras d'honneur. Jamais son père n'a réussi un coup aussi beau en aussi peu de temps.

Il n'a guère dormi pendant les mois suivants, présent au recrutement, à l'abattage, à la mise à l'eau, à l'embarquement des fûts sur les navires, puis remontant en montagne commencer une nouvelle coupe. Réglant les bagarres, cognant lui-même quand nécessaire, le cul en bouilli à tenir des journées entières sur sa selle, des furoncles aux jambes et aux fesses. Et au bout des six mois plus deux semaines, les cinq cents premiers troncs étaient descendus. Quatre mois plus tard, il livrait le reste. Il avait vingt ans et il était aussi riche que son père.

C'était le moment d'asseoir cette fortune, de la placer en entreprises lucratives, acheter des bateaux, assurer le transport du blé, des viandes, de l'Argentine vers l'Europe. Bâtir un abattoir à Buenos Aires, planter de la vigne à Mendoza, acheter des hectares de prairie et un troupeau comme Victor.

Et passer son temps à surveiller ses rendements, les cours de la Bourse, ceux du fret… Devenir âpre et tyrannique comme les « moguls » de Chicago ou comme son père.

Il en crèverait d'ennui.

L'argent est fait pour la fête. En première classe sur les plus beaux paquebots, vers l'Angleterre, puis en train vers Venise, et encore en train jusqu'à Vienne. Avec des amis rencontrés en route, et du champagne à chaque souper. De Venise, il a failli faire un détour par Trieste, et puis non, le vieux trouverait le moyen de l'humilier. Il s'est contenté de lui envoyer une carte du Danieli. Il est reparti pour la Suisse, il a fait du ski, ce sport tout neuf, dans un manteau de loutre. Puis il est revenu à

Buenos Aires, a invité ses amis dockers à une fête de trois nuits, avec femmes et tequila à volonté… et puis il ne lui restait plus grand-chose.

Il fallait vite refaire fortune, mais Don Ignacio avait pris d'autres partenaires qui n'avaient pas l'intention de partager. Et dans les chemins de fer les places d'entrepreneurs étaient prises par des requins de haute mer.

Restait l'or de Californie, on disait qu'il y en avait encore pour qui voulait se donner de la peine. À Buenos Aires il lui a été facile de trouver une place sur un cargo en partance pour Panama, où le train menait maintenant sur la côte Ouest.

Il se fit américain, condition pour avoir droit à une concession, mais le sable des rivières était déjà tamisé et les beaux filons épuisés depuis un moment. Il y avait encore du métal, assurait-on dans les bars du port de San Francisco, de l'autre côté des Rocheuses, dans le Colorado, mais dur à extraire. Il fallait laver la montagne à coups de lances d'incendie en captant l'eau d'un torrent, puis trier les sédiments dans des bassins. Impossible de travailler seul, il aurait besoin d'une équipe. Donc d'argent.

Il en avait gardé un peu des largesses de la Compagnie des Télégraphes, assez pour prendre le train jusqu'à Denver, monter à Blackhawk, traîner en ville, capter les rumeurs, boire beaucoup de bières avec Liang, un Chinois à la peau recuite par le soleil qui ne voulait plus travailler pour cet enfoiré de Nathaniel Hill et savait où creuser, plus loin plus haut.

- Là, avait-il dit en posant un doigt sur la carte. Tu demandes une concession de cinq miles autour.
- Et pour laver ?
- Un petit torrent descend de l'autre côté de la crête, à la dynamite on le détournera facilement. Il nous faudra six hommes. Je les connais, ils me suivront. Je te trouverai du matériel pas cher, mais il faudra acheter à manger et à boire pour un bout de temps, on ne redescendra pas chaque semaine. Tu as de quoi payer ?
- Je pense.

C'était un de ses meilleurs souvenirs. Liang avait raison, il y avait du minerai d'or dans cette crête de montagne, mais il a fallu trimer comme des bêtes pour le sortir. Il avait promis à Liang un quart des gains, les autres étaient payés à la journée, plus une prime si on ramassait gros. Des hommes taciturnes et sûrs, tous du même village que Liang. Joska se faisait un plaisir d'être le premier debout et le dernier couché, de rivaliser avec Liang à celui qui éjecterait le plus de gravats. C'était lui qui chassait, eux mitonnaient des soupes bizarres mais ravigotantes. Quand toute la bière a été bue, ils se sont mis au whisky et au café, comme des vrais Américains.

Il leur a fallu un peu plus d'un an pour défigurer la montagne et gagner de quoi vivre tranquilles un bon moment. Le plus dur a été de quitter ses ouvriers, il ne retrouverait pas de sitôt des hommes de cette qualité. Il a toujours des nouvelles de Liang qui a ouvert un restaurant à San Francisco et une dizaine de blanchisseries.

Il aurait aimé s'associer à Joska, mais lui en avait assez de l'Ouest. En dehors de Liang, tous des chacals ou des brutes avides. Il avait entendu parler de Chicago, la ville où tu doublais ton capital en un an. Il y avait là une grosse colonie allemande, il avait envie d'un peu d'Europe.

Les Allemands sont comme les Chinois, des travailleurs acharnés avec un fort sens de la solidarité. Dans la jungle américaine, particulièrement celle de Chicago, il faut la protection d'un clan pour survivre et se faire une place.

Bien conseillé, il avait acquis un très beau terrain au nord de la Chicago River, où la ville commençait à se développer, et y avait fait construire ses maisons de rapport.

Qui sont parties en fumée un an plus tard.

Il avait été raisonnable pour rien. Il n'était pas fait pour accumuler, investir, spéculer et couvrir ses doigts de chevalières grosses comme des montres, ciselées à ses armes. Il avait fui à Hawaii, puis il en était revenu.

Aujourd'hui il a envie d'autre chose, à moins que ce soit une autre forme de chaleur que celle qu'il a connue sur l'estancia de Victor avec les gauchos, ou dans les Rocheuses avec Liang et ses ouvriers. Être cerclé de bras aimants.

Il va épouser Charlotte.

12

Charlotte flotte dans une brume irisée. Ce soir Joska l'a emmenée dîner au sud de la ville, pas loin de Jackson Park où se prépare l'exposition.
- Que pensez-vous de ce quartier ? lui a-t-il demandé.
- On y respire bien mieux qu'au centre-ville. Chaque fois que je vais sur le chantier avec monsieur Morse, je me sens renaître. On est au sud des abattoirs et des usines, n'est-ce pas ?
- Vous plairait-il d'y vivre ?
- Moi ?
- Avec moi peut-être, si vous voulez bien m'épouser.

Cet homme au regard doux, aux larges épaules, au sourire moqueur et tendre allait devenir son mari. Il l'aimait, il l'avait emmenée là pour lui montrer une petite maison fraîchement peinte en blanc.
- Elle n'a pas de vraie salle de bains, juste une salle d'eau avec douche, et un seul grand poêle pour la chauffer, mais il y deux chambres et une belle fenêtre dans le séjour pour éclairer votre chevalet, les commerçants sont tout près dans Cottage Grove Avenue et le trolley pour rejoindre le centre est au bout de la rue.

L'arrière de la maison donne sur un pré, avec un pommier et deux vaches. Il y a des mois qu'elle n'a pas vu de vache, ni de pommier. Elle a fondu en larmes en se jetant à son cou.
- C'est trop de bonheur.

Elle n'en revient encore pas. Dans un mois, le temps de faire venir les papiers de France, elle sera Charlotte Mohor. Elle aura une maison, un homme pour la protéger et l'aimer. Un homme qui la désire.

Charlotte se regarde, nue, dans le miroir de sa chambre d'hôtel. Ses cheveux dénoués lui tombent jusqu'à la taille, ils ont une couleur de châtaigne claire, pas aussi blond que ceux d'Adeline Patti, mais avec la même nuance rousse qui a si fort impressionné le public de l'Auditorium de Chicago. Ils balaient presque ses hanches blanches. Elle est grande pour une Européenne, dans la rue les hommes la suivent des yeux. Sa taille est fine, même sans corset, et ses seins doux, lourds, en poire. Un frisson de désir lui parcourt le corps. Son sexe devient étrangement tiède et sensible. Il serait là, elle se laisserait faire et pourtant elle redoute un peu le moment où elle le verra nu, lui aussi. En dehors des statues de marbre, elle n'a jamais vu d'homme nu, encore moins en érection, et elle n'y avait jamais songé, même au plus fort de sa passion italienne. C'est peut-être bestial, mais si son désir reste aussi fort que maintenant, elle risque d'aimer ça.

Ils se sont mariés au mois d'octobre, quatre mois après l'arrivée de Charlotte à Chicago. M. Morse et Sandy étaient ses témoins, deux amis hongrois ceux de Joska. Une bénédiction leur a été donnée à l'église presbytérienne la plus proche de leur maison. Le tout a duré deux heures, sans robe blanche, sans voile, sans demoiselle d'honneur, sans sa mère, ni ses sœurs, ni son frère. Le voile rebrodé de perles, la couronne de diamants et fleurs d'oranger, la traîne de douze pieds de long d'Ida Mac Cormick qui occupent la première page du *Chicago Tribune* sont certes à la limite du mauvais goût, mais Charlotte n'aurait pas détesté un peu plus de mousseline, quelque chose de plus vaporeux que sa robe de faille et sa veste à col de fourrure. Elle a quand même placé un toupet de plumes blanches sur son chignon. Joska, lui, avait belle allure dans une élégante redingote, avec haut de forme de soie grise et sa canne à pommeau d'argent.

À la demande de Charlotte, Krausz le photographe de Cottage Grove, a accepté de les prendre en photo samedi midi, avant la cérémonie à l'église.

Bien qu'elle soit maintenant une femme mariée, M. Morse lui a demandé de continuer à travailler avec lui.
- La construction des pavillons a du retard, des tas de nouveaux exposants se pressent auprès du comité d'organisation, on veut rogner notre place dans le pavillon des Arts et Manufactures, il faut nous battre sur tous les fronts, j'ai besoin de votre aide.

Cela lui fera un peu d'argent pour renouveler sa garde-robe, décorer sa maison. Dès qu'elle sera enceinte, elle s'arrêtera. Elle aime bien M. Morse et les autres membres de l'équipe, mais le rythme de travail devient frénétique. Certes, l'exposition se rapproche, mais c'est aussi cette ville qui déteint sur eux. Les Américains, ceux de Chicago du moins, mènent leur vie comme leurs trains, à toute vapeur, les patrons parce qu'ils aiment ça et que chaque minute de loisir est de l'argent perdu, et les employés parce que s'ils faiblissent, ils sont aussitôt remplacés par les flots d'immigrants qui débarquent chaque jour dans les gares. Les négociations avec le comité directeur de la foire sont dures, M. Morse en sort exaspéré. Il n'a pas réussi à se faire attribuer un emplacement au rez-de-chaussée du pavillon des Arts et Manufactures, de plain-pied avec les allées, alors que les libraires et imprimeurs allemands, « nos principaux concurrents », seront placés au rez-de-chaussée du pavillon de l'Allemagne.

Grâce à Charlotte ils ont cependant obtenu de ne pas être parqués dans le même hall que les cinquante-cinq autres libraires français.
- Nous ne sommes pas que libraire, a protesté Charlotte, nous sommes des éditeurs d'art, nous avons besoin de place pour exposer nos ouvrages et nos reproductions. C'était dans notre demande initiale et vous aviez accepté, rappelle-t-elle en fourrant sous le nez de ses interlocuteurs le courrier que M. Morse lui a maintes fois montré.

Elle commence à savoir comment marchent les cervelles américaines : tout ce qui n'a pas fait l'objet d'un accord précis est férocement négocié, mais un engagement pris est respecté.
- D'accord, vous aurez votre salon, miss. Aussi grand et beau que Firmin Didot.

En revanche, M. Morse n'a pas contrôlé assez tôt le catalogue de l'exposition réalisé par Conneky l'imprimeur de Chicago. Sauf pour la section Beaux-Arts et Électricité, le catalogue ne mentionne pas les noms et les produits des exposants français. Cela sera corrigé dans la seconde édition, promis ! Charlotte a fini par comprendre que quelques enveloppes bien remplies n'étaient pas inutiles pour mieux se faire entendre. Si elle l'avait réalisé plus tôt, les Français auraient peut-être participé au jury du comité de récompense, et augmenté leurs chances d'avoir un prix.

Dans ce pays, il faut être féroce ou très riche, et de préférence les deux, pour être respecté, et faire passer le « business » avant tout. Les réunions sont souvent tôt le matin ou tard le soir, les Américains se moquent des horaires. Dès que l'exposition sera inaugurée, ce sera pire, les pavillons seront ouverts jusqu'à la nuit, il faudra assurer des permanences. Charlotte n'est pas sûre qu'elle aurait tenu le coup.

C'est fini.

Sa galère est terminée, elle n'est plus condamnée à gagner sa vie. Elle n'est plus seule, un homme bon veille sur elle.

« Ce fut dans mes jours de faiblesse
Que tu passas sur mon chemin
Et me tendit avec tendresse
Ta bonne main … »

La main de Joska, solide et pourtant douce, c'est le cadeau que l'Amérique, ou le ciel, lui a fait.

Maintenant Charlotte se réveille le matin dans sa maison. Joska est déjà debout, il finit sa toilette. Elle l'entend chanter dans la salle de bains. Il a une belle voix grave. Charlotte sourit, depuis qu'ils sont mariés, il n'est pas de nuit où Joska ne lui fasse l'amour, avec délicatesse au début jusqu'à ce qu'il la conduise à la jouissance. Son ventre tiédit rien qu'au souvenir de ses caresses, de la vague de plaisir qui l'a submergée pendant de longues minutes.

Joska semblait si heureux. Ça l'a mis en appétit, chaque soir il se repaît de ses seins, de ses hanches... Elle enfile le déshabillé de satin et dentelle ivoire qu'elle s'est offert pour son mariage, une folie à cinq dollars découverte sur les rayons de Marshall Field's. Quand elle l'a essayé, elle n'a pas résisté. Ce serait « sa » tenue de mariage.

Aujourd'hui, elle ne travaille pas, elle a demandé une journée de congé à M. Morse, beaucoup de choses à régler, a-t-elle dit, qu'elle ne peut faire le week-end. Elle va préparer le petit déjeuner, elle le prend toujours avec Joska, qui part plus tôt qu'elle. Il ne rentrera pas avant ce soir, elle a toute sa journée à elle. Resi, la petite bonne allemande qu'elle a engagée il y a un mois sur les conseils de Joska, arrivera tout à l'heure pour remettre la maison en ordre.

- Tu crois que nous pouvons ? s'était émerveillée Charlotte quand il lui avait suggéré de se faire aider.
- Tu n'as pas l'air d'aimer beaucoup le ménage, avait ri Joska.

Le ménage, la cuisine, la lessive ennuient profondément Charlotte. Quand elle a un peu de temps, c'est vers son chevalet, ou son cahier de poèmes qu'elle se tourne. Mais elle veut que Joska trouve sa maison plaisante quand il rentre, alors elle lave, dépoussière, range... le résultat ne doit pas être très brillant, pour qu'il lui propose une aide.

- Elle ne coûte que cinq dollars par semaine, ce n'est pas trop cher payé pour que tu ne te fatigues pas.

Joska apprécie beaucoup plus une femme accueillante et reposée qu'une maison astiquée. Charlotte se sert une autre tasse de thé, verse son café à Joska. Qu'il est bon de paresser de temps en temps, de jouir de la lumière nette et froide de ce matin d'hiver qui illumine la grande fenêtre à côté de son chevalet, avec ce poêle qui ronfle doucement à quelques mètres d'elle. Que sa vie est bonne et douce.

Joska sort de la salle de bains en chemise, il n'a pas encore enfilé son plastron, son gilet et sa veste. Il sent bon l'eau de Cologne allemande qu'il achète chez son coiffeur et le linge propre. Joska change de chemise

et de linge de corps tous les jours, heureusement que Resi est là pour laver et repasser.
- Tu fais des courses aujourd'hui ?
- Diverses choses à récupérer en ville, le tapis de table, les couleurs et les toiles que j'ai commandées chez Carson…
- Tu seras bien chargée, prends un *cab* pour rentrer.
- Merci, dit-elle en l'embrassant.

De toute façon elle n'avait pas l'intention de rentrer en trolley, il vaut mieux qu'elle ne porte pas de paquets trop lourds. Elle attend la confirmation du docteur Grimm's qu'elle consulte tout à l'heure pour annoncer la nouvelle à Joska.

Dès que Joska est parti, elle s'installe à son bureau, un poème lui trotte dans la tête depuis hier, elle veut l'écrire avant de l'oublier.

« … *Si j'ai reçu de Dieu*
Un peu
De ce qui peut te plaire
Avec quelle douceur,
Ce cœur
T'offre…
Que peut-il offrir à Joska en remerciement de tant de bonté ?
… *sa vie entière.* »

Toute sa vie auprès de cet homme providentiel, elle sera une compagne aimante et fidèle.

Charlotte a préparé un souper raffiné : soupe de tortue (rapportée toute prête de chez Carson), rôti de dinde, pommes de terre à la crème, tarte aux pommes. Resi a fait la tarte, c'est plus prudent. Elle a aussi acheté une bouteille de champagne ; toute fête, pour Joska, doit s'accompagner de champagne. Elle a mis une nappe neuve, des fleurs sur la table, et elle s'est parée de sa plus jolie robe à collerette et poignets de dentelle.
- *My goodness* ! s'esbaudit Joska, tu m'accueilles comme un prince ce soir.
- N'es-tu pas le prince de ma vie ? suggère Charlotte, mutine.

Il rit, la prend par la taille.
- Tu as une faveur à me demander ?
- Eh bien oui, il faudrait que tu achètes un berceau.

Pendant quelques secondes, son regard se trouble, Charlotte est sûre d'y voir perler une larme. Puis il la serre contre lui et la fait tourner dans ses bras.
- Le plus somptueux berceau de la ville ! jubile-t-il.
- Confortable sera suffisant, assure Charlotte radieuse.

Joska lui avait dit qu'il voulait des enfants, mais les hommes ne racontent-ils pas tous cela aux femmes qu'ils veulent épouser ? Elle commence à connaître Joska, elle a compris que sa chance est encore plus grande qu'elle l'imaginait, il n'est pas seulement son rempart contre l'adversité, il est aussi un homme de cœur, véritablement. Il aimera ses enfants, elle en est maintenant certaine. Et elle, elle va avoir un petit à serrer contre elle, un petit garçon, ce serait délicieux.

La grossesse lui réussit, elle a le teint frais et se porte comme un charme. Malgré sa silhouette alourdie, le désir de Joska pour elle ne faiblit pas. Certains jours elle aimerait qu'il la laisse en paix. Mais elle ne lui refuse pas ce plaisir. Il apprécie d'avoir une épouse qui ne s'alite pas avec des mines souffrantes. Charlotte n'en a aucune envie, elle veut profiter pleinement de sa nouvelle vie, maintenant qu'elle peut se présenter dans le monde comme une femme mariée, qu'elle a une maison pour recevoir, elle veut aussi recréer autour d'elle un cercle d'amis, comme dans les familles hollandaises, les de Ridder ou les Labouchère, où elle était si bien.

Elle est tout de suite allée se présenter à la paroisse. En tant que fille de pasteur, on lui a ouvert les bras, elle a été conviée à des thés par plusieurs dames gentilles et ennuyeuses. Ses anciens collègues sont devenus des amis et elle a pris contact avec le Club Français de Chicago. Elle y a rencontré un peintre plein de talent, ancien élève de l'école des Beaux-Arts de Paris, Albert-François Fleury, qui a réalisé les fresques du Printemps et de l'Automne de l'Auditorium, un homme charmant. Elle va l'inviter avec des amis de Joska. Là aussi Charlotte a de la chance, comme elle, Joska aime être entouré. C'est un hôte prévenant, plein d'humour. Il rapporte toujours d'excellentes bouteilles pour honorer leurs convives. Quand la conversation prend un ton trop sérieux ou polémique, il glisse habilement une des anecdotes ahurissantes de son existence aventureuse, l'assemblée s'esbaudit, veut en savoir plus, l'embryon d'ennui ou de querelle s'évanouit. Et lorsque Charlotte s'enflamme, il se garde de l'interrompre. À la façon dont il frise le bout de sa moustache en la regardant, on voit que, certes, il s'amuse, mais surtout qu'il est heureux.

« Je connais au milieu de cette grande ville
Un coin charmant...
Nous y vivons à deux dans une joie intime...
Quelquefois des amis viennent causer et rire
Chez nous, le soir
Et la gaieté qu'alors toujours on y respire

Laisse bien voir
Que le bonheur parfois se glisse et se faufile
Sous d'humbles toits », écrit-elle.

Que demander de plus à la vie qu'un toit, un homme aimant et un enfant à venir ? Il y a un an, elle devait se contenter d'une chambre de bonne mal chauffée au sixième étage d'un escalier raide, d'un travail mal payé et des avances d'un séducteur volage. Pourquoi cette tristesse le matin après le départ de Joska et avant l'arrivée de Resi ? Elle a du temps, elle pourrait dessiner, écrire… raccommoder. Dès qu'elle prend les aiguilles et la laine à repriser, elle voit sa mère faire les mêmes gestes. Tout, mais pas le raccommodage ! Et Resi arrive, elles bavardent en prenant une tasse de café, Resi est contente de travailler dans cette maison où on parle allemand, elle n'est à Chicago que depuis trois mois, elle sait tout juste demander son chemin en anglais. Et puis elle adore pouponner. Chaque matin, après avoir remis du charbon dans le poêle, elle monte aérer la petite chambre.

- Vous l'appellerez comment ?
- Robert.
- Et si c'est une fille ?
- Je ne sais pas encore.

La chaleur commence tôt cette année, dès la fin mai Charlotte n'a plus le courage d'aller à pied jusqu'à Washington Park où elle s'efforce de marcher un peu chaque jour. Et puis, tout début juillet, alors qu'elle transpire dans son lit, les douleurs deviennent précises et régulières.

- Il faudrait aller chercher Mrs. Glastone, demande-t-elle à Joska.

Elle aurait bien aimé que ce soit le docteur Grimm's qui l'accouche, mais il habite trop loin, cela coûterait trop cher de le faire venir en pleine nuit. Il lui a assuré que Mrs. Glastone est la meilleure sage-femme du secteur.

- Tout se présente normalement, la rassure Mrs. Glastone. Vous accoucherez sans problème.

Sans problème, mais pas sans douleur. Personne ne lui avait dit que mettre un enfant au monde faisait si mal. Elle mord son mouchoir tandis que Mrs. Glastone lui essuie le front et l'encourage affectueusement.

- C'est bon, mon chou, vous y êtes presque, j'ai vu ses cheveux, encore un effort et il est dehors.

Ecartelée, déchirée, elle ne peut se retenir de hurler. Et puis, d'un coup, c'est fini.

- Vous avez une très belle petite fille, la félicite Mrs. Glastone en lui mettant dans les bras un paquet gluant.
- Nettoyez-la un peu s'il vous plaît.

Une fois lavée et vêtue d'une jolie robe de coton blanc et d'un bonnet de dentelle, cette petite fille n'est pas si laide, ses joues sont encore très rouges, mais ses grands yeux ont l'air d'être clairs, pas assez pour virer au bleu toutefois, et elle la regarde avec une telle intensité que Charlotte est prise d'angoisse. Qu'attend d'elle ce bébé tout neuf ? Le visage de la petite fille se fronce comme une pomme se ride, elle se met à pleurer avec une rare énergie.

- Mettez-la au sein, ça fera monter votre lait, et ça la calmera.

Mrs. Glastone sait y faire avec les nouveaux-nés, il faudra lui demander d'autres conseils. Au bout de quelques succions, le bébé s'endort dans les bras de Charlotte.

- Je fais entrer votre mari ?

Joska sent le whisky, il a dû en boire plusieurs pour supporter les cris de Charlotte derrière la porte.

- Ma pauvre chérie, ça a été dur ? dit-il en lui caressant les cheveux, mais il n'a d'yeux que pour la petite fille.
- Elle te plaît ?
- Beaucoup.

Il la prend dans ses mains, la petite ouvre les yeux.

- Elle a des yeux immenses, elle sera ravissante.
- Et solide, dit Mrs. Glastone. C'est un très beau bébé de plus de six livres. Elle s'appelle comment, cette merveille ?
- Marianne pour l'état civil, dit Charlotte, Mitzi pour mon mari. C'est le même nom en hongrois, celui de sa sœur préférée.

Elle ne sera sans doute pas blonde aux yeux bleus regrette Charlotte en son for intérieur, mais elle a les traits fins et un nez plus petit qu'elle. Dans son genre, elle sera jolie.

13

Sur les cent trente poèmes du recueil que Charlotte a laissé, un seul parle de ses enfants, quand ils sont grands, joueurs et autonomes. Aucun sur les bonheurs de la maternité. Des enfants, elle en voulait bien sûr, ils sont la plus belle parure d'une femme, mais de là à s'extasier sur les mimiques d'un nouveau-né ou passer des heures à bercer ses coliques... Un bébé comprend tout de suite s'il est ou non bienvenu. Sur les premières photos de Marianne, qui est très vite devenue Marion, sans doute la prononciation américaine de son nom, elle n'a pas deux ans, son regard est déjà triste. Il le restera sur presque toutes les autres.

Heureusement, il y a Resi pour la changer quand elle est sale, la promener dans ses bras pour l'endormir et lui chuchoter des mots tendres... Charlotte est trop lasse de simplement nourrir ce bébé qui a faim toutes les trois heures.

- Ne vous inquiétez pas, assure Mrs. Glastone, elle profite bien, à trois mois elle sera assez solide pour faire ses nuits.

Marion ne veut pas déranger, elle obéit aux prédictions de la sage-femme. Et comme Charlotte a moins de lait, elle la passe au biberon, d'autres pourront la nourrir à sa place.

Un clair matin de novembre, Charlotte se réveille tard. Elle s'était rendormie après le premier biberon de Marion. Devant son miroir, elle se brosse longuement les cheveux. Elle ressemble de nouveau à une femme, Joska l'a remarqué, pourvu qu'elle ne retombe pas enceinte tout de suite.

Elle boit son thé lentement. La première neige de l'année est tombée cette nuit, le vent du nord s'est levé, mais le poêle que Joska a rempli avant de partir ronfle joyeusement. Marion dort encore, Resi s'active dans la cuisine, tout est calme. Sur son chevalet inondé de lumière, un bouquet esquissé attend Charlotte depuis des mois. Elle va s'asseoir sur son tabouret, le bouquet n'est pas équilibré, elle enlève la feuille fixée sur le fond de bois, la remplace par une page vierge. Elle attrape ses crayons dans le bocal où ils l'attendent. Si elle faisait un portrait du bébé ? Pas tout de suite, elle est trop petite, ses traits sont encore indécis. Les branches noueuses du pommier, de l'autre côté de la fenêtre, se détachent sur la blancheur ouatée du pré lui donnant un air d'écrin pour doigts de sorcières. Serait-elle capable de rendre cette impression ? À l'aquarelle peut-être, pour restituer la légèreté de la neige, ses nuances de gris et de rose. Elle sort ses tubes de la boîte de bois, l'assiette ébréchée qui lui sert de palette… Le plaisir, ou le bonheur, monte en elle comme chaque fois qu'elle se met à peindre.

Et bien sûr, c'est le moment que choisit Marion pour se mettre à pleurer.

Comme tous les habitants de Chicago, Joska est happé par la frénésie de l'exposition. Les travaux ont pris un an de retard, mais les édiles tiennent à une inauguration à la date anniversaire de la découverte de l'Amérique par Colomb il y a quatre cents ans, le 20 octobre 1892. Ils ont invité le duc et la duchesse de Veragua, descendants de Colomb paraît-il, en tout cas noblesse espagnole liée au trône. Ce jour doit impérativement être glorieux. Si l'éclairage électrique n'est pas fini, on installera des réverbères au pétrole. Les façades des pavillons, terminés ou pas, doivent être du blanc le plus velouté, pour qu'on ne parle plus de Chicago l'enfumée comme de « la ville blanche ». Des tonnes de peinture sont apportées chaque jour à Jackson Park, Joska ne cesse de recevoir des commandes et d'organiser des livraisons. Il vient même de se faire mettre un téléphone dans son bureau *downtown*. Il rayonne de bonheur et de fierté, il gagne de mieux en mieux sa vie, il a une famille magnifique, qui va encore s'agrandir car Charlotte attend un autre enfant.

- C'est pour qui ces croquis ? demande-t-il penché au-dessus de la table sur laquelle elle a disposé un dessin de leur salon, des crayonnés de Mitzi, à genoux devant le poêle, assise sur sa chaise et sur le tapis jouant avec sa poupée.
- Pour maman, elle m'assaille de questions sur notre vie, sur la petite… Je vais faire faire des photos de Mitzi pour les lui envoyer.
- Et si elle venait nous voir ?
- Le voyage est trop cher pour son petit salaire.
- Nous lui enverrons un billet. Ce serait bon d'avoir une grand-mère dans cette maison.
- Tu… l'inviterais ?
- Ça te ferait plaisir ?
- Joska, tu es l'homme le meilleur que je connaisse.

- Même quand je fume mes affreux cigares ?

Charlotte lui met les bras autour du cou et embrasse sa bouche qui sent effectivement le cigare.
- Ce n'est pas si désagréable, dit-elle en riant.

Charlotte ne s'attendait pas à être si émue de voir sa mère descendre du train dans sa robe noire fermée jusqu'au cou, ses cheveux bien tirés dans son chignon, son visage triste et sa grosse valise. Elle n'a que quarante-sept ans, on dirait une vieille femme.

Mitzi se charge tout de suite de la combler. Elle n'imaginait pas qu'une enfant de vingt mois puisse être si vive et débrouillarde, savoir plusieurs mots et changer de langue suivant les interlocuteurs : « Bobo tête » pour sa grand-mère, et « *Weh, weh Kopf* » à Resi.
- Resi lui parle allemand, moi français et son père anglais.
- Elle n'est pas perdue ?
- Elle n'en donne pas l'impression, rit Charlotte.

Henriette est si heureuse avec sa petite fille que Charlotte les emmène toutes deux chez Henschel, le grand photographe de Chicago qui vient d'ouvrir une succursale sur Cottage Grove, pour qu'on les prenne toutes les trois ensemble.

C'est sur cette photo que j'ai réalisé combien Henriette était usée. Le joli visage frais, qu'on lui voit sur le portrait qui ornait le bureau de Charles, est devenu une longue face terne et effacée, et son menton rond, une mâchoire triste de haquenée. On lui donne une bonne soixantaine d'années.

Joska a pour Henriette des attentions de fils. Chaque soir il s'enquiert de sa journée, lui avance sa chaise lorsqu'elle s'assoit à table, lui ressert de l'eau fraîche dès que son verre est vide. Un soir il est revenu avec un grand châle de soie à franges décoré de roses pâles qu'il lui a posé sur les épaules.
- Quand vous irez prendre le thé chez vos amies, en France, vous penserez à nous.

Henriette est tellement émue qu'elle bafouille pour le remercier. Charlotte n'a pas le souvenir que son père ait eu ce genre de prévenance pour sa mère, c'est elle qui toujours donnait de sa peine, de son temps. Joska tortille le bout de sa moustache avec son sourire en coin. Il n'est jamais aussi heureux que lorsqu'il fait plaisir.

À la maison, Henriette prend les choses en main. Elle relaie Resi qui croule sous la tâche, s'occupe de Mitzi, repasse les chemises de Joska qui aime son linge propre et frais chaque jour, reprise les chaussettes et prépare rôti cuit à point, omelettes moelleuses, tomates farcies, pour changer des saucisses pommes de terre de Resi et pour le plus grand plaisir de son gendre. Comme à Fresnoy, sa mère veille à tout et Charlotte, alourdie, s'affaisse sans remords dans sa chaise à bascule.

Lorsque Henriette s'en va, pour la première fois depuis longtemps, elles pleurent dans les bras l'une de l'autre.
- Je t'écrirai plus souvent, promet Charlotte, et je t'enverrai des photos du bébé.
- Prends soin de toi, de Mitzi et de ton mari, dit doucement Henriette. Tu as la chance d'avoir un homme qui t'aime, apprécie-le.

La voix d'Henriette tremble.
- Je suis heureuse pour toi, ma chérie.

Le chef de gare siffle, Henriette monte dans le train qui l'emporte à New York, au paquebot qui la remmènera en France.

Sa silhouette austère reste longtemps à la fenêtre, Charlotte sanglote sur le quai. Elle vient sans doute d'offrir à sa mère ses premiers vrais moments de bonheur.

Deux mois plus tard, à la date prévue, le bébé arrive, cette fois c'est un petit garçon, le Robert qu'elle espérait il y a deux ans.
- Vous êtes faite pour avoir des enfants, assure Mrs. Glastone en langeant le nourrisson.
- Deux suffisent pour le moment, soupire Charlotte.

Elle s'enfonce dans ses oreillers et du fond du cœur rend grâce pour ce petit enfant si doux, si beau, pour cet homme si bon, si aimant, pour la fougue, un peu fatigante, de Mitzi. Pour la tendresse de sa mère, pour sa vie qui ne sera plus jamais ingrate et solitaire. Elle commence même à aimer Chicago. Pas la ville grouillante et sale, mais les gens. Mrs. Lucas et les dames de la paroisse qui sont toutes venues la féliciter, avec des tartes aux pommes, des sablés au gingembre, un petit bouquet de roses de leur jardin, un bavoir brodé pour le bébé… Au début, elle a été un peu surprise de la familiarité des femmes du quartier. Pour un oui pour un non, elles passent prendre des nouvelles, apporter un gâteau, ou demander conseil. Elles étaient étonnées de la trouver plus souvent à son chevalet, ou en train d'écrire que dans la cuisine.
- C'est joli, ce paysage. Où est-ce ?
- Près d'Arlington, nous y sommes allés un dimanche en famille.
- Vous êtes une artiste, ma chère !

Même venant de ces dames de la paroisse, le qualificatif va droit au cœur de Charlotte.
- C'est ma façon à moi de louer la Création, avoue-t-elle avec une totale fausse modestie.

Vu les croûtes qui ornent leur salon, ces dames n'ont pas grande idée de la valeur d'un tableau, mais elles ont une étiquette à placer sur son comportement, disons, original. Et elles sont rassurées d'avoir « une artiste » qui vient à l'église tous les dimanches et a fait deux beaux enfants en deux ans et demi de mariage. Charlotte sourit. Elle n'a aucune intention de choquer ces dames, elle apprécie leur gentillesse, plus chaleureuse même que celles des paroissiennes de son père à Fresnoy. Les femmes d'ici savent que le monde est dur, leur solidarité est une façon de s'en protéger.

Mrs. Glastone a couché Robert dans son berceau, à côté de Charlotte, elle sort sur la pointe des pieds. Charlotte commence à s'assoupir quand une tornade se jette sur son lit.
- Marion, tu peux me laisser me reposer ?
- Voir bébé.
- Fais attention à ne pas le réveiller...

Le nez sur le bord du berceau, Marion observe son petit frère avec sa concentration habituelle. Cette petite fille prend tout très au sérieux. Elle le caresse du bout des doigts, puis revient se blottir contre sa mère, silencieuse.
- Il te plaît ?

Marion hausse les épaules. Charlotte lui prend la main.
- Il est encore petit, explique-t-elle, mais il va grandir très vite, et tu pourras jouer avec lui. Je crois que Resi t'appelle, tu veux aller chez Jarvis avec elle chercher du lait et des pommes ?

L'épicier est à deux blocs, ça fera du bien à Marion de sortir prendre l'air, et à Charlotte de dormir un peu. Resi aime beaucoup Marion, qui le lui rend bien. Elle la suit sans protester.

La grande Exposition colombienne, la fierté de Chicago, a attiré des millions de visiteurs, la ville en a tiré en gloire et en dollars bien plus qu'elle n'a investi. Les commerçants, les hôteliers, les hommes d'affaires ont étoffé leurs comptes en banque. Les ouvriers par contre, ceux qu'on avait recrutés pour finir à temps l'immense chantier, qui entretenaient les allées, les bassins, les jardins, nettoyaient les pavillons la nuit pour que tout soit de nouveau net et pimpant le matin, de tous ceux-là on n'a plus besoin.

Les files s'allongent devant les bureaux d'emploi, les salaires dégringolent aux abattoirs et dans les conserveries où cinq personnes se présentent chaque matin pour un poste. En ville les filles à taille serrée dans un corset, jupe cloche balancée à coups de hanche et chapeau effronté se multiplient.

Joska fait partie de ceux qui ont profité de la fête pour placer ses goudrons, son pétrole, ses solvants, il est de plus en plus occupé. Il rentre souvent tard, il s'est même absenté un samedi entier, ce qui ne lui ressemble pas. Charlotte ne parvient pas à chasser un doute mesquin. Se dérobe-t-elle un peu trop à ses avances ? Elle redoute une nouvelle grossesse. Le docteur Grimm's lui a bien donné une potion pour lavage « intime » qui l'oblige à se précipiter dans la douche aussitôt après chaque étreinte, mais son efficacité n'est pas garantie. A-t-il trouvé une femme plus disponible ?

Elle griffonne sur son cahier de poèmes, les mots ne viennent pas, et voilà Robert qui hurle dans la cuisine. Dieu seul sait ce que Marion a encore inventé comme jeu stupide. Que fait Resi ? Elle est de plus en plus en retard. Il va falloir songer à la remplacer. Elle lui a expliqué, l'autre jour, que cinq dollars ce n'était plus assez avec tout le travail qu'il y a depuis la naissance des enfants.
- Six cinquante serait plus équitable, a-t-elle demandé sans la moindre gêne.

Elle parle anglais couramment maintenant, elle peut proposer ses services dans des maisons plus chics et qui paient mieux.
- Allez donc au bureau d'embauche, lui a conseillé Mrs. Lucas, il y a des tas de filles qui arrivent d'Europe tous les jours, vous trouverez sûrement une autre étrangère qui sera ravie d'accepter vos cinq dollars.

Charlotte sera bien obligée d'en arriver là, elle ne se voit pas demander à Joska d'augmenter Resi. Elle n'a rien envie de lui demander en ce moment. Elle ira au bureau d'embauche dès lundi matin.

Et puis, ce soir, Joska rentre tôt, un paquet de gâteaux de chez Kinsley à la main.
- C'est pour demain, annonce-t-il. Tu pourrais nous préparer un pique-nique, nous partons à la campagne.

Ils ne sont pas partis pique-niquer depuis la visite d'Henriette. Que cache cette soudaine attention ?
- Nous allons loin ?
- À plus de vingt miles, au bord d'une rivière. Si Mitzi est sage, elle mettra les pieds dans l'eau.

Marion saute de joie et enlève aussitôt ses bottines
- Demain seulement, dit Joska, mais si tu les remets je t'emmène chez Jarvis acheter le pique-nique.

Il reste des boulettes de viande préparées par Resi hier, dans du pain de mie cela fera des sandwiches. Marion aime beaucoup les boulettes de Resi.

- Des œufs, quelques poires, du lait, demande Charlotte.

Pendant le dîner, Joska ne veut rien dire de plus, mais le soir Charlotte ne lui refuse pas ses caresses. Il a l'air si content, cela ne peut cacher une maîtresse, se répète-t-elle.

Il leur faut un grand quart d'heure pour sortir de la ville qui étend ses faubourgs de plus en plus loin. Puis, progressivement, les prés apparaissent avec des vaches qui excitent beaucoup Marion et Robert. La route se borde d'arbres, l'odeur d'herbe, de terre mouillée, de fumier, remplace les fumées âcres des usines. Robert s'endort bercé par le trot du cheval, Marion désigne de son doigt tendu les granges, les bottes de foin, les poteaux télégraphiques, en demandant :
- Et ça, c'est quoi ?

Chaque fois que la route passe sur un pont au-dessus d'une rivière, elle commence à défaire ses lacets. Au bout d'une grande heure de trajet, Joska arrête le *buggy* devant un pré bordé de pommiers, à la lisière d'un bois. Quelques maisons sont en construction dans le pré d'à côté.
- Ça te plairait d'habiter ici ? demande-t-il à Charlotte.

Elle aurait dû se douter, il s'y était pris de la même façon pour lui faire découvrir leur maison de South Grove.
- Dans ce pré ? dit-elle en riant.
- Nous y mettrons une maison.
- Et la rivière ? demande Marion déçue.
- Elle est tout près. Je vais t'y conduire.

South Creek serpente tranquillement à quelques centaines de mètres de là, entre les bois, les prés et les fermes. Un ancien moulin à vent hollandais tourne encore sur la colline voisine. À croire que Joska a pénétré dans les rêves de Charlotte. Hinsdale est appelé à juste titre, dans un article du *Campbell's Illustrated Journal* : « Hinsdale the beautiful », la perle des banlieues de Chicago.
- Les travaux de la maison commencent la semaine prochaine, je vais te montrer les plans, annonce Joska sans parvenir à cacher sa fierté.

Marion est déjà partie se rouler dans l'herbe. Joska étale de grandes feuilles sur la banquette.
- Au rez-de-chaussée, il y aura une véranda sur trois côtés de la maison, la cuisine, un salon, une salle à manger, ton atelier, à l'étage une salle de bains et quatre chambres.
- Quatre ?
- Les premiers sont très réussis, on ne va pas s'arrêter là, rit Joska en montrant les enfants. Nous aurons l'eau courante, toutes les maisons d'Hinsdale sont desservies par l'eau de la ville, et un chauffage central

à air pulsé, avec une chaudière à la cave. On aura chaud dans toutes les pièces.
- C'est… c'est magnifique, mais cette maison doit coûter très cher. Avons-nous les moyens ?
- J'ai bien gagné ma vie pendant la foire et la banque m'accorde un prêt pour compléter.

D'après les dessins de l'architecte, c'est une charmante demeure que Joska a prévue, une de ces maisons de bois élégantes, qui ressemblent encore aux fermes installées là il y a cinquante ans, mais en plus léger et bien plus confortables.
- C'est la maison de mes rêves. Comment as-tu deviné ?
- Je commence à te connaître.

Charlotte pose les mains sur les épaules de son mari et l'embrasse longuement. Puis elle examine à nouveau les plans, Joska a pensé à tout. Charlotte verrait bien une plante grimpante le long de la véranda, un volubilis. Ses grandes fleurs mauves sur le jaune clair des murs, ce serait ravissant.

Difficile de dire qui des trois est le plus heureux, Joska, elle ou Marion qui les tire par la main pour retourner à la rivière.

Dès que Charlotte a un moment de libre, elle file explorer les magasins à la recherche des rideaux, des tentures qui s'accorderont le mieux avec la nouvelle maison. Joska lui a demandé de repérer aussi quelques nouveaux meubles, un sofa et des fauteuils pour le salon, une table plus grande pour la salle à manger…
- Tu regarderas aussi où trouver un piano avantageux.
- Un piano ?
- Tu pourras nous jouer un peu de musique, et donner des leçons à Mitzi.
- C'est cher un piano.
- On le prendra à tempérament.

Les plans de la maison sont étalés en permanence sur la table de la salle à manger. Charlotte dispose dans chaque pièce des petits carrés de papier de la taille des meubles, elle les déplace pour chercher le meilleur agencement possible, elle pose les échantillons de tissus à leur future place : rideaux jaune vif chez les enfants, velours vert amande dans le salon… Elle a trouvé un piano droit qui se logerait très bien dans la pièce qui serait son atelier. La maison Wilcox, qui les fabrique, leur accorde un prêt sur dix ans, ils n'auront à payer que dix dollars par trimestre, c'est très raisonnable.

Elle s'est procuré l'article du *Campbell's Illustrated Journal*, a découpé les photos d'Hinsdale pour les mettre dans un grand album à couverture de toile verte. Elle demandera à Joska un petit appareil photo et fera de cet album le livre de leur vie heureuse.

Elle a collé sur la première page la photo de Salt Creek bordée d'arbres se reflétant dans ses eaux calmes à côté du Moulin Graue, et une petite maxime trouvée dans le journal paroissial :

Two things which should not be
A child without a home
A home without a child.

Cet album, qui est venu jusqu'à moi, témoignera, année après année, des moments heureux de Charlotte à Hinsdale.

Ce soir l'agent immobilier, qui leur a vendu le terrain, doit venir leur faire signer quelques papiers. Joska rentre juste de son bureau. Il est fou de rage, jette un dossier sur la table.
- Ce type est un escroc.

Il crie si fort que Marion accourt.
- Il nous a trompés…

Charlotte redoute la suite.
- Nous n'aurons pas l'eau courante de la ville, explose Joska. Notre terrain est juste de l'autre côté de la limite communale, sur Fullersburg, et Fullersburg ne distribue pas l'eau à ses habitants.

L'évier de la cuisine, la salle de bains avec un lavabo de porcelaine blanche et une baignoire… impossible ! Charlotte se tait, inutile de rajouter sa déception à la colère de Joska. Mais quand le petit Mr. Bronson frappe à la porte, elle lui jetterait bien un tabouret à la figure. Dire qu'elle a trouvé sympathique et courageux ce bossu qui traîne une jambe paralysée.
- Si vous n'étiez pas handicapé, je vous casserai la figure, hurle Joska.

Mitzi, terrorisée se cache sous la table.
- Il… il y a peut-être une solution, bredouille le bossu.
- Vous êtes magicien sans doute ?
- L'eau n'est pas profonde, toutes les fermes ont des puits.
- Vous voyez ma femme remonter chaque jour dix seaux du fond d'un puits ?
- Pas du tout, pas du tout, avec une petite éolienne vous pourriez pomper l'eau du puits et remplir un réservoir qui alimentera la maison, comme l'eau de la ville…
- Je vois que vous avez pensé à tout, ricane Joska. Combien ?

Charlotte, soulagée, file à la cuisine préparer du café pour son mari et Mr. Bronson. Pendant quelques minutes, elle s'étonne quand même. Pourquoi Joska n'a-t-il pas pensé à vérifier cette histoire d'eau courante ? Serait-il plus naïf qu'elle le croyait ? Ou deviendrait-il moins méfiant, lui qui a affronté des requins autrement plus coriaces que ce nabot de l'agence immobilière ? « Bah, se dit Charlotte, la banque accordera bien une rallonge pour financer l'éolienne. »

Six mois plus tard, ils emménagent.

14

Hinsdale 1891

Depuis qu'ils sont à Hinsdale, chaque saison apporte à Marion son lot de bonheurs. Le printemps est la plus courte, la température grimpe vite. Dès que la neige a fondu, le bois se couvre d'anémones sauvages au point qu'en rentrant de l'école ils marchent sur un tapis blanc, puis les crocus pointent dans la pelouse et papa décide qu'il est temps de préparer le potager. Marion et Robert prennent une binette pour l'aider à arracher les mauvaises herbes. Papa a vite trop chaud à force de donner de grands coups de pioche, *« il se mettait en maillot de corps, la sueur faisait briller ses larges épaules. »*

L'été, ce sont les vacances, mais aussi la chaleur accablante. Certains jour ils doivent se réfugier à la cave pour trouver la force de jouer, et quand papa rentre du bureau, ils l'attendent déjà en maillot de bain pour qu'il les arrose avec le jet d'eau, les fils Schmidt les rejoignent et tous tournent comme des toupies sous l'eau fraîche jusqu'à s'écrouler de vertige.

L'automne est la saison la plus douce, la chaleur est tombée, le vent du nord pas encore levé, ils peuvent jouer dehors du matin jusqu'au soir. C'est la période des cabanes, des jeux de pistes et des courses pieds nus sur les chaumes secs. Marion gagne presque toujours, elle sait comment coucher les tiges dures en glissant le pied en avant pour ne pas se piquer.

Mais sa saison préférée c'est l'hiver, quand les premières tempêtes de neige recouvrent de blanc la campagne. Tout devient calme, même maman semble douce par temps de neige. Et les jeux d'hiver, la luge, le patin à glace, les constructions de neige, sont de loin les plus excitants. *« … Hinsdale était le paradis. Je garde un souvenir ineffaçable des huit années passées là »*, annonce-t-elle en tête du long chapitre de ses mémoires dans lequel elle détaille toutes les joies d'Hinsdale.

Il n'y a pas de barrière entre la maison, le jardin, celui des voisins, les prés et bois alentour… Avec Robert, qui ne la quitte jamais, puis plus tard avec Agnès, ils circulent en totale liberté de l'un à l'autre, cavalant pieds nus dès que l'été s'annonce.

Le problème, c'est que leur mère refuse qu'ils enlèvent leurs chaussures avant qu'il fasse vraiment chaud. Tous les ans, Marion doit supplier :
- Mom, regarde le thermomètre, il fait 72 ce matin, et le ciel est tout bleu.
- Il y a encore de la rosée, vous aurez les pieds mouillés.
- On attendra que l'herbe soit sèche.
- Je vous connais, vous filerez par la porte de derrière sans que je vous voie.

Maman est penchée sur son dessin, elle n'a même pas regardé le thermomètre. Dehors, les fils Schmidt trépignent.
- Les Schmidt ont enlevé leurs chaussures depuis trois jours, plaide Marion à bout d'argument.
- Alors si les Schmidt vont pieds nus… , se rend maman.

Les Schmidt sont leurs plus proches voisins. Marion a l'impression d'avoir joué avec les fils Schmidt depuis qu'ils sont à Hinsdale, avec Freddy du moins, qui a un an de plus qu'elle. Elle se souvient très bien de la première citronnade que Mrs. Schmidt leur a offerte. Elle devait avoir quatre ans, Robert et Elmer, le petit frère de Freddy, étaient assez grands pour jouer avec eux, c'était un après-midi vraiment chaud, ils avaient beaucoup couru, peut-être jouaient-ils aux Indiens. Mrs. Schmidt les avait appelés depuis la véranda :
- Vous devez avoir soif après toutes ces poursuites, venez boire un verre de citronnade.

Marion n'en avait jamais bu, elle n'était jamais non plus entrée dans une maison qui sentait si bon. Freddy avait apporté sur la véranda un jeu de construction en bois que son père lui avait fabriqué, ils sont restés là jusqu'au souper.

Le lendemain, Freddy et Elmer étaient devant la porte à attendre Marion et Robert. Le jour d'après ce sont eux qui attendaient les frères Schmidt devant chez eux. Le jeu se terminait presque toujours sur la véranda des Schmidt à boire de la citronnade. Le vendredi, comme il commençait à pleuvoir, Mrs. Schmidt les a faits rentrer dans la maison, qui sentait encore meilleur que d'habitude. Mrs. Schmidt venait de faire cuire des gâteaux, des *ginger-snaps*, les préférés de Marion, ils devaient être encore chauds. Jamais Marion n'avait reniflé de gâteaux aussi tentants. Mrs. Schmidt allait bien leur en offrir ? Mais non, elle était repartie dans la maison s'occuper du bébé, un troisième garçon. Si elle avait été là, elle

lui en aurait sûrement offert. Marion a écarté doucement la porte du buffet, attrapé un petit gâteau tiède.
- Ce n'est pas bien de voler, a dit derrière son dos la voix sévère de Mrs. Schmidt, rentre immédiatement chez toi maintenant.

Marion, pétrifiée de honte, a lâché le gâteau et s'est sauvée en larmes. C'est de la faute de maman, ce qui lui est arrivé. Si elle faisait des gâteaux elle aussi, la tentation aurait été moins forte. Mais elle n'en fait jamais, ni de gâteaux ni d'autres bonnes choses. Elle déteste perdre son temps à la cuisine, tout ce qu'elle veut bien leur préparer c'est un riz au lait pour le dîner. « Un repas complet en un seul plat, explique-t-elle, c'est très pratique. » Heureusement qu'il y a les bonnes pour varier les menus.

Marion a résisté deux longs jours aux appels de Freddy.
- Tu viens, papa nous a installé une balançoire derrière la maison.
- J'ai mal au ventre.

Elle a eu vraiment mal quand Robert a couru rejoindre les garçons. Le troisième jour, Freddy a tellement insisté et Robert vanté la balançoire qu'elle les a rejoints, sans oser regarder du côté de leur maison. C'est Mrs. Schmidt qui l'a appelée.
- J'ai refait des *ginger-snaps*, je crois que tu les aimes ? a-t-elle dit gentiment.

Elle ne sait pas pourquoi, Marion a eu de nouveau envie de pleurer. Elle a ravalé ses larmes et adressé à Mrs. Schmidt le sourire reconnaissant et le merci qu'elle attendait. Le plus important, c'était de rester amis.

Depuis sept ans qu'ils sont à Hinsdale, il ne se passe guère de jour sans que Marion ne joue avec les Schmidt boys. Ils vont à l'école ensemble dans la petite église transformée en école en haut de la colline, et sont tous dans la même unique classe. Outre les trois Mohor, elle, Robert et Agnès, et les trois fils Schmidt, le dernier est encore trop petit pour se joindre à eux, sa bande d'amis compte aussi les fils Ford et parfois Elisabeth Dickinson, et Lucy Barton. Marion n'aime pas trop les jeux de filles, mais Lucy et Elisabeth s'adaptent à leurs inventions.

À eux tous, il y en a toujours un qui a une nouvelle idée de jeu. Celle de creuser sous un énorme tas de neige pour en faire un igloo, c'était Freddy, la chasse aux bisons c'était Paul Ford, le voyage en bateau, qui lui a valu la seconde des deux seules fessées que son père lui ait administrées, c'était Robert.

Elle avait reçu la première lorsqu'elle était rentrée terriblement tard de chez les Ford, où elle jouait sans regarder l'heure. Pour lui apprendre à ne pas se promener seule à la nuit tombée.

La seconde, c'était pour avoir mis le feu à la véranda en jouant au bateau après leur voyage sur le lac Michigan à bord du *Virginia*. Ils s'étaient tellement amusés au cours de cette traversée, qu'ils ont voulu tout reproduire : la montée à l'échelle de coupée, le mugissement de la sirène, le thé dans les fauteuils du grand salon, l'exploration des canots de sauvetage... Il ne leur restait qu'à allumer la chaudière pour partir vraiment. Robert a trouvé un vieux pot qui servirait de chaudière et Freddy a conseillé de se cacher sous la véranda, car les parents interdisaient de faire du feu. Ils ont disposé papier et branchettes dans le pot et Marion, qui seule savait où sa mère cachait les allumettes, est allée les chercher.

Le feu a bien pris, le capitaine a salué les passagers, la sirène a mugi, et Alphonsine, la nouvelle bonne, est revenue de promener le bébé. Ils ont vite éteint le feu en tapant sur les flammes à coup de bâton.

Seulement le vent a ravivé les braises qui ont vite lancé de grandes flammes gourmandes vers les planches de la véranda.

- Madame, le feu ! a hurlé Alphonsine.

Maman est sortie en trombe. En quelques minutes, avec un bon seau d'eau, tout était éteint. Maman s'est assise sur la véranda, les cheveux en désordre, la respiration sifflante.

- Venez tous ici.

Elle ne plaisantait pas.

- La maison a failli brûler.

Marion voulait protester qu'on aurait arrêté le feu avant, la preuve, sa mère l'avait fait avec un seul seau d'eau, mais ce n'était pas le moment de discuter. Le mois dernier, celle des Carlington était partie en fumée en deux heures de temps.

- J'avais dit : jamais de feu. Qui a eu cette idée stupide ?

Chacun a eu un morceau d'idée, tout le monde devrait se dénoncer, mais personne n'ouvre la bouche.

- On verra ça avec papa ce soir.

Marion n'aimait pas ça. Papa la punissait rarement, et jamais pour son audace. Quand elle a mis Robert sur la luge devant elle pour dévaler la pente de l'école, il a seulement crié : « Freine avec les talons », quand elle tempête contre maman qui l'envoie se coucher à huit heures alors qu'il fait grand jour et que les Schmidt et les Ford sont encore dehors, il rit dans sa moustache. Seulement, le feu sous la véranda ne l'amusera pas.

- Alors, qui a eu cette idée ?

Elle ne payerait pas pour les autres.

- Je ne sais pas.
- Je te donne jusqu'à demain matin pour réfléchir.

Demain, on serait dimanche, les Edwards et M. Fleury étaient invités, papa allait oublier... Mais il attendait au pied de l'escalier.
- Tu as réfléchi ?
- Je ne sais pas.
- Tu mens Marion, tu sais très bien qui a allumé le feu. Et comme tu es la plus grande, je pense que c'est toi qui es allée chercher les allumettes. Viens ici.

Elle a eu droit à sa fessée, et pas une petite.
- Et maintenant file au lit, tu y resteras jusqu'à ce soir.

C'était ça la vraie punition. Lorsque les Edwards et M. Fleury viennent passer le dimanche à la maison, Alphonsine prépare toujours un bon déjeuner et en fin de journée, Mrs. Edwards se met au piano, papa sort sa grande flûte, ils jouent plusieurs morceaux, puis tout le monde chante de vieilles chansons allemandes. La voix grave de son père domine toutes les autres, Marion s'arrête de jouer pour l'écouter.

Ces journées seraient parfaites si maman ne les gâchait pas en proposant de lire sa nouvelle pièce. Comme personne n'ose refuser, elle se plante au milieu du salon et se met à déclamer pendant un temps infini. Elle ne voit pas les sourires amusés de Mr. et Mrs. Edwards, ni les efforts de M. Fleury pour rester attentif. C'est à maman que papa devrait donner une fessée, mais on dirait que ça l'amuse.

En ouvrant la porte de sa chambre, tout à l'heure, Marion pourra entendre les chants sans voir sa mère. La punition n'est pas si terrible, au fond.

15

Quand Joska revient à pied de la gare à la maison le soir, il évite maintenant la compagnie de Duke Schmidt.
- Je vais être obligé d'acheter un *buggy* et un cheval d'ici peu, s'est plaint Duke en riant la dernière fois qu'ils sont rentrés ensemble. Freddy me harcèle pour venir me chercher à la gare, comme ses copains. Il faut voir les petites Barton, les grandes, je devrais dire, pomponnées comme des duchesses pour aller soi-disant chercher leur père. C'est un vrai embouteillage de *buggies* devant la gare le soir. Freddy enrage de ne pas y être. Et toi, Marion ne te demande rien ?
- Elle n'a que dix ans. Elle attendra encore un peu.

D'ici trois ou quatre ans, Joska espère avoir de quoi acheter un second *buggy*. Aujourd'hui il faut surtout assurer les traites de la maison. Depuis la fin de la foire, les commandes de solvant ont baissé, et depuis que les villes s'éclairent à l'électricité, celles de pétrole diminuent très vite. Ses commissions se sont réduites de moitié. Il ne peut pas demander à Charlotte de supprimer Alphonsine, bébé Charlotte n'a que dix mois. Sans aide, Charlotte ne s'en sortira pas, et ce sont les enfants qui en pâtiraient. Il faut qu'il trouve une solution, un job en plus de son poste à la Standard, un petit commerce qu'il pourrait caser le soir et le week-end. Il y a pléthore de nouveaux tailleurs à Chicago pour habiller ces messieurs du Board of Trade, mais les sous-vêtements ne sont pas à la hauteur, les chaussettes en particulier. Les chaussettes en fil d'Écosse, comme en proposent les tailleurs de Savil Row, à Londres, ferait un malheur. Il en avait commandé deux cartons. Son propre tailleur lui en prendra un lot, d'autres devraient être intéressés.

Il n'a encore rien dit à Charlotte, elle accepterait sûrement de limiter ses dépenses, mais il n'est pas sûr qu'elle en soit capable. Et elle lui dirait de renoncer à ses cigares, de porter des costumes de péquenaud, et de diminuer ses dîners en ville. De montrer qu'il est devenu pauvre.

Charlotte s'en moque, elle a toujours été pauvre. Elle ne se rend pas compte qu'elle est une pauvre très coûteuse.

Qu'a-t-il à récriminer contre sa femme ? C'est lui qui a décidé de se marier, c'est lui qui voulait une famille, une maison pleine d'enfants, Charlotte n'est ni une mégère exigeante, ni une bobonne confite en cuisine, elle est drôle, gaie, accueillante pour ses amis, du moins ceux qu'il choisit d'inviter chez lui, c'est ce qu'il voulait. Elle n'est pas prude, évidemment elle ne se prêterait pas à toutes ses envies, elle est trop fille de pasteur pour ça, mais il ne le lui demande pas. Pourquoi lui en veut-il tant ? Parce qu'il ne peut pas lui parler de ses problèmes financiers ? Elle ne se plaindrait pas, ce n'est pas son genre, elle chercherait peut-être des solutions avec lui, mais il sait qu'il lira dans ses yeux qu'il n'est pas à la hauteur. Pas comme Amy, qui ne lui a rien demandé quand il a frappé à sa porte après neuf ans de silence. Elle a pris son manteau, lui a servi une fine à l'eau, elle a dit :
- Le mariage te va bien.

Ce soir, il ne veut pas y penser, ni à Amy, ni à son salaire, ni aux chaussettes en fil d'Écosse. Il rapporte une surprise pour les enfants. Cette fois, il a testé sa trouvaille avant de l'acheter, pas comme les échasses qu'il a cassées en montant dessus pour leur montrer comment marcher avec. Mitzi s'est donné un mal fou pour retenir ses larmes de déception, c'était surtout pour elle qu'il les avait apportées. S'il n'avait pas épousé Charlotte, il n'aurait ni Mitzi l'intrépide, ni Robert le charmeur, ni Agnès la ravissante, ni bébé Charlotte à serrer dans les bras. Il trouvera bien les moyens de payer ces fichus traites.

En attendant, cette surprise-là devrait leur plaire. C'est une boîte à musique suisse à manivelle, comme les pianos mécaniques qu'on mettait dans les bars de l'ouest, mais en plus petit, avec plusieurs rouleaux perforés, qui joue la *Marseillaise*, *Die Wacht am Rhein* et *La petite musique de nuit*, de Mozart.

Pour qu'on ne voie pas son gros paquet, il passe par la porte du sous-sol, où il installe sa trouvaille à côté des tuyaux qui conduisent l'air chauffé par la chaudière dans toutes les pièces. Quand les enfants dînent dans la salle à manger, il se glisse furtivement vers la porte de la cave, y descend sans bruit. Il rit tout seul en tournant la manivelle. Il entend d'abord la mélodie de *Die Wacht am Rhein* qui semble envahir la maison, rien d'autre pendant quelques secondes, puis des galopades vers les bouches d'aération, des cris de joie, et la voix de Marion :
- Je suis sûre que c'est papa !
- À la cave, il est à la cave, crie Robert.

Ils dégringolent l'escalier en se bousculant et viennent s'agglutiner autour de lui pour regarder tourner la manivelle magique. Charlotte les rejoint, le bébé dans les bras, son sourire est un peu triste, mais elle sourit. Il aimerait pouvoir rapporter tous les soirs une surprise à la maison.

Charlotte a mal. Joska a changé, il la tient à distance, gentiment, mais il ne veut plus d'elle, ou rarement. Il a trop de rendez-vous tardifs, trop de dîners avec ses amis allemands. Quand il revient son pardessus est imprégné, très légèrement, d'un parfum capiteux, comme Charlotte n'en use jamais. C'est très banal, se dit-elle, je ne suis plus la même, j'ai mis quatre enfants au monde, il me connaît par cœur, cela arrive tous les jours à des tas d'autres femmes. Mais justement, elle croyait être à l'abri de cette humiliation, elle a quatorze ans de moins que lui, il a beaucoup vécu avant de la rencontrer, elle pensait qu'il avait eu son content de femmes et d'aventures. Il était si heureux, au début de leur mariage, d'inviter ses amis chez lui, de leur présenter « sa femme ». Il tient toujours autant aux enfants, plus même dirait-on, comme pour compenser l'attirance qu'il n'a plus pour elle. « Banal, se répète-t-elle, ridiculement banal. » Mais quand elle est seule, elle ne peut retenir ses larmes.

« ... Je veux souffrir
Puisque ma souffrance
Vient de lui... »

En fait Joska ne va pas bien. S'il la fuit, ce n'est pas seulement qu'il l'aime moins, c'est aussi qu'il ne veut pas parler de ses soucis, il y a beaucoup de changements à la Standard, sans doute pas en sa faveur. Depuis deux mois, il lui donne moins d'argent pour faire tourner la maison :
- C'est temporaire, j'attends des commandes.

Si elle insistait pour en savoir plus, il serait blessé. Mais si ça va mal, pourquoi vient-il de se faire faire un costume neuf ? Pour plaire à cette autre femme ? Pour se sentir encore un seigneur, comme avant, quand il n'avait ni épouse ni enfants à charge ?

La vie est si délicieuse à Hinsdale, le voisinage aimable, les amis se pressent chez eux le week-end, la maison est ravissante, les volubilis couvrent maintenant toute la façade est de la véranda d'un mur de fleurs blanches, mauves, roses. Une splendeur. Les enfants passent des heures à jouer dans cette fraîcheur ombragée. Ils n'ont plus peur des bourdons qui viennent y butiner, ils s'amusent même à pincer les corolles des fleurs pour le plaisir de les entendre vibrer d'affolement à l'intérieur avant de leur rendre la liberté. Ils ont des tas d'amis, l'école est à deux pas sur la colline, ils y vont à pied et l'hiver redescendent en luge, les joues rouges et l'appétit féroce. À courir dehors tout l'été ils ont une santé de fer et la plante des pieds aussi dure qu'une semelle de bois. Quand elle ne sait plus où elle en est, elle s'abreuve de la vitalité des enfants.

« J'ai trois filles jolies
Et un petit garçon
Qui remplissent de vie
Notre maison

Ils entrent puis ils sortent
Et puis rentrent encor
Faisant claquer la porte
Du corridor

Chacun suit son idée
Et son tempérament
Et passe la journée
Comme il l'entend…

… Ils font tout ce qu'ils aiment
Grimpent dans les pommiers
Et je les laisse même
Aller nu-pieds. »

Charlotte se régale de leurs mines attentives lorsqu'elle leur explique, comme le faisait son père avec elle, comment la grande araignée, qui a tissé sa toile entre le mur et la véranda, attrape ses proies, les consomme, puis nettoie sa toile de leurs restes. Si sérieux, tous, et si différents : Marion l'audacieuse, la rebelle, la seule qui lui tienne tête ; Robert, son brave chevalier, le plus beau des petits garçons ; Agnès, sa délicieuse, ravissante princesse, si douce et tendre que personne ne lui résiste et Charlotte, la dernière, à qui ils ont donné son nom, qui sent encore le lait. Ses enfants, ceux de Joska. En arrivant à Hinsdale, il a planté deux tilleuls, un pour Marion et un pour Robert :
- Ils grandiront plus vite que vous, et ils seront toujours là pour dire que vous avez vécu ici.

Deux nouveaux tilleuls ont rejoint les premiers. Joska est aussi incapable qu'elle de se passer de ses enfants, de sa maison, de leur vie ici, elle en est certaine. Simplement cette existence est trop bienséante pour lui. Joska a besoin de folie, de transgression, c'est toujours lui qui pousse les enfants à se dépasser, à enfreindre ses consignes à elle, comme ce soir glacé où il les a tirés du lit pour les emmener faire de la grande luge parce que la lune était pleine et ronde et qu'ils n'auraient jamais une aussi claire nuit sur la neige. Il a eu, au début de leur mariage, des gestes amoureux déroutants, des caresses qu'elle n'aurait jamais imaginées, il attendait d'elle la pareille, elle n'a pas pu. Il est allé les chercher ailleurs.

Si elle faisait un effort ? La simple idée la révulse, comment un homme peut-il demander ça à une femme ? Elle est stupide, c'est de ce genre de besoins que vivent les prostituées. Peut-être est-ce seulement une de ces femmes que Joska rencontre. Il ne détruira pas leur vie de famille pour ça, ce serait trop… ridicule. Seulement elle devra vive avec cette honte.

N'y plus penser, peindre ce bouquet qu'elle a cueilli hier, composer le dessin à la plume qu'elle projette à partir de la photo de la famille sur la véranda de la maison… Elle est un peu déséquilibrée par trop de personnages, le vrai personnage c'est la maison. Un enfant suffirait pour la rendre vivante : Robert, il a fière allure assis sur la rambarde, comme pour dire : Je suis le prince de ces lieux. Et derrière lui, le mur de volubilis.

Ce dessin à la plume, le plus bel hommage de Charlotte à sa vie heureuse d'Hinsdale, est aujourd'hui dans mon bureau. De la photo d'origine, que j'ai retrouvée, et sur laquelle posaient aussi Joska, Marion, Agnès et elle le bébé dans les bras, elle n'a effectivement gardé que la maison, les volubilis et Robert, son petit garçon.

16

Malgré les demandes répétées des garçons de l'école, Marion n'a plus envie de jouer aux billes ; elle gagne trop facilement. Avec le gros sac de billes que maman lui a offert après son opération des amygdales, elle a raflé toutes les leurs. Maman ne lui avait jamais fait un cadeau aussi bien choisi. Les bonnes surprises, comme le spectacle de Buffalo Bill et ses Indiens, c'est papa qui les trouve. Maman offre un dessin, un nouveau chapeau décoré de petites fleurs avec lequel il ne faut pas courir sinon les fleurs tomberont, ou une pièce de théâtre au Club Français de Chicago dont Marion ne comprend pas un mot. En fait, c'est Marion qui a demandé les billes lorsque maman a annoncé qu'on allait lui enlever les amygdales. Pour prix de sa peine, elle lui ferait un cadeau. Marion rêvait d'une bicyclette mais c'était beaucoup trop cher, elle le savait.

Maman avait fait les choses en grand : trente-deux billes ordinaires et onze agates, avec lesquelles, pendant deux ans, Marion a régulièrement gagné celles des garçons. Aujourd'hui, elle a décidé de s'en débarrasser.
- En partant ce soir, je les distribuerai, annonce-t-elle à la récréation.

Jamais les garçons ne lui ont fait autant de courtoisies. À la sortie de l'école, c'est tout juste s'ils ne tendent pas la main comme des mendiants. Il va falloir qu'ils se donnent plus de mal.
- Attrapez-les, prévient Marion en jetant les billes dans son dos.

Les garçons la suivront ce jour-là tout le long du chemin, se ruant sur chaque poignée de billes lancée par-dessus son épaule. « *J'ai fait durer le plaisir jusqu'à la maison.* » Plaisir de tenir sous sa coupe une horde de petits mâles ? D'être la maîtresse du jeu ? Ou simplement, ce qu'elle recherchera avidement le reste de sa vie, d'être considérée avec respect ?

Peut-être ne voulait-elle plus jouer aux billes parce que ça n'amusait plus Freddy. Il est beaucoup plus intéressé par la recherche de traces des Indiens Patawatoni qui habitaient la région autrefois. Un de leurs principaux sentiers longe Salt Creek, on y trouve encore des pointes de flèches. Freddy pense avoir découvert un autre sentier dans le bois. À chaque sortie d'école il entraîne Marion et Robert en exploration.

Ils ont commencé à gratter la terre autour d'un monticule de pierres qui pourrait avoir été laissé par les Indiens, quand les premières gouttes commencent à tomber. Depuis ce matin, le temps est lourd, les nuages sont de plus en plus sombres. Marion aime les orages, le grondement du tonnerre qui la transperce, la pluie lourde qui emporte poussière et tristesse en même temps, elle n'a pas peur de la foudre, papa a installé un paratonnerre au-dessus de la maison pour la capturer.

Tant qu'ils sont dans le bois, les arbres les protègent de l'averse mais dès qu'ils débouchent sur la route, ils sont instantanément trempés. Robert est le premier à ôter ses souliers. En une minute ils sont tous pieds nus à patauger dans le fossé qui borde le trottoir. Marion adore le petit chatouillis de la boue tiède qui lui remonte entre les orteils. Les cailloux pointus ne la piquent plus, la plante de ses pieds est déjà assez dure. Elle règle son pas sur celui de Freddy jusqu'à ce qu'on n'entende qu'un seul chuintement lorsqu'ils décollent leurs pieds de la gangue de boue. Freddy se retourne de temps en temps pour s'assurer qu'elle suit, il a autant d'éclaboussures de boue sur les joues que de taches de rousseur. Devant chez les Barton, le fossé s'interrompt.

- On va se nettoyer ? demande Freddy

Il la prend par la main et l'entraîne dans la prairie de Mr. Henschel. Ils glissent ensemble dans l'herbe haute et trempée. La pluie a cessé mais Freddy ne lâche pas sa main.

- Et maintenant une bonne douche pour se rincer, dit-il en la tirant sous les petits bouleaux qui bordent le pré.

Il secoue les branches au-dessus de leur tête.

- On est baptisés, annonce-t-il solennellement.

Ces gouttes-là sont légères comme les pétales qu'on jette sur les mariés à la sortie de l'église. Marion ferme les yeux, Freddy ne dit plus rien, il regarde ses pieds.

- Les garçons, rentrez vite vous sécher, crie Mrs. Schmidt depuis la porte de sa maison.
- À tout à l'heure, dit Freddy.

Marion l'espère, mais il n'est pas sûr qu'elle puisse ressortir jouer après dîner, maman rentre tard aujourd'hui, elle est à Chicago pour donner une leçon de français.

Depuis la véranda où elle joue aux cartes avec Robert, Marion guette la maison des garçons. Ils n'ont pas encore reparu. Mrs. Schmidt a dû les forcer non seulement à se changer, mais à se laver. Les garçons Schmidt

sont toujours impeccables quand ils sortent de chez eux. Heureusement, au bout d'une heure de jeu, leurs vêtements sont aussi tachés que ceux des enfants Mohor.
- Alors, qui gagne aujourd'hui ? dit la voix joyeuse de papa.

Marion ne l'a pas entendu venir, il appuie sa canne à la rambarde et s'assied dans le fauteuil à côté d'eux. Il a l'air content ce soir.
- Marion, grommelle Robert.
- C'est une rapide, reconnaît papa en approchant son fauteuil. Voyons ça.

Il n'est pas content, il a bu. Marion sent maintenant son haleine. Elle baisse le nez sur ses cartes. Ce n'est pas la première fois que papa rentre un peu gai. Il sort de la poche de son gilet un de ses gros cigares bruns, il en coupe le bout de son joli canif doré, le chauffe à la flamme de son briquet et l'allume en le tétant avec des petits soupirs de satisfaction.

Agnès vient se caler sur un de ses genoux, Robert se laisse aider, il gagne. Marion ne proteste pas. Il faut que la maison soit calme quand maman arrivera.

À six heures passées, encore plus tard que d'ordinaire, elle grimpe les escaliers hors d'haleine, traverse la véranda sans s'arrêter :
- Le dîner est prêt Alphonsine ?
- Si on veut, madame.
- Comment ça, si on veut ?
- J'ai fait ce que j'ai pu avec ce qu'il y avait : des pommes de terre bouillies et du haddock.

Alphonsine tient tête à maman, elle ne va pas tarder à réclamer une augmentation.
- Il y a de la farine, des œufs et des pommes. Vous pouviez préparer une tarte.
- Les pommes qui restent sont véreuses, madame, j'ai fait une tarte hier avec celles qui étaient mangeables et une compote pour Charlotte. Elle a dîné, elle est couchée.

Maman devait aller à Hinsdale acheter des provisions ce matin, elle n'a pas eu le temps, ou pas assez d'argent. Marion baisse encore plus le nez sur ses cartes, elle voudrait être sourde.
- C'est bon, merci, vous pouvez partir.

Papa se lève de son fauteuil, il monte l'escalier sans dire un mot et redescend dix minutes plus tard en maillot de corps et pantalon de pyjama, sa tenue de jardinage.
- Je vais ajouter quelques rangs de tomates à nos salades, nous aurons plus de choix pour le dîner. Vous venez m'aider, les enfants ?

En quelques secondes, Marion et Robert sont dehors. Papa est appuyé contre le grillage du poulailler qu'il a fait construire en même temps que la maison, un grand poulailler peint en jaune clair, dans lequel il n'y a jamais eu de poule. « *Ce n'est pas maman qui allait s'occuper de volailles !* »
- Robert tu désherberas ce coin-là avec la petite binette, Marion tu peux ramasser les salades qui sont montées, on essaiera d'en tirer quelque chose pour ce soir, et allez mettre de vieilles culottes, il ne faut pas salir vos vêtements, Alphonsine a assez à faire.

Papa empoigne sa bêche et commence à défoncer la pelouse le long de la rangée de radis, il s'essuie le front de temps en temps avec son bras, il n'a plus du tout le regard vague de tout à l'heure, il sifflote. C'est à ce moment que Freddy et Elmer sortent enfin de chez eux.
- Vous venez faire une partie de rami ? crie Elmer.
- Pas ce soir, on nettoie le jardin, répond Marion avec le plus d'entrain possible, pour que papa ne détecte pas ses regrets.

Charlotte n'avait pas eu trop de mal à trouver ces leçons de français, mais elles ne rapportaient pas assez, les enfants sont un gouffre de dépenses, et ses élèves habitaient loin. Tant qu'il a fait doux et que les journées étaient longues, ce n'était pas trop dur, mais lorsque le vent glacial et la neige se sont mis de la partie, elle rentrait totalement épuisée.

Grâce au ciel, elle va pouvoir les arrêter, elle a reçu hier sa première commande, le portrait de la fille de Mrs. Langton. Elle pourra remercier Jane Barton qui non seulement lui a donné l'idée de se lancer dans les miniatures sur ivoire, beaucoup plus appréciées que les paysages, mais lui a procuré une cliente. Elle a osé demander cinq cents dollars, qui ont été acceptés. Bien sûr ce sera long et délicat à réaliser, mais ça ne l'effraie pas. Elle pense réussir quelque chose de charmant. La petite fille est jolie, un teint très clair, de grands yeux noirs, des boucles dorées, Charlotte se réjouit déjà de ce qu'elle va pouvoir faire.

Elle a rapporté une photo pour commencer à travailler très vite, si les enfants lui en laissent le loisir. C'est bientôt les vacances, ils seront tout le temps-là, il faudra les surveiller, les nourrir et s'occuper de bébé Charlotte, sans Alphonsine, qui vient d'annoncer son départ. Charlotte a mis une annonce au bureau de placement, il y aura bien une nouvelle arrivante, ne parlant qu'allemand, hollandais ou français, qui sera trop contente de trouver du travail. La commande est arrivée à point.

Elle a cru qu'elle ne tiendrait pas jusqu'au bout de l'hiver tant il a été long et rigoureux. Et il n'était pas question de s'emmitoufler dans des fourrures et de faire les trajets en voiture. Le *buggy* est réservé à Joska.

Il est plus présent en ce moment, et quand il rentre tard, il raconte maintenant combien de paires de ses chaussettes il a réussi à placer. Peut-être va-t-il vraiment refaire fortune, comme autrefois en Argentine ou dans le Colorado. Mais en attendant, il a fallu redemander un prêt à la banque. Si elle parvient à réaliser ce portrait assez vite, et qu'elle a d'autres commandes, ils pourront commencer à rembourser ce second emprunt dès l'automne.

Charlotte ne sait pas si Joska continue à voir sa maîtresse, elle a décidé de ne plus y penser. Elle est encore blessée, mais elle n'est plus jalouse, elle a d'autres soucis. Elle n'est plus très sûre de l'aimer, plus comme au début. Bien qu'il passe toujours autant de temps devant sa glace à soigner son allure, renouer sa cravate, changer de boutons de manchettes ou de pochette pour mieux les assortir à son costume, il n'est plus le cavalier fringant qu'elle a rencontré chez *Papa Tanti*.

Marion a craint que ses parents ne participent pas, comme les autres parents, au grand pique-nique de fin d'année scolaire. Maman a refusé plusieurs invitations ces temps derniers pour travailler à sa miniature, et papa est souvent sur les routes pour vendre ses chaussettes, mais cette semaine ils ont cédé aux supplications de Robert et annoncé qu'ils viendraient. Tous les parents se donnent du mal pour réussir la fête, Marion aurait été morfondue si les siens s'étaient défilés, mais elle n'osait rien dire, elle devine bien qu'ils ont des soucis.

Pourtant maman a pris la peine de préparer du thé glacé, des œufs durs, une tarte aux prunes et des sandwiches au fromage, qui seront trop secs car elle n'y met jamais de beurre ni de concombre.

Heureusement les enfants peuvent se servir dans tous les plats ce jour-là, et les autres apportent des tas de bonnes choses qui les changent de leur « *sempiternel riz au lait* ». Le jour du pique-nique annuel de l'école, Marion se goinfre.

Papa porte son costume d'été, sa pochette et sa cravate jaune clair, signe de bonne humeur, et son canotier. Il installe les paniers et les couvertures dans le *buggy*, maman et bébé Charlotte monteront avec lui, les grands iront à pied jusqu'à Salt Creek, avec les Ford et Schmidt.

Il y a déjà beaucoup de monde au bord de la rivière, on finit de baliser le parcours pour les courses, la table avec les prix a été disposée sous un arbre, Mr. Clayton teste le porte-voix, Jonathan Heintz, leur jeune maître d'école, a enfilé un costume pour l'occasion, il a l'air bien plus sérieux que d'habitude. Marion court d'un groupe à l'autre, salue les dames d'une petite révérence, se fait embrasser sur le front par des tas de messieurs, elle a déjà repéré le pâté en croûte de Mrs. Schmidt, les tartes aux framboises de Mrs. Barton, des saucisses qui embaument à trois mètres et une grande salade de maïs et de raisin.

À peine le *buggy* familial est-il arrivé, que des amis se précipitent vers ses parents pour les aider à descendre les paniers, à porter le bébé, maman salue, embrasse, sourit, papa est entraîné par Mr. Barton, Mr. Schmidt, Mr. Carley, vers les balançoires pour les petits qu'il faut finir d'installer. La fête devrait être très réussie.

Marion gagne un masque de tissu noir à la course en sac et Robert une boîte de papier à lettres à la course à pied. Il a couru tellement vite qu'il ne parvenait plus à respirer, mais maman lui avait dit que ce joli papier à lettres mauve lui plaisait beaucoup, alors il est allé au bout de ses forces pour le lui offrir. Marion ne donnera son masque à personne.

Après les courses, les plus grands ont eu le droit de se baigner. Marion et Freddy ont sauté ensemble du haut d'une souche, ils se sont poursuivis sous l'eau, ils ont fait le poirier, la tête dans l'eau et les pieds en l'air. Puis on a annoncé le pique-nique, Freddy l'a accompagnée de nappe en nappe, ils disaient ensemble :
- Ça a l'air délicieux, on peut goûter ?

Puis ils ont rejoint leurs parents qui étaient assis ensemble à l'ombre, ils se sont allongés dans l'herbe et ils ont dû s'endormir. C'est Agnès qui l'a réveillée pour qu'elle l'accompagne à la pêche à la ligne.

Et le soir, quand ils sont rentrés à la maison, maman a dit :
- Pour clore cette magnifique journée, je vais vous raconter l'histoire de Joseph pendant que vous dînerez sur la véranda.

Papa s'est installé dans le grand fauteuil, il avait l'air heureux lui aussi, il a même mangé le riz au lait avec eux.

En se couchant Marion a remercié le Seigneur pour cette belle journée, pour maman qui a été parfaite aujourd'hui, qui n'a pas fait de grands discours et semblait contente de la gaieté de tous, pour papa qui n'a plus l'air triste ce soir. Et pour l'amitié de Freddy.

17

Marion rêve d'une bicyclette comme celle que Freddy vient de recevoir pour fêter son entrée en *high school*, mais ce n'est pas le moment de demander un tel cadeau, maman n'a pas fait réparer le fauteuil de papa qui perd son pied, elle a glissé deux briques dessous en disant que ça pouvait attendre. Marion a bien compris que c'est l'argent qui manque. Alors, pendant ses vacances, elle a décidé d'en gagner. Elisabeth Dickinson et Lucy Barton lui ont proposé de venir avec elles ramasser les fraises chez Mr. Henschell. Il paie dix cents la boîte, on peut ramasser cinq à six boîtes en un après-midi. Le matin on ne cueille pas, les fraises sont mouillées de rosée. En six après-midi, elle gagnera bien trois dollars. Si elle travaille comme ça tout l'été, aux fraises ou à autre chose, à la rentrée elle aura peut-être de quoi s'acheter un vélo d'occasion, cabossé et rayé, elle s'en fiche, pourvu qu'il roule.

Le champ de fraises est très grand, il faudra plusieurs jours pour tout ramasser se réjouit Marion.
- Vous ne prenez que les rouges, explique Mr. Henschell, et vous faites attention à les cueillir par la queue pour ne pas les écraser. Quand votre boîte est pleine, vous me l'apportez à la maison.

Marion ne sait pas en combien de temps elle remplit son premier panier, mais elle finit avant Elisabeth et Lucy, et quand Mr. Henschell leur dit qu'elles peuvent rentrer chez elles, elle a les joues en feu malgré son bonnet protecteur à oreillettes, les genoux ankylosés à force de rester accroupie, mais elle a ramassé dix paniers et gagné un dollar.
- Les fraises sont parfaites. Si vous voulez, vous revenez demain.

La cueillette dure sept jours. Marion se repose à peine entre les paniers, le soir elle est morte de fatigue et de soif, son dos lui fait mal pendant au moins deux heures, mais à la fin elle a gagné sept dollars. Un vélo neuf en coûte trente-deux lui a dit Freddy.

Le lendemain, pendant que sa mère fait les courses à Hinsdale, elle se rend seule chez Mr. Canotti, qui répare tous les engins roulants de la ville.
- Un vélo d'occasion ? Je vais me renseigner. Pour sept dollars, je ne t'en trouverai pas un en bon état.
- Je sais, je me débrouillerai avec.

Peut-être y aura-t-il d'autres fruits à ramasser cet été, pour payer les réparations ?

Elle n'a fait aucune prière pour demander ce vélo, c'était son affaire à elle, pas celle de Dieu. Et pourtant il l'a exaucée. Le vélo est arrivé le lendemain soir, poussé par Mr. Biggs.
- C'est celui de Ruddy, il est trop petit pour lui maintenant, et comme c'est le dernier de la famille, j'ai pensé qu'il serait plus utile chez vous. Il doit être de ta taille, tu saurais t'en servir ?

Le cadeau brille de tous ses chromes. Mr. Biggs a dû l'astiquer pour le lui apporter. Marion en bafouille de bonheur.
- C'est... c'est magnifique, c'est très gentil, c'est... mon rêve...

Elle voudrait l'essayer tout de suite, mais pas devant Mr. Biggs, il aurait peur qu'elle le cabosse en se cassant la figure. Et puis, il faut montrer plus de reconnaissance.
- Maman, maman, viens voir ! Il y a une surprise dehors.

Maman sait bien mieux remercier que Marion, Mr. Biggs s'en va tout content. Papa est beaucoup moins heureux quand il découvre le vélo en rentrant.
- Si tu en avais tellement envie, il fallait le dire, je t'en aurais acheté un.
- Celui-ci c'est pour apprendre, répond précipitamment Marion. L'année prochaine, quand j'irai en *high school* comme Freddy, tu pourras m'en offrir un neuf.

D'ici un an, il peut se passer beaucoup de choses.

Le lendemain, elle se lève la première, elle bout d'impatience pendant que maman prépare son porridge. À huit heures, elle pousse le vélo dans l'allée, pose le pied sur la pédale... et redescend. Elle n'y arrivera pas comme ça, il lui faut un appui. La clôture au fond du jardin fera l'affaire.

La main sur la barrière, Marion se hisse jusqu'à la selle, elle appuie sur les pédales, perd l'équilibre, rattrape la barrière... À la fin de la matinée, elle fait trois ou quatre mètres sans tomber, le problème ce sont les pommiers. Dès qu'elle parvient à pédaler, elle fonce dedans. Quand elle rentre déjeuner, elle a des bleus un peu partout. À deux heures elle recommence, le soleil tape fort, mais pas question de mettre un chapeau, ça la gênerait et elle risquerait de l'abîmer en tombant.

Le soir, les joues violettes, le sang lui battant les tempes, elle fait le tour du jardin. Les sept dollars pourront servir à autre chose.
- Tu me les prêterais ? demande Robert.
- Et puis quoi encore, j'ai eu trop de peine à les gagner.
- Que comptes-tu en faire ? questionne papa.
- Je n'en sais rien.
- Eh bien je te propose de les déposer à la banque, comme ça ils seront en sûreté
- Et je pourrai les reprendre quand je voudrai ?
- Absolument, il te suffira de signer.

Le lendemain Marion ressortait de la banque avec son bordereau de dépôt. En vraie petite Américaine, elle avait un compte à elle.

Les sept dollars resteront à la banque jusqu'en octobre. Jusqu'au jour où une grande berline s'arrête devant la maison, deux hommes costauds en descendent.
- Madame Mohor, c'est bien ici ? demandent-ils.
- C'est pourquoi ?
- Nous venons chercher le piano.

Marion n'a pas remarqué que le piano était désaccordé.
- Les deux dernières traites n'ont pas été honorées, malgré les relances. Nous sommes désolés, mais nous devons le reprendre.
- Ils vont emporter le piano ?
- Il n'est pas fini de payer, explique maman, on ne peut pas le garder.

Ça veut dire que ces hommes vont prendre le piano devant tous les voisins. Ils seront les seuls du quartier à ne pas avoir de piano. Même si Marion déteste ses exercices quotidiens, elle aime beaucoup entendre maman ou Mrs. Edwards jouer, papa chanter en même temps. Il n'y aura plus de soirée de musique, il y aura un grand vide dans l'atelier.
- J'ai sept dollars à la banque, si je vous les donne, vous nous laisserez le piano ? se décide Marion.
- Vous aimez tant que ça votre piano ? s'amuse le plus vieux.

Ces hommes n'ont pas l'air méchant, ça va peut-être marcher.
- J'en fais tous les jours, maman aussi, la maison sera triste si nous ne l'avons plus.
- C'est bon, dit l'homme, si vous me donnez les sept dollars tout de suite on vous le laisse, mais tâchez de réunir le reste rapidement.
- Vous m'attendez, le temps d'aller à la banque.

En vélo, il ne lui faut pas plus de dix minutes pour être au centre d'Hinsdale. Une demi-heure plus tard elle remet les billets au plus âgé des deux hommes, qui lui rend un papier signé.

- Avec ça, vous pourrez encore jouer un moment.

Des larmes de soulagement, de honte et de colère montent aux yeux de Marion en regardant le camion partir.

Charlotte a cru qu'elle ne parviendrait pas à terminer la miniature de Denis Friedman, sa seconde commande, tant elle avait les doigts gelés. L'hiver n'a jamais été aussi froid et leur provision de charbon étant presque épuisée, elle n'alimentait plus la chaudière dans la journée. Mais elle a pu livrer avant-hier, Mrs. Friedman était très satisfaite, elle va lui envoyer une de ses amies qui veut un portrait de son fils de cinq ans. Charlotte espère que la commande arrivera vite, car les cinq cents dollars de Mrs Friedman ont déjà disparu en charbon, en remboursement de dettes chez l'épicier et en traites. Marion sera contente, le piano ne partira pas ce mois-ci, pas encore.

Charlotte a pourtant fait attention cet été, ils n'ont pas emmené les enfants à Lincoln Park ni sur le lac comme chaque année, ils ont très peu reçu d'amis, Charlotte a travaillé autant qu'elle a pu pour livrer le portrait de Dora Langton en octobre. Avec l'argent, elle a rhabillé les enfants pour l'hiver.

Pour le moment, ils ne s'aperçoivent de rien. La maison est de nouveau chaude quand ils rentrent de l'école, elle dit qu'elle n'a pas encore trouvé de bonne pour remplacer Anna, la petite Poméranienne qui n'est restée que trois mois. Ils ont de bonnes chaussures et des manteaux chauds, ils peuvent s'amuser dans leur igloo, faire du patin sur la pelouse gelée, des courses de luge avec les voisins. Il y aura assez d'argent pour tenir jusqu'au printemps, peut-être l'été. Mais après ?

Charlotte a compris depuis un moment que les chaussettes de Joska se vendaient mal, les Chicagoans ne sont pas assez raffinés pour vêtir leurs pieds aussi bien que leur panse, mais elle ne se doutait pas que leur situation était si mauvaise. Hier, Joska est rentré plus tôt que d'habitude. Il n'avait pas bu, il n'était pas passé chez sa maîtresse. La voyait-il toujours d'ailleurs ? Il s'est assis sur la véranda et y est resté longtemps à regarder les enfants jouer.

- La journée a été bonne ? a-t-elle demandé en s'installant à ses pieds sur le petit banc des enfants.
- La banque vient de me refuser d'étaler les remboursements de nos emprunts.
- Tu veux dire les traites de la maison ?
- De la maison, de l'éolienne, des meubles, du piano et ce que j'ai emprunté pour lancer mon commerce de chaussettes.
- Ça... fait beaucoup ?

- Près de sept cents dollars par mois.
  Tant que ça.
- Je n'ai pas tout utilisé du nouveau prêt que j'ai obtenu en décembre pour acheter mon stock de chaussettes. Il en reste assez pour honorer les traites jusqu'en juin.
- Je vais prendre de nouvelles commandes.
- Je te rends grâce de cette aide, mais une miniature est un travail minutieux qui te demande plusieurs mois. Ça ne suffira pas.
- Il faudrait…, a énoncé Charlotte le cœur broyé, il faudrait ne plus payer les traites ?
- C'est-à-dire vendre la maison, tu as compris.

Vendre, quitter Hinsdale, pour aller où ? Quel loyer le salaire de Joska permettra-t-il de payer ? Cent cinquante ? Deux cents dollars ? Que peut-on trouver pour cette somme autour de Chicago ? La petite maison de South Grove en coûtait déjà près de deux cents, et elle n'avait que deux chambres. Une maison plus grande, avec un jardin, une salle de bains, reviendrait sans doute au double. Elle ne sait même pas ce que gagne Joska aujourd'hui. La part des commissions a dû beaucoup baisser, il ne fait presque plus de tournées. Seront-ils obligés de se replier dans des endroits comme Roseland ? Les maisons y sont un peu plus grandes que les cages à lapins de Pullman, mais elles n'ont pas de jardin, les enfants seront condamnés à jouer dans la rue avec les petits immigrés italiens, polonais, russes ou des Noirs, qui sait. Ils perdront leurs amis, plus personne ne viendra les voir.

Ils vont devenir des immigrés ordinaires, ceux que la machine de Chicago broie chaque jour dans les ventres de ses usines, de ses abattoirs, de ses rues à plaisir…

Si ce n'était que temporaire, si Joska avait encore l'énergie de les sortir de là, mais il l'a de moins en moins. Son âge, il a maintenant cinquante-quatre ans, qui ne se sentait pas quand elle l'a rencontré, semble l'avoir rattrapé. Ses forces sont usées, il est découragé, le cognac l'aide juste à ne pas y penser.

Seule dans sa cuisine froide, devant une tasse de thé froid aussi maintenant, Charlotte pleure, sans sanglot, sans hoquet, les larmes s'échappent d'elle en ruisseaux silencieux. L'homme qui l'a aimée et sortie de sa solitude, qui lui a fait cadeau de douze années magnifiques, ne peut plus les porter, elle et leurs enfants. Soit ils coulent avec lui, soit… ils s'en vont.

Elle boit son thé froid à petites gorgées. Partir, repartir. Car où peut-elle aller sinon chez elle, en Europe où elle a des amis, des appuis. Il se trouvera bien quelqu'un pour lui tendre la main, avec les quatre beaux enfants qu'elle ramène. En Amérique, sans argent, tu n'es rien. En Europe, un pauvre de bonne naissance et bien éduqué reste quelqu'un de respectable.

Peut-être que seul, sans autre charge que lui-même, Joska aura assez de force pour rebondir. Charlotte réchauffe de l'eau pour une seconde tasse de thé, s'essuie le visage, l'avenir n'est peut-être pas totalement sombre. Elle va trouver une solution.

En attendant, il lui faut ranger et nettoyer cette maison, laver les couches de Charlotte, les chemises de Joska, les culottes des enfants, essayer de les faire sécher à côté de la chaudière qui marche mal, imaginer pour ce soir un dîner différent de celui d'hier... Elle avale une autre tasse de thé. La maison se refroidit, bébé Charlotte vient de se réveiller, elle l'appelle. La vaisselle sale est empilée sur l'évier, et l'aquarelle du jardin sous la neige, qu'elle a commencée il y a une semaine, attend toujours sur sa table à dessin.
- Allons, Charlotte Mohor, du courage, que diable. Il y a bien pire que ta situation, tu as quatre enfants superbes, tu es encore jeune, tu ne peux pas te laisser aller...

C'est ce que son père lui dirait, lui qui a assisté ses paroissiens miséreux jusqu'à l'épuisement, sans jamais une plainte. Il aurait raison, elle n'a pas le droit de s'apitoyer sur son sort... Là-haut, la petite commence à pleurer. Charlotte grimpe l'escalier :
- Là, là, ma chérie, j'arrive.

Le babillage de bébé Charlotte, assise au milieu du tapis avec ses jouets, ranime la maison. Charlotte met une grande bassine d'eau à chauffer pour la vaisselle, une autre pour le linge, elle ramasse jeux et vêtements éparpillés, empoigne le balai de gros crins et commence à dépoussiérer les tapis. Si les grands repartent jouer dehors au retour de l'école, la maison sera présentable ce soir.

18

Marion n'ira pas en *high school* comme Freddy, elle n'aura pas de bicyclette neuve, elle ne courra plus pieds nus sur les chaumes, elle ne dévalera plus la pente de l'école à plat ventre sur le *pigsticker*, la petite luge, ils vont partir en Europe. Maman, Robert, Agnès, Charlotte et elle. Papa reste.
- Votre père est fatigué, a expliqué maman, il travaille trop pour nous faire vivre. Nous allons le laisser se reposer, retrouver des forces, et quand il ira mieux, nous reviendrons.

Le piano est reparti la semaine dernière, les pantalons de Robert sont trop courts, mais maman n'en achète pas de neufs. Ils n'ont plus d'argent, voilà la vérité.
- Papa sera tout seul dans la maison ? demande Agnès.
- Il ne restera pas dans la maison, il va falloir la vendre.
- Oh non ! hurle Marion.

Maman vient de lui arracher le cœur. La maison, la véranda, les pommiers, les salades qu'elle a aidé papa à planter, les sentiers d'Indiens dans le bois, les amis tout autour, sa bicyclette…
- Et nos tilleuls, qu'est-ce qu'ils vont devenir ? réussit-elle à dire.
- Ils continueront à grandir, comme vous, et quand nous reviendrons, nous leur rendrons visite.

Marion n'essaie même pas de se retenir.
- C'est pas juste, c'est pas juste, hoquette-t-elle. Vous n'avez pas le droit de vendre la maison, c'est la nôtre aussi.
- Nous n'avons pas le choix, dit maman qui ne peut pas non plus cacher ses larmes. Quand nous reviendrons, nous en chercherons une aussi belle.

Elle prend Marion dans ses bras, lui essuie les yeux, lui caresse les cheveux.
- Et puis nous allons voyager, visiter d'autres pays, faire la connaissance de votre grand-mère…

- Mais... tu nous as dit qu'elle était morte.
- Je parle de la maman de papa. Elle nous invite chez elle, en Autriche. Elle va nous envoyer des billets pour prendre le bateau.
- Un bateau, comme le *Virginia* ? demande Robert.
- Bien plus grand, il doit traverser l'océan Atlantique, pas seulement le lac Michigan. Nous irons à New York pour embarquer. Nous dormirons plusieurs nuits sur ce bateau, dans des cabines...
- Et on part quand ? demande Marion.
- Cet été, je pense, pendant les vacances.
- Oh non !

Ils ne peuvent pas l'empêcher de passer l'été avec Freddy. Depuis qu'il est en *high school*, ils ne se voient qu'aux vacances. Cette année ils ont décidé de bâtir une cabane dans le bois, ils inviteront les petits, ils y feront des pique-niques, ils ont déjà repéré l'endroit.

Marion grimpe dans sa chambre et se jette sur son lit, mordant son oreiller de rage. Elle ne verra plus Freddy, ni Elmer, ni Mrs. Schmidt qui maintenant garde toujours quelques *ginger-snaps* pour elle quand elle en fait, ni Lucy Barton qui est devenue sa meilleure amie, ni papa. Ils vont laisser papa tout seul, ce n'est pas possible ! C'est affreux, c'est ignoble ! Sans eux, il mourra de tristesse. Et elle sans lui, sans son sourire mal caché derrière sa moustache, sans son regard qui encourage, sans sa protection, comment vivra-t-elle ?

Lorsqu'elle entend son pas et le bruit de sa canne marteler le trottoir devant la maison, elle court à sa rencontre.
- Eh bien Mitzi, tu n'es pas partie chez les Ford ce soir ?

Depuis qu'il est monté dans les autobus que Marshall Field a mis en place pour aller de la gare jusqu'à son magasin, Paul Ford en a construit un avec des vieilles planches, des caisses comme sièges et deux morceaux de zinc tordus pour faire une hélice à l'avant. Voilà trois jours qu'ils jouent à l'autobus tous les soirs.
- Plus envie, c'est toujours Paul qui conduit.
- Évidemment tu aimerais mieux que ce soit toi.
- Pourquoi pas ? Il y des femmes qui conduisent des voitures automobiles.
- Tu veux que je te construise un autobus pour toi ?
- C'est pas la peine, j'ai plus envie d'y jouer. Et puis il faut que tu te reposes.
- C'est maman qui t'a dit ça ?
- C'est vrai qu'on va partir en Europe ?

Papa ne répond pas, il monte l'escalier de la véranda, il reste un moment à regarder le désordre qu'ils y ont mis tout à l'heure, les bancs renversés, les cartes à jouer, les livres, les verres…
- C'est vrai, ma mère vous a invités à Marburg. Elle est très vieille, elle voudrait vous connaître avant de mourir.
- Et toi, tu ne viens pas la voir ?
- J'ai mon travail et il faut que je règle des problèmes ici.
- C'est toi qui vas vendre la maison ?
- Oui.

C'est un oui très triste.
- Je reste avec toi, je te ferai à manger, je laverai le linge, je repasserai tes chemises, tu verras, je me débrouille bien. Et j'apprendrai à te faire un bon goulasch…

Il lui prend les deux mains et la regarde dans les yeux.
- Je suis sûr que tu serais tout à fait à la hauteur, mais tu dois encore aller à l'école, tu as des tas de choses à apprendre dans les livres avant de faire le ménage et la cuisine. Et ne t'inquiète pas, le goulasch, je sais le préparer tout seul.

Les billets sont pris sur le *Postdam,* un paquebot de la Holland America Line qui les emmènera à Rotterdam. Ils ont de la famille à visiter dans cette ville avant d'aller à Marburg.

Ils seront présentables car grand-maman Mohor a envoyé une grande pièce de tissu avec laquelle maman a commandé à sa couturière des vêtements neufs pour tous les enfants. Marion n'est pas très contente d'avoir une robe de la même couleur que le pantalon de Robert et la robe d'Agnès, mais maman y a fait mettre le col de dentelle de son ancienne robe bleue, « pour que ce soit plus féminin », a-t-elle dit. Ils partent le 17 juillet.
- On sera encore là pour mon anniversaire, est-ce qu'on pourra inviter des amis ? demande Marion.

Ses parents n'invitent plus personne, ils ne sont pas venus au pique-nique de fin d'année de l'école. Ils remplissent des caisses : celles qui partent avec eux, celles qui restent avec papa et celles qu'on confie à des amis pendant leur absence, comme les beaux couverts en argent, les tasses en porcelaine, quelques tableaux de maman. C'est Mrs. Barton qui les gardera jusqu'à leur retour. Ce qui veut dire qu'ils reviendront bientôt.
- Mais oui, dit papa, tu ne quitteras pas Hinsdale sans une belle fête.
- Raisonnable, corrige maman.

- Absolument, j'organiserai une partie de croquet, puis nous ferons le jeu de la queue de l'âne, ta mère sait très bien dessiner les ânes, et j'achèterai un gros sac de bonbons qu'on accrochera au milieu du porche.
- Qu'il faudra crever avec un bâton les yeux bandés, comme chez les Ford l'année dernière ?
- J'espère que Robert ne trichera pas cette fois-ci.
- Il nous reste deux bouteilles de sirop de fraise, et je fabriquerai le plus gros quatre-quarts de la terre, dit maman.

C'est le seul gâteau qu'elle sait faire, mais il est toujours réussi.
- Je pourrai porter ma robe neuve ?
- Je te bouclerai les cheveux au fer à friser.
- Tu crois que ça m'ira ?
- Je ne te reconnaîtrai plus, dit papa en riant, mais je suis sûr que tu seras très jolie.

Elle était vraiment très jolie, Freddy en est resté la bouche ouverte. Même Elisabeth Dickinson n'était pas aussi élégante.

Tous les voisins étaient venus, le gâteau de maman était délicieux, elle avait mis de la confiture de framboise dessus pour que ce soit meilleur, le sac de bonbons était énorme et c'est Francis Ford qui l'a crevé, pas Robert. Et quand ils ont été tous en sueur, papa a dit :
- Allez enfiler vos maillots que je vous arrose un peu.

Dans un an ou deux, s'est dit Marion, pour ses treize ans par exemple, ils inviteront tout le monde pour fêter leur retour. Papa trouvera peut-être une autre maison aussi merveilleuse que celle qu'ils quittent. À moins qu'ils puissent racheter celle-ci. Dans le train qui les emmenait à New York, papa et maman riaient et plaisantaient. Depuis qu'ils se sont mis à ranger et à faire les caisses, ils ont l'air moins soucieux et ils s'embrassent de nouveau quand ils sont contents. C'est bon signe, les affaires de papa doivent aller mieux.

Maintenant qu'ils sont sur le quai devant le bateau, cette montagne de fer noir qui va les emmener, plus personne ne rit.
- On va être enfermés là-dedans pendant cinq jours ? demande Robert inquiet.
- Vous ne serez pas dans les cales, rassure papa, mais dans des cabines confortables.
- Tu crois qu'il ne va pas couler ?
- Il a déjà traversé l'Atlantique une centaine de fois, par tous les temps, vous ne risquez rien. Par contre faites attention en montant, l'échelle est étroite. Tenez-vous bien à la corde.

Un homme en uniforme blanc avec des galons dorés sur les épaules, les accueille en haut de l'échelle de coupée. Un autre homme en veste noire leur indique comment atteindre leurs cabines, ils enfilent des tas de couloirs étroits où ils croisent d'autres familles égarées avec des valises comme eux. Marion se demande comment elle retrouvera son chemin pour remonter sur le pont. Ils finissent par dénicher deux petites chambres côte à côte, une pour maman et Charlotte, l'autre pour les enfants, avec deux lits en bas et un en haut, accessible par une échelle. Évidemment c'est Robert qui prend le lit du haut. Les cabines sont éclairées à l'électricité, et il y a une salle de bains et des cabinets dans le couloir.
- C'est bien mieux que le *Virginia* ! dit Robert.

Marion est soulagée quand ils remontent sur le pont. Elle n'aime pas ces chambres cachées au fond du bateau, sans fenêtre pour regarder dehors, mais elles sont bien confortables. Et les salons sont magnifiques, il y en a de toutes sortes, des moyens avec des canapés immenses pour se reposer, des petits pour jouer aux cartes et écrire des lettres sur du papier à en-tête du bateau, et un très grand pour danser. Marion n'en revient pas de tant de luxe, maman n'a pas l'air étonnée, elle traverse les salons comme si elle retrouvait des lieux familiers.
- Il faut que je redescende maintenant, dit papa.
- Déjà ?
- Je resterai sur le quai pour vous regarder partir.

Il sourit dans sa moustache, il les serre dans ses bras, les uns après les autres.
- Soyez sages, obéissez à maman et travaillez bien à l'école à Marburg. Je veux que vous soyez très savants quand vous reviendrez.
- Et toi, dit Marion, ne travaille pas trop, pour qu'on te retrouve en forme quand on rentrera.

Papa l'a prise par les épaules et l'a regardée un moment.
- Prends bien soin de toi Mitzi et écris-moi de temps en temps.

Il sourit mais Marion est sûre qu'il a envie de pleurer, alors il soulève Charlotte à bout de bras, lui claque deux baisers sonores sur les joues.
- Je raccompagne papa jusqu'à l'échelle, dit maman. Marion je te confie Charlotte. Ne bougez pas d'ici.

Marion reste accrochée au bastingage, jusqu'à ce que maman revienne, jusqu'à ce qu'elle aperçoive papa tout seul en bas sur le quai, jusqu'à ce que la sirène du bateau mugisse longuement. Le bateau bouge lentement, se décolle du quai, s'en éloigne. Papa devient de plus en plus petit, puis il disparaît. Marion éclate en sanglots.

Dans le train qui le ramène à Chicago, Joska s'est collé contre la fenêtre pour que seule la banlieue de New York aperçoive les larmes qu'il ne peut retenir. Dans la semaine qui vient, il finira de détruire ce qui reste de ses douze années de vie conjugale, il videra la maison, vendra les lits des enfants, le coffre à jouets qu'il a fabriqué, le vélo de Ruddy que Marion a repeint en vert pour cacher les éraflures de ses premières chutes, le berceau… Sa famille est cassée, il n'a pas su la garder. Prentice, cet arrogant yankee, lui a soufflé le marché de l'essence. Il n'a pas vu venir l'explosion des voitures. Il a rêvé sur ses chaussettes de fil au lieu de barrer la route à Prentice.

Charlotte n'est pas très économe, c'est sûr, mais elle n'a pas non plus de goûts luxueux. Elle n'a jamais demandé de fourrure, de bijoux, de toilettes hors de prix… Elle ne se plaignait jamais non plus, ce n'était pas son genre. Peut-être ne l'aimait-elle pas assez pour exiger ou se mettre en colère. Elle a préféré partir à Marburg. C'est sans doute la meilleure solution pour les enfants, ils n'allaient pas s'installer dans un de ces logements sans air ni lumière du Southside. Charlotte a eu raison de s'en aller, c'est lui qui n'a pas été à la hauteur.

Henriette, 47 ans, à Chicago en 1893, sa fille Charlotte et Marion, 18 mois

Henriette Delinotte, 18 ans

Joska Mohor et Charlotte, en 1890 lors de leur rencontre (à gauche), puis quatre ans plus tard avec Marion (3 ans) et Robert (6 mois), alors qu'ils habitaient Chicago.

La maison d'Hinsdale

Joska, Charlotte et les deux aînés : Marion et Robert, sur la véranda de la maison.

Charlotte et ses 4 enfants en 1904 à Marburg après leur départ pour l'Europe … puis à 57 ans à Genève, en 1920.

19

Marburg 1903

Les trois années qui viennent seront sans doute les plus chaotiques de la vie de Marion. Le cœur lourd d'une tristesse qu'elle ne peut même pas partager avec Robert, vite distrait par les joies de la traversée, elle se contente de contempler le ballet des dauphins qui accompagnent le navire ou le geyser lointain d'une baleine. Pressent-elle que désormais sa vitalité, qui à Hinsdale lui faisait un bouclier de petits bonheurs, non seulement ne la protégera plus de la distraction de sa mère, mais lui attirera l'opprobre de cette Europe frileuse dans laquelle elle la ramène ?

C'est une fois à Rotterdam, chez une cousine de Charlotte, que le changement se cristallise. Marion se sent tout de suite étrangère dans ces rues tortueuses, où aucun trottoir en bois ne permet de marcher au sec, où les maisons sont petites, mal chauffées et les enfants tenus comme des chiens en laisse : ils n'ont pas le droit de parler à table, ni de crier en jouant. Dans la maison il ne faut pas déranger les adultes, et dehors, ils doivent bien se tenir pour ne pas leur faire honte.

Les enfants de la cousine de maman sont terriblement « bébé », ils ont peur de sortir seuls dans la rue, ne savent pas inventer des jeux, et Karl, le garçon de neuf ans, fait encore pipi au lit. Robert et Agnès se sont si bien moqués de lui qu'il a versé un broc d'eau froide dans leurs lits pour se venger.

Au bout de deux semaines, la cousine de maman est soulagée de voir partir leur bande de sauvages.

Après Rotterdam, ils vont rendre visite aux trois oncles Oldiggs, des cousins de mamie Henriette, trois vieux messieurs très riches.
- Ils ont fait fortune dans les plantations de tabac à Java, a expliqué maman du respect dans la voix.

Ils ont de belles grandes maisons entourées de parcs avec, dans l'une d'elle, une allée de marronniers dont les fruits sont le premier joli cadeau de cette Europe déroutante. *« Nous trouvions ces marrons brillants si beaux que nous n'avons pu nous empêcher d'en ramasser un plein panier simplement pour le plaisir de les voir et de les palper. »*

Les oncles sont accueillants, ils les convient à de délicieux repas, maman est particulièrement aimable avec eux, il est clair qu'elle aimerait qu'ils l'aident un peu, avec tout l'argent qu'ils ont.

Mais les vieux messieurs riches ne les gardent qu'une semaine. Il faut reprendre le train pour Hanovre, en Allemagne, faire la connaissance de la marraine de Marion, une amie de maman, où ils restent aussi une semaine. Maman a envie de revoir ses nombreuses amies, elle est chez elle ici, bien plus qu'aux États-Unis. À chaque fois ce sont des embrassades émues, puis des tas de questions, le récit de leurs années à Hinsdale, des mots tendres et tristes, que Marion n'aime pas entendre, pour parler de leur père. Puis tout le monde se donne du mal pour leur rendre la vie agréable jusqu'à ce que les disputes commencent entre les enfants ou que les adultes soupirent en les entendant dévaler les escaliers. Alors il faut laver les vêtements sales, refaire les bagages et repartir.

En fait, malgré les discours rassurants de maman, personne n'a envie de les garder, ils sont trop encombrants. La seule personne qui voulait d'eux, ils l'ont laissée là-bas, à Hinsdale. Le soir, à l'heure à laquelle leur père rentrait de Chicago, Marion se demande s'il est toujours sur la véranda à fumer son cigare ou s'il est déjà parti dans un petit appartement en ville, trop chaud, trop bruyant, sans enfant pour lui sauter au cou et lui faire oublier sa journée difficile. Si elle était restée avec lui, elle aurait su lui rendre la vie assez agréable pour qu'il reprenne courage. Elle aurait pris un travail, dans les magasins on emploie de très jeunes filles, le temps qu'il trouve un meilleur job, ils auraient peut-être pu rester à Hinsdale.

Quand elle l'imagine seul, appuyé sur sa canne, quittant leur maison vide, sa peine est tellement immense qu'elle ne peut même plus pleurer.

Une fois la ronde des amies de maman épuisée, ils arrivent à Marburg début octobre. L'endroit est plus agréable que Hanovre ou Rotterdam, la ville plus petite et les montagnes déjà enneigées toutes proches. Les maisons sont entourées de jardins, celle de grand-maman Mohor est une des plus belles et des plus grandes. Mais grand-maman est beaucoup plus vieille qu'ils ne l'imaginaient. C'est une dame très grosse engoncée dans ses châles qu'il ne faut surtout pas fatiguer, ce qui veut dire faire encore plus attention qu'à Rotterdam ou à Hanovre à ne pas courir dans les couloirs, ne pas crier, ne pas taper dans un ballon, pas même dans le jardin car ils pourraient casser les plantes. Ils n'ont jamais vu un jardin aussi ridicule, découpé en petits carrés de fleurs ou de légumes, sans aucune pelouse pour simplement s'asseoir dessus.

Grand-maman étant très vieille, c'est tante Rosa, pas très jeune non plus mais plus alerte, qui s'occupe de tout dans la maison et veille à ce qu'ils ne dérangent pas leur grand-mère. Pour tante Rosa ils devraient passer leur temps à lire assis dans les fauteuils du salon, mais pas sur les accoudoirs, à la rigueur à dessiner, ou découper des images. Quand il ne pleut pas, ils ont le droit de faire le tour du jardin en restant dans les allées et à condition d'enlever leurs chaussures pour mettre des pantoufles en rentrant. Ces désagréments seraient supportables, s'il n'y avait l'école. Une école allemande où ils doivent non seulement parler allemand, ce qu'ils savent à peu près, mais l'écrire, ce qu'ils n'ont jamais appris. À la grande honte de Marion et de Robert, ils sont mis dans les classes des petits où on ne cesse de les réprimander au lieu de les encourager comme le faisait Mr. Heintz à Fullersburg. Marion, qui aimait bien l'école, se met à la détester.

Pour leur changer les idées, et les siennes aussi, maman les emmène le dimanche faire de grandes promenades dans les montagnes. Ils emportent un pique-nique et ne rentrent que le soir, fourbus, pour entendre grand-maman grommeler : « *Zeitverlust* », perte de temps. Maman met un doigt sur ses lèvres pour qu'ils se retiennent de rire en montant dans les chambres.

Et puis maman part à Berlin où elle a trouvé du travail chez un fabricant de savon qui cherche une dessinatrice pour concevoir la publicité de ses produits. Comme elle a encore une amie là-bas, maman a des amies partout, elle va habiter chez elle. Elle leur fait des tas de recommandations, les embrasse trois ou quatre fois, mais elle a l'air très contente de s'en aller. Ils ne peuvent même plus quitter la maison pour se promener le dimanche.

Heureusement l'hiver arrive, une belle neige couvre le jardin, les fleurs ne risquent plus rien, ils vont pouvoir jouer dehors.
- Voulez-vous bien rentrer, leur crie tante Rosa depuis la porte, vous allez attraper des rhumes.
- Nous sommes bien couverts, explique Robert en montrant ses moufles et son bonnet.
- Dans un quart d'heure vous serez trempés à jouer avec la neige. Je ne veux pas avoir à vous soigner en plus de votre grand-mère.
- On vous promet de rentrer dès qu'on est mouillés, plaide Marion.
- Je vous connais, une fois que vous aurez commencé à jouer, vous n'y penserez plus. Je vous en prie, rentrez maintenant.

Marion se retient de hurler de rage car maman leur a demandé d'être gentils avec tante Rosa : « Sinon grand-maman ne nous gardera pas. »

Et comme si la honte d'être dans la classe des petits ne suffisait pas, Marion découvre que les bas noirs qu'elle porte pour aller à l'école ont des trous aux genoux. Dès qu'elle marche, on voit du rose au milieu du noir. Pas question d'en parler à tante Rosa, elle dirait encore qu'elle l'a bien cherché à jouer par terre au lieu de s'asseoir sagement pour lire.
- Moi aussi j'ai des trous, dit Robert. Tu peux les réparer ?
- Je ne sais pas coudre.

Ce n'était pas au programme de l'école de Fullersburg et maman ne lui a pas appris, elle ne cousait jamais. Quand les chaussettes étaient trop trouées, elle les jetait.
- Si on retourne les bas du côté des mollets, on ne voit pas les trous.
- J'ai essayé, ça fait des poches et des plis partout. Je crois que j'ai une idée.

Avec de l'encre noire Robert dessine une tâche sur sa peau à l'endroit du trou. Mais le lendemain la tache n'est plus en face du trou, et un autre trou est apparu. À la fin de la semaine *« On avait des jambes de léopard. »*

Elle se résigne à demander l'aide de tante Rosa qui lui montre comment repriser les bas.
- Il faut entretenir ses vêtements, on ne peut pas toujours les remplacer.

Elle n'a qu'à adresser sa critique à maman ! Pauvre tante Rosa, elle n'est pas méchante, elle a réussi à leur trouver du porridge pour leur petit déjeuner, mais ses façons de vivre sont tellement différentes des leurs. Elle pense que les Américains n'ont aucune éducation et que les protestants vont en enfer. Le soir elle vient leur faire un signe de croix sur le front pour les protéger. Et elle a tellement peur de tout, qu'ils fatiguent grand-maman, qu'ils se cassent quelque chose, qu'ils attrapent froid... Marion comprend pourquoi son père s'est sauvé de ce pays et de cette maison à dix-sept ans. Elle ne tiendra jamais jusque-là.

Et puis, au printemps, maman revient, le travail à Berlin n'était pas intéressant dit-elle. Est-elle capable de supporter un vrai travail avec des chefs et des critiques? se demande Marion. Alors grand-maman, qui n'a pas envie de les avoir plus longtemps dans sa maison, propose de les installer dans un appartement, pas très loin de l'école.

C'est tout petit, mais ils sont chez eux et l'immeuble a une sorte de cour-jardin où ils pourront jouer. À peine entrés, ils enlèvent leurs chaussures, puis avec des planches entreposées dans la cour, ils improvisent une balançoire à bascule. L'hiver suivant, ils arrivent à transformer le jardin en patinoire en arrosant la maigre pelouse tous les jours comme papa le faisait à Hinsdale, et au printemps maman a l'idée d'y créer un potager. Ils retrouvent le goût croquant des concombres, des laitues que tante Rosa ne leur préparait jamais, et parviennent même à obtenir une belle récolte de haricots. Marion, Robert et Agnès les cueillent et les épluchent, maman les cuit. Marion se réjouit de goûter de nouveau une salade de haricots verts comme elle n'en a pas mangé depuis longtemps. Et maman, qui pense toujours à autre chose quand elle cuisine, l'arrose d'alcool à brûler à la place du vinaigre ! Si c'était elle la mère et Charlotte sa fille, Marion la giflerait. Robert éclate en sanglots. Pour les consoler, maman promet de les emmener voir le spectacle du cirque qui vient d'arriver à Marburg, elle déteste faire de la peine à Robert.

Après plus de deux ans dans l'école de Marburg, Marion et Robert commencent à écrire l'allemand sans trop de fautes, il est question de les passer dans des classes pour plus grands, ils vont peut-être mener à nouveau une vie normale, s'acheter des bas quand les leurs sont troués et inviter des amis de leur âge. Mais maman recommence à parler de départ. Elle n'a pas réussi à avoir plus de dix élèves dans sa classe de peinture et ses leçons de français ne rapportent pas beaucoup. Elle n'a obtenu aucune commande de portrait miniature, les habitants de Marburg ne sont pas assez riches ni assez raffinés, dit-elle, pour s'offrir ce genre d'œuvre. Elle n'a plus assez d'argent pour payer le loyer, la nourriture, les vêtements.

Et l'hiver revient, glacial. Leur petit appartement n'a qu'un seul poêle pour chauffer les trois pièces. Bébé Charlotte est malade, elle tousse à fendre l'âme, maman l'installe dans la salle à manger près du poêle et de Marion qui fait ses devoirs à la lueur de la lampe à pétrole. En se penchant pour ramasser sa gomme qui a roulé sous la table, Marion renverse la lampe. Le verre se brise, le pétrole se répand et commence à flamber.
- Sortez vite, crie maman en emportant Charlotte dans ses couvertures.

Il faut fermer la porte pour que le courant d'air n'alimente pas le feu.

Ils attendent gelés, serrés les uns contre les autres sur le palier, redoutant le passage des flammes sous la porte, jusqu'à ce qu'aucune lueur ne soit plus visible de la fenêtre depuis le jardin où Robert va régulièrement guetter. Quand ils rouvrent la porte, le tapis, les rideaux ont entièrement brûlé, le vernis de l'armoire a fondu et il y a une grosse crevasse noire sur le plancher. Mais la table et les chaises sont toujours là, et le contenu de l'armoire est indemne.
- Ne t'inquiète pas, la réconforte maman, ce n'est jamais qu'un plancher noirci, le propriétaire est entrepreneur, ça ne lui coûtera pas grand-chose de le réparer.

Mais, comme souvent, maman prend ses désirs pour des réalités. Le propriétaire, furieux, exige qu'ils remplacent le plancher à leurs frais.
- Il sait très bien que je ne peux pas, il va vouloir saisir le peu que nous avons. Il n'en est pas question, on s'en va. Grand-maman nous aidera.

Marion commence à redouter les visites à grand-maman, chaque fois elle lui offre un vêtement, lui donne des pâtisseries, de la farine, des œufs à emporter, elle se fait l'effet d'une mendigote. S'il faut partir de Marburg, au moins elle n'aura plus cette honte. En deux jours les malles sont remplies, une voiture vient les chercher pour les mettre au train. Ils se sauvent en cachette avec deux petites valises, comme des voleurs.

L'incendie est arrivé à point, voilà un moment que Charlotte songeait à partir. Marburg est une toute petite ville, très provinciale, c'était une erreur de venir s'installer ici. Charlotte aurait dû se douter qu'elle n'y trouverait pas de clients pour sa peinture et que sa belle-mère se lasserait d'elle et de ses enfants. Comment peut-on passer son existence à préparer des conserves, cuire des ragoûts et des patates, laver des draps et des chemises et repriser des bas ? La merveilleuse mère de Joska n'est pas plus drôle que n'était son tyran de mari. Pas étonnant que sur ses neuf enfants, huit soient partis le plus loin possible. Victor est le seul qui soit resté à Marburg, c'est aussi le seul qui ne se soit pas marié. Il est ennuyeux comme la pluie.

Joska se trompe en se croyant le fils bien-aimé, elle ne parle jamais de lui, seulement de Sandor, qui a réussi à fonder une banque en Argentine, de Mitzi, cantatrice à l'opéra de Francfort, qui est si bien mariée avec un ingénieur devenu le directeur des chemins de fer, et de Chili, des fresques de sa magnifique villa à Ravenstein, de sa propriété d'Heidelberg et ses deux enfants si doués. Pas comme ceux de Joska qui ne savent que hurler et se battre.

Elle ne lui dit rien de ces réflexions dans la lettre qu'elle lui écrit chaque mois, elle cache aussi ses problèmes d'argent. Inutile de l'alarmer, sa situation à lui n'est guère plus brillante que lorsqu'elle est partie, il ne peut pas l'aider, elle doit se débrouiller seule.

Au Club Français de Chicago, Hélène Ziegler, une Suissesse fille de pasteur calviniste, lui avait beaucoup vanté les charmes de Genève.
- Une ville paisible au bord d'un lac, mais une vie sociale et culturelle intense avec tous les diplomates qui gravitent autour du Comité International de la Croix-Rouge et les membres des nombreux consulats.

Chaque grand pays y a une représentation, de plusieurs dizaines de diplomates parfois, qui sont venus s'installer à Genève avec leur famille, des gens aisés et cultivés qui apprécieraient ses miniatures. Ça fera du bien aux enfants de côtoyer des personnes de toutes nationalités. Ils parlent déjà couramment l'anglais, l'allemand et le français. Ils n'auront pas de mal à s'adapter. Et puis, en attendant les premiers clients, Charlotte a eu une idée épatante pour faire vivre la famille. Elle est sûre qu'elle plaira aux enfants.

Grand-maman Mohor, qui n'est pas fâchée de les voir partir loin, veut bien les aider encore une fois à s'installer à Genève.

C'est en sifflotant que Charlotte empile les affaires des enfants dans les malles.

20

Genève 1906

Marion a presque quatorze ans quand ils arrivent à Genève. Elle est aussi grande que sa mère maintenant, elle a eu ses premières règles à Marburg, elle commence à avoir des seins, sa chevelure est lourde, abondante et bouclée et ses yeux gris vert retiennent l'attention des garçons, quand ils ne sont pas froncés de colère.

Mais son cœur est de plus en plus amer. Elle pressent qu'ils ne reviendront jamais à Hinsdale, ni aux États-Unis. Son père donne de moins en moins souvent de nouvelles, Marion lui écrit régulièrement, mais ses réponses tardent et il n'y parle presque pas de lui-même, sinon pour dire qu'il se porte bien, qu'il habite à Riverdale maintenant, et qu'il pense beaucoup à eux. Il a sans doute retrouvé une femme, il en avait déjà eu avant maman, et peut-être en même temps a deviné Marion, maman était trop occupée d'elle-même pour le rendre vraiment heureux. Mais comme enfants, il n'a qu'eux, et il sait aussi qu'il ne les reverra pas de sitôt. S'ils étaient restés, ils seraient pauvres, et alors ? Ils le sont de toute façon, ils traînent leurs chaussures jusqu'à ce qu'il y ait trop de trous dans les semelles, mais au moins ils seraient ensemble.

Bien sûr ce n'est pas de la faute de sa mère si les habitants de Marburg n'ont pas besoin de leçon de dessin ni envie d'acheter ses tableaux, mais rien n'est jamais de sa faute, et voilà que maintenant elle les emmène à Genève, où, assure-t-elle, la vie sera bien plus agréable que dans ce trou de Marburg.

Pour le moment, ce qu'elle leur a décrit de la ville paraît vrai. Les parcs, la promenade le long du lac, les immeubles de pierre blanche à grand portail pour laisser entrer les voitures sont aussi plaisants qu'elle l'a dit, mais ils ne pourront jamais habiter dans ces beaux quartiers.

Quand Charlotte annonce qu'elle a trouvé une maison, Marion se demande à quoi peuvent ressembler des quartiers pauvres dans cette ville si propre. Lorsqu'elle les conduit devant une charmante maison de bois

peinte en vert, entourée de maisons semblables et de jardins fleuris, Marion est sur ses gardes.
- Elle est beaucoup trop grande pour nous. Et sûrement trop chère.
- Nous allons prendre des pensionnaires. Il va me falloir un certain temps pour trouver des commandes de portraits, en attendant nous allons accueillir des étrangers. Beaucoup de gens viennent à Genève du monde entier pour des courts séjours, ils ne sont pas tous assez riches pour s'offrir des hôtels. Une pension tenue par une famille cultivée, où on parle anglais, français, allemand, italien et hollandais sera une aubaine pour eux. Nous aurons des tas de clients.

Maman a les yeux brillants, elle se voit déjà au milieu d'une cour d'admirateurs.
- Qui fera le ménage et la cuisine ? demande Marion.
- Nous prendrons une cuisinière et une femme de chambre. Vous verrez, ce sera très joyeux.

Ce n'est peut-être pas une mauvaise idée, finit par admettre Marion. Maman a l'habitude de côtoyer des gens de tous les pays, sur le *Postdam* elle était à l'aise avec les passagers, allait d'un groupe à l'autre, changeant de langue aussi facilement que de sourire.

Elle oublie ses inquiétudes jusqu'au moment où elle doit retourner en classe, dans une école secondaire où tout l'enseignement est en français. Une fois de plus, elle subit l'humiliation d'être dernière. Elle fait quatre-vingts fautes dans sa première dictée et doit passer son jeudi entier à les expliquer par écrit.

Mais, pour changer, les prévisions de maman se réalisent. Deux jours après un tour des consulats en robe de taffetas, longs gants de dentelle et chapeau à voilette, quand il s'agit de plaire maman sait déployer le grand jeu, les premiers pensionnaires arrivent.

Des Russes en premier, puis tout un groupe de Géorgiens, dont deux vrais princes : le prince Eristoff et sa fiancée, étudiants en droit, et son cousin le prince Tseretelli, un étudiant en chimie, condamné à mort en Russie où il a dévalisé une banque pour acheter des armes pour la révolution. Marion se demande pourquoi il avait besoin de l'argent de la banque car lui-même est très riche, il distribue son argent à tous les amis qui viennent lui demander secours.

Maman est aux anges, elle adore la prince Tseretelli. Enfin quelqu'un, un bel homme s'il vous plaît, avec qui elle peut échanger autre chose que des politesses ! Maman n'aurait-elle ouvert cette pension de famille que pour se retrouver un auditoire ? Elle a glissé dans son décolleté un morceau de tulle plissé qui lui fait une collerette à l'ancienne, elle

minaude, elle s'enflamme, toute à son rôle de grande dame pétrie d'idéaux chrétiens, jusqu'à ce qu'on ne regarde plus qu'elle.
- La violence n'engendrera que la violence, assure-t-elle avec emphase, vous allez plonger votre pays dans le sang.
- Si vous croyez que la douceur et la bonne volonté font barrage à l'Okhrana.
- Mais Tolstoï dit que…
- Tolstoï est un intellectuel, un rêveur, chère madame, le Tsar le laisse débiter ses théories parce que justement il n'est pas dangereux.
- Pourtant…

Maman a les joues roses, les yeux brillants, elle oublie l'heure du dîner, la discussion dure la moitié de la nuit. Ce prince géorgien lui fait le même effet que le général Booth, le fondateur de l'Armée du Salut, qu'elle voulait absolument faire entendre à Marion quand il est venu à Chicago. Elle n'a jamais manifesté un tel intérêt pour son mari, ce n'était pas assez grandiose de juste se donner du mal pour leur offrir une belle vie.

Elle atteint le sommet du bonheur lorsque le prince Tseretelli lui demande si, en tant qu'artiste, elle peut les aider à monter un spectacle en l'honneur de leur histoire nationale. Le grand salon devient scène de théâtre, elle parade, son long châle drapé sur les épaules, ordonne les répétitions, indique aux acteurs leur place et les poses qu'ils doivent prendre dans les tableaux vivants qu'ils composent, reine au centre de la ruche. Au grand soulagement de Marion, le prince ne lui a pas donné de rôle, mais elle réussit à en obtenir un pour Robert, et lui commande des bottes rouges sur mesure, qui coûtent une fortune, pour qu'il danse le Lékouri avec une petite Géorgienne invitée.

Ce tourbillon de rires et de fêtes finit par emporter aussi Marion qui rythme les danses en tapant dans ses mains aussi fort que les invités.

Quand les Géorgiens s'en vont, la maison paraît toute vide. Pour distraire les pensionnaires qui restent, maman décide d'organiser régulièrement de petites fêtes, moins brillantes que celles du prince, mais toujours accompagnées de danse et de musique. Marion accepte même d'assurer le spectacle en dansant le *cake-walk* avec Helen Gray, la jeune Américaine fille d'une de leurs pensionnaires. Elles se sont toutes les deux teint les mains et la figure en noir avec du bouchon brûlé pour avoir l'air nègre. Helen fait la fille avec plusieurs jupons de toutes les couleurs et un foulard dans lequel elle a coincé des petites tresses de laine noire. Marion, qui est plus grande, fait le garçon, en guêtres et chaussures bicolores, les siennes sur lesquelles elle a collé du papier noir et blanc.

Leur numéro a beaucoup de succès. Mrs. Gray, la mère d'Helen, lui dit qu'elle est douée pour la danse.
- Tu devrais apprendre la valse, et aussi le tango, c'est à la mode.
- Quelle bonne idée, s'écrie maman, je vais te montrer.

Elle prend Marion par la taille.
- Regarde, c'est facile : un le pied droit en avant, deux tu tournes avec le gauche, trois tu ramènes le pied droit. On y va : un deux trois, un deux trois…

Frank, l'étudiant allemand, se met à jouer une valse au piano et Marion à tourbillonner dans les bras de sa mère.
- C'est vrai que tu es douée, ma chérie.

Marion en a les joues roses de plaisir. Ce sont des leçons de danse qu'elle devrait prendre et pas ces horribles leçons de piano où elle se trompe tout le temps, et qui l'obligent à s'exhiber avant les vacances devant parents et élèves réunis. Pourquoi maman s'obstine-t-elle à maintenir cette dépense inutile qui couvre Marion de ridicule chaque année ?

Heureusement, elle fait des progrès en français à toute allure, et termine correctement son école secondaire. La directrice, qui l'a prise en affection, lui conseille de continuer ses études dans une école de commerce.
- Tu parles couramment trois langues, c'est un gros atout. En trois ans tu pourras devenir assistante commerciale et trouver un bon travail.

Dans trois ans elle pourrait gagner sa vie ? Une semaine après, elle est inscrite pour la rentrée d'octobre.

21

Marion commençait à être sérieusement inquiète quand sa mère est revenue radieuse du consulat des États-Unis avec, enfin, deux commandes de portrait.

Il était temps, la pension de famille coulait. Sa mère lui demandait de plus en plus souvent de nettoyer les chambres à la place de Clara qu'elle ne pouvait plus payer. Marion voyait le moment où, au lieu d'études de commerce conduisant à un métier, elle ferait la femme de chambre gratis.

Grâce à Dieu, les invitations de Mrs. Keene, l'épouse du consul que maman bichonnait depuis deux ans, ont fini par donner un résultat : deux riches Américaines, dont les maris sont en poste à Genève, se sont décidées à commander chacune un portrait d'enfant.
- Nous allons quitter la maison pour un appartement beaucoup plus pratique, a annoncé Charlotte.

Le nouveau plan est toujours plus pratique, plus agréable que le mirage précédent, mais pour une fois le déménagement ne bouleversera pas trop leur vie. Marion ne changera ni de pays, ni d'école, ni de langue et le nouvel appartement, rue du Conseil Général, est plus proche du centre-ville et de son école que la maison.

Depuis qu'ils ont emménagé, leur vie est devenue calme. Marion a une chambre pour elle seule. « Pour que tu puisses travailler tranquille », a dit sa mère. C'est bien la première fois que Charlotte prend conscience des efforts de Marion. Elle-même a installé son atelier dans le salon près de la grande fenêtre car elle a besoin de beaucoup de lumière pour travailler. Quand sa mère est penchée sur sa table de travail, sa loupe dans une main, un pinceau très fin de l'autre, les cheveux mal attachés par un gros peigne car elle n'a pas de temps pour sa toilette, Marion sent fondre ses rancunes accumulées.

Aucune des mères de ses amies n'est capable de se concentrer ainsi, le dos courbé des heures durant et de réussir des miniatures aussi délicates.

Aucune non plus n'envoie si souvent ses enfants à la Comédie ou au Grand Théâtre.
- Vous devez absolument voir Mounet Sully dans *Œdipe roi*. C'est une pièce terrible, Mounet est magnifique.
- Le théâtre est très cher, a immédiatement prévenu Marion.
- Nous irons au poulailler, les places ne sont qu'à un franc.

Marion et Robert se sont ennuyés et n'ont pas jugé Mounet Sully si sublime. En revanche, ils ont beaucoup aimé Sarah Bernhardt dans *l'Aiglon* et surtout dans *La Dame au camélia*. Marion l'a trouvée belle et émouvante avec ses longues tuniques blanches et argent. Elle a pleuré à la fin, ce qui a réjoui sa mère.

Aussi quand « cette artiste incomparable », comme dit maman avec des trémolos dans la voix, revient à Genève présenter *Adrienne Lecouvreur*, il n'est pas question de manquer ça, et puisqu'ils n'ont plus assez d'argent pour payer les places, maman emprunte cinq francs à son coiffeur.
- C'est pas possible ! s'insurge Marion. On va le rembourser comment ?
- Léonard n'est pas pressé, lui aussi est un admirateur de la grande Sarah. Il a très bien compris qu'on ne pouvait laisser passer cette occasion. Quand je pense, ajoute maman, que ces rustres de Chicagoans l'ont snobée. Sulfureuse, disaient les journaux, parce que madame Sarah était assez mince pour porter des tuniques fluides et pas les horribles corsets à baleines de leurs épouses boudinées. Ces dames ont fui les représentations par peur d'être contaminées !

Ils ont vu *Adrienne Lecouvreur* qui n'était pas une pièce passionnante.

Maintenant qu'il n'y a plus de pensionnaires pour la distraire, maman est tranquille dans la journée pour travailler. Pendant leur première année rue du Conseil Général, elle réussit à peindre quatre miniatures. Elle rembourse Léonard très vite et n'attend pas pour régler le loyer, qui est beaucoup moins élevé que celui de la maison verte. Ils ont un peu plus d'argent pour se distraire. Leur vie est presque agréable, pourtant lorsque le froid lui pique les joues, que la glace crisse sous ses patins, ou bien qu'elle plonge l'été dans les eaux fraîches du lac, des bouffées de souvenirs d'Hinsdale montent au cœur de Marion. Dans sa dernière lettre papa la félicitait de ses bonnes notes à l'école de commerce, il ne disait rien de lui.

Les soirs d'été, dans l'appartement étouffant, assise en sueur sur son lit, Marion se souvient des soirées sur leur véranda, quand le vent se levait et la chaleur commençait à tomber. Papa prenait sa grande flûte et leur jouait une petite chanson hongroise. Elle se sentait protégée pour toujours. Les nuits d'été, Marion pleure en silence

Dans la journée, elle oublie. Elle se trouve bien dans cette école, ses notes ne sont pas mauvaises, elle s'y est fait quelques amies, bientôt elle pourra gagner de l'argent.
- Je crois que je vais m'inscrire en école de commerce comme toi, lui annonce Robert.
- Tu ne vas pas à Lausanne dans cette école d'ingénieur qui te plaisait tant ?
- Trop long, trop cher. Maman ne pourra pas payer mes études, elle ne doit pas prendre plus de commandes, ses yeux fatiguent.
- Il n'y a pas de bourses ?
- Très peu, et mes notes ne sont pas assez bonnes pour y prétendre. Puis les bourses ne couvrent que l'inscription, comment payer une chambre à Lausanne et un repas de temps en temps ?

C'est comme pour le papier à lettre mauve, enrage Marion, Robert va se sacrifier pour maman. Que moi je fasse une école de commerce, c'est très bien, je ne suis pas capable de mieux, mais pas Robert.
- C'est ridicule, tu fiches ton avenir en l'air. Il y a sûrement une autre solution.
- Ne fronce pas les sourcils comme ça, Marion chérie, tu seras ridée avant l'âge. Viens plutôt faire un tour en vélo avec nous.

Marion pourrait argumenter des heures, il ne l'écoutera pas, il aime trop maman, il est trop bon et il fuit les disputes. C'est pour ça qu'il s'entend si bien avec ce fou de Chevaley, son meilleur ami depuis qu'ils sont à Genève. Chevaley ne prend rien au sérieux, sa plus grande gloire est d'avoir mis un slip de bain rouge à la statue du David aux Bastions. Marion le trouve parfois un peu lourd, mais Robert ne peut s'en passer. « Il le protège contre la tristesse », pense Marion.

Robert s'est inscrit à l'école de commerce, puis il est parti en vélo parcourir les cantons de Vaud et des Grisons, l'Autriche, l'Italie et la France. Marion serait bien partie avec lui, ça ne lui fait pas peur de dormir à la belle étoile, de dîner de pain sec et d'olives, de boire aux fontaines. Avec Robert, c'est un peu comme avec papa, elle est en sécurité. Mais maman a un autre projet pour elle :
- Qui te plaira beaucoup.

Tous les étés, elle trouve une famille chez qui expédier ses enfants. L'année dernière, Marion est d'abord allée à Heidelberg visiter tante Chili dans sa superbe maison, puis elle a passé le mois d'août avec Robert à Stuttgart chez une des amies de pension de maman et sa vieille mère impotente. Cette année Robert se défile, il en a soupé des vieilles dames, Marion est condamnée à aller seule dans une famille nombreuse à Villars-sur-Ollon où elle devra, pour prix de son séjour, faire la lecture en français aux enfants plus jeunes, des dictées en anglais aux moyens, apprendre l'allemand à celui de quatorze ans, et le français au fils aîné. Ce que sa mère appelle des vacances !

Mais Charlotte a très bien choisi. À lire le récit qu'a fait Marion de cet été-là, on se croirait dans la *Mélodie du bonheur* : les Begg habitent et gèrent un bel hôtel confortable, au milieu d'un parc, face à un cirque de montagnes aux sommets encore enneigés. Leurs sept enfants sont tous charmants, beaux, musiciens, bien élevés, autant entre eux qu'avec les visiteurs. Le soir parents et enfants se réunissent pour jouer et chanter les chansons à la mode que l'un des garçons a rapportées d'Angleterre où il est étudiant. Les pensionnaires de l'hôtel peuvent assister à ces concerts informels auxquels Marion participe comme une cousine en visite. Tous les membres de la famille ont pour elle des égards qui lui font parfois monter les larmes aux yeux. Le petit garçon de cinq ans, à qui elle donne aussi quelques cours de tennis, s'excuse d'un délicieux « *Oh, I'm sorry* » chaque fois qu'il envoie sa balle hors des lignes.

La vie est claire et simple dans cette maison : on est poli avec tout le monde, qu'il soit riche ou mendiant, on travaille correctement en classe, on ne manque sous aucun prétexte le culte du dimanche, mais chacun est libre de pratiquer les sports ou les instruments de musique qui lui plaisent, ou ni l'un ni l'autre et de se réfugier dans la lecture si c'est son désir. Une famille comme elle en rêve.

Et pour couronner le tout, elle reçoit une demande en mariage d'un bel Égyptien client de l'hôtel, un peu trop vieux, un peu trop parfumé pour son goût, mais procureur de son état et descendant, prétend-il, de Mahomet. Quand elle va raconter ça à Robert, il ne pourra plus dire qu'elle est trop râleuse pour trouver un mari !

Elle aurait peut-être dû partir au Caire, ou, encore mieux, rester à Villars-sur-Ollon. À la mine de sa mère quand elle entre dans l'appartement, elle comprend que les temps difficiles sont revenus.
- Je n'ai pas eu de nouvelle commande depuis ton départ, les diplomates repartent chez eux l'été, explique Charlotte. Ça t'ennuierait beaucoup de partager la chambre de tes sœurs ? Je pourrais louer la tienne à un étudiant en attendant que ça s'arrange.

Encore une année d'école et Marion gagnera de quoi boucher les trous entre les commandes de maman.

Comme l'appartement est bien situé, plusieurs étudiants se présentent assez vite.
- J'ai choisi un musicien, annonce Charlotte deux jours plus tard. Je crois qu'il vous plaira, il est moitié italien, moitié allemand, il fait des

études pour devenir chef d'orchestre. Il doit aussi s'exercer au piano tous les jours, c'est une chance que la chambre soit assez grande pour y loger un piano.

Le lendemain, en rentrant de ses cours, Marion trouve le corridor encombré de valises, de cartables, de sacs… Un jeune homme ébouriffé sort de sa chambre.

- Je suis désolé pour le désordre. Ce soir j'aurai tout rangé, explique-t-il.

Maman doit avoir un talent particulier pour choisir ses pensionnaires. Ceux de la maison verte étaient tous sympathiques, celui-ci aussi.

- Guido Uzielli, annonce-t-il en tendant la main.
- Marion.
- Oui je sais, votre mère m'a dit que j'occupe votre chambre. C'est très gentil à vous de me la laisser. J'essaierai de ne pas trop vous gêner avec mes exercices.
- Au contraire, un peu de musique nous fera du bien.
- Ah, Guido, tout va bien ? Vous avez assez de place dans les placards ? Bien sûr vous restez souper avec nous ce soir, il faut que je vous présente toute la famille.

Ce nouveau pensionnaire a l'air de bien plaire à maman. Ça doit être son côté italien, tout ce qui vient d'Italie l'enchante par principe.

Marion se regarde dans la glace : si elle changeait de coiffure ? Les cheveux tombant dans le dos, retenus par des peignes ou des barrettes, lui gardent un air enfantin. Relevés en bandeaux, ça ferait plus femme. Elle les prend à deux mains, les soulève, les attache avec un ruban au sommet de sa tête. Ils sont si abondants qu'ils ne s'aplatissent pas, elle n'aurait pas besoin d'une bourre pour leur donner du gonflant. Que penserait Guido de la métamorphose ?

Ce soir ils seront seuls dans l'appartement, maman emmène les petites, qui ont maintenant neuf et douze ans, voir *Le Bourgeois gentilhomme* à la Comédie. Robert rejoint Chevaley chez des amis. Marion a déclaré qu'elle avait trop de devoirs pour sortir. Maman a souri, elle n'est pas dupe, mais elle fait confiance à Marion pour se bien conduire.

Marion laisse ses cheveux relevés, se passe un peu de poudre sur le nez, un soupçon de rouge sur les lèvres qu'elle étale avec de la lanoline, pour faire briller. Sous la lampe, Guido ne verra pas les artifices, seulement le résultat.

Comme presque chaque soir, elle s'est installée pour travailler sur la table de la salle à manger. La chambre est trop petite pour y mettre un bureau de plus et elle empêcherait ses sœurs de dormir.

Quand Guido rentre tard et qu'il trouve la salle à manger éclairée, il s'attend à y trouver Marion. Au début il est venu bavarder quelques minutes, puis plus longtemps. Alors Marion a eu plus souvent des devoirs qui l'obligeaient à travailler tard. Guido se penchait sur son épaule, regardait ses cahiers, lui donnait des conseils.

Avant-hier, dans le feu de la discussion, Guido a posé la main sur la sienne et l'a gardée jusqu'à ce que Robert entre dans la pièce. Il sait que ce soir elle sera seule à la maison jusqu'à vingt-deux heures. Il est vingt heures, elle entend son pas dans l'escalier.

- J'ai pu avoir des places pour le concert de samedi, dit-il en entrant.

Il lui rapporte souvent des places gratuites pour les concerts du Conservatoire.

- Le concerto pour violon de Tchaïkovski, tu devrais aimer.

Il va poser ses vêtements et son cartable dans sa chambre et revient s'asseoir à côté d'elle.

- Tu as changé de coiffure ?
- Ça te plaît ?

Il pose les mains sur ses épaules et la tient devant lui.

- Tu es vraiment très jolie, Marion.

Aucun garçon, jamais, ne lui a dit qu'elle était jolie, pas même le procureur égyptien. Elle a envie de pleurer et de rire en même temps.

- Je... je suis heureux de t'avoir rencontrée.

Et voilà, c'est arrivé, il a pris son visage dans ses mains et il a embrassé ses lèvres. Et c'était tellement magnifique qu'elle pensait ne jamais pouvoir se détacher de lui. Ils restent un moment sans rien dire, puis Guido lui prend la main :

- Je n'ai pas eu le temps de souper, tu aurais quelque chose à me proposer ? demande-t-il gaiement.

C'est pour être avec elle qu'il est rentré si vite.

- Tu as de la chance, il reste du gratin de pâtes.

La bouche à moitié pleine, il lui explique qu'on vient de lui demander de diriger le dernier concert du Conservatoire, avant les vacances.

- Ce sera ma première direction en public et je n'aurai que trois répétitions avec tout l'orchestre pour me préparer.
- Ce n'est pas beaucoup.
- C'est pour ça que je dois m'entraîner seul. Je vais te montrer.

Il revient de sa chambre avec sa baguette et un paquet de feuilles qu'il place sur les chaises du salon disposées en demi-cercle devant lui.

- Près de moi le pianiste, le plus important car c'est le *Concerto n° 2 pour piano* de Brahms ; en éventail devant, les cordes : violons, altos, violoncelles et la contrebasse ; derrière les bois : flûtes, clarinettes, hautbois et bassons, puis les cuivres : cors, et trompettes, et au fond les timbales…

Il lève sa baguette, fait un signe du menton du côté des violons, puis, tout en marquant la mesure, pointe sa baguette à droite, à gauche, en haut en bas, de l'autre main il calme ou fait monter la tension, arrête les uns, relance les autres… Marion pourrait s'évanouir, il ne s'en apercevrait pas. Mais elle ne bouge pas, émerveillée. Il aurait continué jusqu'à la fin du concerto, si maman et les petites n'étaient rentrées.

Ils parviennent à se retrouver plusieurs fois au bord du lac, mais jamais longtemps car Guido a un emploi du temps très rempli et Marion ne peut pas rentrer trop tard après ses cours. Ils se tiennent par la main et bavardent tout le temps, en fait Guido parle et elle écoute.
- C'est mon père qui m'a appris le piano, il en joue depuis son enfance, dans sa famille tout le monde est musicien. C'est un honneur dans les familles juives. Ma mère, elle, est protestante, ta mère lui ressemble un peu.
- Elle fait aussi mal la cuisine ?
- Tu es injuste, le gratin de pâtes était très réussi.
- C'est une de ses deux spécialités, le gratin et le riz au lait.

Guido rit, l'embrasse dans le cou, puis sur la bouche s'ils sont seuls sur la promenade. Marion aimerait que ça dure plus longtemps, mais Guido ne veut surtout pas lui porter tort.
- J'ai reçu une proposition pour cet été, comme professeur de musique des enfants d'un lord anglais. L'ennui c'est que je ne parle presque pas anglais, tu crois que tu pourrais me donner des leçons ?

À la maison, tous les deux seuls, ou presque ! Guido est génial.
- En contrepartie, dit Marion, tu me donnerais des cours d'italien, le professeur de mon école est nul.

Quand ils en ont parlé, maman les a regardés amusée et elle a dit : « C'est une très bonne idée. »

Deux fois par semaine, ils ont maintenant une grande heure, une demi-heure d'anglais, une demi-heure d'italien, à passer ensemble dans la chambre de Guido. Bien sûr la porte reste ouverte mais personne ne les dérange. La leçon finie Guido lui explique, en allemand qu'ils parlent tous les deux, comment il a interprété telle fugue de Bach, se met au piano, la joue, s'arrête pour lui montrer une difficulté, recommence… Ils restent parfois une heure de plus à simplement bavarder.

Marion n'arrive pas à croire à son bonheur. Elle n'aurait jamais imaginé qu'un garçon si brillant et si charmant puisse l'aimer. Il ne l'a pas dit, c'est vrai, peut-être ne veut-il pas s'engager à vingt-trois ans, alors qu'il ne sait pas encore s'il va réussir à devenir chef d'orchestre et gagner sa vie. Guido est délicat. C'est aussi pour ça que Marion l'aime, elle non plus ne lui a rien dit, elle n'ose pas, mais elle va le lui prouver.

C'est dimanche prochain qu'a lieu le concert de fin d'année du Conservatoire, celui qu'il dirigera. Il a donné dix billets à Marion :
- Pour toi et tes amies.

Elle a demandé à ses amies d'arriver tôt pour prendre les meilleurs sièges à l'orchestre car les places ne sont pas affectées lors des concerts des élèves du Conservatoire, et Marion veut être au premier rang.

À mesure que la salle se remplit, Marion est prise d'angoisse : et si Guido perdait ses moyens devant le public ? Il joue un peu sa carrière dans ce premier concert. Quand il arrive, Lucie, sa voisine de droite, lui dit en riant :
- Tu ne nous avais pas dit qu'il était si beau garçon. Tu es sûre que ce n'est qu'un ami ?

Marion sourit sans répondre. Et puis le concert commence, et la même magie qu'elle avait vu s'opérer à la maison devant les chaises étiquetées, se reproduit. Guido est magistral, la pianiste aussi, il faut le reconnaître. Sans attendre tout à fait la dernière note, la salle applaudit chaleureusement, les filles du premier rang plus fort que tous. La pianiste n'arrête pas de saluer.
- Pas pour toi idiote, gronde Marion entre ses dents.

Quand enfin la soliste se retire et que le chef vient saluer seul : *« Là nous nous sommes déchaînées »*, raconte Marion encore émue à quatre-vingts ans.

.

22

Genève - Paris 1913

Mme Flamand, le professeur de droit de Marion lui a fait une belle lettre de recommandation pour le directeur de l'agence Natural Lecoultre de Genève.
- Vous parlez trois langues couramment, l'italien de mieux en mieux, et vous êtes débrouillarde. Vous devriez les intéresser.

Marion est reçue par le directeur, et deux semaines plus tard elle est engagée pour accueillir les clients et organiser leurs voyages. Natural Lecoultre est le plus gros bureau de voyage de Genève, il travaille avec la Holland America Line, la Lloyds Hollandaise et la Lloyds Autrichienne. C'est à eux que s'adressent les diplomates et les Genevois aisés quand ils ont un voyage en perspective.

Marion est payée six cents francs suisse par mois, c'est-à-dire autant que maman pour une miniature qui lui prend trois mois. Elle décide de donner cinq cents francs à sa mère pour qu'on puisse changer la cuisinière, manger quelques steaks, envoyer Agnès et Charlotte chez les cousins Oldiggs cet été, et de garder cent francs pour elle seule. Elle s'achètera une robe neuve lorsque Guido rentrera d'Angleterre.

Mais Guido écrit qu'il ne reviendra pas à Genève tout de suite, il doit aller à Francfort, sa mère est souffrante. Pour ne pas trop y penser, Marion s'absorbe dans son travail, se laisse distraire par ses clients. Les diplomates américains décèlent tout de suite son accent américain et quand elle avoue qu'elle est née à Chicago, ils la serrent contre leur cœur dans une grande accolade fraternelle. Les Italiens ne peuvent s'empêcher de lui faire la cour, au contraire des Anglais, insupportables de suffisance, surtout les femmes.

Les lettres de Guido sont toujours aussi gentilles mais plus rares et moins intimes. Il a trouvé un poste de professeur de musique à Francfort et il ne parle toujours pas de revenir.

Marion pleure encore le soir dans son lit quand elle se souvient de leurs promenades au bord du lac, de leurs leçons d'anglais et d'italien, et surtout de Guido dirigeant l'orchestre du Conservatoire. Il ne lui a rien promis, c'est vrai, mais elle est certaine qu'il ne se moquait pas d'elle. Il n'était peut-être pas assez amoureux, se résigne-t-elle, et elle éclate en sanglots.

Le lendemain, elle est ponctuelle à son comptoir, souriante et efficace.

Mais quand arrive une lettre de Marthe Saget lui signalant que l'hôtel Meurice à Paris cherche une sténodactylo en trois langues, allemand, français, anglais, et offre un salaire presque double du sien, elle n'hésite pas à envoyer sa candidature. Partir l'aidera à oublier Guido et à montrer à sa mère de quoi elle est capable, elle, avec de la volonté et du travail. Ce job a l'air intéressant, Marthe Saget est quelqu'un en qui elle a confiance.

Marion a rencontré Marthe l'été dernier chez tante Madeleine. C'est une amie du deuxième mari de Madeleine, une Bourguignonne comme lui. Marthe est professeur dans une école réputée de sténographie à Paris, les employeurs s'adressent à elle lorsqu'ils cherchent des perles rares.

Elle doit l'être car sa candidature est acceptée, on l'attend rue de Rivoli dans un mois.
- Tu te rends compte de ma chance ! dit-elle en brandissant sa lettre devant le nez de Robert.
- Tu crois que maman te laissera partir à dix-neuf ans, seule, dans la capitale de toutes les débauches ?
- Je ne vais pas courir les bars, je vais travailler. Je suis sérieuse, maman le sait.
- Tu es la plus sérieuse, la plus fiable et la meilleure des filles, assure maman. Bien sûr que tu pars à Paris, et tu ne seras pas seule, tu connais déjà Marthe.

Maman a bien des défauts mais elle a des qualités rares chez une mère, elle n'est pas craintive et elle fait confiance à ses enfants. « Elle peut, se dit Marion, depuis un an c'est quasiment moi qui fait vivre la famille. »

Pendant son mois de préavis, Marion prend chaque jour une leçon de sténo en allemand, pour être aussi rapide dans cette langue qu'en anglais et français. Elle tient à être à la hauteur. Maman lui a conseillé de s'acheter quelques vêtements neufs.
- Le Meurice reçoit des familles princières, des diplomates comme les Keene, des écrivains célèbres... Tu ne peux pas te présenter avec tes vieux habits usés.

Marion ne se souvient pas d'avoir vu sa mère si heureuse de passer un après-midi entier avec elle. Elle l'aide à choisir un nouveau manteau de

drap de belle laine, une petite écharpe de fourrure de renard assortie à son manchon et un chapeau.
- Un chapeau élégant donne de la classe à n'importe quelle tenue.

Marion n'aurait jamais osé s'offrir cette capeline de feutre noir hors de prix ornée de quelques fleurs d'organdi et d'un large ruban de satin qui, incontestablement, la situe parmi les nantis de ce monde.
- Tu as beaucoup d'allure, sourit maman émue et fière, pour la première fois aussi sans doute.

Marion est si heureuse qu'elle se fait photographier dans sa belle tenue.

Et elle part.

Elle savait que le Meurice était l'endroit le plus élégant et le plus distingué de Paris, mais elle n'avait pas imaginé tant de luxe, de confort et de raffinement. L'hôtel avait été créé en 1818, face au jardin des Tuileries, pour accueillir d'abord des Anglais, les plus exigeants des voyageurs et les plus voyageurs des peuples. Très vite la haute société internationale en a découvert les avantages et n'a plus voulu descendre qu'au Meurice. Pour rester à la hauteur de sa réputation, il venait d'être restauré sous la houlette d'un grand hôtelier suisse, Fréderic Schwenter, le directeur qui a signé la lettre d'embauche de Marion.

Marion a quelques souvenirs des grands hôtels de Chicago, massifs étalages de richesses et de dorures. Le Meurice est presque le contraire, élégance feutrée, distinction raffinée à la pointe du confort. Quand elle y pénètre pour la première fois, Marion baisse instinctivement la voix pour demander à être conduite au directeur.

La jeune femme qui l'accueille porte une blouse blanche de baptiste à petits plis que sa mère adorerait, sur une longue jupe de drap taupe à la coupe parfaite. Marion va être obligée de changer d'autres pièces de sa garde-robe.
- Ravi de vous rencontrer, lui dit aimablement M. Schwenter en lui serrant cordialement la main. Mr. Keene, qui est un de nos bons clients, m'a dit grand bien de vous, ajoute-t-il en montrant une lettre sur son bureau, j'espère que vous vous plairez parmi nous.

Ainsi maman l'a aidée sans le lui dire. Marion aurait préféré ne devoir ce poste qu'à ses seules qualités, elle n'a plus qu'à redoubler de sérieux.

Son travail consistera à taper, et parfois à rédiger, le courrier des différents services de l'hôtel, celui du directeur d'abord, en allemand essentiellement, celui de la réception c'est-à-dire les réponses aux clients, surtout en anglais, et celui de la comptabilité, en français.

- S'il vous reste du temps, vous pourrez travailler pour les clients. Votre bureau n'est pas très loin du hall d'entrée de la rue du Mont-Thabor, ils vous trouveront facilement. Vous prendrez vos repas ici, bien entendu. Mrs. Trenton va vous faire visiter l'hôtel.

Tout le monde est d'une exquise courtoisie, depuis les valets d'étage jusqu'aux maîtres d'hôtel, en passant par le garçon d'ascenseur qui lui ouvre cérémonieusement la porte d'une chaise à porteur tapissée de satin brodé de petites fleurs, lorsqu'elle demande à monter dans les étages.
- Une copie de la chaise de Marie-Antoinette, lui explique le garçon amusé de son effarement.

Les chambres sont immenses, les lits gigantesques, chaque chambre a sa salle de bains, un téléphone, une sonnerie électrique pour relier le visiteur à ses domestiques personnels qui logent à d'autres étages.

Marion n'arrive pas à compter les salons tant il y en a de différents, un pour lire les journaux, un pour faire son courrier, un boudoir pour que les dames reçoivent leurs amies, et le magnifique grand salon aux boiseries blanches et or « comme celles de Versailles », lui assure Mrs. Trenton, son immense lustre de cristal, sa profusion de petites tables juponnées, décorées de bouquets de fleurs fraîches...
- Vous commencerez à huit heures et demie, et s'il n'y pas de courrier urgent, vous dînerez à dix-huit heures et vous pourrez partir après. Cela vous convient-il ?

Il n'est pas question que ça ne lui aille pas, mais on lui demande quand même son avis. Marion n'en revient pas de tant d'égards.

« *Ce temps-là a été une période très agréable de ma vie.* » De ce qu'elle m'a raconté au cours des cinq années que j'ai passées chez elle, ce furent, avec son enfance à Hinsdale, les plus heureuses de sa longue existence.

Depuis deux jours, avec ce congrès de chimistes installé au Meurice, Marion ne chôme pas. Elle a été chargée par M. Schwenter de leur servir de secrétaire. Hier ces messieurs étaient tellement absorbés par leurs discussions qu'ils en ont oublié de déjeuner et n'ont pas songé une seconde qu'elle pourrait avoir faim.

Quand ils ont été enfin d'accord, le temps qu'elle tape leurs conclusions, la discussion avait repris sur un autre point jusqu'à ce qu'ils lui dictent un nouveau rapport auquel elle ne comprenait pas grand-chose, ce qui lui demandait deux fois plus d'attention pour ne pas se tromper. Plus l'heure avançait, plus elle avait du mal à se concentrer. Elle n'a pas commis d'erreur, et ils ont fini par se rendre compte qu'il était plus de quinze heures. Ils l'ont beaucoup remerciée d'avoir eu la patience d'attendre la fin de leurs débats.

Le congrès s'est terminé hier soir par un grand dîner, aujourd'hui elle devrait avoir une journée normale. Il fait frais et beau ce matin, un vrai matin d'automne parisien. Chaque jour, c'est avec un plaisir renouvelé qu'elle parcourt le trajet qui la mène de la rue de Washington, où elle occupe une chambre que lui louent des amies de Mrs. Keene, à la rue de Rivoli. Elle aime cette promenade à pas vifs à travers les jardins des Champs-Elysées où les platanes commencent à roussir, le long de la place de la Concorde que sillonnent déjà les fiacres, les omnibus, les bicyclettes de ceux qui se rendent au travail comme elle. Paris est gai et propre le matin, les arroseuses ont nettoyé les rues, les Parisiens marchent vite, les femmes ont des tenues coquettes, des petits chapeaux rigolos penchés sur l'œil, les hommes lui sourient, lui lancent des remarques flatteuses. À Genève, les gens qui marchent aussi vite passeraient pour écervelés et personne n'ose complimenter les jolies filles dans la rue, elles risqueraient d'appeler un policier.

Chaque matin, Marion se félicite d'avoir envoyé sa candidature au Meurice. Comme elle travaille pour plusieurs services, ses tâches ne sont pas monotones, mais ce qu'elle apprécie plus que tout c'est l'atmosphère de courtoisie qui imprègne les relations.

Dans l'hôtel le plus luxueux de Paris, qui reçoit les clients les plus titrés ou les plus renommés, elle, petite employée de vingt ans, est traitée avec prévenance, et souvent gentillesse. *« Personne ne m'a jamais manqué de respect. »* Combien devait-elle en avoir besoin, de ce respect, pour le souligner à l'intention de ses descendants.

Certes elle ne refuse jamais de rester le soir après dîner s'il y a des courriers urgents à écrire ou si un client fait appel à elle, elle est rapide et elle parvient à ne pas commettre de fautes dans aucune langue, ce qui lui demande un énorme effort de relecture. Elle se donne du mal, mais elle en récolte les fruits. M. Schwenter l'a remerciée lui-même d'être restée avant-hier jusqu'à vingt heures. En fait, elle aime bien rester au Meurice le soir après dîner, c'est à ce moment-là que l'hôtel prend son plumage somptueux.

De son bureau, elle voit les clients traverser le hall pour aller dîner en tenue de soirée. Les femmes paraissent plus belles en robe longue parées de leurs bijoux. Une des plus ravissantes est sûrement Mme Schwenter, une mince et blonde jeune femme dont M. Schwenter est très fier. Un soir qu'ils partaient au théâtre avec un couple d'amis, Mme Schwenter portait une robe et des souliers de satin mauve. Ces cheveux blonds illuminaient comme une parure le violet sombre des tissus. Pour un si joli spectacle, Marion resterait volontiers plus souvent après dîner.

Les musiciens tziganes, qui jouent dans la salle à manger le soir, ont fini par la prendre en amitié. Ils la saluent toujours d'un geste affectueux de la main en arrivant en tenue décontractée avec leurs instruments, et d'un signe de tête cérémonieux et sourire complice quand ils sortent du vestiaire en pantalon noir et veste rouge, les cheveux plaqués à la gomina.

Elle a eu son petit succès dimanche chez tante Madeleine en racontant sa vie quotidienne au Meurice, les élégantes du soir, les hommes en frac, le fringant M. Marconi dont le visage fin et brun lui rappelait Guido, mais ça elle l'a gardé pour elle, le désagréable roi Alphonse XIII et la pauvre reine Victoire-Eugénie, avec ses deux enfants tristes.

- La reine est encore à l'hôtel, elle a attrapé une mauvaise grippe, le roi est reparti tout de suite à Vienne, où il est invité à une chasse. La reine lui envoie une dépêche chaque jour, c'est moi qui les tape. Elle me fait de la peine, je n'ai pas l'impression que son noble époux l'aime beaucoup, ni elle ni ses deux fils. On dit que l'aîné est hémophile, ça lui viendrait de sa mère, et le second est devenu sourd à la suite d'une otite mal soignée. Les dépêches de la reine concernent surtout les enfants, elle met en valeur le moindre de leurs exploits, pour les rendre plus intéressants aux yeux de leur père, je pense.
- Tu la vois tous les jours alors ?
- Je ne l'ai aperçue qu'à son arrivée, depuis elle ne sort pas de sa chambre. C'est sa femme de chambre qui m'apporte les lettres.

Quand Auguste, le caissier, s'est aperçu que Marion jetait à la poubelle les originaux signés de la reine, il est venu lui demander si elle pouvait lui en donner un : « Je le montrerai à mes enfants et petits-enfants, ils verront que j'ai côtoyé des rois et des reines. » Nicolas et Fritz, les employés de la réception, ont demandé les deux autres lettres, Adèle la lingère, la quatrième. Marion pourrait peut-être en garder une pour elle.

- Je suis heureuse que tu te plaises au Meurice, lui dit Marthe Saget qui est invitée, comme Marion, ce dimanche à Meaux chez tante Madeleine.
- Je ne vous remercierai jamais assez de m'avoir recommandée.

Marion ne parvient pas à tutoyer Marthe, elle a dix-huit ans de plus qu'elle et semble encore plus âgée avec ses vêtements stricts et sa mine respectable, mais c'est une bonne personne. Elle ne s'est jamais mariée pour veiller sur sa sœur Gabrielle qui est un peu simple et sur son frère Henri, dont elle est très fière. Elle a payé les études d'Henri, qui est bien plus jeune qu'elle. Il est devenu un brillant ingénieur de l'École de physique et chimie de Paris. C'est un garçon mince et peu loquace, timide sans doute se dit Marion. À la façon dont il la regarde, elle a l'impression de lui plaire. Elle se demande si tante Madeleine n'a pas fait exprès de les choisir comme parrain et marraine de sa dernière fille Solange. Le baptême a lieu dans deux mois, on verra si Henri se met à parler.

Elle a à peine ôté son manteau, que M. Schwenter en personne entre dans son bureau, la mine glaciale.
- Mademoiselle Mohor, vous voulez bien me suivre.

Jamais M. Schwenter n'était apparu aussi suisse allemand. L'estomac de Marion se rétracte d'angoisse, qu'a-t-elle pu commettre comme erreur ? Elle a pourtant relu dix fois les dernières lettres tapées, les a comparées cinq fois avec ses notes en sténo, s'est-elle trompée d'adresse ? M. Schwenter l'entraîne dans son propre bureau, dont il ferme la porte.
- De quel droit avez-vous disposé des dépêches de Sa Majesté la reine Victoire-Eugénie ? demande-t-il sèchement.
- Je n'avais pas le droit de les donner ? comprend brusquement Marion.
- Vous aviez même le devoir d'en oublier le contenu une fois tapé. Ce sont des documents personnels. Vous vous rendez compte que vous avez diffusé les échanges entre la reine d'Espagne et son mari ? Elle peut attaquer l'hôtel en justice pour une telle inconvenance. Vous imaginez l'effet que ça aura quand on saura que les employés du Meurice se partagent les missives personnelles des clients ?

Comment n'y a-t-elle pas pensé ? Comment a-t-elle pu être aussi sotte et irresponsable ? C'est fini, sa vie rêvée est terminée, elle va être mise à la porte, et elle l'aura mérité.
- Je suis impardonnable, je n'ai pas réalisé les conséquences de mes actes.
- Vous les avez vendues, ces dépêches ?
- Bien sûr que non ! s'écrie Marion horrifiée. Je les ai données pour faire plaisir aux gens.
- Combien en avez-vous distribuées ?
- Quatre, à Auguste, Fritz, Nicolas et Adèle.
- Et vous, vous en avez gardé ?
- Aucune.
- J'espère pour vous qu'ils les ont toujours et qu'ils voudront bien les rendre.

Le ton s'est un peu radouci.

Tous les quatre ont rendu les dépêches, avec beaucoup d'excuses. Aucun n'a été renvoyé.
- Que ça vous serve de leçon. Soyez plus prudente à l'avenir, Marion, et demandez conseil avant de prendre des initiatives.

C'est la première fois que M. Schwenter l'appelle par son prénom, comme une petite fille à qui on pardonne parce qu'elle ne connaît pas encore toutes les malices des adultes.

Elle non plus n'a pas été renvoyée.

23

Marion s'est acheté un joli chapeau à fleurs pour le baptême de Solange. C'est elle qui a tenu la petite dans ses bras pendant que le pasteur la baptisait. Pour la rassurer, elle parlait doucement à l'oreille de Solange qui, à dix mois, ne comprenait sans doute pas les mots, mais avait senti qu'elle ne risquait rien. Elle n'a pas pleuré du tout
- Tu sais y faire avec les enfants, tu seras une mère épatante, lui dit tante Madeleine à la sortie du temple.

Comme l'espérait toute la famille, le beau temps est de la partie et les tables du déjeuner peuvent être dressées dans le jardin. Henri Saget est assis à côté de Marion, bien entendu.
- Il paraît que vous avez vécu à Chicago, vous en souvenez-vous ? lui demande-t-il dès le champagne bu à la santé du bébé.
- Nous habitions en fait à trente kilomètres de Chicago, dans une petite ville de banlieue, mais papa nous emmenait souvent au bord du lac, au parc Lincoln où il y avait des manèges et des attractions. Nous y allions aussi prendre le bateau quand nos parents nous offraient une promenade jusqu'à Milwaukee, de l'autre côté du lac.
- Vos parents se sont bien occupés de vous. Vous avez de la chance.

Marion n'ose pas lui parler de l'éternel riz au lait du soir dont elle avait tellement honte quand ils pique-niquaient dans le jardin avec les frères Schmidt.
- Vous avez perdu votre mère tôt m'a expliqué Marthe.
- Mon père s'est chargé de la tuer à la peine.

Jamais Marion n'avait entendu quelqu'un parler de ses parents avec cette d'amertume.
- Votre père est… exigeant ?
- C'est un abominable tyran doublé d'un incapable. Non seulement il a réduit ma mère en esclavage, mais il a dilapidé le fond de négociant que son père lui a légué. Il ne nous laissera que de la haine et des dettes.

- De la haine ?
- Pour moi du moins, Marthe et Gabrielle refusent de voir la vérité en face. On ne critique pas son père dans les familles de Coulanges-la-Vineuse, voyez-vous.

Cet homme de sept ans son aîné, ingénieur d'une des plus prestigieuses écoles de Paris, lui fait l'effet d'un petit garçon malheureux.
- Mais vous avez maintenant un excellent métier ?
- Vous avez raison.

Il se met à lui expliquer ses recherches sur les usages de l'acétylène qui semblent le passionner. Marthe et Gabrielle les couvent des yeux. Marion leur plaît.

Rentrée dans sa chambre à Paris, Marion se demande dans quel engrenage elle a mis la main. Henri Saget ne l'a pas quittée de la journée, et il est parvenu à bredouiller, au moment où elle partait :
- Vous êtes une jeune fille très dynamique, et très jolie.

Il était rouge de confusion d'avoir osé prononcer le mot « jolie ».

« Si je l'encourage je vais me retrouver avec une demande en mariage », se dit Marion.

C'est un garçon sérieux, qui a fait d'excellentes études, il est intelligent et plutôt cultivé. Il lui a longuement parlé de son amour pour Stendhal, particulièrement pour la *Chartreuse de Parme*, ça lui a donné envie de lire ce roman. Elle ne connaît pas grand-chose de la littérature française en dehors des pièces de théâtre auxquelles sa mère les conduisait, mais dont elle n'essayait pas de leur montrer l'intérêt. C'était sublime ou passionnant, il n'y avait pas à discuter.

En fait, réalise Marion, maman raconte bien, mais elle ne sait pas expliquer. Même les tableaux qu'elle aime, elle n'arrive pas toujours à montrer ce qu'ils ont de spécial.

Avec Henri, Marion comprend ce qui lui a plu dans *La Chartreuse*, pourquoi le héros lui a paru si vrai et attachant. Il l'aiderait à combler ses lacunes. Et puis, il a une bonne formation, il ne risque pas de manquer de travail. Les entreprises ont toujours besoin d'ingénieurs. Avec lui, elle ne se demanderait pas s'ils auront de quoi payer le loyer, ou si elle peut acheter des chaussures d'hiver aux enfants

Évidemment il n'est pas vraiment séduisant. Un mari c'est aussi un amant lui souffle un diablotin au creux de son oreille. Tu te vois nue dans un lit avec lui ? Elle serre les mâchoires et expédie le diablotin cul par-dessus tête. Des époux ne passent pas leur vie au lit. Tu as tellement besoin de sécurité, ricane le diablotin, que tu lui sacrifierais ton bonheur ? Elle a cru le rencontrer ce bonheur, sous les traits d'un jeune chef d'orchestre, il n'a pas voulu d'elle. Le bonheur, c'est un rêve d'adolescente. Un bon mari, qui gagne bien sa vie, une famille, n'est-ce pas l'essentiel ? Les bons maris ne se trouvent pas si facilement. Tu ne te crois pas assez attirante pour attendre une meilleure occasion ? insiste le diablotin. D'un coup de talon rageur, Marion lui écrase la tête. Attirante, ça veut dire quoi ? S'exhiber, flatter les hommes, les caresser, ou jouer les divas comme sa mère ? Elle ne veut pas être attirante, elle veut être digne et respectée.

Si Henri la demande en mariage, elle acceptera.

Comme elle s'y attendait, elle reçoit un petit mot d'Henri Saget l'invitant à souper puis à la Comédie-Française. Il lui donne rendez-vous jeudi prochain devant le kiosque à journaux, à l'angle du théâtre. Elle a mis sa robe de crêpe de soie prune, au Meurice elle ne paraîtra pas trop habillée, et son nouveau chapeau d'organza crème à large ruban de velours. Les deux couleurs s'harmonisent joliment et l'organza du chapeau adoucit son visage. Le Palais-Royal est au bout des Tuileries, il fait un délicieux temps de printemps, elle traverse les jardins d'un pas allègre, légèrement grisée par l'odeur délicate des fleurs de marronniers. Elle va à un rendez-vous avec un garçon amoureux, un garçon sérieux, qui va peut-être... Allons, elle verra bien.

Il l'attend devant le kiosque, un peu raide dans son pardessus gris impeccable. Son sourire inquiet est désarmant.
- J'ai retenu une table au Café Royal, c'est tout près du théâtre. Nous avons grandement le temps de dîner avant le spectacle.

Il la débarrasse de sa veste, écarte sa chaise pour qu'elle puisse s'asseoir commodément, l'aide à la rapprocher, tout cela très cérémonieusement.
- J'ai pensé qu'après une journée de travail, un spectacle léger vous conviendrait.
- C'est une bonne idée, j'aime bien rire au théâtre.

Il est tout ragaillardi, lui demande si elle veut du poisson, commande des soles meunières.
- Un peu de vin ? Un Sancerre, c'est le vin que vendait mon père, vous connaissez ?

Il se met à lui poser des questions sur sa vie aux États-Unis, sur ses parents... Il ne savait pas que son grand-père, celui qui était pasteur, était lui aussi d'origine bourguignonne.
- De Noyer-sur-Serein.
- Ce n'est pas loin de Coulanges. Nous sommes peut-être de lointains cousins.

La fin du dîner approche, Henri est de plus en plus loquace, puis il s'arrête au milieu d'une phrase, se mord la moustache...
- Voilà, Marion, je voulais que nous soyons seuls pour vous dire... enfin vous demander... si vous accepteriez d'être ma femme.

Et voilà, c'est dit. C'est un peu abrupt, cet homme ne sait pas dérouler ses sentiments, mais il doit en éprouver pour se tenir si muet d'inquiétude. Si elle accepte, elle ne pourra pas revenir en arrière.
- Avec plaisir, répond-elle en posant la main sur la sienne.

Il prend cette main et la porte à ses lèvres.
- Comme vous me rendez heureux, bafouille-t-il.

Cette phrase-là va droit au cœur de Marion, personne jamais ne la lui avait dite.
- Je ferai de mon mieux pour que vous soyez heureuse avec moi.

Elle a bien fait d'accepter. Le reste du dîner est joyeux, en sortant il lui prend timidement le bras pour la guider. Après le spectacle il la raccompagne chez elle en fiacre.
- Je vous aime Marion, lui dit-il enfin au moment où elle va descendre, je vous ai aimée dès que je vous ai vue, vous êtes si vivante.

Il se penche vers elle pour l'embrasser. Ses lèvres n'ont pas le velouté de celles de Guido – allons Marion cesse de remuer la passé – mais c'est un baiser fervent.

24

Quand je suis venue habiter chez mes grands-parents, Henri était devenu un vieux monsieur parcheminé, un peu voûté, souvent penché sur sa table de travail, ses lunettes rondes cerclées de fer perchées sur le nez. Je n'aimais pas l'embrasser, il sentait la poussière. Il n'appartenait pas tout à fait au monde des vivants, si jamais il en avait fait partie. C'était un homme sans corps. Mais j'aimais le questionner, en espérant que Marion ne vienne pas interrompre ses explications avec des assertions péremptoires. Sa curiosité était restée vive pour tout ce qui touchait au progrès de la science et à la marche du monde.

Dans les quinze dernières années de leur vie commune, en dehors des explosions quasi rituelles auxquelles ils ne pouvaient échapper ni l'un ni l'autre, il avait réussi à établir avec Marion une paix armée : elle menait la maison, elle décidait des vacances, il la conduisait et l'accompagnait chaque dimanche au culte de l'Église américaine, elle ne conduirait jamais la voiture ; elle appréciait qu'il passe des heures à traduire en braille des cours de physique ou de chimie pour des étudiants aveugles, et elle le laissait fréquenter les conférences de la faculté de théosophie. Chaque matin il s'absorbait dans la méditation pendant une heure. À travers la porte vitrée du salon, je le voyais, les yeux clos, le visage inexpressif, assis dans le même fauteuil. Il ne fallait pas le déranger. Marion, bien qu'agacée par ce « folklore théosophique », respectait la consigne.

- Si c'est sa façon à lui de prier…

Je pense que la rencontre de la théosophie lui a apporté sérénité et contentement. Pourtant, lorsque Marion a accepté sa demande en mariage, il s'est senti, pour la première fois de sa vie, véritablement heureux. Il allait fonder une famille, avec une jeune fille énergique et belle, pas comme ses oies terrorisées de sœurs, incapables d'échapper à l'emprise de leur père.

Dans un des deux textes que j'ai retrouvés de sa main, en dehors de quelques lettres, il déverse pendant deux longues pages, d'une écriture fine et serrée, sa haine pour ce père, sorte de Narcisse pervers de campagne, qui a saboté sa vie.

Henri était un enfant tardif, Marthe avait huit ans et Gabrielle sept quand il est né, pas question que des pleurs de nourrisson perturbent à nouveau la vie familiale, ni que sa mère passe ses nuits et use ses forces à à prendre soin d'un enfant. En nourrice le petit, jusqu'à ce qu'il soit assez éduqué pour bien se conduire à table et se tenir tranquille. Il y est resté jusqu'à l'âge de quatre ans. Ça devait être une bonne nourrice car l'enfant a grandi et son intelligence s'est bien développée. Sa mère a dû venir le voir souvent, il ne lui a jamais tenu rigueur de son exil et a gardé pour elle, jusqu'à la fin, une très grande tendresse, qu'elle lui rendait sûrement. C'était son seul fils, son petit dernier et il était vif et sage.

Son retour à la maison, à quatre ans, a été un grand bonheur pour ses sœurs. Dans le monde aride où les maintenait leur père, il leur arrivait un petit frère en cadeau. Sans doute ont-elles un peu coupé les velléités d'évasion d'Henri vers des amis de son âge, mais de toute façon son père n'encourageait pas ce genre de relations. Pas d'invitation inutile, ça coûte et ça dérange. Toute la maisonnée devait être au service de son chef.

Henri, qui ne connaissait que vaguement son père, s'est mis à le détester. Il a vu sa mère s'affaiblir et s'éteindre par manque de soins, mais surtout d'égards. La seule photo d'elle qui soit arrivée jusqu'à moi montre un visage de victime expiatoire et consentante.

Elle est morte quand il avait quinze ans. De ce jour, ses sœurs ont fait bloc pour obtenir du père qu'Henri continue ses études au-delà du baccalauréat. Le père a dû haïr à son tour cette coalition contre lui. Il n'a eu de cesse de tenter de la rompre, par tous les moyens, flatteries, colères, et insinuations sordides de relations « trop intimes » entre frère et sœur. Lorsqu'Henri y pense, son sang se fige encore de honte. L'âme de son père était-elle tellement vile qu'il ait pu imaginer cela ?

Marthe n'a jamais avoué à Henri combien elle aussi fut blessée. Elle a baissé la tête et redoublé d'assiduité dans ses études. Elle est intelligente, mais il n'était pas question d'études longues et coûteuses pour les filles à Coulanges-la-Vineuse, encore moins chez eux. Elle a réussi quand même à faire une bonne école de secrétariat, puis à donner elle-même des cours de sténo et de dactylo. C'est comme ça qu'elle est entrée un jour chez Pigier où elle est parvenue jusqu'à l'équipe de direction. Marthe les a protégés tous les deux, Gabrielle et lui. Gabrielle avait eu un problème à la naissance qui l'avait rendue « simplette ».

Elle était gentille, serviable, capable de faire le ménage et la cuisine. Pour le reste il lui fallait un tuteur. Quant à Henri, Marthe avait compris que seules de très bonnes études le tireraient de l'emprise paternelle.

Elle a cherché et trouvé du travail à Paris, a fait venir Gabrielle pour tenir le ménage et Henri pour qu'il puisse entrer dans un bon lycée. Il était, depuis tout petit, passionné par les découvertes de la chimie, il a présenté le concours de la prestigieuse École de physique et chimie de Paris, aussi renommée que Polytechnique, et y est entré.

Quand il en est sorti, il a trouvé assez vite du travail dans le laboratoire parisien de la Compagnie Générale d'Électrochimie de Bozel. Il a obtenu tout de suite un salaire d'un tiers plus élevé que celui de Marthe. Il aurait pu payer le loyer d'un logement indépendant, mais c'était pratique de rester chez ses sœurs où l'attendaient ses repas tout prêts et son linge propre et repassé. Leur appartement était assez grand pour trois, et ce qu'il gagnait lui permettait de soulager Marthe.

Mais, même loin, leur père reste une bête nocive. Il a conservé pour son confort deux logements, un à Coulanges l'autre à Montrouge, et gère en dépit du bon sens le négoce de vins hérité de son père, refusant de tenir la moindre comptabilité qui prouverait son incompétence. Pour payer les créanciers impatients, il tape régulièrement dans le petit capital de vingt-cinq mille francs laissé par leur mère pour assurer les vieux jours de ses filles. Comble de muflerie ou de perversité, il vient régulièrement quémander l'aide de sa bonne fille Marthe pour « faire face aux soins nécessaires à sa santé déficiente. » Déficiente, tu parles, il pète le feu avec son ventre rebondi et ses joues cramoisies. Et cette idiote de Marthe qui obtempère !

Il ne reste déjà plus que la moitié de l'argent laissé par leur mère. Dans dix ans, tout aura fondu, Marthe aura plus de quarante ans, elle sera usée, et n'aura pas grand-chose pour assurer sa retraite et faire vivre *« ce gros tas stupide de Gabrielle »*. Pire que tout, leur père risque d'être encore en pleine forme à soixante-dix ans, mais sans un sou. Le cœur d'Henri est sec et amer. *« La conclusion s'impose, écrit-il. Il faudra que je nourrisse tout le monde.* **Si j'y suis** (c'est lui qui le met en gras et souligné). *Alors c'est abdiquer tout espoir de fonder une famille. »* Si Marthe mourait, il n'hésiterait pas une seconde : *« Je m'enfuirais vers le soleil, et nul ne pourrait me forcer à revenir. »*

Bien sûr il ne s'en va pas, même s'il étouffe un peu rue Amiral Roussin, il ne peut pas abandonner Marthe et Gabrielle, et puis il a quand même la possibilité de s'échapper de temps en temps. Avec ses cousins Tarabout il part randonner dans les Alpes. C'est la première fois qu'il se promène pour son simple plaisir, et la première fois qu'il découvre les montagnes. Il est ébloui. *« La magnificence des cimes neigeuses se découpait sur un ciel de ce bleu serein que l'on voit au crépuscule »*, il respire à plein poumon l'air léger et vif, sa poitrine maigre lui semble s'élargir. Depuis Cluses, il s'entraîne en reliant le village de Nancy au hameau de Romme, puis en grimpant aux aiguilles de Romme, au Chevron, à la Croix Blanche... Puis il ose la tête de la Sallaz, et enfin la Mer de Glace. Il décide même de se mettre au ski.

Il rentre à Paris différent, il a ouvert la porte de sa cage et réussi de beaux exploits physiques, même avec un souffle au cœur, signe qu'il ne manque ni de persévérance ni d'audace. Il décide d'organiser une réunion avec son père pour lui expliquer qu'il doit cesser de puiser dans l'héritage de leur mère et le salaire de Marthe. Il parvient à garder son calme pendant toute la durée de la discussion, à ne pas hurler lorsque, de patriarche ulcéré, son père se mue en vieillard geignard accusant ses enfants de manquer de cœur, et à obtenir son accord devant Marthe et Gabrielle médusées.

C'était se réjouir un peu vite. Deux jours plus tard, il reçoit une lettre venimeuse. Le vieux renard se rebiffe et accuse : ces accords ayant été extorqués à sa faiblesse, ils ne sont pas valables et doivent être annulés.

Mais Henri s'était renseigné auprès d'un notaire. Il sait que le droit est de leur côté. Il prépare longuement sa réponse, prend son temps pour vider son sac de fiel, rappelle à son père son indignité : « *Tu as voulu maintenir tes enfants sous ton joug, leur imposer ta volonté et, comme tu le dis, briser leur volonté en les abaissant à des besognes qui leur répugnent... Jamais je n'ai reçu de toi un conseil qui puisse me servir...* » Il ose enfin lui renvoyer à la figure les insinuations d'autrefois : « *Pourquoi accusais-tu tes enfants innocents ? Parce que tu te sentais capable de ce que tu soupçonnais ?* »

Il conclut qu'ils ne reviendront pas sur l'accord passé, et que ses sœurs et lui se considèrent désormais libres de tout devoir envers lui.

Les blessures d'enfance ne cicatriseront pas, mais il ne laissera plus son père les raviver. Ses sœurs peuvent désormais vieillir paisiblement et Marthe accumuler de quoi assurer sa retraite sans avoir besoin de l'aide d'Henri. L'espoir d'une autre vie commence à poindre. Partir au soleil, ou fonder une famille ? C'est alors qu'il rencontre Marion et qu'il ose l'inviter à dîner puis la demander en mariage.

Et maintenant il va avoir une femme, des enfants, une famille. Il n'en revient pas.

Paris 1914 - Le Raincy 1918

Ils se marient au mois de mai. Mariage civil à Paris, puis la noce prend le train de nuit pour Genève et le mariage religieux, au temple de Plainpalais, la paroisse de Marion. Il était impensable qu'il en fût autrement. Henri, baptisé catholique et catéchisé de même, n'a pas songé à résister. Il n'y tenait sans doute pas, mais il avait compris que c'eût été cause de rupture.

Marion s'est fait faire une vraie robe de mariée en satin, avec un voile de tulle, comme sa mère n'en a jamais eu, mais elle n'a pas de père pour la conduire à l'autel, ni même de frère, Robert est parti en Argentine. Elle doit se contenter d'un oncle d'Henri.

Pourtant c'est une belle fête. Agnès et Charlotte sont ses demoiselles d'honneur, le pasteur fait un sermon affectueux, les meilleures amies de Marion, celles de son école et de ses cours de danse, sont venues, des fiacres ornés de rubans blancs emmènent la noce promener le long du lac jusqu'à Verso où un déjeuner les attend. La journée se termine en musique et en danse, comme dans tous les mariages.

Ce doit être normal aussi, cette envie de pleurer : la fête est finie, elle est fatiguée, Robert lui a beaucoup manqué et sa mère n'a pas pu s'empêcher de jouer les vedettes, accaparant le photographe, donnant son avis sur tout.
- Ce garçon ne la rendra pas heureuse, a-t-elle glissé à Agnès assez fort pour que Marion l'entende.

« M'a-t-elle jamais aimée ? » se demande Marion glacée.

Demain elle repart à Paris. Elle a un mari digne, elle aura une vie digne, et elle prendra grand soin de ses enfants. Charlotte verra ce qu'est une vraie mère et une vraie épouse.

Mais ce qu'Henri attend d'elle ce soir, ce n'est pas qu'elle soit une bonne cuisinière, c'est qu'elle lui offre son corps.

Ses baisers étaient de plus en plus fougueux et ses caresses plus audacieuses, mais il s'en était tenu là. Ils sont mariés maintenant, elle ne peut plus se dérober. Il lui arrivait parfois, le soir dans son lit, d'imaginer qu'un homme, beau, aimant, caresse son corps, ses seins et cet endroit tiède entre ses cuisses qu'elle ne parvient pas à nommer. Elle avait du mal à calmer l'émoi qui s'emparait d'elle. Henri saura-t-il faire naître cet émoi ? Il l'embrasse, lui malaxe les seins, il lui dit qu'il l'aime, il halète, lui écarte les jambes et elle sent… cette chose dure et rêche qui veut à toute force entrer en elle. Tu le savais bien, ma fille que le sexe des hommes devient raide pour pénétrer la femme, laisse-le faire, c'est ton mari.

Henri pousse des gémissements, il s'enfonce, lui fait mal, mais il paraît que c'est normal la première fois, il s'agite, va, vient comme un forcené, pousse un gémissement plus puissant et s'effondre sur elle. Voilà, c'est fini.

Quand il s'écarte d'elle, quelque chose coule sur ses cuisses, elle se lève et va discrètement s'essuyer dans la salle de bains de la belle chambre d'hôtel qu'ils ont louée pour leur nuit de noces, puis elle revient dans le lit se lover en chien de fusil le plus loin possible d'Henri.

Au petit déjeuner, le lendemain, Henri est plein d'attentions tendres. S'il est heureux, il n'en sera qu'un meilleur mari. Elle prend la main qu'il lui tend par-dessus la table et la serre affectueusement.

Il ne lui faudra pas longtemps pour sentir que sa mère avait deviné juste. D'abord, Henri ne voit pas pourquoi elle continuerait à aller au Meurice.
- Tu n'es pas une femme d'ouvrier. Tu n'as pas besoin de travailler.

Marion aurait aimé garder son poste tant qu'elle n'est pas enceinte, mais elle ne va pas commencer sa vie conjugale par une révolte. Elle s'incline et devient ménagère, occupée au plus une à deux heures par jour à nettoyer et cuisiner. *« Le changement de vie a été dur pour moi au début… je me suis trouvée du jour au lendemain seule entre mes quatre murs »*, à attendre le retour d'Henri à qui elle a de moins en moins de choses à dire. Elle ne se voit pas arpenter les magasins et elle n'a pas d'amies à Paris, les seules que lui proposent Marthe et Gabrielle sont de sinistres radoteuses.

Elle lit un peu, au bout d'une heure le livre lui tombe des mains, elle sort acheter du pain, quelques légumes, elle rentre les éplucher, reprend le livre, les larmes dégoulinent sur ses joues, tombent sur le livre… « J'ai un bon mari », se répète-t-elle.

Et puis un matin, en reposant sa tasse de thé, une brusque envie de vomir la fait vaciller. Dans un hoquet, elle rend le thé juste avalé.

Le médecin n'a pas de peine à confirmer qu'elle est enceinte. *« Du moment où j'attendais cet enfant, j'étais heureuse. Tout a changé, j'avais un but. »* C'est du moins ce qu'elle écrit soixante ans plus tard, mais son corps dit autre chose : les nausées deviennent permanentes, elle ne peut quasiment rien garder de ce qu'elle ingurgite, les odeurs de beurre qui fond, de viande qui rôtit déclenchent immédiatement des vomissements, le cri du chiffonnier dans sa rue : « Peaux de lapin, chiffons, ferrailles à vendre », la plie en deux sur l'évier. « *J'avais même pris en dégoût la bordure jaune et verte de mon service de table* », récent cadeau de mariage. Prise au piège d'un quotidien qu'elle a voulu, elle le vomit. En deux mois et demi elle perd neuf kilos. Elle est en train de se détruire, et l'enfant avec elle.

Elle est sauvée d'abord par sa mère, puis par la guerre et définitivement par l'arrivée du bébé.

Charlotte comprend d'instinct ce qui se passe. Elle extirpe Marion de son appartement prison et la fait venir auprès d'elle, au Grau-du-Roi, dans une pension peu chère qui accueille des familles de pasteurs en vacances, le Château Lenhart. Les nausées cessent aussitôt. En deux semaines Marion reprend deux kilos. Elle resterait bien toute sa grossesse au bord de la mer tiède, en compagnie des gens avec qui, enfin, elle peut parler.

Alors la guerre, en germe depuis 1870 dans les haines et rivalités recuites des puissances européennes, est déclarée au début d'août. Les hommes valides sont mobilisés. Henri, réformé pour insuffisance mitrale, doit quitter les bureaux de Paris pour l'usine de Bozel en Haute-Savoie, où il remplacera les ingénieurs partis au front. Il y attend Marion.

Du jour au lendemain, les chemins de fer sont totalement désorganisés par le transfert massif des hommes vers les casernes puis les zones de combat. Rejoindre Henri en Haute-Savoie est un défi, juste ce qu'il faut à Marion pour retrouver le goût de vivre. Elle mettra trois jours à parcourir quatre cents kilomètres, passant par Tarascon, Valence, Montmélian, dormant dans des salles d'attente de gare car les hôtels sont pleins de militaires, épuisée, malmenée, mais vaillante. Elle ne vomit plus et le bébé est toujours bien au chaud à sa place.

Bozel se révèle un de ces cadeaux inattendus de la vie. « *La nature était magnifique, nous étions logés avec trois autres ménages d'ingénieurs dans une maison au bord d'un joli petit torrent. Il y avait un mess et une cuisinière qui faisait d'excellents repas… Je n'avais rien à faire que de me promener dans la belle montagne, coudre, tricoter et broder ma layette… J'y travaillais avec grande joie.* » Cette fois, c'est vrai.

Henri part le matin avec les autres ingénieurs pour l'usine qui se trouve à Villard du Planay, mais Marion n'est plus seule.

Tout le monde se connaît dans la grande maison divisée en quatre appartements, et l'une des autres épouses transplantées, Mme de Bidder, la femme de l'ingénieur en chef de l'usine, baron balte par ailleurs, la prend sous son aile. Elle lui montre comment faire des conserves avec les légumes qu'elle cultive elle-même dans le jardin, comment confectionner des pots de beurre fondu, des confitures... Elle lui explique quelle layette préparer pour son bébé, question à laquelle sa mère avait répondu en haussant les épaules : « *Est-ce que je me le rappelle! On leur met une couche et on les enveloppe dans un châle.* » La désinvolture des mots comme du ton s'était vrillée dans le cœur de Marion, les larmes avaient jailli sans qu'elle puisse les retenir. Lui était revenu l'agacement de Charlotte quand elle réclamait son attention pendant les années d'Hinsdale. C'était toujours papa ou Robert qui la réconfortait. Mais avant, lorsque bébé elle dépendait entièrement du regard, des gestes de sa mère, qu'avait-elle reçu ? Le simple fait de se poser la question lui était si douloureux, que la réponse ne faisait guère de doute. Jamais, s'était juré Marion, jamais mon enfant à moi ne manquera de soins.

Mais pour accoucher, on accouchait chez soi à l'époque, elle n'a pas d'autre choix que de retourner chez sa mère à Genève, il n'y a pas de vraies sages-femmes dans ces montagnes. Mi-février, comme prévu et sans trop de douleurs, le bébé arrive. Et, miracle, c'est une petite fille. « *Je n'avais pas très envie d'un garçon* », m'a-t-elle avoué lorsque je fus moi-même mère de famille, « *avec cet attirail sexuel qui pendouille, ce n'est pas très beau.* » Second miracle, elle est ravissante. Marion s'était interdit d'imaginer l'enfant à venir, s'il ressemblait à Gabrielle, elle serait trop déçue. Et voilà qu'elle a fabriqué dans ses entrailles cette petite personne exquise. Charlotte a déjà annoncé qu'elle en ferait le portrait, c'est dire !

La nurse, qui vient chaque jour prendre soin de l'enfant, a installé le bébé sur le lit à côté d'elle en attendant l'heure de la prochaine tétée. Marion contemple le petit visage duveteux, ses sourires fugaces d'enfant repu, ses poings fermés sur son sommeil. Elle meurt d'envie de la prendre tout contre elle pour respirer son odeur d'enfantelet, sentir son poids de vie, la soie de sa peau... Mais elle risque de la réveiller, le sommeil d'un bébé est nécessaire à son équilibre a dit la nurse, et puis ce n'est pas bon, n'est-ce pas, de trop cajoler un petit, après il pleure et réclame à nouveau les bras, il devient capricieux. Les enfants bien élevés, comme les petits de Bidder, ne sont pas capricieux. Éliane, c'est ainsi qu'elle a appelé la petite fille, sera aussi bien élevée qu'eux. D'un doigt elle lui caresse la joue, le bébé tourne la tête vers elle, ouvre les yeux une seconde et les referme, comme rassuré. Marion se jure, les larmes aux yeux, d'être une mère exemplaire.

Loin des théâtres de la guerre, entourée de l'affection des de Bidder dont les trois garçons, quatre, six et sept ans, viennent quotidiennement admirer le bébé dans son bain, Marion passe les mois suivants dans un bonheur tranquille. Éliane prend de bonnes joues rondes, des cuisses potelées, de jolis cheveux bruns roux, elle commence à faire des nuits complètes, et Henri a la gentillesse de ne pas trop solliciter Marion le soir, le temps qu'elle récupère de la naissance.

Mais la guerre ne pouvait longtemps épargner l'usine de Bozel qui fabrique des explosifs pour l'armée. Un nouveau directeur, officier de réserve, est envoyé par Paris, un de ces personnages sans scrupules qui savent profiter des désordres pour se faufiler aux bons endroits. Très vite il lorgne sur l'appartement des de Bidder, leurs meubles confortables, les poules, les conserves et autres provisions que les débuts de pénurie rendent alléchantes. Deux semaines plus tard, un ordre du ministère de la Guerre donne à la famille de Bidder, suspecte d'intelligence avec l'ennemi en raison de son origine balte, trois jours pour quitter les lieux. Tout le monde, Marion en tête, est persuadé qu'il s'agit d'une dénonciation calomnieuse du nouveau directeur. Elle le clame haut et fort.
- Nous allons vous aider à tout empaqueter ou vendre, pour qu'il ne lui reste rien, vitupère-t-elle.

Ce qui est fait, mais Marion a été repérée. Henri reçoit à son tour l'ordre de s'en aller. « Avec une femme qui parle couramment allemand, les secrets de l'usine ne sont plus à l'abri », lui fait-on comprendre. Marion hurle à la calomnie, elle veut demander des explications au ministère, mais Henri craint la duplicité du directeur. Il plie.
- Je retrouverai vite du travail, ne t'en fais pas.

Marion s'incline mais ne se rend pas. Elle obtient d'Henri qu'il écrive au ministère pour demander des explications. Un mois plus tard, on leur répond n'avoir jamais reçu de plainte à leur sujet.
- Je t'avais dit qu'il ne fallait pas croire ce type, rage Marion.

Pour la consoler, Éliane se met à marcher le jour du nouvel an, à dix mois et demi. Marion lui a montré comment tenir sa cuiller pour manger seule, elle ne renverse presque pas de purée et commence à faire pipi dans son pot quand Marion l'y assoit assez longtemps, car il faut donner tôt de bonnes habitudes aux enfants. Avant de quitter Bozel, Marion a eu le temps, bien conseillée par Mme de Bidder, de compléter la garde-robe d'Éliane. Elle lui a fabriqué un petit manteau rouge cerise. Henri a tenu à lui acheter sa première paire de bottines. Marthe et Gabrielle ne se lassent pas de la regarder.
- Henri a bien de la chance ! répètent-elles en chœur.

C'est aussi ce que pense Marion.

Sur un point, Henri a eu raison, il retrouve très vite du travail, à Orléans dans une usine de l'entreprise Grivolas qui fabrique de l'ébonite. Marion, plutôt contente de quitter Paris, organise le déménagement. Dans la pension de famille où ils attendent l'arrivée de leurs meubles, elle s'arrange pour entrer en relation avec les pensionnaires qui lui plaisent. Elle ne se laissera plus isoler comme dans les premiers mois de son mariage et ce n'est pas sur Henri qu'elle peut compter pour remplir leur maison d'amis. Mme de Bidder lui a prouvé qu'elle pouvait attirer la sympathie de gens très bien. Elle est décidée à surmonter sa timidité pour faire elle-même les premiers pas, mais elle n'en a pas besoin, Éliane s'en charge. Toute la salle à manger de la pension est en admiration devant ce petit bout de femme qui mange seule son œuf à la coque.
- Quel âge a cette merveille ? demande une dame pourvue de petits enfants qu'elle a du mal à tenir tranquilles.
- Treize mois, répond fièrement Marion.

C'est ainsi qu'elle fait la connaissance des Collière qui resteront ses amis jusqu'à la fin de sa vie.

Marion ne rêve plus du Meurice. Son mari est apprécié dans sa nouvelle entreprise, elle habite une maison confortable, bien sûr la vie n'est pas folichonne à Orléans en ces temps de guerre, il n'y a pas de distractions en dehors des visites aux Collière, des promenades dans la campagne, d'un peu de patinage sur la Loire gelée, mais elle n'a pas le temps de s'en apercevoir occupée qu'elle est par les courses rendues compliquées par les rationnements, le ménage, les lessives, Éliane et l'arrivée d'une deuxième petite fille, Nadine, en 1917.

Puis les Américains se décident à venir en aide à l'Angleterre et à la France avec leur million de soldats jeunes, pas encore épuisés. Les journaux deviennent optimistes, on commence à parler de victoire, et un matin on apprend que la guerre est finie. Toutes les cloches de la ville se mettent à sonner, les locomotives en gare des Aubrais à siffler en même temps, les gens s'embrassent dans la rue et, *« chose tout à fait inhabituelle, Henri est entré dans une pâtisserie nous acheter des gâteaux. »* Les démonstrations d'affection ne sont pas son fort, Marion s'y est habituée. Il ne sait pas, c'est tout, mais il ne lui a pas refusé une petite bonne quand elle le lui a demandé.

La fin de la guerre entraîne la fermeture de l'usine d'Orléans. Henri est nommé au siège de la maison Grivolas, à Pantin. Il faut rentrer en région parisienne, chercher un appartement à louer, qu'ils ne trouvent pas. On ne construit plus d'immeuble de rapport. Ils finissent par se résoudre à acheter une maison, au Raincy, pas trop loin de Pantin.

C'est un pavillon de meulière sur trois étages plus une grande cave. Il est neuf, l'électricité n'est pas terminée, mais Henri saura l'installer. Marion ne pouvait imaginer mieux pour le prix. La maison est vaste, trois chambres, un salon, une grande cuisine et une salle de bains, une buanderie et un calorifère à la cave, le jardin est assez grand pour y planter quelques légumes, des fleurs et installer une balançoire pour les enfants. Les commerçants ne sont pas très loin… Ils ont bien choisi.

Les jours tranquilles au Raincy durent six ans, le temps de faire de la maison un *home* confortable, de mettre les filles à l'école, d'avoir un troisième enfant, une petite fille, merci Seigneur, mais ce sera la dernière. Il y a des moments joyeux, lorsque sa sœur Charlotte vient passer un an chez eux pour suivre les cours de Copeau au Vieux-Colombier et que la même année Agnès s'installe tout près avec son jeune mari, et des jours affreux, lorsqu'Agnès meurt de pneumonie juste après la naissance d'un petit garçon, que Marion lutte trois mois, presque jour et nuit, contre la fièvre et l'infection pour sauver le bébé contaminé par le lait de sa mère et le rendre assez vigoureux pour le confier à sa grand-mère.

Les filles grandissent et se ressemblent de moins en moins. Éliane est appliquée, sérieuse et déjà ingénieuse. À six ans, elle a récolté les graines des roses trémières du jardin, en a fait des petits paquets enveloppés dans du journal et est descendue dans la rue les vendre aux passants, deux sous le paquet. Elle n'a pas compris pourquoi une vieille dame lui a dit que c'était très vilain de vendre dans la rue. C'est bien une réaction de Français qui éduquent leurs enfants à coups d'interdits : « Ne fais pas ça c'est dangereux, c'est mal élevé… » Le genre de discours à vous couper les ailes qu'Henri a entendu toute son enfance. Heureusement, M. Duteil est passé peu après et lui a acheté six paquets.

Nadine est un vrai garçon manqué, elle n'aime que les jeux de poursuite, de cavalcade sur son cheval à bascule. Elle met son ocarina dans sa ceinture en guise de pistolet et déclare à qui veut l'entendre : « Je pars à la chasse au lion, au tigre et au bœuf mode. »

Autant Éliane est obéissante autant Nadine est rebelle. Lassée de lui courir après tous les matins pour qu'elle prenne sa cuiller d'huile de foie de morue, Marion a cédé à sa prière de la laisser la boire seule et elle a retrouvé l'huile en grandes taches grasses sous le tapis. Ça méritait une bonne fessée, qui a déclenché une énorme colère. En dix minutes, Nadine a fichu par terre tout le contenu de l'armoire à linge. Et avant-hier, elle a déchiqueté la robe neuve de sa poupée parce que Marion exigeait qu'elle éteigne sa lampe de chevet pour dormir. Marion a emporté la lampe et la poupée, ce dont Nadine se fichait, elle ne joue jamais avec ; Éliane non plus d'ailleurs, ses poupées lui servent seulement de mannequins pour les chapeaux qu'elle confectionne avec le moindre bout de tissus. Nelly, la dernière, est la seule à jouer vraiment à la poupée, elle sera sûrement la plus maternelle des trois.

Après dix ans de mariage, Marion peut être fière de sa gestion domestique. Avec ce qui reste du salaire d'Henri une fois les traites de la maison payées, elle entretient une famille de cinq personnes. Elle confectionne elle-même les vêtements des filles, souvent dans d'anciens vêtements à elle, retourne les cols et les manchettes des chemises d'Henri, fabrique des conserves de légumes au printemps et des confitures l'été et parvient à mettre un peu d'argent de côté pour emmener les filles au bord de la mer pendant les vacances. C'est excellent pour leur santé. Éliane a appris tout de suite à nager, Nadine y dépense son trop plein d'énergie et Nelly y gagne un bel appétit. Henri, qui les rejoint une semaine chaque été, en revient plus détendu.

Mais cet été 1924, il reste à Paris chercher un autre travail. Comme Marion le prévoyait depuis un moment, la maison Grivolas a fait faillite. Voilà plusieurs mois qu'elle lui conseillait d'en partir.
- Ce serait les trahir, s'énervait-il.
- De toute façon la société s'écroule, ce n'est pas toi qui l'empêcheras de sombrer. Ils ne t'en auront aucune reconnaissance.

Henri est sorti en claquant la porte. Deux mois plus tard l'entreprise fermait.

Heureusement, il ne faut à Henri que deux mois pour retrouver un emploi comme directeur d'une usine de la Forvilite qu'il sera chargé de transformer en fabrique de matières plastiques. C'est un projet qui le passionne, mais l'usine est à Bruxelles. Ils doivent déménager.

26

Bruxelles 1924

Éliane est triste de quitter la maison du Raincy, la balançoire que papa a installée dans le marronnier et le terrain vague d'à côté où elle joue avec Nadine à attaquer les orties à coups d'épée ou à guetter les pirates du haut du merisier. Elle ne récoltera pas les radis qui commencent à pousser.
- Ils ne seront pas perdus, les locataires les mangeront, a assuré maman.

Ce n'est pas pour des locataires qu'elle les a plantés, mais elle ne va pas faire un drame pour des radis alors qu'il faut vendre le canapé et les fauteuils du salon qui ne tiendront jamais dans le petit appartement de Bruxelles. De toute façon maman n'est pas en état d'écouter ses doléances, sourcils froncés, grommelant entre ses dents, elle court d'une pièce à l'autre pour décider ce qu'on garde et ce qu'on vend, emballant la vaisselle dans du journal, l'empilant dans une malle, empaquetant les draps dans une autre, pestant contre le transporteur qui demande trop cher, elle est aveugle et sourde à autre chose que « ses soucis » comme elle dit. Elle n'a pas pensé qu'elle allait faire une peine terrible à Nadine en vendant Jacob, son cheval bien-aimé, « parce que dans l'appartement il n'y a pas de place pour un aussi gros jouet. » Il a fallu que Nadine hurle : « Tu n'as pas le droit, c'est Mon cheval », en martelant le dos de maman de coups de poing, pour qu'elle s'en rende compte. Éliane aimerait bien hurler comme Nadine lorsque maman lui met sur la tête ces affreux chapeaux cloches ou qu'elle l'oblige à éteindre la lumière à huit heures pour dormir, alors qu'elle est à quelques pages de la fin des *Malheurs de Sophie*. Elle n'a pas le courage de Nadine, alors elle se tait et éteint.

Mais ce n'est pas de la faute de maman s'ils partent à Bruxelles. Papa a perdu son travail à Pantin, il en a trouvé un autre ailleurs, c'est tout.

D'ailleurs, ce n'est pas si mal Bruxelles. L'école est bien mieux que celle du Raincy. On passe plus de temps en dessin, modelage et

gymnastique qu'en calcul. En français on invente des histoires et on en fait des petites pièces de théâtre qu'on joue devant la classe. Éliane est une des meilleures à ce jeu. Une fois par semaine, ils vont à la piscine. Quand la maîtresse a vu la première fois Éliane sauter dans le grand bain, elle a hurlé et s'est précipitée pour la récupérer.
- Ne vous inquiétez pas, je sais nager, maman m'a appris l'été dernier.

C'était la seule maman de la plage qui montrait à ses filles comment plonger pour attraper les cailloux ou les coquillages. Une fois qu'on n'a plus peur de mettre la tête sous l'eau, on n'a plus peur de boire la tasse et on apprend à nager très vite. Si maman pouvait être tout le temps aussi gentille que pendant les vacances au bord de la mer, ce serait vraiment bien. L'année où ils ont loué une maison à Bennerville, elle a laissé Nadine à grand-maman une grande journée. Elles ont pris toutes les deux un bateau jusqu'au port du Havre. Maman voulait lui faire visiter le *Lafayette,* un énorme magnifique paquebot. Elle l'a emmenée partout, dans les salons, les salles à manger, elle a ouvert une petite porte interdite pour lui montrer la salle des machines, elles sont entrées dans une cabine. Elle a répondu à toutes ses questions, l'a laissée s'asseoir dans les canapés du grand salon, faire pipi dans des cabinets super confortables...
- C'est sur un aussi gros bateau que je suis revenue des États-Unis quand j'avais onze ans, a-t-elle expliqué.
- Tu as dû bien t'amuser.
- J'étais surtout triste, on avait laissé papa là-bas.

Maman a essuyé très vite une larme qui n'a pas eu le temps de couler. Elle a serré fort la main d'Éliane et elle l'a emmenée boire une limonade au bar. Elle s'est assise sur le grand tabouret pour aspirer sa limonade avec une paille, maman a caressé ses cheveux :
- Tu es une bien belle petite fille, a-t-elle dit.

C'était si rare d'entendre maman parler ainsi qu'Éliane a eu envie de pleurer à son tour. Elle espérait, pendant les dernières vacances à Saint-Quay, que maman referait une promenade seule avec elle, mais elle est restée avec Mme Collière et Mme Aubriot qui louaient la maison voisine. Par contre, elle lui a appris à nager.

Éliane a traversé le bassin pour montrer à la classe qu'elle ne racontait pas de blagues. Elle est première en natation, première en dessin, première en calcul, seulement deuxième en dictée, mais première en rédaction.

Elle aime être première, quand maman regarde ses carnets de notes, elle sourit : « C'est bien, c'est bien. » Maman ne pousse jamais de grands cris de joie, elle ne s'exclame pas que c'est magnifique, ravissant, exquis, comme grand-maman, mais Éliane sait qu'elle est contente.

Maintenant qu'elle a onze ans, peut-être acceptera-t-elle de lui faire couper les cheveux. Voilà trois fois qu'elle lui demande de l'emmener chez le coiffeur pour lui confectionner une coiffure courte, comme toutes les filles de l'école. Elle a l'air idiote avec ses immenses cheveux qui lui traînent jusqu'à la taille.
- Ils sont tellement beaux, plaide maman. Il te faudra un temps fou pour qu'ils repoussent.

Éliane en assez de ses déguisements de petite fille, avec ses boucles dans le dos, son grand ruban de satin dans les cheveux, ses robes à cols de guipure et ses manteaux beiges au col qui gratte, toujours le même pour elle et pour Nadine, comme si elles étaient jumelles. Éliane veut des cheveux courts, des jupes droites et des chandails longs, comme les mannequins dans les magazines. Pour les jupes et les chandails, il faudra attendre, maman ne lui en fera que lorsque ses robes seront vraiment trop petites, quant au manteau, ce n'est même pas la peine d'y penser. Pour les cheveux, elle tiendra bon.

Mais peut-être faudra-t-il attendre l'été, après la fête de l'école.

Il n'y a pas de piano à la maison, ça prend trop de place et ça coûte trop cher, mais il y en a un dans sa classe et Mme Stroller donne des leçons à celles qui veulent. Éliane s'est inscrite tout de suite. Quand elle est assise sur le tabouret, elle a l'impression d'être quelqu'un d'autre, comme Camille ou Madeleine qui ont un piano, des tas d'amis, des cousins à inviter et des parents qui ne se disputent jamais.
- Si tu continues aussi bien, tu pourras jouer un morceau à la fête de l'école l'année prochaine, l'a encouragée Mme Stroller.
- Pourquoi pas cette année ?
- Il ne reste que quatre mois, tu viens juste de commencer.
- Je pourrais m'exercer à la récréation. Si j'étudie une mesure chaque jour, je serai prête pour la fête.

Elle sait presque tout son morceau maintenant, elle pourra participer au spectacle. Avec sa robe en broderie anglaise, elle aura un peu l'air de Camille ou Madeleine.

Et après elle se fera couper les cheveux.

27

Après les fatigues du déménagement et de l'installation, Marion souffle. L'appartement de Bruxelles n'est pas grand, mais il est bien placé, à côté du parc Duden et tout près d'une excellente école, dans la mouvance Decroly. À la récréation les élèves ont droit à un bol de lait chaud, on pèse et mesure régulièrement les enfants, ceux qui ne se développent pas bien sont envoyés un mois en classe de montagne, et chaque semaine tous vont à la piscine. Éliane a voulu commencer le piano, elle se débrouille bien. Plus tard, s'ils sont plus à l'aise et dans un logement plus grand, Marion en achètera un pour qu'elle puisse continuer. Elle est vraiment très mûre et responsable, Marion peut lui laisser garder ses deux sœurs pour aller de temps en temps au théâtre car la séance se termine à vingt-deux heures. En rentrant, elle trouve toujours Nelly et Nadine endormies et Éliane qui lit en les attendant.

Les plages de la mer du Nord ne sont pas loin, Marion y a trouvé un appartement pas trop cher à louer en juillet, car août est plus coûteux. Les grandes se sont mises au tennis, les courts municipaux sont presque gratuits et même si le temps est parfois maussade, elles prennent un bon bol d'air qui les aide à passer l'hiver.

Marion commence à s'habituer à Bruxelles quand les relations entre Henri et l'administrateur général de la Forvilite se dégradent. Henri rentre de plus en plus souvent excédé, il peste qu'on ne le prend pas en considération, qu'on utilise ses idées sans lui en être redevable. Si Marion demande des précisions, il se met en colère ! Ça sent la catastrophe.

Au mois de mai 1926, deux ans après leur arrivée, il est licencié sans indemnité. Il leur reste juste assez d'argent pour tenir jusqu'à la fin de l'été, sans toucher au petit pécule que Marion a réussi à mettre de côté en économisant sur tout le superflu.
- Tu restes ici jusqu'aux vacances avec les enfants, dit-il à Marion, je pars à Paris, j'habiterai chez mes sœurs, j'ai plusieurs pistes en vue.

Il trouve vite un poste dans une fabrique d'enseignes lumineuses, pas très bien payé, mais qu'il accepte.
- En attendant qu'un autre projet, beaucoup plus intéressant prenne forme.
- Un projet de quel genre ?
- Une affaire à créer, je t'en dirai plus quand ce sera au point.

C'est exaspérant cette façon qu'il a de la tenir à l'écart des décisions importantes, comme si elle était incapable d'y comprendre quelque chose. Elle ne comprend peut-être pas les formules chimiques qu'il utilise, mais elle saura se rendre compte si ce fameux projet est viable. Henri est un inventeur, pas un homme d'affaires, Marion ne le voit pas monter tout seul une entreprise. Il faut qu'elle sache de quoi il retourne.

À force de questions, elle finit par lui faire avouer que c'est une idée de Weber, un paysan enrichi du Jura qu'il a connu chez Grivolas. Ils vont monter une usine nouvelle, plutôt un atelier pour commencer, au Raincy, comme ça ce sera près de chez eux, pour fabriquer des objets en galalithe, cette nouvelle matière plastique qu'Henri sait produire et modeler. Ils vont remplacer les objets de celluloïd, peignes, lunettes, boutons, bijoux fantaisie dont les entreprises d'Oyonnax inondent les magasins. La galalithe permet une bien plus grande variété de couleurs et de formes. Ils vont se tailler une belle part de marché. Henri concevra les moules, surveillera la production. Weber se chargera de la vente, étant d'Oyonnax, il connaît les débouchés. Ils apporteront chacun cinquante mille francs, dans deux ans l'affaire devrait rapporter bien plus que ses derniers salaires à Bruxelles. N'est-ce pas un beau projet ?

Cinquante mille francs c'est ce que Marion a réussi à épargner en rognant sur les dépenses familiales, qu'elle a placés en bons du Trésor pour le cas où. Si ce mirifique projet tombe en quenouille, ils auront tout perdu.

Elle doit en savoir plus. Elle écrit à Henri tous les trois jours, en tentant de masquer ses doutes. Elle pose des questions sur ce Weber, sur la façon dont ils vont commencer à produire, les ouvriers qu'ils vont recruter, les locaux qu'ils ont trouvés. Elle supplie Henri de ne pas quitter son poste actuel avant d'être sûr du projet et d'avoir négocié sa part avec son associé.

À chaque réponse dilatoire d'Henri, son inquiétude augmente. Elle ne sait plus si elle doit confirmer la location qu'elle avait retenue à Middelkerke.

Sa santé se détraque, ses règles sont de plus en plus rapprochées et douloureuses, de violentes migraines la clouent au lit des après-midis entiers. Puis Henri lui apprend qu'il a démissionné, loué un hangar au Raincy, commandé des produits de base pour les premières fabrications.

Pendant ce temps, Weber sillonne la France pour trouver des commandes qui tardent à venir. Le capital fond à toute vitesse, alors que la production n'a pas encore commencé.

Lorsqu'Henri vient enfin passer le dimanche à Bruxelles, il avoue que les choses ne se déroulent pas comme il l'espérait. Marion éclate :
- Je t'avais prévenu, mais tu n'écoutes jamais, tu n'en fais qu'à ta tête. Je fais attention à tout, je ne dépense pas un centime qui ne soit nécessaire, et tu engloutis nos réserves dans un projet fumeux.
- Tu ne comprends rien…, tente Henri.

Mais Marion est lancée. Voilà longtemps qu'elle rumine cette explication, elle ne laissera pas Henri se défiler.
- Je ne suis pas aussi bête que tu crois, vocifère-t-elle. J'avais vu arriver la faillite de Grivolas, je t'avais prévenu. Ici, je t'ai dit de te méfier de cet administrateur, qu'il pourrait t'en vouloir, mais non, monsieur ne supporte pas la contradiction, monsieur a toujours raison et monsieur fait cadeau de nos économies à n'importe qui…

Les filles, terrifiées, se cachent dans leur chambre. Marion n'en a cure. Elle ne peut plus se retenir. Henri humilié, malheureux et furieux, repart à Paris se réfugier chez ses sœurs.

À la fin de l'été, il a retrouvé du travail à Paris comme ingénieur conseil dans une société qui produit de la ronite. Il le prend en attendant que Weber revienne avec des commandes. Il travaillera le soir à son atelier pour concevoir les moules de leurs futurs produits, et le jour chez son employeur. Il peut faire revenir sa famille.

Avec les problèmes de papa, Éliane espérait qu'elle couperait aux vacances à Middelkerke. Il y fait froid et il y a trop de vent sur la plage. Elle aurait préféré Saint-Quay, mais les locations y étaient plus chères, ou alors le Grau-du-Roi où ils sont allés avec grand-maman avant de partir à Bruxelles. Mais c'est trop loin.

L'année scolaire est finie, ils repartent au Raincy et comme il n'y a pas de lycée proche, elle sera pensionnaire à Meaux dans le cours secondaire dont tante Madeleine, la sœur de grand-maman, est la directrice.
- Tu ne seras pas obligée d'être toujours avec les autres internes, tu souperas souvent chez tante Madeleine, tu verras tes cousins.

Éliane n'aime pas tante Madeleine, elle est froide et sèche. Elle aurait préféré prendre le train tous les jours pour Paris, mais maman a décidé que c'était trop fatigant pour une fille de onze ans et ce n'était pas le moment de protester. Depuis que leur père a perdu son travail à

Bruxelles et qu'il est reparti à Paris, maman rumine de sombres pensées, la moindre résistance à ses décrets déclenche colère ou migraine. Comme elle ne cesse de répéter qu'ils n'ont plus d'argent, qu'elle ne sait pas comment finir l'été, Éliane croyait qu'elle et Nadine n'auraient pas droit aux cours de tennis, mais Marion en a trouvé assez pour les inscrire. Il y a des activités, comme le tennis ou le piano, que maman ne sacrifie pas. Elle rouspète tout le temps, mais elle aime être fière de ses filles.

Heureusement qu'elles ont le tennis, car cet été le vent est glacial. Maman veut absolument qu'elles se baignent chaque jour, sauf quand il pleut.

- C'est excellent pour votre santé.

Tout ce qui est bon pour la santé, n'est pas discutable : se coucher de bonne heure, boire de l'huile de foie de morue, mettre un horrible cache-nez de laine et un bonnet enfoncé jusqu'aux yeux, nager le plus souvent possible dans l'eau froide... Par chance, il pleut un jour sur deux.

Éliane espère que l'été prochain, puisqu'ils vont quitter la Belgique, ils ne reviendront pas sur cette plage, dans cette maison minuscule qui n'a même pas de cabinet à l'intérieur. Il faut descendre dans la cour et faire pipi dans une cabane pleine de courants d'air dont la porte ne va pas jusqu'à terre. N'importe qui, entrant dans la cour, peut voir ses pieds par-dessous la porte. Ça lui coupe l'envie.

À Middelkerke, il n'y a qu'une activité vraiment agréable : les concours de sculptures de sable. Pour celui de l'année dernière, Éliane avait représenté un crocodile. Elle avait cherché des images dans les livres de la bibliothèque municipale. Elle s'était appliquée, mais ce n'était pas difficile, le crocodile avance au ras du sol, sa sculpture ne risquait pas de s'effondrer, et avec du sable mouillé, elle avait bien réussi le modelage des écailles. Elle aime sculpter, peindre aussi. C'est grand-maman qui lui a donné ses premières leçons. Son crocodile était très ressemblant, tous les passants s'arrêtaient pour l'admirer. Elle a eu le premier prix. Elle espère l'avoir cette année, elle a une bonne idée. Puisque la consigne est de sculpter un animal ou un personnage, elle fera les deux en même temps : une sirène.

À quatre heures elle a pris place au bon endroit sur la plage, là où le sable est encore mouillé mais pas trop. Elle représentera la sirène de dos, elle n'oserait pas sculpter des seins.

Ça prend forme, la courbure du dos est réussie, les passants s'arrêtent pour admirer les longs cheveux en algues vertes. La queue n'est pas difficile à modeler, elle y trace soigneusement les écailles. Le problème c'est le derrière, doit-elle faire démarrer la queue à la taille ou lui donner des fesses ? Si elle modèle des fesses, on risque de se moquer d'elle.

- Tu as un problème ? remarque maman.
- Le derrière d'une sirène, c'est comment ?

Maman rit.
- Je ne suis pas une spécialiste, mais je crois qu'elle a juste un début de fesses, l'endroit où elles se séparent, puis sa queue commence.
- Je vois.

Sa sirène a eu le premier prix et elle un gros sac de bonbons. Du coup, Éliane a accepté de participer au corso fleuri avec Élisabeth van Erck, la fille de leur propriétaire, qu'elle n'aime pas beaucoup. Elles se déguiseront, elle en Alsacienne, Élisabeth en Belge. Maman lui fabrique une jupe rouge et un gilet bleu en papier crépon qu'elle porte sur son chemisier blanc. Élisabeth est en noir, jaune et rouge. Pour qu'on les distingue des autres enfants costumés, maman a eu l'idée de décorer leurs bicyclettes de fleurs aux couleurs de leurs habits et d'accrocher au-dessus des guidons une arche, une tige de ferraille courbée, portant les mêmes fleurs. Elles sont très applaudies quand elles ouvrent le cortège des enfants et elles obtiennent le premier prix : une boîte de bonbons et un fanion, un seul pour les deux, car il n'y a qu'un premier prix.

Éliane aurait bien remis les bonbons à Élisabeth, elle en avait déjà gagné pour la sirène, mais le fanion, elle voulait le garder.
- Laisse-le lui, insiste maman, elle n'en aura jamais d'autre, elle est trop sotte. Toi, tu seras encore première dans des tas de concours.

Nadine aurait déchiré le fanion plutôt que de l'abandonner, Éliane, le cœur gros, a donné son trophée à cette idiote d'Élisabeth. Pourquoi maman s'arrange-t-elle tout le temps pour gâcher son plaisir ?

Marion avait obtenu de haute lutte qu'ils ne vendent pas la maison du Raincy, leur seul bien, lorsqu'ils sont partis à Bruxelles. Mais pour finir de payer les traites, ils ont dû la mettre en location et le bail des locataires court encore pour trois ans. Ils ne peuvent pas le rompre, ils doivent chercher un autre logement. À la fin de l'été, Henri réussit à trouver un appartement, au Raincy également, qui n'a ni salon pour le canapé, ni grenier pour entreposer leurs caisses, ni buanderie pour laver les draps. Mais le loyer n'est pas trop élevé.

Pour faire face à ses deux activités, Henri travaille le week-end et le soir à la conception de ses moules dans le hangar atelier qui n'est pas chauffé. Il tousse, lui déjà si mince maigrit encore. Marion prend peur. Il ne s'agit pas qu'il tombe vraiment malade ! Elle réorganise leur vie pour lui faire de la place, ou lui rendre celle qu'il a perdue.

- Je vais installer Nelly dans la chambre de Nadine, décide-t-elle, tu prendras sa chambre comme bureau. Tu y mettras ta table à dessin, tu pourras travailler au chaud.

Mais, par précaution, elle inscrit Nelly à l'école enfantine. Si Henri ne s'en sort pas, la petite sera gardée et Marion pourra prendre un travail à l'extérieur.

Pour s'occuper utilement, elle se lance sérieusement dans la couture. Une dame rencontrée à Middelkerke lui a appris à monter correctement les cols de manteaux, la partie la plus compliquée du vêtement, elle pourra confectionner des manteaux pour toute la famille, en plus des robes, des jupes et des chapeaux. À défaut de gagner sa vie, elle fera de sérieuses économies.

Certains jours, elle se demande s'il n'y a pas une fatalité dans la famille. Sa grand-mère, Henriette Delinotte, tirait le diable par la queue comme femme de pasteur avec quatre enfants, puis comme modeste institutrice. Sa mère est un panier percé, qui claquait tout ce que gagnait son mari, et depuis leur retour en Europe ils ont vécu en partie de la charité familiale. Marion se croyait à l'abri avec Henri, et voilà que malgré ses brillantes études, il se montre incapable de garder un poste.

Elle se jure que ses filles auront toutes un bon métier, ainsi elles pourront s'en sortir quel que soit leur mari.

28

Le Raincy 1926

Finalement Éliane n'est pas mécontente de partir à Meaux. Depuis qu'ils sont revenus au Raincy, l'atmosphère à la maison est irrespirable, sa mère est de plus en plus rogue et son père de plus en plus fermé. Seuls lui manquent les fous rires de Nadine et la tendresse de Nelly.

Par contre, la pension est encore plus moche, sinistre et glaciale qu'elle l'imaginait. Les lieux ne lui avaient pourtant pas déplu lorsqu'elle les avait visités avec ses cousins pendant les vacances. Ils l'avaient conduite dans tous les recoins de ce vieux couvent, les cellules des moines, la chapelle, les salles qui servaient d'hôpital pendant la guerre, mais pour les pensionnaires ces endroits en mauvais état sont interdits. Les dortoirs et le réfectoire, que ses cousins ne lui avaient pas montrés, sont de lugubres pièges à courants d'air.

Les pensionnaires non plus ne sont pas drôles, des rougeaudes de campagne qui ne s'intéressent qu'à la taille de leur soutien-gorge. Par chance, il y a dans sa classe la fille la plus rigolote du collège, Simone Étienne. Simone voudrait devenir comédienne. À force de le répéter et de déclamer des tirades dans les couloirs, elle a été choisie par Mme Pralon, leur professeur de français, pour jouer dans les *Précieuses ridicules* au spectacle de fin d'année. Simone a aussitôt demandé qu'Éliane soit sa partenaire.

Grâce à la pièce de théâtre, elles peuvent quitter l'étude à dix-huit heures pour répéter. Elles savent leur rôle depuis longtemps et passent la moitié du temps à bavarder. Mais, plus encore que la pièce, ce qui amuse Éliane, c'est la confection des costumes. Elle récupère de vieux vêtements, une jupe de taffetas de sa mère, un chemisier de satin déchiré, des rideaux en loques dans lesquels elle découpe des motifs de roses pour les incruster dans la jupe et réparer le corsage… Avec des calottes de feutre ou de paille défoncées, ou même des boîtes en carton rondes qu'elle peint, des rubans, des morceaux de tulle froncés, des bouts de velours fanés, elle se régale à confectionner les chapeaux. La pièce a beaucoup de succès. Mme Pralon a proposé qu'elles recommencent l'année prochaine.

Avec tout le temps passé à la préparation du spectacle, Éliane n'a que le prix d'honneur, mais maman dit que c'est parfait.

Elle avait espéré, après une année de pension, des vacances au bord de la mer. C'était oublier que papa avait englouti leurs économies dans son atelier qui ne marche pas bien. Pas de bord de mer, seulement deux semaines dans le jardin de Marguerite Bodin, une amie de papa, à se gaver de fraises et de framboises. Et le reste du temps au Raincy à se boucher les oreilles pour ne pas entendre les disputes des parents.

La rentrée et le collège inconfortable sont bienvenus. Cette année Mme Pralon décide tôt de commencer les préparatifs du spectacle, une pièce de Labiche. Les costumes sont moins compliqués et moins amusants à réaliser. Pour le moment Éliane tient la tête de la classe.
- Ça te dirait de voyager cet été ? demande sa mère en lisant le bulletin de deuxième trimestre.
- On irait dans un autre pays ?
Peut-être que papa a reçu une très grosse commande.
- Pas nous, toi.
- Toute seule ?
- Mais dans la famille.
Si c'était à Genève chez tante Charlotte, la sœur de maman, elle ne ferait pas tant de mystère.
- Oncle Robert m'écrit qu'il cherche une jeune fille pour s'occuper de sa petite fille, *baby* Agnès, cet été. Ça te plairait ?
- En Amérique ?
- Aux États-Unis, corrige maman.
Aucune de ses amies n'est allée en Amérique, ni aucun de ses cousins.
- Papa est d'accord ? s'inquiète Éliane, le voyage ne coûte pas trop cher ?
- Ton père trouve que tu es un peu jeune pour partir si loin, mais je lui ai dit qu'à treize ans, j'avais déjà connu les États-Unis, la Hollande, l'Autriche, la Suisse et la France. Il est temps que tu voies du pays. Et puis tu ne pars pas chez des inconnus. Oncle Robert viendra te chercher à l'arrivée de ton bateau à New York.
- Je vais prendre un paquebot comme le *Lafayette* ?
- Tu ne veux pas y aller à la nage ?
Éliane ose ce qu'elle ne fait plus depuis longtemps, elle saute au cou de sa mère qui rit en lui caressant les cheveux.

- Allons, termine-moi cette année en beauté pour que je puisse dire à ton père que tu as bien mérité ton voyage.

Elle est première partout, elle devrait avoir le prix d'excellence, mais elle part avant la remise des prix, son bateau, le *Minnekauda*, quitte le Havre le 24 juin. Tant pis pour la pièce de théâtre, elle a cédé son rôle à Adèle S. qui en mourait d'envie. Elle emporte deux carnets à couverture de moleskine noire, elle a promis de tenir un journal de voyage.

Marion est assez fière d'elle, ses filles ne seront pas des petites Françaises terrorisées à l'idée de partir de chez elle comme les sœurs d'Henri. À vrai dire, elle ne pensait pas envoyer Nadine au loin si tôt, mais elle a piqué une telle colère quand elle a su qu'Éliane avait droit à l'Amérique, que Marion a dû se mettre en quête d'une famille pour elle. Elle n'a que dix ans, mais elle est grande et débrouillarde et déteste qu'on la traite en petite. Marion s'en veut de ne pas y avoir pensé, elle ne se rend pas toujours compte de ce qui se passe dans la tête de ses filles.

Il fallait une famille sérieuse et qui ne demande pas de pension. Une famille protestante riche, dans le genre des Labouchère les protecteurs de sa mère. Parmi les annonces affichées sur la porte de la salle paroissiale elle a trouvé une famille tchèque cherchant une compagne pour parler français à ses deux enfants de huit et onze ans pendant les trois mois d'été, dans un endroit magnifique, les Monts de Bohême, voyage payé. Heureusement, car c'est au diable, trente-sept heures de train, mais la petite sera accompagnée par un étudiant français. Nadine a sauté de joie.

Reste Nelly, Henri et elle, et peu d'argent, mais Marion ne repassera pas deux étés confinée au Raincy, avec juste deux semaines à la campagne chez Marguerite Bodin.

Il n'y a plus grand-chose à louer dans les stations de la mer du Nord, les moins chères pourtant. C'est Gabrielle, toujours fourrée dans les petites annonces, qui leur déniche une location abordable à Printania plage, dans la Manche. Informations prises, Printania plage n'est même pas une station, juste quelques maisons sur la côte ouest du Cotentin, en face de Jersey. Un endroit plus connu pour ses carottes (c'est à cinq kilomètres de Créances) que pour le tourisme, mais les plages sont immenses, paraît-il. Marion loue et chaque jour elle s'en félicite.

Printania compte quatorze maisons, un hôtel abandonné et un tennis blottis dans un creux de dunes, sans électricité ni téléphone. Au départ c'était un projet d'Anglais, un golf devait recouvrir les dunes. Avec la guerre, les Anglais ont renoncé, les maisons ont été rachetées par des gens qui recherchaient un endroit rustique pour se retrouver entre amis.

Le logement que Marion a loué est à l'étage d'une petite maison, Les Bleuets, appartenant à une vieille demoiselle fantaisiste férue de son jardin et de ses fleurs. Les autres maisons sont occupées par des familles de médecins, d'ingénieurs, de professeurs, avec des tas d'enfants qui feront des amis pour les filles. Marion, qui ose maintenant aller vers les autres, n'a pas tardé à lier connaissance avec deux voisines, Mme Margerie, qui loue aussi une maison de Mlle Desalle avec sa mère et ses trois enfants, et Mme Delahouse dont les quatre enfants sont tout de suite devenus des compagnons de jeux pour Nelly.

Ce ne sont ni l'une ni l'autre des femmes timorées, les craintifs ne viennent pas en vacances à Printania, mais elles n'imaginaient pas que Marion ait pu expédier ses filles aînées de treize et dix ans aussi loin.
- Vous n'êtes pas inquiète ?
- Nous avons d'excellentes nouvelles, Éliane va de pique-nique en soirée dansante et Nadine a découvert les joies de l'auto à pédale, de la trottinette et d'un toboggan colossal qui atterrit dans une meule de foin.

Marion ne sait pas ce qui lui plaît le plus à Printania de ses habitants, assez cultivés pour être intéressants à écouter, mais assez simples de mœurs pour se passer de confort, ou de la splendeur sauvage de l'endroit, la plage immense en longueur, vingt-trois kilomètres, et en largeur quand, à marée basse, la mer se retire si loin qu'on ne la distingue plus de la surface miroitante du sable mouillé, de la senteur des dunes couvertes d'immortelles, du vent puissant…

Printania c'est d'abord le vent, qui fouette, revigore, transit et soude, car pour s'en protéger on installe des tentes dans les creux des dunes et naturellement on s'y retrouve pour bavarder, tricoter, organiser les tours de rôle au tennis, préparer les fêtes qui réunissent tout le monde devant l'hôtel des Anglais… Même Henri, qui n'est pas très sociable, en est devenu bavard.

Marion a déjà réservé la maison pour l'année prochaine, Mlle Desalle lui donnera une chambre en plus pour Éliane et Nadine.

29

USA 1928

Ça y est, Éliane est à bord, son énorme malle aussi. Il a fallu trouver quelqu'un pour la mettre dans le train, l'en sortir, l'emporter dans le petit bateau qui emmenait les passagers jusqu'au Minnekauda au milieu du port, la faire déposer dans sa cabine. Sur les trois lits, deux seulement sont occupés, par elle et une dame peu bavarde, qui sort tout de suite.

Elle est fatiguée, un peu perdue et elle a faim. Quand la cloche du dîner sonne, elle ne sait même pas où aller, mais comme tout le monde sort des cabines, elle n'a qu'à suivre le flot. La salle à manger est impressionnante, il y a au moins trente tables. Sagement les passagers, des adultes seuls, des couples, des familles, attendent en rang qu'un homme en blanc leur indique leur place. Elle est l'unique enfant sans parent. Elle respire un bon coup et se place dans la file.
- *I am alone*, dit-elle crânement lorsque son tour arrive.

L'homme en blanc, surpris mais stylé, la dirige vers une table presque vide à côté d'une bonne femme raide comme un manche à balai. Le dîner est sinistre, encore pire que sa solitude dans la cabine, mais elle repère à une autre table deux filles de son âge qui l'observent. Demain elle essaiera de leur parler.

Le lendemain, le bateau bouge tellement qu'elle ne parvient pas à aller jusqu'à la porte de sa cabine sans vomir, pas de salle à manger. Puis la mer se calme et elle a la surprise de découvrir à sa table, au petit déjeuner, les deux filles qu'elle avait remarquées. Le maître d'hôtel les a regroupées et il a placé le manche à balai ailleurs.
- Je suis Shirley, dit la plus grande, et voici Marguerite. Elle est anglaise, elle ne parle pas français, mais je peux traduire, je suis américaine mais ma mère est française. Et toi ?

Le voyage devient une succession de plaisirs, elles passent d'une partie de palet à une autre de *tennis deck*, d'osselets, de cartes, elles lisent côte à côte sur le pont dans leur *deck chair*, guettent les baleines et dansent le soir entre elles ou avec des messieurs qui les félicitent de leur sens du rythme. Éliane est contente que Marion lui ait appris le foxtrot, le tango et la valse.

Au bout de deux jours, la dame avec qui Éliane partageait sa cabine s'en va, Marguerite la remplace et Shirley les rejoint. Elle ne racontera pas dans son journal de bord à quelle heure elles s'endorment.

Par contre elle s'exerce à rendre ses impressions, à décrire les couleurs de la mer, la houle soulevée par l'étrave du bateau... Elle fait un brouillon, rature, rajoute et recopie fièrement dans son journal : « *Il semble que l'avant du bateau déchire la surface de la mer en faisant jaillir de chaque côté du bateau deux gerbes d'écume qui se pulvérisent en poussière d'eau qui monte jusqu'à nous et nous humecte le visage de poussière salée... Ensuite l'écume ressort en des milliards de petites bulles qui remontent à la surface de l'eau en faisant des bruits comme de la mousse de savon qui fond...* » Elle ne recopie pas « *La mer d'un bleu jubilant sous le soleil qui miroite à sa surface, et noire, du noir d'un précipice insondable, au pied du bateau* », c'est trop lyrique pour Marion, mais elle conserve le brouillon que j'ai retrouvé dans le carnet à couverture de moleskine.

Et elle truffe le journal de petits dessins : le capitaine dansant avec une grosse dame en vert pomme, une autre en robe cerise à multiples volants dont le pantalon rose dépasse de deux bons centimètres. Elle essaie de dessiner « la femme aux diamants », mais il faudrait des crayons couleur pierres précieuses. Éliane n'a jamais vu autant de bijoux sur une seule personne : six bagues dont trois au même doigt, avec des diamants, des perles, des pierreries, deux bracelets, un couvert de pierres rouges l'autre de diamants, une montre décorée de diamants, une broche portant une pierre rouge aussi grosse qu'une noix, un collier de perles énormes et une ceinture dorée. Elle n'a pas mis de diamants sur ses grosses lunettes d'écaille, mais son sac est fermé par deux formidables initiales d'or incrustées de diamants, et le vernis de ses ongles scintille comme des brillants. Ce n'est sûrement pas une Parisienne.

Puis il se met à faire chaud, ils sont entrés dans le Gulf Stream leur dit-on, ils aperçoivent enfin des baleines, d'abord un groupe de baleines naines, puis, plus loin le dos noir et luisant d'une vraie baleine.

Et arrive enfin le grand moment du voyage : le bal costumé. Shirley sera en marin français, sa mère lui a cousu un pompon sur un béret, Marguerite voulait se déguiser en Suzanne Lenglen, avec bas, souliers, robe et turban blancs, une raquette et des balles, mais elles n'ont pas réussi à lui faire un grand nez, elle sera simplement une joueuse de tennis. Éliane pense avoir une bonne idée. Elle court tout le bateau pour trouver un steward qui lui prête un pantalon usé et lui donne un morceau de corde de chanvre. Dévidée, elle en a fait des favoris broussailleux et des cheveux filandreux qu'elle coince avec un bonnet de laine rouge. Elle se fabrique un nez rouge en carton qui tient enfoncé sur le sien, et emprunte une paire de lunettes au compagnon de la mère de Shirley. Avec ses pantoufles trouées, le visage barbouillé de rouge, son sac à linge rempli de journaux sur le dos, elle entre en marchant les pieds en dedans, comme un clochard mal en point.

Et elle a le premier prix des enfants, une énorme boîte de chocolats fourrés. « *What a good time we had on this boat, what a homelike boat, and what kind people* », écrit-elle pour la première fois en anglais dans son journal.

Et voilà l'Amérique qui approche. Sur le pont à côté de Marguerite et Shirley, Éliane guette l'apparition de la terre à l'horizon. La voilà et voici bientôt la statue de la Liberté : « *Hurrah, Hurrah, Hurrah, vive l'Amérique ! Vite, vite je range mes affaires. J'entends des personnes qui rient, cette fois nous sommes tout près de l'Amérique.* »

Quand oncle Robert vient vers elle, Éliane comprend tout de suite pourquoi maman aime tellement son frère, oncle Robert est l'homme le plus attirant qu'elle ait rencontré, grand, beau, avec des yeux chauds et doux, un homme plein de gentillesse et d'égards : Éliane n'est-elle pas trop fatiguée ? Cela l'intéresse-t-il de traverser New York pour voir la ville et ses gratte-ciel ? Il conduit sa voiture avec calme, lui désigne les plus hauts buildings, lui explique leur histoire. C'est un homme bon. Il méritait une autre femme que tante Charlotte (encore une, on dirait que ce nom colle à la famille), cette petite grosse bonne femme, pas vraiment jolie mais très apprêtée, pas vraiment sympathique non plus. Elle ne doit jamais faire le ménage, la maison neuve, blanche et claire avec ses baies vitrées ouvrant sur le jardin, est sale et en désordre. La cuisine en particulier. Oncle Robert se met aussitôt à ranger, Éliane l'aide à laver la vaisselle, pendant que tante Charlotte, pas gênée du tout, va chercher Agnès.

Éliane découvre que les femmes peuvent être de sales égoïstes dans la vraie vie, pas seulement dans les romans. Le matin, tante Charlotte lui amène Agnès pour la faire déjeuner et elle repart dans sa chambre se coucher ou se laver les cheveux, se mettre des bigoudis, se laquer les ongles, lire des magazines… L'après-midi, si oncle Robert a laissé la voiture, elle emmène Éliane et Agnès en promenade ou à la piscine. Il commence à faire très chaud, plus de 80° Fahrenheit, environ 30° Celsius. Agnès transpire dans sa robe à volants.
- Il faudrait lui mettre un costume de bain, suggère Éliane.
- Tu crois ?
- Je pourrais la baigner.

- Je m'en occupe.

Trois jours passent et Agnès n'a toujours pas de maillot. Il fait encore plus chaud, alors Éliane récupère dans les chiffons un chemisier de coton bleu décoloré et y taille, comme elle peut, une petite culotte bouffante à bretelles. Oncle Robert est enchanté du résultat. Pour la remercier et inaugurer le costume d'Agnès, il emmène toute la famille pique-niquer à la plage ce dimanche.

Mais la maison est toujours sale, et tante Charlotte part au cinéma. Pendant la sieste d'Agnès, Éliane décide de récurer complètement la cuisine pour qu'oncle Robert trouve une maison agréable en rentrant. Elle a tout rangé, lavé la vaisselle et versé de l'eau par terre pour lessiver le sol quand tante Charlotte rentre.
- Comme c'est gentil de nettoyer la cuisine, elle en avait besoin.
- Je ne trouve pas la serpillère pour éponger.
- J'ai dû la laisser au sous-sol.

Au sous-sol il y a un tas de linge sale qui moisit en attendant d'être lavé, mais pas de serpillère.
- Ne t'en fais pas, j'ai ce qu'il faut.

Tante Charlotte sort d'un sac en papier deux épaisses serviettes de bains neuves et les jette dans l'eau sale.
- Ça fera très bien l'affaire.

Éliane, sidérée, la voit éponger l'eau sale, essorer vaguement les serviettes et les jeter.
- Ce n'est pas grave, j'en achèterai d'autres.

Éliane s'est sauvée dans sa chambre pour éclater en sanglots, la vie est trop injuste.

Oncle Robert a pris une semaine de vacances, une seule dans tout l'été, il faut bien qu'il travaille pour gagner ce que sa femme gaspille.
- Je t'emmène à Grove Beach, chez des cousins de Charlotte. Tu vas t'amuser. Il y a des tas d'enfants de ton âge.

Ils sont une trentaine, plus ou moins cousins, qui viennent là chaque été. Éliane craint de se sentir étrangère, mais l'Amérique n'est pas la France, en une heure elle est intégrée dans le groupe, ces grands beaux Américains sportifs sont ravis d'avoir une petite « frenchie » pour amie. Chaque jour de ces vacances est une fête, on vient la chercher le matin pour l'emmener nager, jouer au tennis ou ramer dans un canot indien… Aujourd'hui la compagnie s'empile dans les voitures pour aller goûter dans un restaurant au-dessus de la baie et le soir on l'invite à une *marshmallow party*. Tous, adultes et enfants, se regroupent sur la plage autour d'un feu, on plante les marshmallows sur le bout de bâtons pointus. À la chaleur des flammes ils deviennent croustillants à l'extérieur et moelleux à l'intérieur. Chacun a son bâton, des plus vieux aux plus petits, les adultes encouragent les enfants à se débrouiller seuls, les félicitent et alimentent le feu en bavardant. À onze heures du soir tout le monde part tranquillement se coucher sans qu'il y ait le moindre cri ou gronderie. Éliane découvre un autre monde.

Quand ils rentrent à Pelham, la chaleur atteint 89° Fahrenheit. Agnès en perd l'envie de jouer. En rentrant du bureau, oncle Robert branche le tuyau d'arrosage à un tourniquet.
- Allez, mouillez-vous, ça ira mieux.
Éliane prend Agnès par la main pour sauter dans les gouttes.
- Papa nous arrosait au jet d'eau les soirs d'été en rentrant de Chicago, rappelle-t-il. Marion et moi l'attendions déjà en maillot de bain.
Maman lui a raconté cette histoire cent fois, oncle Robert a le même air de bonheur quand il l'évoque.
Dans la journée, il laisse souvent la voiture pour qu'elles puissent aller à la piscine. Le costume de bain d'Agnès plaît beaucoup aux autres mamans. Aussi quand tante Charlotte jette à terre une chemise de nuit en crêpe de chine parce qu'elle est déchirée sous les bras, Éliane lui demande si elle peut la réutiliser. Elle en a fait une robe droite avec une ceinture de dentelle incrustée (en utilisant la dentelle du décolleté). Devant la glace, ce n'est pas mal du tout.

Le 6 août elle quitte Pelham pour Sandwich dans le Massachussetts, elle va passer dix jours chez Lucy Barton une amie d'enfance de sa mère. Elle est contente de partir, elle a de plus en plus de mal à rester polie avec tante Charlotte.
Lucy Barton est une grande femme tout en os, un peu brusque comme Marion. Elle vient la chercher à New York où elles prennent le bateau le soir pour Fall River, d'où elles continueront en train pour Sandwich. Du pont du bateau, Éliane s'émerveille du spectacle des gratte-ciel qui s'illuminent peu à peu, puis s'éloignent jusqu'à ce que *« les formidables buildings n'apparaissent plus que comme des lumières scintillantes. »*
À Sandwich, elle est accueillie par Mrs. Allen et sa fille Linda. Éliane est un peu surprise par cette famille, deux femmes qui vivent ensemble avec la fille de l'une, mais comme ça a l'air de convenir à tout le monde, elle ne pose pas de question et profite de la ribambelle d'amis de Linda. Ces deux semaines à Sandwich sont royales, elle les passe à se baigner, apprendre à plonger en arrière, se gaver de sandwiches, de poulet, de gâteaux, de fruits aux pique-niques quasi quotidiens. Le soir, comme à

Grove Beach, les jeunes se rassemblent sur la plage autour d'un feu de bois pour rôtir des marshmallows. Elle illustre son carnet de voyage d'un croquis de cet instant magique. L'une des filles assises autour du feu, celle qui tend les mains vers la flamme et sourit, est petite et rousse comme elle. Elle a des seins, ce n'est plus une enfant.

Quelques pages plus loin, elle dessinera une jeune fille alanguie, allongée dans un canoë à l'abri d'une ombrelle... La jeune fille a aussi des cheveux roux et une robe verte, la couleur préférée d'Éliane. Le dessin s'appelle : « Attente. »

Pelham au retour semble morne. Seule satisfaction, une lettre de sa mère lui apprend qu'elle a eu le prix d'excellence. Oncle Robert, qui s'aperçoit qu'elle s'ennuie, l'emmène au cinéma parlant, à New Rochelle, puis visiter l'usine Ford dans le New Jersey où elle apprend que les ouvriers américains gagnent dix dollars par semaine, deux cent cinquante francs, ce qui leur permet d'avoir de jolies maisons et des voitures confortables. Un ingénieur comme son père aurait une magnifique maison ici.

Oncle Robert trouve encore le moyen de la conduire à New York voir *White shadows*, la comédie musicale à la mode. Et comme il n'a pas le temps de s'occuper d'elle tous les jours, il lui achète une paire de patins à roulettes. Il a un don pour deviner ce qui fait plaisir.

Puis c'est le 25 août, tante Charlotte l'accompagne à New York pour un peu de shopping avant son départ, le shopping est la spécialité de tante Charlotte. Elle aide Éliane à trouver de petits cadeaux pas trop chers pour la famille et elle lui offre une paire de bas de soie, les premiers de sa vie. À la décharge de tante Charlotte, elle sait choisir les jolies choses.

Le soir elle embarque sur le *Minnekauda* où elle retrouve Linda Allen qui vient en visite en Europe et partagera sa cabine. Elles y seront seules toutes les deux, elles pourront sortir chaque soir, danser aussi tard qu'elles voudront, avec des messieurs cette fois espère Éliane. Elle mettra la robe de crêpe de Chine qu'elle s'est fabriquée avec la chemise de nuit de tante Charlotte.

École de Fullersburg : 1900

Marion à un an, 1892

Marion, 22 ans au Meurice

Marion, 19 ans Genève

Mariage Marion – Henri 1914

Henri, marié, chez lui, 1915

Marion et Éliane bébé   *Le Raincy 1930 : col de fourrure et manteau beige pour toutes les filles !*

Marion heureuse à Printania,   *….avec les tennismen habitués des lieux,*

…et avec ses filles devant le chalet familial.

30

Le Raincy 1929

En rentrant au Raincy, dans l'appartement sombre de la rue Valère Lefebvre, Éliane se sent rétrécir. Son père s'intéresse à peine au récit de son voyage et sa mère ne rate pas une remarque désagréable : « Tu ne t'es pas trop bourrée de marshmallows, j'espère ? », « Tu as osé porter cette robe de crêpe presque transparente ? »

Au pensionnat, l'ambiance ne s'est pas améliorée. Tante Madeleine a été remplacée par une bonne femme encore plus radine qu'elle. Les repas sont de plus en plus mauvais et à peine suffisants pour calmer leur faim. Nadine, qui vient d'y entrer en sixième, n'arrête pas de râler.

Les provisions que Marion leur donne pour compléter l'ordinaire ne durent jamais les deux semaines qui séparent les retours à la maison.

Mais pour les vacances, maman a trouvé une nouvelle plage en Normandie que Nelly adore. Il paraît que la mer est moins froide qu'à Middelkerke, qu'il y des tas de choses à pêcher et des tas d'amis alentour. Ça ressemblera peut-être à Grove Beach, espère Éliane. Elle avait oublié qu'avec l'obsession de sa mère pour les économies, ils ne peuvent aller que dans les coins les moins chers, donc moches.

Ce n'est pas tout à fait le terme, Printania n'est pas moche, ce serait même assez beau cette lumière pâle sur la plage miroitante, s'il n'y avait ce foutu vent, pire qu'à Middelkerke. Et les autres enfants sont... des enfants. Des compagnons de jeux pour Nelly qui cavale dès le matin à travers les dunes. De l'âge d'Éliane, il n'y en a pas. Les jeunes de quinze ans ne viennent pas s'enterrer dans ce trou.

En dehors de quelques parties de tennis avec Nadine et un ou deux garçons de passage, de la pêche à la crevette à marée basse, des heures de lecture dans le creux des dunes, les vacances se passent à éplucher, ranger, geler et mourir d'ennui.

Si elle émet un souhait ou une envie qui sort du train-train ordinaire, comme d'aller danser à Pirou, ou au cinéma à Créances, sa mère se ferme, grommelle, et lâche un « Tu n'es pas bien ici avec nous ? », qui l'accable de honte. Et si par hasard, elle donne son autorisation, c'est au retour que les choses se gâtent. Elle l'attend éveillée dans la cuisine, et la litanie commence : pourquoi rentre-t-elle si tard ? Pourquoi lui faut-il des distractions inutiles, elle est devenue superficielle, incapable de se contenter d'une vie simple et digne... Et si Éliane se rebiffe, qu'elle essaie d'expliquer son désir de compagnie, d'amitié, de gaieté, elle s'attire un violent : « Tu parles sans réfléchir, on ne construit pas une vie sur la frivolité. » En dehors du culte du dimanche et des bains glacés, tout est frivole pour sa mère. Elle n'était pas comme ça autrefois, Éliane se souvient d'une mère élégante et parfumée qui venait la chercher à la sortie de l'école, qui la prenait dans ses bras, qui l'écoutait avec plaisir raconter sa journée. Elle se souvient même d'une mère tendre, mais c'était il y a longtemps.

Et voilà qu'une des maisons de Printania, un petit chalet de bois, est à vendre et que son père parvient à l'acheter, pas trop cher bien sûr, aux enchères à la bougie. Éliane est condamnée à y retourner cet été, à moins qu'elle soit très bien placée à l'examen des bourses pour pouvoir filer ailleurs.

Mais, à sa surprise, c'est sa mère qui propose de l'envoyer deux mois dans une famille allemande qui a une fille de son âge et une grande belle maison dans la montagne, avec piscine et court de tennis. Ce n'est pas vraiment pour lui faire plaisir, c'est pour qu'elle améliore son allemand, mais elle aurait pu choisir une famille sinistre.

À son retour, elle parle couramment allemand, ce qui va lui faciliter les choses cette année car elle entre en mathélem. Elle ira au lycée de garçons, il n'y a pas de terminale au cours secondaire de filles, les filles de cette région ne font pas d'études poussées. Elle habitera au pensionnat et chaque matin elle partira chez les garçons.

Passées les premières journées intimidantes, elles ne sont que trois filles dans la classe et dix dans tout le lycée, elle s'aperçoit vite que les garçons de Meaux ne sont pas plus subtils que les filles. Elle n'a pas de mal à être première, mais en cours de gym, ils se vengent en ricanant quand elle monte à la corde ou essaie de sauter plus d'un mètre en hauteur. Elle a hâte de quitter cette ville de ploucs. Elle travaille avec acharnement pour être sûre d'avoir son bac. Elle n'ose pas encore parler à la maison de son rêve pour l'année prochaine, tellement elle a peur d'un refus. Ce qu'elle aime, et à quoi elle passe le plus clair de son temps libre, c'est dessiner et peindre. Les leçons de grand-maman sont les meilleurs moments qu'elle a passés avec elle. Grand-maman n'est ni aimable, ni aimante. Quand elle vient à Printania, invitée, logée, nourrie, elle trône comme une reine en visite. Il faut l'aider à grimper la dune, lui porter son chevalet et ses peintures, lui servir un thé chaud ou l'écouter parler de son tableau en cours, du portrait qu'elle vient de faire d'un enfant très laid qu'elle a eu du mal à rendre plaisant, des nuances du ciel, des reflets de la mer… Ce n'est pas elle qui s'abaisserait à éplucher les patates ou passer la serpillière. Elle a deux qualités en tout et pour tout : elle raconte très bien les histoires, celles de sa vie, celles de l'univers, celles des Indiens, et c'est un bon professeur de peinture, patiente et précise. Elle a d'abord appris à Éliane à se servir de la gouache, puis elle lui a montré comment utiliser les pastels, en superposer les touches pour moduler les teintes d'un paysage, et l'été dernier elle l'a initiée à l'aquarelle. Quand elle dessine ou qu'elle peint, Éliane oublie qu'elle ne fait qu'un mètre cinquante-quatre, qu'elle est un peu trop grosse, qu'elle porte les mêmes chaussures depuis trois ans, et le même manteau beige que Nadine et Nelly depuis deux ans…

Elle s'est renseignée, elle hésite entre l'école de Beaux-Arts et celle des Arts Décoratifs. Les deux ont des cours qui la passionneraient, mais elle serait sans doute plus à l'aise aux Arts Déco. Elle est plus attirée par la création d'objets, de fresques, de vitraux, d'affiches que par la peinture ou la sculpture pure. Les droits d'inscription ne sont pas élevés, sur ce plan ses parents ne pourront pas critiquer.

Elle rêve.

Puis elle réussit son bac avec mention bien. Elle rentre triomphante au Raincy.

- Bravo, dit son père.
- C'est très bien, dit sa mère, et maintenant tu as une idée de ce que tu veux faire ?

Le cœur tremblant elle explique et à mesure qu'elle parle le visage de sa mère se ferme, sa bouche devient une fente amère. Le cœur noué d'angoisse, Éliane continue à plaider sa cause, à expliquer qu'il y a des tas de débouchés pour les formations artistiques aujourd'hui : les journaux emploient des dessinateurs de mode, les créateurs de linge, de vaisselle, de mobilier cherchent des stylistes… C'est ce qu'Agnès faisait.

Elle n'aurait jamais dû prononcer le nom d'Agnès, la ravissante, la bien-aimée de grand-maman, celle qui était douée.

- Agnès ne vivait que grâce au salaire de son mari.
- Elle commençait à avoir des commandes quand elle est morte, grand-maman me l'a dit.

Encore une gaffe énorme.

- Grand-maman a toujours été aveugle en ce qui concerne Agnès, elle était à Genève, elle ne se rendait compte de rien.

Maman est de la pire mauvaise foi, Éliane a vu les premiers papiers de mur dessinés par Agnès, ses projets de vitraux, François Cacheux, son mari, leur a raconté qu'elle commençait à être appréciée, si elle avait vécu elle aurait été très demandée.
- Les carrières artistiques sont des métiers de crève-la-faim. Maman n'a jamais été capable de nous faire vivre correctement, et aujourd'hui sans notre aide, à Robert, Charlotte et moi, elle serait à l'hospice. Tu ne te rends pas compte…

Éliane n'écoute plus. Elle voudrait fuir cette vie, cette maison, cette famille.
- J'ai pensé, continue Marion, à une gentille école qui te conviendrait très bien, tu es déjà bilingue, presque trilingue depuis ton séjour en Allemagne, c'est un atout. Avec un bon bagage commercial, tu pourrais avoir accès à des tas de postes intéressants.

Quand sa mère dit gentille amie, gentille maison, gentille école, Éliane sait qu'elle va trouver la personne, la maison ou l'école terriblement quelconque. Maman ne peut apprécier que des gens ou des choses sans risque donc sans saveur. Elle lui propose tout simplement de refaire, en un tout petit peu mieux, la même école qu'elle à Genève. Comme si elle était indigne d'autre chose, ou qu'autre chose était impensable pour la fille de Marion. Une école payante en plus, mais pas trop chère, insiste Marion, et qui ne dure que deux ans. La sécurité à bon prix.

La révolte ne sert à rien, sa mère hurlera plus fort qu'elle, la traitera d'égoïste et d'irresponsable, mais ne cédera pas d'un pouce. Et son père hochera la tête lâchement pour éviter un drame. À moins qu'il approuve vraiment, depuis qu'il a perdu leurs économies dans son fumeux projet de bimbeloterie, il a compris que l'audace mène à la catastrophe.

Pour refuser, il faudrait claquer la porte et se débrouiller seule, c'est-à-dire gagner sa vie tout de suite, avec son bac pour seul bagage.

La « gentille » école de maman, HEC Jeunes Filles, a-t-on idée d'un nom aussi ridicule, lui apportera un petit talent supplémentaire. Il vaut mieux le prendre, après ce sera à elle de le faire fructifier.

Elle part s'enfermer dans sa chambre pour sangloter.

31

Marion rallonge le manteau d'Éliane avec une bande de fausse fourrure découpée dans un ancien vêtement à elle. Il lui faut un manteau correct pour son école à Paris. Elle a fait ses courses ce matin, a préparé le souper qu'elle n'aura qu'à réchauffer, elle peut jouir du calme de ce début d'après-midi. Pour la première fois depuis longtemps, elle n'est pas inquiète. Henri vient de trouver un nouveau poste enfin digne de lui, directeur technique et commercial dans l'usine Baldon à Bezons. C'est une grosse entreprise sérieuse qui cherche un ingénieur pour développer les produits de bakélite, une de ces nouvelles matières plastiques issues de la pétrochimie. Henri est très capable de trouver de multiples usages à ce matériau. Mais surtout, ses compétences sont reconnues aussi bien par M. Baldon, son fils – un jeune HEC brillant – et ses collègues. Il travaille dans une ambiance de confiance mutuelle, a-t-il dit à Marion.

« Seigneur faites que cette fois soit la bonne », prie Marion.

Éliane termine son école de commerce. Elle réussit bien, comme d'habitude, elle n'aura pas de mal à trouver du travail en sortant, ce qui soulagera Marion des frais de scolarité, d'autant que Nadine sera étudiante l'année prochaine. Elle fait sa philo au lycée Lamartine à Paris, elle a refusé de rester à Meaux, le collège était trop sordide. Nadine est plus solide qu'Éliane, elle supporte mieux la fatigue des trajets quotidiens. Et Nelly a pu commencer un cours secondaire qui vient d'ouvrir au Raincy, c'est plus simple et moins coûteux que la pension.

Et maintenant, elle retrouve Printania chaque été.

Mieux que ce qu'elle en avoue dans ses mémoires, les photos révèlent le bonheur de Marion à Printania. Sur celles qui ont été prises au Raincy ou à Paris, qu'elle soit avec ou sans ses filles, son visage est triste et fermé. Sur celles de Printania, dans l'eau, sous sa tente en train de tricoter, dans sa cuisine en épluchage ou devant l'hôtel des Anglais avec des amis, elle est souriante et vivante.

Cette maison, ce lieu, sont son offrande à elle-même. Elle l'aménage selon son désir, pratique d'abord, pas cher ensuite, mais « aimable ». Elle fait construire des armoires, des rayonnages et une penderie par un menuisier de Créances, elle trouve en salle des ventes une gentille salle à manger hollandaise en bois blond, juste la bonne taille, elle transporte du Raincy la vaisselle et le linge peu utilisé. Henri fait mansarder la pièce du haut qui leur donne une chambre supplémentaire pour recevoir des amis ou cousins. En mettant les filles en haut, elle peut aussi accueillir sa mère dans une des chambres du bas. Sa sœur Charlotte s'en occupe le reste de l'année à Genève, il faut bien prendre le relais. Sa mère se tient toujours aussi droite, ses cheveux blancs lui donnent de la douceur, elle en fait une coquetterie de plus. Pour les visiteurs, surtout masculins, elle déploie son numéro d'artiste et de femme qui a traversé bien des épreuves, mais garde le goût de la vie. Le reste du temps, elle se laisse servir, puisque désormais l'âge, ses rhumatismes, son cœur fragile, le lui autorisent, n'est-ce pas ? Elle peint bien sûr, une grande partie de la journée. Marion reconnaît que ses pastels de ce coin de dunes rabotées par le vent, de la plage qui miroite à l'infini, lui vont droit au cœur. Mais au bout de deux semaines, elle est soulagée de la remettre au train et de retrouver son rythme de vie bien réglée : ménage, épluchages et cuisine le matin, pour les deux repas de midi et du soir, comme ça elle est tranquille pour la journée, puis elle va se baigner. Elle est toujours aussi bonne nageuse, meilleure que toutes ces dames des autres maisons. Elle aime les marées hautes, avec vagues. Elle plonge dessous jusqu'à trouver une mer plus calme et, pendant une grande demi-heure, fend l'eau en longues brasses apaisantes. Elle en sort raffermie, nettoyée et gaie.

L'après-midi elle s'offre une bonne sieste sur sa chaise longue devant la maison à l'abri du vent, puis part marcher sur la plage. La mer est souvent si loin qu'on ne distingue pas la limite entre ciel et eau, Marion avance à grands pas, respire à larges goulées l'odeur iodée, se laisse fouetter par le vent... Rien pourtant ne ressemble à Hinsdale sur cette côte normande et pourtant c'est le même bonheur qu'elle ressent à arpenter la vaste baie, la liberté peut-être, la force des sensations, le sable mouillé sous ses pieds nus, le calme de cette plage immense comme la paix qui montait de la campagne lorsque la neige était arrivée. Elle revient par les dunes, pour la lumière qu'on capte mieux de là-haut et pour l'odeur des immortelles. Puis elle rejoint sa tente, son tricot et la compagnie.

Henri aussi se plaît à Printania, on dirait qu'il s'y élargit. Il vient trois semaines maintenant. Chaque matin il part pour une grande marche à pied sur la plage, avec Nelly qui se lève tôt pour l'accompagner. Hier il a échangé des balles au tennis avec M. Soubrier, il était en sueur et riait de sa maladresse. Puis il est allé se baigner et le soir, il avait un appétit d'ogre.

Pas seulement à table. Il s'est passé une chose étrange une nuit de l'été dernier. Il était gai, il avait bu un ou deux verres de vin, Marion en met sur la table le soir, il s'est approché d'elle et l'a embrassée, moins maladroitement que d'habitude. Elle n'aime pas qu'il la sollicite à Printania, la construction est si légère qu'on entend tout à travers les cloisons, et Nelly couche dans la petite chambre à côté de la leur.
- Après la journée qu'elle a passée, elle dort à poings fermés, lui a murmuré Henri.

Elle n'avait pas ses règles, elle n'était pas fatiguée, elle l'a laissé faire, et à sa grand surprise, il a osé la caresser plus longuement, plus savamment que d'ordinaire, et à son autre surprise, elle a eu envie qu'il continue. Elle n'en revenait pas de ce qui lui est arrivé après, c'était comme si son corps s'ouvrait, demandait qu'il la rejoigne, qu'il la couvre et la pénètre. Elle s'est tendue vers lui et une vague de plaisir l'a soulevée, secouée, irradiée comme de sa vie elle n'en avait jamais connue. Elle a serré les lèvres pour ne pas crier. Quand la vague est retombée, elle a baigné un long moment dans un cocon de bien-être. Henri lui a baisé la main et pour la première fois depuis longtemps lui a dit qu'il l'aimait. Et elle s'est endormie.

Le lendemain, quand tout le monde fut parti à la plage, qu'elle est restée seule pour préparer les repas de la journée avant de les rejoindre, le souvenir de sa nuit la faisait sourire. Au bout de vingt ans de mariage, son mari a réussi à lui faire connaître ce qu'elle avait pressenti, il y a longtemps lorsque Guido l'embrassait à Genève après leurs leçons particulières. Elle s'est revue, assise sur le lit, à côté de lui, le visage de Guido près du sien, son sourire, son regard rieur et amoureux, son odeur d'homme jeune et beau, et son émoi à elle sans même que Guido la touche, mais Dieu qu'elle en avait envie. Elle a éclaté en sanglots, ses larmes ont salé les patates et les carottes qu'elle épluchait. Elle ne pouvait pas s'arrêter.

Elle a fait revenir les légumes, pendant que le rôti cuisait à feu doux dans la cocotte. À midi, le repas était prêt. Elle s'est mouchée, a enfilé son maillot de bain et elle est partie se baigner. Les vagues étaient fortes ce jour-là, ça lui a fait du bien.

Elle invitera sa mère à Printania deux semaines chaque été jusqu'à sa mort, par devoir mais aussi en guise de leçon. À force d'économies et de bonne gestion, elle, Marion, avait recréé un lieu de rassemblement, modeste certes, mais assez plaisant pour que sa sœur, sa mère aient envie d'y venir, et elle se donnait du mal afin que chacun y soit heureux. Je ne suis pas sûre que Charlotte ait compris le message, d'après les témoignages de ceux qui étaient à Printania en même temps qu'elle, elle était trop occupée par ses projets, ses tableaux, ses écrits pour se soucier des attentes et espoirs des autres, encore moins sans doute de Marion qui, après tout, avait la vie qu'elle avait choisie.

Quand ses enfants ont tous été partis, Charlotte s'est installée dans une sorte d'atelier avec cuisine, au Petit-Saconnex, non loin de chez sa fille Charlotte qui a veillé sur elle jusqu'à la fin. Sa dernière fille est beaucoup plus gentille que cette cavale cabrée de Marion qui l'assomme de reproches à chaque visite, sous prétexte qu'elle l'aide à payer son loyer.

Chaque fois qu'elle vient à Genève, Marion a du mal à réfréner l'agacement que lui cause la docilité de sa sœur, changée en humble servante de son mari et de sa mère.

Aussi, lorsqu'à l'occasion d'une de ces visites à Genève, elle découvre que sa mère a dépensé la totalité de la pension mensuelle qu'elle vient de lui verser pour s'acheter un très joli chapeau à voilette, elle entre dans une fureur incoercible.

- Tu n'as aucun égard pour la peine qu'on se donne pour toi, tu n'en as jamais eu, ni pour papa, ni pour nous. Tout t'est dû, la dévotion de Robert, les services quotidiens que te rend Charlotte, et tu fiches par la fenêtre un mois de mes économies pour un caprice de vieille coquette, écume Marion.
- Mais, tente de protester Charlotte, je ne m'étais pas acheté de chapeau depuis des années…
- Et alors ? Tu crois que je m'en achète, moi ! Je les fabrique, comme je peux, pour être présentable et pour mettre de côté de quoi payer la moitié de ton loyer. Mais madame est d'une essence supérieure, une artiste, il est normal qu'on se sacrifie pour elle. Quel bon prétexte pour cacher ton égoïsme pharamineux. Tu n'as jamais tenté sérieusement d'aider papa, il était plus âgé que toi, il se donnait un mal fou pour nous rendre heureux, pour te rendre heureuse, il t'aimait… Et toi, au lieu de te retrousser les manches, de chercher un vrai job en ville, tu fais tes bagages et tu le laisses seul crever à petit feu de tristesse… et tu vas mendier l'argent de grand-maman Mohor… Puis tu recommences avec Robert, qui renonce à son rêve de devenir ingénieur pour te soulager… Tu es un parasite…

D'après Jeannine, qui y a assisté, la scène a duré des heures. Marion déversait en torrent la rancœur accumulée depuis trop longtemps, rien ne pouvait l'arrêter.

Pourtant Charlotte n'est pas oisive, les commandes de miniatures ne cesseront pas, mais malgré leur incontestable qualité, elles ne lui rapporteront jamais beaucoup. À travailler des journées entières à la loupe avec des éclairages insuffisants, elle perdra un œil. Elle continuera à peindre, des paysages essentiellement, elle en vendra peu. Et elle se mettra à écrire, huit pièces de théâtre assez convenues, de la légère comédie à deux lourdes tragédies. Elle parviendra à en faire jouer une par la Société Genevoise des Amis de l'Instruction, ce qui lui vaudra deux chroniques dans la *Tribune* et le *Journal de Genève* qu'elle a précieusement conservées. Elle complétera le recueil des poèmes qu'elle compose depuis son adolescence, et surtout elle rédigera les deux romans qui, bien plus que les récits de ses descendants, révèlent ses espoirs avortés : *L'écolière de Dennenoord*, dans lequel son double, la modeste écolière orpheline, séduit par sa modestie charmante le romantique et puissant seigneur du château voisin, aimant, protecteur, plus âgé qu'elle, un avatar de Joska transmuté en riche héritier du plus beau domaine de la région.

La description du mariage, de sa robe, de sa coiffure, des tenues des demoiselles d'honneur prend quatre pages et se termine sur cette apothéose : *« Je descendis les marches au bras de mon… mari. Les idées les plus diverses se succédaient dans mon esprit : fais attention… avance avec grâce… combien tu serais ridicule si tu trébuchais ! Tu t'appelles maintenant Comtesse Van Texel, châtelaine de Beukenhorst. »* !

Pour donner plus d'authenticité à son histoire, et sûrement parce qu'elle pensait rendre ainsi hommage à son mari, le roman se termine par le plus touchant poème qu'elle ait écrit pour Joska.

Avec *L'écolière*, Charlotte a repeint son passé aux couleurs de ses rêves d'adolescente. Avec la suite, *La vie à deux*, elle dévoile le fond de son âme : une ancienne maîtresse, terriblement jalouse, assassine le comte, qui laisse ainsi à sa jeune épouse le domaine, la fortune et un petit garçon. Et sa liberté. Faisant vaillamment face, apprenant à gérer ses terres, entourée d'amis, elle reprend pied et rencontre un magnifique et grand artiste, sculpteur, car ce sont les plus virils n'est-ce pas ? Ils tombent dans une passion mutuelle et elle devient sa muse, artiste reconnue par procuration.

À aucun moment, dans aucun de ses textes, elle ne s'interroge sur l'épouse ou la mère qu'elle a été.

Elle ne reverra jamais Joska, il serait devenu représentant en brosses et aurait cessé de donner de ses nouvelles. On ne sait même exactement quand il est mort, en 1924 ou 27.

Elle mourra en 1939, paisiblement, dans son sommeil. Elle avait composé la veille un bouquet pour le peindre.

32

Éliane avale ses deux années d'HEC Jeunes Filles comme une potion. Les cours de droit l'intéressent, le professeur, une jeune femme, est vivante et claire, ceux de techniques de vente sont rasoirs, les cours d'économie et de finance médiocres, elle apprend la sténo et la dactylo car ça pourra être utile. Les élèves ne sont pas attachantes non plus, ce sont des Parisiennes snobs de familles aisées sinon riches, pas assez douées ou ambitieuses pour affronter l'université. Elles misent beaucoup plus sur leur allure et leurs relations pour assurer leur avenir que sur leurs études. Elles sont toutes de la dernière élégance.

Éliane est mortifiée par le manteau minable que sa mère lui a transformé pour la troisième fois, par les souliers avachis qu'elle traîne depuis deux ans puisque son pied ne grandit plus, ses robes tristes, ses gilets mous, elle a l'air d'une réfugiée polonaise.

Sur les dix francs d'argent de poche que ses parents lui octroient chaque mois, elle en a économisé cinq, en allant à pied à l'école au lieu de prendre le métro, en déjeunant de pains au lait. Avec les cinq francs, elle s'est acheté deux pelotes de laine violette et a tricoté un chapeau cloche à grandes mailles dont elle a relevé un bord avec une anémone confectionnée au crochet dans la même laine. Au premier jour de printemps, avec son chapeau et une courte redingote bleu foncé fabriquée à partir d'un manteau devenu trop petit pour tante Blanche, une cousine de papa qui lui prête une chambre à Paris quand elle doit arriver très tôt en cours, elle fait son petit effet.

Modeste revanche sur les soirées qu'elle refuse car elle ne pourrait pas les rendre. Une fête dans l'appartement du Raincy serait minable et de toute façon sa mère refusera : encore de l'argent fichu par les fenêtres. Pour les mêmes raisons, elle n'a jamais invité les collègues de papa, ce qui aurait élargi leur cercle d'amis et aurait aidé papa.

Peut-être n'est-ce pas seulement une question d'argent, réalise Éliane. En dehors de la famille, des amis qu'elle a connus jeune femme et des voisins de Printania, qu'elle ne voit qu'à Printania d'ailleurs, maman ne reçoit pas. Or elle est capable d'envoyer papa acheter pour treize mille francs ce minable chalet sur les dunes, de payer son voyage à elle aux USA, ses études à HEC... Certes ce sont des dépenses « utiles », mais aussi sans danger. Recevoir les collègues de son mari et leurs épouses l'obligerait à affronter d'autres milieux sociaux, faire la conversation, ça doit la paralyser. Maman a honte de son manque de culture, de son manque d'aisance, d'elle-même.

Si elle le disait simplement, si elle avouait qu'elle est parfois malheureuse, qu'elle fait de son mieux avec ses moyens, si un jour elle pouvait parler d'elle et non de ce qu'il faut faire et ne pas faire, Éliane aurait pu lui dire que son école l'ennuie mais qu'elle la réussira pour gagner sa vie et ne plus peser sur sa famille. Mais même cette confidence, elle ne voudra pas l'entendre, elle l'obligerait à l'humilité de la gratitude, c'est-à-dire à reconnaître qu'elle n'est pas infaillible. Impossible, les seuls mercis qu'elle lâche récompensent la soumission. Merci, tu as bien fait les courses, merci tu as acheté cette maison pour moi.

Quand, par chance, Éliane est invitée à une soirée ni trop habillée, ni trop mondaine, qu'elle peut accepter sans obligation de retour, elle doit se sauver à dix heures, Marion exige qu'elle soit rentrée à onze heures à la maison. La semaine dernière, chez Marguerite Vitoux, la fille d'amis de papa, Éliane a estimé qu'elle était en sécurité et n'est rentrée que par le dernier train, vers une heure du matin. Marion l'attendait dans le salon, la mine sombre, la bouche amère de celle qu'on vient de trahir.
- Tu ne tiens pas ta parole.
- J'étais chez les Vitoux, je pensais que...
- Tu ne peux pas rentrer si tard de si loin, tout ça pour une soirée...
- Je n'en ai pas souvent...
- Ce n'est pas sérieux, ce n'est pas responsable...

La scène a duré le dimanche entier. Le volcan semblait se calmer, Marion maugréait en préparant le repas, et elle explosait de nouveau, il fallait que ça sorte, encore et encore... avec des mots blessants, elle sait les trouver lorsqu'elle entre dans ces fureurs. Éliane l'avait vue à l'œuvre avec leur père, elle en avait honte.

Quand elle quitte la maison le lundi matin, Éliane est vidée : de sa hargne, elle n'en a même plus, du peu de tendresse qui lui restait pour cette mère dont elle devine les frustrations, mais qui jamais, jamais, ne baisse la garde, verrouillée qu'elle est dans ses certitudes. Aucune de ses aspirations ne trouve grâce à ses yeux, peindre ou dessiner ne mène à rien, créer des objets, des vêtements ingénieux et beaux : frivole et superficiel, vouloir s'amuser encore plus… Même sa foi n'est pas correcte, son Dieu à elle est une force d'amour qui anime le monde, pas un dictateur vengeur et puritain.

Éliane n'en peut plus de dépendre de ses parents, à la longue toutes ses envies, y compris celle de vivre, seront rabotées. Or depuis quelque temps, son envie de vivre s'est avivée. Elle ne sait trop qu'en penser, ça ne signifie peut-être rien, mais il y a dans son existence une petite lueur de bonheur qui clignote. Un garçon, très beau, très brun, grand, large d'épaules, au sourire exquis, l'a repérée dans le train de banlieue qui les emmène tous les deux à Paris presque chaque jour. Un matin, il est monté dans son compartiment en gare de Bondy. Le hasard, ou la chance, a fait que Gare de l'Est, ils ont suivi les mêmes couloirs pour prendre la même ligne de métro. Deux jours après, le hasard s'est reproduit, il est monté dans son compartiment, s'est plongé dans un livre, en lui jetant de temps en temps un regard amical, puis ils ont suivi en silence les mêmes couloirs. Le lendemain, en arrivant en gare de Bondy, Éliane s'est mise à la fenêtre. Il était sur le quai et la guettait.

- Nous sommes abonnés aux mêmes trajets, a-t-il dit en s'asseyant en face d'elle.

Il a une voix aussi chaude que son sourire.

- Vous étudiez l'économie ?

Il désignait le manuel qu'elle avait ouvert sur ses genoux pour avoir une contenance.

- L'économie, le droit, les pratiques commerciales, à HEC Jeunes Filles, a-t-elle avoué mortifiée.

Il a éclaté de rire.

- Décidément nous avons beaucoup en commun, je suis à HEC garçons.

Ils ont les mêmes professeurs de droit et de comptabilité. Comme elle, il apprécie la première et trouve le second nul. Il s'appelle André Lamarque, banlieusard lui aussi, ses parents vivent à Bondy où sa mère est receveuse des Postes.

Ils se rencontrent désormais trois ou quatre fois par semaine, en fonction de leurs horaires. Elle a mis son chapeau violet ce matin et la veste courte et cintrée qu'elle a confectionnée à partir d'un coupon bradé à dix francs par le marchand de tissus de la rue Vercingétorix. D'habitude elle part de la maison avec ses vieux vêtements, pour ne pas déchaîner les foudres de sa mère, et elle se change prestement dès qu'elle est dans le train. Ce matin, elle est partie comme ça, en claquant la porte. André aime beaucoup son petit chapeau.

- C'est une création Éliane Saget, dit-elle assez fière.

- C'est vous qui l'avez fait ?
- Conçu et réalisé, avec deux pelotes de laine, des aiguilles et un crochet.
- Vous avez beaucoup de talent, et de goût.

Elle n'ose pas lui dire que c'est aussi elle qui a confectionné sa veste.
- Depuis toute petite, je fabrique des chapeaux pour mes poupées. Je me servais de l'œuf à raccommoder de ma mère pour la forme.
- Quel autre talent cachez-vous ?
- Voyons, je plonge en avant en arrière, je nage la brasse et le crawl, et je sais faire du patin à roulettes. Cet apprentissage m'a valu une belle collection de bleus. Et vous, en dehors du droit et du commerce, vous aimez quoi ?
- Le bateau à voile, le rugby et *La légende des siècles*. « Et le Cid répondit au roi Santos-le-Roux : Sire, il faudrait d'abord que vous fissiez en sorte que j'eusse de l'estime en vous parlant à vous. » Un peu ronflant, mais ça a de la gueule.

Il a redressé le buste pour déclamer, le regard plissé de malice. Ce garçon n'est pas seulement beau, il a du charme et aussi beaucoup de gentillesse. Et des cils extraordinairement longs.
- Vous préférez son théâtre, peut-être ?
- Je n'en ai jamais vu, nous ne sortons pas beaucoup depuis le Raincy.
- On ne le joue pas en ce moment, je crois, mais… une comédie, ça vous dirait ?
- À Paris ?
- Au théâtre de la Madeleine, *Le nouveau testament*, une de ces farces grinçantes de et avec Sacha Guitry. J'avais envie de le voir, vous plairait-il de m'y accompagner ?

C'est trop beau pour être vrai, elle ira avec ou sans autorisation de Marion.
- Avec grand plaisir.

Il s'occupe de prendre les places, il lui dira demain, dans le train de 8 heures 12, pour quelle séance il a pu en avoir.

Ils se retrouvent à 19 heures au métro Madeleine. Jamais elle n'avait pris tant de soin de sa toilette, allant jusqu'à emprunter des chaussures à Élise Champion, une amie d'HEC, la seule d'ailleurs. Lui est très élégant dans un complet gris, son abondante chevelure bien lissée. Il sent discrètement le tabac et l'eau de lavande.

Il a pris des places au premier rang de balcon, les meilleures. Ils s'amusent autant l'un que l'autre du cabotinage de Guitry, des mines de fausse effarouchée de Jacqueline Delubac et applaudissent avec frénésie

pour obtenir quatre rappels. Puis il l'emmène boire un chocolat chaud dans une brasserie du boulevard des Capucines. Ils parlent de leurs écoles, elle lui avoue n'avoir aucune idée de ce qu'elle fera après, elle sait seulement qu'elle n'a pas envie de se retrouver dans un bureau étriqué à compter des recettes ou enregistrer des commandes toute la journée.
- Tenir un magasin de chapeaux, ça vous irait très bien.
- Les créer sûrement, mais serais-je capable de gérer une entreprise ?
- J'en suis certain.

Éliane est assise sur la banquette, il s'est mis galamment face à elle, il l'écoute avec attention mais ne fait aucune tentative pour se rapprocher.
- Et vous, vous avez des projets après HEC et votre droit ?
- Pas vraiment, j'aimerais voyager. Vous connaissez déjà les États-Unis, l'Allemagne, l'Angleterre, la Suisse, je ne suis pas sorti de France. Mon rêve, avoue-t-il, ce serait de partir avec une roulotte, un cheval, et de parcourir l'Europe lentement pour savourer toutes les nuances de chaque pays.
- Et vous vivrez de quoi ?
- Je rendrai service à droite, à gauche, contre une soupe et un morceau de lard. Je pourrais planter des poireaux sur le toit de la roulotte, il paraît que ça pousse n'importe où.

Avec son sourire en coin, elle n'arrive pas à savoir s'il plaisante.
- Mais alors, elles vous servent à quoi ces brillantes études ?
- Satisfaire ma curiosité et la vanité de mon père. Plus tard, quand j'en aurai assez de courir le monde, elles pourront m'être utiles pour gagner ma vie.

Le temps a passé sans qu'ils s'en aperçoivent, s'ils ne se dépêchent pas ils vont rater le dernier train. André la prend par la main pour courir dans les couloirs de métro, ils se jettent ensemble hors d'haleine sur la banquette du compartiment, juste au moment où le train démarre. Et il lui lâche la main.
- À lundi matin, dit-il lorsqu'il descend en gare de Bondy.

Éliane est frustrée. Après une telle soirée, elle espérait un mot ou un geste tendre. A-t-elle commis une bourde ? À la façon dont il la regardait, elle lui plaît, mais peut-être autant que des tas d'autres filles. Un si beau garçon, si plein d'humour, ne doit pas manquer d'admiratrices. S'il n'a rien tenté, c'est qu'il n'est pas décidé. Apparemment ce n'est pas un collectionneur qui séduit pour s'amuser. Il a dit « À lundi », c'est l'essentiel.

Les semaines suivantes, ils se retrouvent dans le train, ils déjeunent une fois ensemble à côté de Montparnasse, André reste aussi aimable, sans plus. Elle ne doit pas échafauder de plan avec lui, il faut qu'elle se recentre sur des choses sérieuses. La fin de l'année approche, Marion espère qu'elle trouvera vite du travail, ce qui ne sera guère facile dans la conjoncture actuelle. La crise américaine a atteint la France, les entreprises ferment ou licencient. Grâce au ciel, la société Baldon prospère, mais les élèves sorties de son école en juin dernier ont du mal à se caser. La liste des offres d'emploi affichée sur les murs du secrétariat n'est pas encourageante, il y en a peu, et du genre qui ne la tente pas du tout.

- Un type vient nous faire une communication sur des bourses, tu nous rejoins ? lui annonce Élise.
- Des bourses pour quoi ? On a fini dans un mois.
- Suivre des études dans des universités américaines.

Les USA ? Ce pays où souffle un vent de liberté, où les jeunes gens sont grands et beaux. Où Marion ne lui refusera sûrement pas de retourner, si elle a une bourse pour payer le voyage et le séjour.

Elle note toutes les indications du conférencier, puis elle va le voir pour en savoir plus. Il suffit qu'elle sorte d'HEC dans les dix premières et qu'elle remplisse un dossier à retirer à cette adresse.

- Peu de jeunes filles font la demande, vous avez toutes vos chances.

Elle termine cinquième de sa promotion, remplit le dossier et obtient la bourse, pour une année à Western College, dans l'Ohio. La comptabilité dans un bureau sinistre, ce n'est pas pour tout de suite. En un an, elle risque de perdre André de vue, il aura fait d'autres rencontres, plus décisives, peut-être. Mais elle aussi, qui sait ?

- C'est formidable, lui dit-il très sincèrement, ça ne me surprend pas de toi (ils se tutoient maintenant).
- Ce n'était pas très difficile, il suffisait de remplir le dossier.
- Combien d'élèves de ton école l'ont fait ?
- Je suis la seule.
- Tu vois ! Les USA c'est le monde de demain, et il paraît que leurs universités sont luxueuses.
- Je ne vais que dans un *college*.
- C'est l'échelon d'avant. Tu me raconteras ta vie là-bas ?

Il veut garder le contact, merci Seigneur.

- Bien sûr, si ça t'intéresse.
- Je sens que tu seras un excellent reporter. Tu es capable de me donner envie de sauter dans le premier bateau.

Il n'en dit pas plus, mais ça suffit à Éliane. Elle partira le cœur joyeux.

33

Ohio 1934

Étonnante coïncidence, elle embarque au Havre sur le *Lafayette*. Le bateau lui semble beaucoup moins grand et luxueux qu'il y a dix ans, mais elle s'en moque, elle quitte la France étriquée et sa famille encore plus étriquée. *« Pour moi c'était la fuite à l'air libre... »* Accoudée au bastingage à côté d'une des deux étudiantes qui partagent sa cabine, elle s'emplit les poumons de l'air du large, expire lentement les miasmes de ces dernières années.

Puis elle va s'amuser. Ils sont vingt-trois étudiants boursiers comme elle sur le *Lafayette*, dix-huit garçons, cinq filles, HEC, diplômés de l'université, ingénieurs... Aucun n'est aussi séduisant qu'André, mais pour jouer au *tennis deck* et danser jusqu'à point d'heure, c'est une compagnie tout à fait convenable.

Deux nouveaux gratte-ciel ont poussé sur Manhattan depuis sa dernière visite, le Chrysler et l'Empire State. Elle aime cette ville debout qui émerge de la brume matinale. Dans la foule qui se presse sur le quai, elle reconnaît oncle Robert, son bon et beau sourire levé vers elle. Il a maigri, dirait-on, il semble moins fatigué que dans son souvenir. Son travail marche mieux, explique-t-il, il dirige un important garage, une concession Ford, il gagne correctement sa vie. Agnès est devenue une grande fille. Et tante Charlotte ? Elle va bien, elle a un job très prenant, mais elle tient le coup. Tante Charlotte travaille ? Merveille. Mais elle est devenue énorme. Une baleine avec un petit visage peint en rose. Une horreur. Pauvre oncle Robert, il ne méritait pas cette truie. Il était amoureux d'une autre, paraît-il, la jeune cousine de Charlotte, mais la vieille a flairé la bonne affaire : un homme beau, doux et bon. Elle a mis le grappin dessus.
- Robert s'est toujours fait manipuler par les femmes, a soupiré Marion en lui racontant cette histoire. À commencer par sa mère.

Il a épousé une Charlotte. Peut-on échapper à l'emprise de sa mère ? se demande Éliane avec effroi. Ici, aux USA, pendant un an, elle en sera loin.

Elle savait que les *colleges* américains ne ressemblaient en rien à ce qu'elle avait connu à Meaux, ni non plus à ce qu'elle avait pu deviner de la Sorbonne en arpentant le quartier latin, mais elle ne s'attendait pas à ce campus immense, glorieux dans sa parure d'automne, ses huit bâtiments pseudo-gothiques disposés sur des pelouses soignées, leur confort, leur luxe même, la taille de la bibliothèque, les lampes vertes pour chaque poste de travail, le silence ouaté, le chauffage poussé qui permet de travailler en chemise, les *dormitories*, pas des dortoirs, des maisons avec des chambres claires et salles de bains pour les élèves, leur salle à manger, le salon, les tapis épais, les grandes fenêtres donnant sur le parc. Il y a aussi une piscine, ouverte à tous en permanence, un lac pour y patiner l'hiver, une écurie avec un moniteur pour apprendre à monter à celles qui ne savent pas encore, et une chapelle de style normand car Western College est une école privée méthodiste. La chambre qu'elle partage avec Ariane, une autre étudiante française, est au huitième étage dans Peabody Hall, le plus vaste et le plus luxueux des bâtiments.

Pas de garde-chiourme, pas de surveillante, pas de colle. Une discipline simple, on attend de toutes les étudiantes qu'elles aillent en cours, fassent leur travail, respectent les horaires des repas et si elles sortent le soir, soient rentrées à 10 h 15 et éteignent à 10 h 30, ce que chacune fait sans barguigner, sans même songer à tricher. Comme pour les tests, équivalents des examens de fin de trimestre, chacune est libre d'y travailler en salle d'études, ou dehors s'il fait beau, personne ne copie, on fait seulement de son mieux.

Les professeurs habitent le campus, partagent leurs repas avec les élèves, sont disponibles dans leurs bureaux quand on a besoin d'eux. Ils ne se moquent jamais si on sèche, ils encouragent, réexpliquent et surtout écoutent chacune exprimer son point de vue. On discute, on confronte les idées, dans le respect les uns des autres.

Alors, bien sûr, les élèves ont des mines superbes, les joues roses, les cheveux brillants, lavés tous les jours, elles sourient quand elles vous croisent, même si elles ne vous connaissent pas.

Éliane est au paradis. Et quand un garçon qu'elle n'a jamais vu l'appelle pour lui proposer un rendez-vous, qu'on lui explique gentiment que c'est juste un « *blind date* », pour faire connaissance, après ils verront s'ils se plaisent, elle en rit pendant une heure.

Contre tous ces plaisirs, on lui demande d'assurer quatre heures de conversation dans le département de français et de suivre quatorze heures de cours par semaine. Elle peut choisir ses matières dans un socle de base et dans les options les plus fantaisistes. Elle prend *Finance, Money and Banking*, car, dit-elle, « *j'étais fascinée par ce tissu social étrange : l'argent, les actions, les transactions* », ces courants puissants qui détiennent le pouvoir d'offrir ou de refuser à son père une vie digne, littérature anglaise et américaine pour découvrir cette société qu'elle connaît mal, et *Creative writing*, le cours qui la tente le plus et qui n'existe pas en France, plus piscine et équitation.

Les deux premières semaines sont étourdissantes. Éliane plane. Pour la première fois de sa vie, elle équipe sa chambre avec des objets choisis par elle parmi ceux que le *college* met à leur disposition. Ariane lui fait confiance, un abcès dentaire la cloue au lit. Elle prend un bureau à cylindre qui sent l'Amérique profonde, des dessus de lit verts, des rideaux verts et blancs. Elle ne se lasse pas de contempler le résultat. La poussière dorée qui tremble dans les rayons du soleil entrant largement par la fenêtre à guillotine lui semble venir du ciel. Elle va passer une année magnifique. Les cours sont faciles, en faisant consciencieusement son travail, elle n'aura pas beaucoup de mal à obtenir sa *graduation*, son diplôme. Et en *Creative writing*, elle se voit confirmer un certain don.

Déjà dans le carcan des règles des dissertations elle était la meilleure, mais quand on lui demande d'écrire comme elle le sent, sur les sujets qui lui tiennent à cœur, elle ouvre grand les vannes de ses sentiments et de ses sensations, elle puise dans sa propre matière, son histoire, son enfance, ses idées, elle travaille longuement son style, recherche les mots justes… « *J'écrivais surtout des nouvelles et des essais et j'en éclatais de bonheur.* »

Un premier texte sur ses impressions d'étudiante étrangère arrivant au *college* obtient un B.
- Joli travail, la félicite-t-on, et tout à fait intéressant pour nous. Plus long et plus charpenté, il serait digne du bulletin.

C'est-à-dire publié dans le journal mensuel du *college*, le *Western Round Up*. Un grand honneur, à saisir. Elle se lance aussitôt dans un vrai long texte sur le même sujet, comparant les coutumes et modes de pensée européens à ceux d'ici. Elle est laudative pour l'Amérique, avec une pointe de critique sincère, pas trop désagréable. Elle écrit dix-neuf pages, elle a B+ et elle est publiée dans le bulletin.

Ce texte-là est pour la galerie, les autres sont pour elle. Elle raconte d'abord quelques anecdotes de son enfance pour se tester : le pré derrière la maison du Raincy devenant terrain d'aventure, l'ascension du Salève, la splendeur irréelle de la vue au sommet, la douceur rousse de la lande de

Lessay, l'ambiance du quartier latin. Puis elle se lâche, *Mother and daughter* transmute en nouvelle amère son impossible relation avec Marion. « *Her mother's mind was intolerant for whatever was strange to her, therefore not understandable. Mother was simple and calm. She was a woman of duty, strong moral principles directed her life. Her mind could nor, <u>would</u> not follow the windings of a character too complex, too sensitive, too secret.*"

Elle a A+. Il faut bien que Marion serve à quelque chose.

Peu à peu, elle entre dans sa peau d'étudiante américaine, elle sort avec les garçons de Miami University, leurs voisins, qui recherchent les filles élégantes de Western College. Elle est invitée dans des *fraternity parties* avec Ariane et Ester une étudiante chilienne. Elle va prendre le café et parfois dîner à Oxford Manor, la petite auberge cosy pas trop chère que fréquentent les étudiants, elle est reçue chez des professeurs, elle organise des thés ou des dîners dans sa chambre pour les remercier, elle trouve des cours particuliers de français qui lui rapportent un peu d'argent. Elle passe les week-ends chez des amies américaines de Cincinnati puis de Cleveland. Elle devient honnête cavalière, l'hiver elle patine sur le lac gelé, et quand le printemps arrive, elle bronze sur la pelouse... Ses notes sont bonnes, elle a un B+, la meilleure note, en *Money and Banking* (un devoir de 22 pages), elle commence à voir Western College Ohio avec des yeux d'Américaine : une étape dans la vie d'étudiant.

C'est un conférencier français venu parler théories économiques qui lui fait prendre conscience de ce qu'elle sentait confusément.

- Vous avez raison, Western College est sympathique, mais d'un niveau intellectuel moyen. Nous sommes dans l'Ohio, un état de planteurs de maïs et d'éleveurs de porcs. Les universités ne sont pas très exigeantes.
- Mon diplôme de *bachelor* ne vaudra pas grand-chose ?
- C'est déjà ça d'acquis et Western a une bonne réputation en Ohio, mais si vous voulez faire des études reconnues aux USA comme en Europe, c'est à l'Est qu'il faut aller. Dans les universités de l'Ivy League, comme Harvard.
- L'inscription doit y être hors de prix.
- Vous pouvez obtenir une prolongation de votre bourse pour faire un *master*. C'est fréquent et généralement accepté. Surtout si vous avez eu de bons résultats cette année.

Si elle obtient cette bourse, elle reste. Rien que l'idée de se retrouver dans sa chambre étroite à partager avec ses sœurs, de renifler l'odeur renfermée de l'appartement dont il ne faut pas trop ouvrir les fenêtres pour économiser le chauffage, de justifier chaque dépense, même sur l'argent qu'elle aurait gagné, chaque sortie… la rend malade. Et puis, avec la crise, il n'y a pas plus de travail en France que lorsqu'elle en est partie. Ses amies d'HEC lui racontent combien elles galèrent avant de trouver des jobs de misère… Avec un *master* de Harvard, on ne la regarderait pas du même œil. Elle va écrire au service des bourses tout de suite. Et pour ne rien coûter à ses parents pendant les vacances, elle se cherchera un job d'été.

Elle trouve assez vite une place de répétitrice de français, monitrice de natation dans un camp de vacances sur le lac Champlain, logée, nourrie et payée cinquante dollars pour six semaines en juillet et août. Mais le voyage jusqu'au camp coûtera quinze dollars depuis New York. Peut-on le prendre en charge ? On lui envoie vingt-cinq dollars pour payer le tout. « *Ne jamais avoir peur de demander dans la vie* », inscrit-elle sur son journal.

Elle peut écrire à ses parents.

Elle raconte son existence bien remplie, les professeurs qui la reçoivent, ses sorties dans les *fraternity houses*, ses excellents résultats du premier semestre, son job d'été, ses vingt ans fêtés par toutes ses amies, les cadeaux dont on l'a couverte, le gâteau qu'on lui a confectionné, les compliments qu'on lui a adressés, et enfin sa demande de bourse pour continuer ses études dans une une université de l'Est. Elle a tout bon, ses parents peuvent être fiers d'elle.

Et la réponse arrive. À peine un mot de félicitation pour ses résultats et une rafale de questions humiliantes, sottes, presque méchantes.

- Pourquoi n'a-t-elle pas payé avant de partir les cent francs nécessaires pour retirer son diplôme d'HEC ?

- A-t-elle toujours ce clou au milieu du front, signe certainement qu'elle se fatigue trop dans cette vie frénétique ?

- À quelle heure se couche-t-elle ? Elle semble sortir tout le temps.

- Comment se fait-il qu'elle n'envoie pas de photos ? A-t-elle cassé ou perdu l'appareil que Marion lui avait offert ?

- Pourquoi ne fait-elle pas de cours de comptabilité, de sténo et de dactylo ? C'est comme ça qu'on trouve un bon métier.

- N'est-elle pas en train de se monter le bourrichon, de se croire supérieure à ses amies françaises parce qu'elle vit dans une sphère de gens bien plus haut placés qu'elle ?

- Et cette bourse, c'est une idée inquiétante, car elle risque d'empêcher Nadine d'en obtenir une pour continuer ses études.

Il faut qu'elle rentre en France et se mette tout de suite à chercher du travail.

Ariane et Ester la trouvent sanglotante sur son lit, les pages de la lettre étalées devant elle.
- Qu'est-ce qu'elle veut ? Que je me ratatine comme elle ?
- Ridicule, dit Ariane, tu ne réponds pas, tu fais ce que tu as décidé, de toute façon ils ne paient rien de ton séjour ici.
- Mais j'ai besoin de leur autorisation pour renouveler ma bourse, je ne suis pas majeure.
- Attends de voir si tu l'obtiens, une fois le dossier accepté ils ne pourront pas te refuser leur accord.
- Ils sont ignobles.
- Ridiculement mesquins, oui.

Ariane est péremptoire, ses parents l'adorent, elle ne fiche rien à Western, elle s'en moque, elle est riche et elle a un fiancé charmant.
- Laisse courir, dit Ester, qui a aussi fait une demande de renouvellement de bourse. Attends quelques jours pour répondre, tu diras que tu te donnes beaucoup de mal pour gagner ton argent de poche, pour avoir ton diplôme de *bachelor*, que tu as déjà envoyé le dossier pour la bourse, qu'il ne leur en coûtera rien, tu les rassures... Ça va les calmer.

Ester a raison, Éliane n'en peut plus de plier. Elle est allée six ans dans cette horrible pension de Meaux, elle a fait cette école minable d'HEC Jeunes Filles, a passé ses vacances dans ce trou paumé de Printania, réussi tous ses examens, brillamment, mais ils n'ont jamais pensé qu'elle avait droit à autre chose que de croupir comme secrétaire sous la férule d'un chef minable. Ils n'ont pour elle aucun amour.

C'était clair depuis longtemps pourtant. Cette lettre odieuse n'est que la réplique de scènes déjà vécues. Elles remontent en elle du fond du puits où elle les a enfouies, vieilles hardes suintantes qu'elle aurait dû brûler, vagues grondantes de reproches pour des chaussures neuves, des sorties avec des amis, et jamais, jamais d'encouragements, de compliments, de tendresse. Même le jour de son bac, quand elle est sortie du lycée épuisée par la succession des épreuves et la difficulté de la dernière, celle de physique, un exercice sur l'électricité qu'elle n'était pas sûre d'avoir réussi. Les parents étaient devant les portes du lycée, le père de Jacques tout joyeux car son fils était content de son travail, la mère de Simone tentant de la réconforter, les autres rieurs, fiers, ou désolés. Personne pour elle. Personne non plus pour l'accueillir à la maison, sauf Nelly, bien sûr, qui lui a sauté au cou, a voulu tout savoir de l'examen.
- Maman n'est pas là ?
- Elle se repose dans sa chambre, elle a une migraine.

Quand elle est contrariée, c'est-à-dire quand Henri a failli au rôle qu'elle lui assigne, Marion hurle ou elle a une migraine. Ou les deux l'un après l'autre. Et Henri s'enferme dans son bureau.

Marion n'est pas sortie de son lit pour l'accueillir, Henri ne s'est enquis que de l'heure du souper. À table il a lu son journal. Au dessert il s'est soudain souvenu :
- Alors cet examen, c'était comment ?
- L'exercice d'électricité était difficile.
- Tu dis toujours ça, mais tu t'en sors toujours.

Le ton était presque agacé. Et il a replongé dans son journal. Des amis ont téléphoné, l'ont invitée à fêter la fin des examens. Elle a débarrassé la table, couché Nelly et elle s'apprêtait à filer quand Marion est sortie de sa chambre, la main sur le front, le visage crispé.
- J'ai envie de marcher un peu. Tu m'accompagnes ?
- Désolée, je viens d'accepter l'invitation de Simone. Je vais passer la soirée chez eux.

Encore aujourd'hui la réaction de Marion lui noue les tripes.
- Pour une fois que je te demande un service, que j'ai vraiment besoin de toi !
- Mais… ils m'ont appelée tout à l'heure, j'ai dit que j'arrivais.
- Tu n'es qu'une égoïste, une fille sans cœur. Et puis je n'aime pas ces gens, ils sont vulgaires, je ne veux pas que tu les fréquentes…

Elle ne sait plus ce qu'elle a répondu, puis elle s'est sauvée pleine de colère et de larmes. Mais le récit de cette scène lui a valu un A en *Creative writing*.

Le service des bourses ne répond pas.

Si elle insiste, si elle se bat, elle obtiendra peut-être la prolongation attendue, mais elle n'arrachera l'autorisation de ses parents qu'au prix d'un bras de fer qui la terrifie. Et si par hasard Nadine se voit refuser sa bourse, elle sera LA responsable. Tant pis, elle renonce, elle rentre en France. Marion a gagné, comme toujours. Mais elle a aussi réussi à détruire ce qui restait d'amour dans le cœur d'Éliane pour la maman d'autrefois qui venait la chercher à l'école et la prenait dans ses bras.

Quand, posant les premiers jalons de ce récit, j'ai demandé à ma mère de soixante-quinze ans, quels souvenirs d'enfance elle gardait de sa mère, elle a éclaté en sanglots, incapable de parler.

Elle va faire semblant de se soumettre, pour avoir la paix. Sur ses projets, son travail, ses amis, ses amours, elle ne pliera plus jamais, elle en taira l'essentiel.

34

Elle trouve un autre job d'été, qui paie deux fois plus, prend de nouveaux élèves en cours particulier, elle sert à table pour quinze dollars par mois… Elle se fait un bas de laine en prévision du retour. Elle ne veut plus rien devoir à ses parents. Elle sera obligée d'habiter avec eux dans le nouvel appartement qu'ils ont trouvé à Paris, ils n'accepteront pas de la laisser s'installer seule même si elle gagne sa vie, mais elle leur paiera un loyer.

Le job d'été, accompagnatrice d'une gamine de six ans fille de deux professeurs de Miami University, se révèle vite une corvée. La petite est charmante, les parents aussi, mais les vacances se passent dans la propriété de la grand-mère, une insupportable snob anglaise entourée de domestiques. Quand on fait comprendre à Éliane qu'en l'absence de la bonne, on attend d'elle qu'elle serve à table, elle se mure dans un silence obtus. La colère rentrée de la vieille dame lui est un ruisseau de jouissance. À la vexation suivante, elle fait sa valise et file à New York, avec ses cent dollars. Elle fait des progrès en résistance.

Avant de reprendre le bateau pour la France en crise, elle s'offre une semaine de rêve chez son cousin Pierre Desnoyer, journaliste à *Time Magazine*. Il forme, avec Annie sa jeune femme, le couple qu'Éliane aimerait former un jour : unis, complices, fréquentant des tas de gens célèbres, car Pierre est un journaliste reconnu, il vient de recevoir le prix Pulitzer, dans une ambiance simple et chaleureuse. Éliane se découvre aussi à l'aise avec le parfumeur Coty et le comte de Chambrun qu'avec ses cousins. Elle se sent pousser des ailes et claque les cent dollars gagnés chez les Anglais pour s'acheter son premier manteau de fourrure, de lapin certes, mais à double collet. Finie la pensionnaire en manteau beigeasse rallongé, elle est la fille qui revient d'Amérique en fourrure.

Sur le *Lafayette*, elle retrouve une partie des étudiants qui étaient venus avec elle l'automne précédent. Tous sont décidés à profiter du voyage avant d'affronter la France en crise. Éliane joue au bridge, au *tennis deck*, bavarde, s'amuse.

Comme ils en connaissent le chemin pour l'avoir pratiqué à l'aller, le groupe file après dîner danser dans le salon des premières où les canapés sont plus larges et le champagne gratuit. Éliane se gorge de l'ambiance luxueuse et feutrée, elle voudrait en faire provision pour les jours qui suivront son arrivée.

- Qui est cette jolie femme très entourée ? demande-t-elle à son voisin.
- Marcelle Auclair, la journaliste.

Éliane ne la connaît que de nom.

- Elle écrit où ?
- *Paris-Soir*, je crois. Et des bouquins bien-pensants.

Cette femme rayonne, elle a pour ses deux interlocutrices une attention tendue, comme pour capter leur âme au-delà de leurs mots.

- Elle a l'air sympathique.
- Elle complète ses sources, elle est venue voir comment vivent et pensent les Américaines, pour un reportage.
- Comment sais-tu ça ?
- Tu ne lis pas le bulletin de bord ? Il y a un grand paragraphe sur elle.

Éliane songe à son texte sur ses impressions d'étudiante française aux USA publié dans le *Western Round Up*, aux compliments qu'il lui a valus. Si elle va la voir, cette femme ne la rabrouera pas, elle le sent.

Elle file vers le hall d'accueil où le bulletin de bord est affiché. Elle lit : « Enfance au Chili, correspondante du *Mercurio* à Paris à vingt ans, directrice de l'agence de la Nacion, épouse de Jean Prévost, amie de Valery Larbaud et Saint-Exupéry, passionnée par la cause des femmes, est venue rencontrer les Américaines pour parler d'elles, de leur liberté et de leur audace, aux Françaises. »

Elle attend que les deux jeunes femmes aient quitté la table de Marcelle Auclair, et elle y va.

- Je suis confuse de vous aborder de la sorte, je rentre d'un séjour d'un an dans un *college* américain et j'aimerais vous poser une question.
- Un an ? Vous étiez où ?
- Western College, Ohio, rien de très glorieux, mais pour une petite Française c'était une année passionnante, des enseignants à l'écoute, un campus luxueux, une ambiance de confiance et d'entraide... bref une vie à mille lieux de celle des écoles françaises. Je me suis demandé si vous aviez, dans les témoignages que vous avez recueillis, ceux d'étudiantes.
- Non, je me suis surtout intéressée aux femmes mariées, à leur vie conjugale, et à celles qui travaillent.

- Est-ce que, pardonnez mon audace, un article sur les étudiantes vous serait utile ?

Il n'y a aucun agacement, ni moquerie dans le regard de la jeune femme célèbre qui lui fait face.
- Pourquoi pas. Mais, je ne sais pas, pardonnez à votre tour ma prétention, je ne sais pas comment vous écrivez.
- Un de mes essais a été publié dans le journal du *collège*, mais je n'ai aucune expérience de journaliste. Si vous voulez je vous propose un texte, vous jugerez. S'il faut le modifier, je le ferai volontiers. S'il vous paraît mauvais, vous l'éliminerez.
- Ça me semble *a good bargain*, comme on dit aux USA. Racontez-moi un peu, avant d'écrire, vous en pensez quoi, des étudiantes américaines ?
- Celles que j'ai côtoyées, des filles de l'Ohio, m'ont paru avant tout infiniment plus libres que nous, et en même temps plus bienveillantes. Elles n'ont aucune peur de donner leur opinion sur des sujets complexes, même si c'est un point de vue très personnel, et pas nécessairement étayé par les cours ou les lectures. Elles se sentent respectées. Et de ce fait, ne critiquent pas non plus, ni les idées, ni les tenues, ni les origines sociales de l'autre. Elles l'acceptent comme un individu différent qui a droit à sa différence. Il n'y a jamais d'ironie moqueuse dans leur regard. En contrepartie, elles font parfois preuve d'une grande naïveté.
- Très pertinentes vos observations. Je crois que votre papier va m'être utile. Vous pouvez me l'envoyer quand ?
- Je le rédige sur le bateau, si vous voulez. J'ai tout mon temps.

Elle a emporté les textes de ses essais. La matière est là, elle n'aura qu'à piocher et adapter la présentation pour un public de Françaises. Si ça plaît à Marcelle Auclair, elle sera peut-être publiée, une porte lui sera peut-être ouverte quelque part. La chance s'est présentée, et elle a su la saisir, maintenant il faut confirmer l'essai.

Elle passe sa journée du lendemain à écrire, puis la matinée d'après à taper son texte sur une machine fournie par le commissaire de bord.
- J'en ai fait six pages, pour que vous vous rendiez compte du matériau. Il sera facile de couper ou regrouper si vous le jugez utile.

Éliane guette sur le visage de Marcelle Auclair ces petits signes, moue, neutralité forcée, ennui… qui annoncent la sanction. Marcelle Auclair est concentrée et attentive. Éliane respire.
- C'est bien. Pour le moment je le garde en l'état. Je vous ferai signe quand j'aurai l'accord d'un magazine. Il sera temps à ce moment-là de l'adapter à l'esprit du journal. Vous avez des photos ?

- Des tas.
- Ça pourra nous servir.

Elle a dit « nous », le cœur d'Éliane se dilate de reconnaissance.
- J'étais persuadée que nous avions beaucoup à apprendre, nous les Françaises, de nos sœurs américaines. Vous m'avez aidée à voir comment se forme cette différence.
- L'éducation des enfants n'est pas du tout la même non plus. Ma petite cousine de sept ans n'est jamais rabrouée, elle ne vit pas cernée d'interdits, au contraire, on encourage ses initiatives et quand elle se montre trop tyrannique, on lui explique avec douceur qu'elle blesse ses parents…
- Vous avez de la famille aux USA ?
- Ma mère y est née et y a vécu jusqu'à l'âge de onze ans. Ce furent, je crois, ses plus belles années. Elle n'a eu de cesse de m'envoyer chez mon oncle, à treize ans.
- Seule ? C'est une grande marque d'estime et de confiance.

Confiance ? Estime ? Peut-être, mais bien cachées derrière les rides amères du front et de la commissure des lèvres. Et si Marion l'avait envoyée aux USA pour qu'elle y puise la force de lui résister ?
- Ce qui m'a fascinée lors de mon premier séjour, enchaîne-t-elle, c'est la beauté des jeunes gens, la santé éclatante qu'on lit sur leur visage, leur audace et leur vitalité. J'avais l'impression de venir d'un vieux pays circonspect et timoré.

Elles ont bavardé jusqu'à l'heure du dîner, l'une écoutant l'autre, renchérissant, ou nuançant les remarques, elles ont fini par parler d'elles-mêmes, Marcelle Auclair de sa jeunesse au Chili, de ses parents aimants, de la force que lui donne sa foi… Éliane de ses projets avortés pour entrer dans une université de l'Est, de son goût pour l'écriture, de ses inquiétudes quant à la vie qu'elle va pouvoir se bâtir…
- Vous êtes bien plus forte que vous le croyez, assure Marcelle Auclair, et lucide. Vous saurez trouver les bons chemins et faire les bons choix.

35

Paris 1935

L'arrivée dans le nouvel appartement n'est pas aussi sinistre qu'Éliane le craignait. Sa mère est tout heureuse d'avoir des nouvelles fraîches de son frère, son père est souriant, il est toujours aussi apprécié chez Baldon, Nelly saute de joie, Nadine est fière de commencer des études de pharmacie au lieu de celles de puériculture auxquelles Marion la destinait. Elle a eu plus de chance qu'Éliane, Pierre Desnoyer est passé à temps à la maison dire combien cette formation était médiocre.
- Tu as bonne mine, admire Marion.

La bonne mine est le signe que Marion est contente, elle ne sait pas dire : Je suis heureuse de te retrouver. Et elle n'a pas encore prononcé la question redoutée : « Comment comptes-tu t'y prendre pour trouver du travail ? » Les filles d'HEC avec qui Éliane a gardé des contacts ne sont pas toutes casées et celles qui le sont ne s'en réjouissent pas toujours. Il y a trop de demandes pour peu de jobs, elles ont dû accepter des postes ingrats et mal payés. Depuis qu'elle a mis les pieds sur le sol de France, Éliane se demande comment échapper à cette fatalité. Il faudrait avoir le temps de prospecter, de refuser les offres sans intérêt et sans avenir, Marion ne le lui laissera pas. Elle la harcèlera jusqu'à ce qu'elle travaille.
- Je vous ai rapporté des petits cadeaux, annonce-t-elle joyeusement.

Avec les cadeaux, puis le récit détaillé de ses derniers jours à New York chez oncle Robert et chez les Desnoyer, elle espère gagner un peu de répit. Pendant qu'elle sort de sa malle cabine le tapis de table pour sa chambre, les bas pour Nadine, les tennis pour Nelly, des brochures pour son père, ses photos… le téléphone sonne.
- C'est pour toi, dit son père étonné, une certaine Marcelle Auclair.

Si vite ? Ce ne peut être qu'une bonne nouvelle.
- Que c'est gentil de m'appeler. Vous avez déjà des réactions à mon article ?
- Pas encore, ce n'est pas pour ça que je vous appelle. J'ai peut-être un job qui vous intéresserait. Chez Lucien Lelong.

Éliane retient son souffle.
- Oui ?
- La directrice de publicité, la comtesse Celani, cherche une adjointe, jeune, avec une formation commerciale, avenante et efficace. J'ai pensé à vous.
- C'est… c'est magnifique. Que dois-je faire ?
- Me retrouver demain à quinze heures dans leurs salons, avenue Matignon. C'est possible ?
- Bien entendu. Je ne sais comment vous remercier.
- Attendez d'avoir le poste.

Merci, oh merci Seigneur, de m'avoir mise sur le chemin de cette femme. Merci de m'avoir donné les mots qu'il fallait pour retenir son attention.
- C'était Marcelle Auclair, l'écrivain ? demande Marion sceptique.
- Je l'ai rencontrée sur le *Lafayette*, nous avons sympathisé – comme ce mot est délicieux à prononcer devant la mine surprise de ses parents. Elle a peut-être du travail pour moi.
- Elle cherche une secrétaire ?

Marion a l'art de gâcher les meilleurs moments.
- Comme assistante de la directrice de publicité de Lucien Lelong.

Cette fois, elle leur en a bouché un coin.

Le lendemain elle est engagée.

Les premiers mois d'Éliane chez Lucien Lelong sont un enchantement. « *Je fus propulsée d'un coup dans le monde de la haute couture qui était pour moi une luxueuse féérie.* » Première conséquence, elle est obligée de se monter une garde-robe. Seul son manteau de lapin acheté à New York est compatible avec l'atmosphère de l'avenue Matignon. Marion ne peut pas protester.
- La comtesse Celani m'a gentiment fait comprendre que c'était une des conditions de mon entrée dans la maison, explique-t-elle très sérieusement. Elle m'a d'ailleurs donné une avance à cet effet.
- Ne dépense pas tout d'un coup, on peut trouver de gentilles robes pas chères.

Éliane sourit sans répondre. Elle est devenue assez bonne en esquive.

Elle entre chez Lucien Lelong en octobre, en pleine fièvre de préparation de la collection de printemps.
- Notre tâche est de placer la collection dans les meilleurs magazines de mode du monde entier et de donner une envie folle aux lectrices, mais surtout aux acheteurs pour les boutiques de luxe, de venir jusqu'ici, explique la comtesse Celani. J'ai choisi les modèles à proposer, vous

allez vous occuper des photos, de la rédaction des notes de présentation, de la mise en page, des expéditions.

Éliane capte tout de suite le ton des notes de présentation, à la fois précises : type de tissus, coupe, usage… et racoleuses. « Votre sobre élégance éblouira vos invités, sans pour autant écraser les autres femmes… », mais ce qui l'amuse ce sont les photos : elle doit choisir les mannequins – en accord avec la comtesse bien sûr – qui mettront le vêtement en valeur, prendre rendez-vous chez les plus grands photographes de Paris, assister aux séances pour guider le photographe sans blesser sa vanité, demander à recommencer les clichés si nécessaire, mais pas trop souvent pour ne pas grever les budgets, puis choisir un lot des meilleures prises pour les présenter à la comtesse qui fera le choix définitif. Avec certains photographes, comme Mme D'Ora, portraitiste des comédiens et des personnalités en vue, Éliane doit redoubler de ruse et de flatterie pour que les mises en scène correspondent aux directives de la comtesse Celani.

Puis vient le jour du défilé. Lucien Lelong, en grand seigneur, réserve à son personnel, des directrices aux plus humbles petites mains, la primeur de la collection. Toutes sont rassemblées dans le grand salon où il fait servir pour elles champagne et petits fours. Les modélistes et les ouvrières s'affairent jusqu'à la dernière minute pour parfaire le moindre détail, l'atmosphère est électrique et grisante, c'est leur œuvre que ces femmes vont admirer. « *Cet hiver-là, la mode était harmonieuse et féminine, les mannequins incroyablement belles.* » Éliane se repaît de luxe et de raffinement.

Le lendemain par contre, c'est elle qui est sur le grill. Elle doit veiller à ce que ces dames, les rédactrices des plus grands magazines de mode, *Vogue*, *Harper's Bazar*, l'*Officiel*… soient bichonnées comme des reines. Ce sont elles qui feront la réputation de la collection. Elles ont leurs places réservées au premier rang des chaises dorées, de petits cadeaux spéciaux leur sont destinés, parfums maison, foulards… Tous leurs désirs doivent être satisfaits. Leur assurance, leur élégance, les regards condescendants qu'elles posent sur l'assemblée des représentants de plus modestes journaux, ne laissent personne ignorer leur rang. Cet automne, ces dames sont enchantées, et Éliane félicitée.

Puis le ballet recommence pour les acheteurs américains qui viennent choisir les modèles qu'ils reproduiront dans leurs usines, moyennant des droits faramineux. Et, en dernier, pour clore le bal, sont reçues les clientes, celles qui peuvent s'offrir des tenues à deux mille francs, et qui seront photographiées avec dans les magazines mondains. La comtesse Celani les connaît toutes personnellement, c'est elle qui se charge de l'accueil. Éliane veille seulement au confort des invitées.

À la fin de la semaine, elle est presque contente de retrouver sa chambre.

Au bout de six mois de cette existence raffinée, Éliane a de plus en plus de mal à rentrer square Charles Laurent. Elle est majeure, elle participe au loyer et aux dépenses de la maison, mais le simple fait de voir Éliane avec une robe neuve ou de l'entendre rentrer passé minuit, met Marion dans un état d'hystérie incontrôlable. Ça la démange comme une urticaire jusqu'à ce qu'elle explose. Et ça ne se calmera jamais. Il faut partir, mais Marion s'y opposera de toutes ses forces : « Tu es à peine majeure, ce n'est pas correct, et pourquoi payer un autre loyer… » Ou pire : « Ingrate, maintenant que tu gagnes ta vie, tu ne veux plus nous aider. » Sauf si elle s'en va au bras d'un mari.

Pour le moment, sur ce front, c'est calme plat. L'univers de Lucien Lelong est désespérément féminin, les seuls hommes qui y circulent sont trop vieux ou trop efféminés pour son goût. Les amis d'autrefois, ceux du Raincy, les quelques garçons rencontrés chez des filles d'HEC, ternes et ennuyeux. Et André reste sur sa réserve. Il lui a écrit régulièrement pendant son séjour à Western College, il a fini HEC et termine son droit. Ils se sont rencontrés plusieurs fois depuis son retour, autour d'un café dans un bistro, ils ont surtout parlé de la situation internationale. Il est toujours aussi attentionné, sans plus. Pourtant il rappelle chaque mois. Il faut attendre, ce qu'Éliane déteste.

C'est alors que le destin, ou la chance, encore elle, lui ouvre une porte dont elle n'imaginait même pas l'existence. Mme de M., apparentée Rothschild, la responsable du département des parfums chez Lucien Lelong, entre dans son bureau au moment où elle va partir.
- Je peux vous dire un mot Éliane ?

La gentillesse est le signe auquel on reconnaît les gens qui n'ont rien à prouver, Mme de M. a presque l'air de s'excuser de la déranger.
- Comme vous le savez peut-être, j'ai deux grands fils qui commencent leur entrée dans le monde. Ils sont conviés à plusieurs soirées cet hiver et je cherche deux cavalières pour les accompagner. Ils sont un peu gauches et timides, j'ai pensé qu'une jeune fille bien élevée et charmante comme vous, si vous acceptiez, pourrait les rassurer.

Cette grande dame la prendrait-elle pour une super domestique ? Éliane va pour refuser avec diplomatie, mais le sourire plein d'espoir de Mme de M. la retient. Après tout, c'est une occasion de voir des gens, il y aura sûrement d'autres garçons plus âgés à ces soirées.
- Avec plaisir, mais je n'ai aucune habitude du monde, mes sorties n'ont jamais dépassé le cadre familial.

- Justement, je préfère votre bienséance à ces effrontées qui fréquentent les rallyes. Et pour l'aisance, je vous fais confiance, je vous ai vue à l'œuvre. Vous ne connaîtriez pas une jeune fille de vos amies, un peu plus jeune, pour accompagner le cadet qui n'a que dix-sept ans ?
- Ma sœur Nadine, elle a deux ans de moins que moi.
- C'est parfait. Samedi prochain Gilles et son frère sont invités chez les Noailles, vous seriez libres ?
- Moi oui, ma sœur aussi, je pense. Elle travaille beaucoup pour préparer son internat en pharmacie, ça lui changera les idées.
- Que vous êtes une famille studieuse !

Éliane a failli répondre qu'elles n'avaient pas le choix, mais c'eût été discourtois. Elle s'est donc préparée à sortir dans le monde avec Nadine qui trouve l'expérience amusante. En robes du soir d'occasion ajustées à leur taille, elles attendent toutes deux la voiture des M. sur le trottoir de la rue Cambronne.

- Pourvu qu'ils ne soient pas couverts d'acné, plaisante Nadine.
- Le buffet et le champagne compenseront.

Une Citroën noire et luisante vient se garer devant elles. Les deux garçons qui les attendent à l'intérieur ne sont pas désagréables. Le cadet a encore la maigreur osseuse d'un adolescent, mais l'aîné n'a plus rien d'un enfant. C'est un grand et très beau garçon, peut-être un peu inquiet, ce qui renforce son attrait.

- Éliane, dit-elle en tendant sa petite main tachée de roux.
- Gilles.

Sa main est grande et ferme.

- Je vous préviens, je danse très mal, ajoute-t-il.
- Je ne suis pas une professionnelle, rit Éliane. C'est ma mère qui m'a appris la valse et le foxtrot.
- Il paraît que vous avez séjourné une année aux USA.
- C'est vrai qu'il y a souvent des soirées dansantes dans les universités, mais les Américains sont très balourds.
- Vous m'apprendrez ?
- À mon avis, ce sera vite fait.

Éliane n'avait pas passé une soirée aussi délicieuse depuis le jour où André l'avait invitée au théâtre. Gilles de M. n'a aucun sens du rythme, mais il secoue bras et jambes avec conviction, il s'applique consciencieusement à marquer les temps du tango, s'excusant à chaque fois qu'il marche sur les pieds d'Éliane. Plus il est confus, plus il paraît charmant. Après un laborieux essai de valse, Éliane éclate de rire.

- Vous ne serez jamais danseur mondain.

- Ma mère sera navrée.
- Vous pourriez prendre quelques cours de danse, avec de vrais professeurs.
- Et retrouver là le gratin guindé des enfants d'amis de mes parents ? Je préfère, pardonnez-moi, vous marcher sur les pieds. Et puis je n'ai guère le temps, mon bac m'attend dans trois mois.

Il est en philo à Janson, son père voudrait le voir intégrer le Quai d'Orsay. Il se demande s'il est bien fait pour la diplomatie.
- Si vous tenez de votre maman, vous serez parfait.
- J'ai plutôt hérité de la maladresse de mon père.
- Vous voulez rire ?

À la fin de la soirée, Gilles contrôle à peu près ses bras et jambes et ils se tutoient.
- Dans deux semaines je suis invité à un truc mortel, si tu ne m'accompagnes pas, je me désiste.
- Avec plaisir, si ta mère est d'accord.
- Moi je ne viens pas, annonce Nadine. Je ne suis pas assez bonne danseuse.

Elle s'est pas mal ennuyée et n'a pas envie de gâcher une autre soirée à manger des petits fours, fussent-ils de chez Corcellet.

Entre les deux semaines, Gilles téléphone deux fois pour s'assurer qu'Éliane est toujours d'accord. La Citroën noire la cueille à l'heure dite sur son trottoir du quinzième arrondissement, Gilles lui offre un camélia blanc à mettre dans ses cheveux, ils dansent presque toujours ensemble, il lui fait raconter les USA, elle lui fait raconter son enfance. À la fin d'une valse lente qu'ils dansent l'un contre l'autre car il faut bien qu'Éliane le guide, il lui glisse dans les cheveux :
- Le jardin est par là, on y va ?

Il l'embrasse maladroitement mais avec tant de fougue, qu'elle en a les larmes aux yeux.
- Je crois bien que je t'aime, bafouille-t-il.
- Je crois que moi aussi, avoue-t-elle.

Il n'a que dix-huit ans, elle en a vingt et un. Il vient d'une autre planète, celle des vieilles familles à particule, et pourtant il l'aime. Il est beau, charmant, délicat, promis à un bel avenir, elle n'en croit pas son bonheur.
- Jeudi, on peut se retrouver au Luxembourg ?
- Je quitte Lucien Lelong à dix-huit heures.
- Un peu tard. À midi, c'est possible ? Mes cours se terminent à onze heures ce jour-là.
- Midi quinze, le temps de venir.

- Devant le bassin ?

Jeudi il fait un temps lumineux d'automne parisien, elle pose son petit chapeau taupe sur ses cheveux roux sombre, avec cet ensemble gris pâle à jupe cloche, reste du dernier défilé qu'elle a pu acheter pour quarante francs, elle fait à la fois Parisienne et de bon ton. Gilles l'attend déjà, ils se promènent main dans la main, se contentent d'un café et d'un sandwich comme déjeuner, parlent de tout et de rien, s'embrassent beaucoup.
- Dimanche, dit-il, j'aurai un peu de temps. Tu es libre ?
- Pour toi, bien sûr.
- Même endroit, seize heures ?

Il la raccompagne jusqu'à l'avenue Matignon. Mme de M. lui sourit quand elles se croisent. Elle est contente d'elle, Gilles a fait des progrès en danse et ne refuse plus les invitations.
- Vous l'avez décomplexé, assure-t-elle reconnaissante.

Le ton est presque complice. Ce n'est pas une domestique que cherchait Mme de M., c'est une déniaiseuse, une pute en somme, mais présentable. Et si Gilles est un peu amoureux, quelle importance ?

Il m'aime, se répète Éliane. Il ne joue pas, lui. Mais le dimanche, elle guette sur le visage sans masque de Gilles, les signes de sa relégation. Elle n'y lit que l'admiration et le désir. C'est la femme moderne, audacieuse, qu'il voit en elle. Il s'esbaudit de son talent pour confectionner un chapeau ravissant avec trois bouts de tissus, il enlève le chapeau, caresse ses cheveux, l'embrasse longuement, la serre contre lui...
- J'ai réussi à me faire inviter samedi prochain chez les Reinach. Nous aurons toute une soirée à nous.

Elle passe une semaine fébrile à se composer une toilette d'une élégance raffinée et archi simple, pour paraître ce qu'elle veut être pour Gilles : une jeune fille modeste de grande qualité, dont il pourra être fier. Elle refuse d'entendre la petite voix qui lui susurre : « Il n'a pas parlé d'avenir, ne t'emballe pas. »

Jeudi soir, pendant le dîner, il appelle.
- Éliane, je suis navré, j'ai trop de travail, un devoir de philo pour lundi, je ne pourrai pas sortir demain.

La voix terne de Gilles ne laisse planer aucun doute. Madame mère a découvert que la déniaiseuse a dépassé le cadre de sa mission. Elle a pour son fils d'autres ambitions qu'une petite roturière pauvre.
- Ce sera pour une autre fois, tente-t-elle désemparée.
- Bien sûr.

Il n'y croit pas. Le lâche, il l'aime pourtant, elle en est sûre, mais il est mineur et ce n'est pas le genre à rompre avec sa famille. « S'il voulait vraiment... », rappelle la petite voix. Il retéléphonera, il s'expliquera, s'excusera, demandera un autre rendez-vous... Ils se reverront en cachette, jusqu'à ce qu'il soit assez grand pour décider seul de sa vie. Elle attendra. Mais lui ? Sa mère veillera à le couvrir de filles bien nées plus ravissantes les unes que les autres.

Elle termine son dîner sans répondre aux questions, se rue dans sa chambre et se jette sur le lit, mordant son oreiller pour masquer ses sanglots d'impuissance et de désespoir.

À partir de ce moment, Lucien Lelong perd son attrait. Elle ne supporte pas de croiser le regard compréhensif et navré de Mme de M. Elle commence à en avoir assez de jouer les utilités, de n'être qu'une courroie de transmission entre la Maison et la toute puissante presse, de brosser dans le sens du poil des rédactrices en chef condescendantes. Et elle n'a quasiment rien à écrire sauf les notices, toujours de la même eau tiède, qui accompagnent les photos : « Ce charmant vêtement se fait en hermine d'été, en agneau rasé et petit rat de palmier. Création très chic et d'un prix très abordable » ; « Ce tailleur noir en gabardine de Rodier, lignes brillantes, garni d'astrakan et sa blouse de lainage jaune et manchon d'astrakan noir, la tenue de charme pour un déjeuner en ville. »

Elle perd son temps.

36

La fébrilité de cette journée de présentation de la collection de l'hiver prochain ne parvient plus à la griser. Pourtant les mannequins sont toujours aussi incroyablement belles, la collection composée de ravissants modèles qu'elle adopterait immédiatement si elle en avait les moyens, mais le balai servile des vendeuses et de la comtesse Celani autour des chaises dorées où trônent ces dames de la presse commence à l'agacer quand elle aperçoit Marcelle Auclair qui pénètre dans le salon. Elle se précipite.
- On ne m'a pas dit que vous veniez.
- Ça s'est décidé hier, Élise Laborde est tombée malade, Pierre Lazareff m'a demandé de représenter *Paris-Soir Dimanche*. J'espérais bien vous rencontrer.

C'est le même ton chaleureux, le même regard attentif, la même connivence que lors de leur discussion sur le *Lafayette*. Pourtant, depuis son entrée chez Lucien Lelong, Éliane n'a eu Marcelle Auclair qu'une fois au téléphone, pour la remercier.
- Il paraît que vous vous en sortez fort bien, ce qui ne me surprend pas.
- Ce n'est pas très difficile.
- Je sens un certain désappointement.

Osera-t-elle ?
- Je serai ingrate de me plaindre, je gagne bien ma vie, la comtesse est pleine de gentillesse pour moi, je vis dans le luxe et la beauté de neuf heures le matin à sept heures le soir…
- Mais ?
- Passé l'éblouissement premier, mon travail est un peu… répétitif.
- En somme, vous vous ennuyez ?
- Il n'y a pas de défi. Je ne fais qu'accompagner la création.
- Vous aimeriez mieux concevoir la mode ?

- Je ne suis pas sûre de posséder ce talent, mais... la faire à ma façon, en parler, détecter les courants, lancer des idées, donner aux femmes les moyens de s'y retrouver, de choisir, de copier, d'inventer...
- Passer du côté de la presse ?
- Vous avez l'art de deviner les pensées.
- Et vous celui de trouver les mots justes au bon moment. J'ai un projet à vous proposer. D'ailleurs, c'est un peu pour vous en parler que je suis venue.

Il sera dit que cette femme sera sa bonne fée. Aucun projet de pouvait mieux ravir Éliane : Jean Prouvost a décidé d'ajouter un fleuron à sa tiare de magnat de la presse. Les magazines français pour femmes, *Le petit Echo de la Mode*, *Modes et travaux*, même le récent *Jardin des modes*, ont des airs de feuillets désuets pour cousines de province. Il est temps, il le sent, d'offrir aux femmes de France un magazine à leur image, qui traite éventuellement des recettes de tarte ou donne le patron de la petite robe sage que vous porterez tous les jours, mais surtout qui parle de ce qui importe pour elles, comment concilier leur travail et leur vie d'épouse, comment habiller leurs enfants pour qu'ils puissent jouer sans contraintes, comment détendre un mari préoccupé, ou séduire un homme exigeant... comment plaire en restant soi-même.

- Nous sommes en train de concevoir la maquette et de constituer l'équipe. Ça vous tente ?
- Vous lisez dans mon cœur.

Le rire de Marcelle Auclair est le plus beau témoignage de son amitié.

- Nous avons une réunion samedi à dix heures à *Paris-Soir*. Nous vous y attendons, mais surtout n'en parlez à personne. On n'a pas envie de se faire voler l'idée.

C'est plus que de la chance, c'est un signe de la bienveillance du ciel.

Pendant un mois, elle assiste aux réunions préparatoires le soir, les samedis, les dimanches, et le 1er novembre elle intègre l'équipe de rédaction de *Marie-Claire*, le nom adopté pour le magazine par Jean Prouvost à la suite d'un coup de téléphone de Marie-Claire Servan-Schreiber.

- Voilà le nom qu'il nous faut, élégant mais jeune, facile à retenir. Je lui trouve un petit air de courage et de gaieté.

Éliane est la plus jeune, mais guère plus que les autres : Hélène Gordon-Lazareff n'a que trente ans, Philippe Boegner, rédacteur en chef, vingt-six ans, les directeurs de publicité vingt-quatre ans chacun, la rédactrice mode, Olga Kevorkoff, dont Éliane sera l'assistante, à peine trente ans, Marcelle Auclair trente ans. Le plus âgé, Hubert Giron, le directeur artistique, trente-six ans. Leur mission : inventer un nouveau concept, et le rendre le plus attrayant possible.

Pendant trois mois, dans les petits bureaux de la rue d'Aboukir qui communiquent avec *Paris-Soir*, le numéro un, le « pilote » dirait-on aujourd'hui, est finalisé. Éliane est de toutes les réunions collectives, le nez penché sur les exemplaires de *Vogue*, le modèle américain.

- Vous me faites ça en moins rutilant et moins snob, a expliqué Jean Prouvost. Mais je veux le même genre de mise en page aérée et glamour, les mêmes titres chocs, les clins d'œil à la séductrice qui sommeille sous la ménagère. Il faut que *Marie-Claire* donne envie de vivre et d'aimer.

Éliane développe avec Olga, ou seule, les idées retenues, contacte des dessinateurs pour reproduire les robes, chapeaux, manteaux qui seront présentés, collecte des photos chez les grands couturiers, conçoit les pages conseils dans le style « Faites-le vous-même », repère les boutiques de fournisseurs de soierie, de lainage, de guipure, de toile pour les patrons, de tête-à-chapeau pour modeler soi-même son bibi.

Fin février, Hélène Gordon-Lazareff pose devant toute l'équipe rassemblée dix exemplaires non reliés du numéro un.

- Voilà notre bébé. On fait une dernière relecture avant tirage.

Ils ont pourtant déjà examiné vingt fois la couverture, ce visage frais de jeune femme légèrement maquillée, les cheveux dans le vent, regardant vers l'avenir avec confiance, un délicat nœud de satin à l'ancienne autour du cou, mais aucun ne peut cacher son excitation.

- Je vous avais dit que le nœud de satin serait la touche douceur, se réjouit Hélène.

Éliane n'ose pas rappeler que c'est elle qui a arrangé le nœud au cou du mannequin pour lui donner ce côté faussement sage. Elle n'est qu'une assistante. Chacun feuillette en retenant son souffle, c'est bien, c'est très bien ! Exactement ce qu'ils voulaient tous : un magazine dynamique, attractif, tentant et pratique. Avec en plus un petit air de charme à la française, comme le nœud de satin autour du cou du mannequin. Jean Prouvost y croit tellement qu'il a prévu un tirage de cinq cent mille exemplaires. *Paris-Soir* a assuré un beau battage pour attiser les appétits et depuis six mois des affiches annoncent à toutes les femmes de Paris : « L'arrivée du magazine que vous n'avez jamais vu. »

Dès la mise en kiosque, c'est la ruée. Le lundi soir, Philippe Boegner leur annonce, rayonnant, que le stock est écoulé.

Ils tombent dans les bras les uns des autres. Éliane a gagné son billet pour l'avenir.

Gilles de M. n'est plus qu'une petite blessure d'amour-propre. Elle fourmille d'idées, travaille jusqu'à point d'heure pour les réaliser, assume progressivement la rubrique tricot, qui ennuie Olga. Il est plus difficile de prendre sa place pour assister aux défilés des grands couturiers, mais il y en a au moins dix à la file entre Robert Piguet, Molyneux, Schiaparelli, Jeanne Lanvin, Chanel, Balenciaga... Olga ne peut pas être partout. Éliane savoure la délicieuse satisfaction de se voir à son tour chouchoutée par les vendeuses.

Cette petite vanité n'est que la chantilly du gâteau, elle a rarement été aussi satisfaite de sa vie. Tout, ou presque, lui plaît à *Marie-Claire* : l'ambiance de partage et de quasi égalité entre les membres de l'équipe, l'excitation des séances de *brain storming* où chacun y va de ses idées, ce sentiment grisant de réussite que la montée des tirages leur prouve chaque jour, la fierté d'y être pour quelque chose. Et les fous rires, comme cette séance de création de bibis, une idée d'Éliane, les chapeaux sont son péché mignon. Elle a réussi à faire venir au journal Agnès, la modiste la plus réputée de Paris, et a déposé sur la plus grande table de la rédaction deux cageots, un de légumes et un autre d'ustensiles de cuisine.
- À celui qui créera le modèle le plus seyant.

Hélène s'est posé une chicorée frisée en coin sur la tête :
- Coquin avec une petite robe noire ?

Olga s'est confectionné un radeau de carottes avec les fanes qui tombent sur l'œil, même les garçons s'y sont mis, Philippe de Croisset a entouré un entonnoir de petits bouquets de choux-fleur, un photographe a planté des cuillers de bois dans une laitue, l'a posée sur son crâne et s'est mis à marcher à tout petits pas comme une geisha... Les créations, piquées sur des calottes de tulle ou de gros-grain par Agnès, ont été placées sur les têtes de trois jeunes mannequins qui ne pouvaient pas garder leur sérieux. M. de Montebello, le plus talentueux des coloristes, a rendu les carottes bien roses, les salades vert cru, renforçant le côté vif et gai des photos. L'article a eu un beau succès, mais Éliane n'a pas pu le signer. La rédactrice en chef de la mode, c'est Olga, et Olga est une intime, très intime, de Jean Prouvost.

Il faut deux ans à Éliane pour prendre la mesure de son talent. Les pages modes sont de plus en plus son œuvre. Olga supervise, critique, réécrit deux lignes, mais se donne de moins en moins de mal. C'est Éliane qui choisit dans les collections les modèles à présenter, c'est elle qui commande les photos aux dessinateurs de mode et qui poursuit Gruau, le génial créateur de l'affiche du Rouge Baiser, qui a une fâcheuse tendance à oublier les dates et les délais. Elle va le pister jusqu'à Monte-

Carlo où il trouve les tables de baccara plus attrayantes que sa planche à dessin.

La seule ombre au tableau d'Éliane, ombre qui s'épaissit à mesure qu'elle prend de la bouteille, c'est Olga. Celle qui lui vole sa gloire. Mais quelle jouissance de raconter sa vie aux anciennes élèves d'HEC qui passent leurs journées enfermées dans des services de gestion, penchées sur leurs registres ou leurs machines comptables.

Devant un succès aussi manifeste, Marion parvient à se retenir de protester quand Éliane revient avec « encore » une nouvelle paire de chaussures. Mais Éliane sent l'exaspération couver, sa féminité triomphante – une photo d'elle au journal en est l'éclatant témoin – est une insulte à l'austérité de la vie de Marion. Éliane a bien deviné que, pour survivre tête haute à son désastreux mariage, sa mère avait dû écraser si fort ses aspirations de femme que la moindre velléité de séduction chez ses filles lui est une pelote d'aiguilles plantée dans le corps. Mais elle a assez bridé ses désirs pour convenir à sa mère, celui-là, elle ne le rabotera pas

Et un dimanche, la soupape qui maintenait la vapeur dans la cocotte saute. Voyant Éliane enfiler son manteau neuf pour partir au marché, Marion entre dans une fureur incontrôlable. Éliane fuit.

Elle se réfugie chez Blanche, une des assistantes de la comtesse de M., devenue une amie.
- Va-t'en. Tu gagnes bien ta vie, tu pourrais te payer un loyer.
- Rien que l'idée des scènes que ça va déclencher, j'en suis malade.

Éliane entend déjà la litanie : « C'est grâce à nous que tu es là où tu es, c'est moi qui ai trouvé cette école d'HEC que tu ne voulais pas faire, nous qui t'avons aidée à financer ton année aux États-Unis qui t'a permis de rencontrer Marcelle Auclair, et maintenant que j'ai arrangé la chambre pour que tu puisses la partager avec Nelly, tu t'en vas. Quel besoin as-tu de gaspiller ton salaire dans un loyer exorbitant ? Que cherches-tu que tu n'as pas ici ? La liberté de mener une drôle de vie ? C'est ça peut-être ? » Marion a le chic pour blesser. Elle se venge, du mari qu'elle s'est choisi, de la vie qu'elle n'a pas eue, de sa mère qui ne l'a jamais considérée… Si au moins elle baissait la garde, ouvrait cette clôture de certitudes derrière laquelle elle se retranche, si elle acceptait de parler, elles pourraient peut-être se rencontrer. Éliane a essayé, une fois, à Printania, un soir qu'elles étaient seules toutes les deux sur la dune et que Marion lui avait, une fois de plus, amèrement reproché d'être partie à Pirou retrouver des amis au lieu de rester « gentiment » avec elle. D'amère, Marion est devenue un volcan en furie. Éliane n'a plus jamais tenté d'ouvrir la porte.

- Ce qu'il me faut, c'est un mari.
- Et André ?
- Toujours charmant, sans plus. Je ne vais pas me dessécher à l'attendre. Mon oncle de New York nous a envoyé un jeune Américain bien bâti qui a l'air de me trouver à son goût, je vais l'encourager. Un Américain ne pourra que plaire à ma mère.

Trois semaines plus tard elle est fiancée et se pavane sur les Champs-Élysées au bras de son géant blond. Tant qu'ils vont au cinéma, qu'il se contente de l'embrasser dans le noir en la serrant de près, même de lui caresser les seins, ça va, mais dès qu'ils sont face à face, dans un café, au restaurant, au bout d'une demi-heure, Éliane se retient de bailler d'ennui. Frankie, dépité, avale bière sur bière et devient très entreprenant. Elle ne va pas faire sa vie avec ce tas de muscles.
- Tu as bien fait de rompre, la félicite Marion. Ce garçon ne te vaut pas, ta vie n'aurait pas été drôle.

Dans les moments de crises, il arrive à Marion de se montrer sous son vrai jour. Faudra-t-il qu'Éliane soit mourante pour que sa mère devienne aimante ?

Une semaine plus tard, la guerre d'usure recommence. Un des typographes de *Paris-Soir* lui faisant une cour assidue, Éliane accepte de se re-fiancer, jusqu'au jour où il l'emmène au cinéma voir *Le songe d'une nuit d'été*.
- Un peu farfelue, cette idée, dit-il en sortant, je me demande d'où le réalisateur a tiré cette histoire.

Éliane rompt le lendemain.

Autour d'elle, le monde devient de plus en plus fébrile, Hitler annexe officiellement l'Autriche, puis occupe la Bohème-Moravie. La Pologne résiste désespérément à l'intimidation. Pour son cinquantième anniversaire, Hitler organise un défilé militaire monstrueux de chars, d'avions, de canons, SS en tête. Les Anglais se préparent à la guerre, ils allongent à six mois le service militaire. La France essaie de ne pas avoir peur.

Éliane s'en rend à peine compte. Elle a sa guerre à elle, contre Olga. Elle en a assez de voir ses efforts, ses réussites, servir de marchepied à Olga. Si encore elle était juste nonchalante, mais sympathique, comme Hélène. Mais c'est exactement le genre de femme qu'Éliane exècre, les méprisantes à qui tous les moyens sont bons, y compris leurs fesses, pour grimper. Et vigilante. D'autant que les tirages de *Marie-Claire* continuent à grimper. Jean Prouvost a offert le champagne pour fêter leur passage au million d'exemplaires. Et il a invité Olga à l'accompagner en croisière en Grèce.

Lorsqu'Hélène Lazareff passe la tête dans le bureau d'Éliane.
- Comment fait-on pour la page mode du *Paris-Soir* de dimanche, Olga n'a rien laissé ?
- Rien, mais je m'en occupe, j'ai l'habitude.
- C'est pour dans deux heures, tu crois pouvoir y arriver ?
- Pas de problème, c'est toujours moi qui compose l'article du dimanche. J'ai les éléments.

Hélène n'est pas mécontente de la réponse, elle non plus n'aime guère Olga. Éliane sait exactement quoi mettre pour être remarquée. Elle commence par le titre « Toutes en blanc », en gros caractères, deux centimètres indique-t-elle. C'est inattendu, le blanc fait un peu communiante. Le chic sera de le faire passer pour le nec plus ultra du raffinement, grâce à des accessoires de couleur très mode, le tout présenté comme des modèles à faire soi-même. Elle a une photo style « dimanche à Longchamp » d'un mannequin sophistiqué en robe blanche en corolle, avec capeline, gants et ceinture noirs du plus bel effet. Dans les cartons elle trouve très vite les dessins de deux robes pimpantes et fraîches et deux ensembles, avec chapeaux, gants, sacs. Sous le titre elle rédige : « *Dimanche je suis allée aux courses. Cette semaine j'ai assisté à un match de polo à Bagatelle et à plusieurs galas très parisiens où l'on rencontrait les femmes les plus élégantes de la capitale. Eh bien, en ce début d'été, avec son soleil clair, ses arbres neufs et la gaieté que juin met partout, rien n'est plus joli que la robe blanche, toute blanche...* » À quatorze heures la page est composée. Pas question de la déposer sur un bureau, ni même de la donner à Hélène. Prenant sa mine la plus diligente, elle traverse les couloirs qui conduisent à *Paris-Soir* jusqu'au bureau de Pierre Lazareff.
- Je viens de finir la page mode pour le numéro de dimanche, Hélène m'a dit de vous l'apporter avant quatorze heures.
- Parfait, parfait. Mais ce n'est pas signé, comment signe Olga ?
- Elle ne peut pas signer, elle est en Grèce.

Elle a mis dans sa voix toute la rancune accumulée depuis des mois, sans la laisser déborder. Pierre Lazareff éclate de rire. Le bon point pour Olga, c'est qu'elle n'est aimée de personne.
- Qu'elle signe cette petite, ordonne-t-il au chef de fabrication qui attend l'article dans son bureau.

Éliane lui sauterait au cou, mais il s'agit de ne pas laisser filer l'occasion. Elle porte elle-même son article à l'atelier de composition et annonce triomphante aux typographes qui la voient chaque semaine apporter la page composée, écrite par elle et signée par Olga :

- Cette fois c'est moi qui signe !

Les typographes ont une tendresse particulière pour les obscurs, comme eux, les indispensables, sans qui le journal ne paraîtrait pas. Dans l'exemplaire de ce dimanche 17 juin 1939, son nom s'étale sur dix centimètres, encadré :

TOUTES EN BLANC
par
ÉLIANE SAGET

Deux jours plus tard, elle reçoit un petit mot d'André la félicitant. Pourquoi pas un téléphone ? Serait-il intimidé par sa gloire soudaine ? Elle a tellement envie de le voir, de l'entendre rire, de son sourire éclatant, de son humour, même de ses analyses politiques qui lui font froid dans le dos. Tant pis pour son amour-propre, elle appelle.
- Il n'est pas là, dit la voix sèche de sa mère – elle ne doit pas être marrante –, je lui transmettrai.

Il rappelle le soir même, lui propose de déjeuner ensemble. Elle suggère le restaurant de *Paris-Soir*, sous les toits de l'immeuble rue d'Aboukir. Il trouve l'idée excellente, il a très envie de renifler l'atmosphère d'un grand quotidien. Merci Olga, merci ma chance, cette fois est peut-être la bonne.

Il est toujours aussi élégant, toujours aussi charmant, toujours aussi passionnant à écouter, très admiratif pour son talent à elle, mais rien d'autre. Pourtant, elle est sûre de ne pas lui déplaire, quand il rit en écoutant ses aventures journalistiques, elle voit bien que son regard n'est pas qu'amical, il y a de la tendresse dans ses yeux bruns si chauds. Et son admiration n'est pas que pour ses exploits. Mais... rien. Que lui manque-t-il pour se décider ? Un nom ? Une fortune ? C'est le cadet de ses soucis. Plus de douceur peut-être, moins d'ambition, plus de traditionalisme en somme ? Elle n'en est pas sûre, ce n'est pas un homme à chercher une ménagère docile. Alors quoi ?

Elle en pleure de dépit la moitié de la nuit, et de rage elle accepte les avances du représentant d'un chausseur à la mode qui cherche toutes les occasions de venir lui montrer lui-même les derniers modèles sortant de leurs ateliers. En deux semaines, elle est à nouveau fiancée. Peut-être André va-t-il réagir cette fois ? Elle lui envoie un petit mot pour l'avertir et l'inviter à ses fiançailles.

Il répond courtoisement, et pour la féliciter, l'invite à l'Opéra-Comique voir *Manon*. Tout un programme ! Il n'aura pas un geste tendre de la soirée. Il est déçu, mais il a pris la peine de choisir un spectacle pour le lui faire comprendre. S'il était simplement indifférent, il n'aurait pas fait ce geste. Comme pour enfoncer le clou, il vient aux fiançailles avec le plus beau bouquet de fleurs qu'on lui ait jamais offert, une composition de chez Baumann dans un chapeau, qui doit coûter une fortune. Le fiancé gominé paraît ridicule avec son pot d'azalées. Une semaine plus tard, elle rompt et elle pleure de rage sur ses articles.

Et puis la menace qui planait sur l'Europe tombe comme la foudre : en deux jours Hitler envahit et conquiert la Pologne. Le lendemain l'Angleterre, l'Australie, la Nouvelle-Zélande et la France déclarent la guerre à l'Allemagne. Tous les hommes jeunes et valides sont mobilisés. Elle ne veut pas laisser partir André sans l'appeler.
- Je dois rejoindre demain un régiment à Châteaudun, je serai heureux de te voir avant de m'en aller.

Est-ce Hitler qu'elle doit remercier cette fois ? Il y a dans la voix d'André une gravité qu'elle n'y a jamais entendue, pas une gravité de soldat qui ne sait pas ce qui l'attend, une gravité d'homme qui décide de sa vie.

À midi, au café de la place des Victoires où ils se sont déjà retrouvés plusieurs fois, il la demande en mariage.

37

La guerre, André la voyait arriver à grands pas. Elle est au centre des conversations familiales depuis un an. Son père, qui avait mis beaucoup d'espoir dans le retour de Daladier à la présidence du Conseil, a été ulcéré par les accords de Munich.
- Pourquoi a-t-il plié bon Dieu ?
- Il n'avait pas le choix, a asséné Henri, Chamberlain avait décidé de signer.
- Il essaie de gagner du temps, a plaidé André.

Mais il n'y croyait pas plus que son frère. Depuis que l'Allemagne, en récupérant la Ruhr, a remis la main sur ses aciéries sans que personne ne bronche, il savait la revanche allemande inéluctable. Le pater aussi, d'ailleurs. Le pacifisme de Blum, qu'il respectait et admirait par ailleurs, l'avait mis hors de lui.
- C'était il y a trois ans qu'il fallait réagir, rappelle Henri. Quand Hitler n'était pas encore surarmé. Nous parvenons au mieux à aligner trois mille chars, les panzers divisions en ont le double. Daladier peut bien signer tous les compromis, ça retarde juste l'échéance de quelques mois.

Henri énonce seulement ce qu'ils pensent tous les trois. Le pater ne cesse de répéter à chaque nouvelle inquiétante venue d'Allemagne et chaque absence de décision française : « *Si vis pacem, para bellum* », en tapant du poing sur la table. Et chaque fois, mater serre un peu plus les lèvres et hoche vigoureusement la tête. Pour elle aussi les Allemands sont des Boches et le coup de feu ne lui fait pas peur. Un peu du sang de son grand-père, un tyrannique garde forestier du Tarn qui ne quittait pas son tromblon, coule dans ses veines.

Dans celles d'Henri aussi. Elle n'a jamais pu le mater. André se demande qui des deux, de la mère ou du fils, a été le plus dur. Lui n'a pas eu la même enfance, il s'est laissé choyer sous les ricanements d'Henri qui le traitait de chouchou jusqu'à ce qu'il lui saute dessus. Malgré leur différence de taille, il lui est arrivé, dans sa rage, de l'abîmer un peu. Henri éclatait de rire, lui tapait sur l'épaule et ils repartaient fraternellement enlacés. Henri, qui se moquait de tout, ne se moquait jamais de sa petite taille. Non seulement il était plus jeune de deux ans, mais jusqu'à l'âge de dix-sept ans il arrivait tout juste à l'épaule de son frère. Il était « le p'tit Dédé ». Il tenait de son père qui ne dépassait pas le mètre soixante. Alors il s'était battu, avait fait du sport jusqu'à épuisement. À défaut de centimètres, il avait acquis une belle musculature et le respect de ses copains de lycée.

- Je sais, soupire le pater. Même Daladier n'a pu faire grand-chose quand il était à la Défense Nationale. L'aveuglement français est une tare.

Le pater se sent en communion avec Daladier, un radical comme lui, un homme du Sud, de famille modeste, un enfant des écoles de la République agrégé d'histoire. Le pater n'a que sa licence en droit, mais il l'a obtenue à la sueur de son dos. Son père, ex-maréchal-ferrant à Jeaune dans les Landes que la tuberculose avait réduit à une humble tâche de commis à Bordeaux, avait dû accepter le lycée, puisqu'Albert y était entré comme boursier, mais pas question de continuer à l'entretenir après. Si l'aîné commençait à jouer au bourgeois, que demanderaient les trois autres ? C'était compter sans la mère, modeste couturière dont ce fils était la fierté. Elle a soustrait de ses économies de quoi compléter les petits salaires qu'Albert grappillait en donnant un coup de main chez l'épicier ou le marchand de vins. Il a fini son droit et est entré au ministère des PTT où il a vite grimpé les échelons et s'est retrouvé dans les bureaux de la direction parisienne.

Le pater n'a jamais douté de la puissance de son intelligence. Il se voyait ministre. C'est ce qui l'a perdu. Quand, en 1909, les postiers se sont révoltés contre les décisions maladroites de Jules Simyan, leur sous-secrétaire d'État, il a compris tout de suite le pouvoir de ces petites gens qui triaient chaque jour les cent mille dépêches transitant par Paris. Il s'est glissé, avec d'autres, à la tête du mouvement. Il a été des douze qui ont négocié avec Clémenceau le départ de Simyan et la restitution des avantages perdus. Il n'avait pas imaginé qu'un petit groupe d'irréductibles se serait mis à croire à la lutte finale et pousserait la masse malléable à continuer la grève. Les patrons, qui commençaient à perdre de l'argent, se sont organisés pour contourner les postiers, Simyan est resté et les leaders de la grève ont été révoqués.

Il a fallu au pater dix ans de purgatoire dans des directions de province pour réintégrer les services centraux. À défaut de ministère, il avait fait de cette révolte son titre de gloire. La caricature du camarade

Lamarque annonçant à la tribune : « Clémenceau nous a promis… » reste en évidence sur son bureau. Il ne mentionne jamais le nombre de lettres serviles qu'il a dû envoyer au député Aubriot pour obtenir sa réintégration. Le pater a des convictions, mais pas au point d'en subir à vie les conséquences.

Mater n'intervient quasiment jamais dans leurs débats, elle se contente d'approuver et de veiller à ce que ses hommes soient suffisamment nourris. Elle ne pensait sans doute pas réussir de si splendides spécimens mâles avec ce mari pot à tabac. Quand elle a rencontré Albert, pendant les grèves, il était auréolé du prestige de leader et il cherchait une épouse pour élever le petit garçon que la mort de sa première femme lui avait laissé. Elle avait de la fougue, ce qui a dû l'attirer, de l'allure et de la tenue, ce qui pourrait servir ses ambitions. Elle avait vingt-neuf ans, un mari ne se refuse pas à cet âge, surtout si bien placé au ministère. Aujourd'hui elle est encore plus droite, digne et sévère que sur les photos de sa jeunesse, on la dirait réduite à sa fonction de receveuse des Postes.

Que s'est-il passé dans la vie de sa mère qui a fait d'elle cette femme corsetée ? André la soupçonne de cacher derrière sa tête haute et son maintien de paysanne berbère, une grande solitude. Sous son habit d'homme du Sud-Ouest jovial, bon mangeur, grand causeur, Albert n'est pas un homme tendre, sa seule vraie tendresse reste pour sa sainte mère. Peut-être même trompe-t-il Jeanne, c'est un homme grivois et elle ne doit pas être portée sur les fantaisies nocturnes. Mais elle est l'épouse, c'est elle qu'il honore chaque année dans son discours au banquet familial du nouvel an. Avec les fils qu'il lui a faits, peut-être cela lui suffit-il ?

Petit garçon, André espérait que son père quitte de temps à autre la lecture de ses journaux ou de ses livres pour l'écouter. Il tendait une main secourable à tant de monde, ses frères Louis et Emile qui végétaient chichement, de vieux amis de Bordeaux, des camarades syndiqués, mais ses enfants ne semblaient l'intéresser que comme auditoire. André lui doit son intérêt pour l'histoire et la politique, mais il n'a jamais lu dans le regard de son père la fierté de l'avoir pour fils. C'est à se demander si ses garçons trop grands, trop vigoureux, ne l'exaspèrent pas un peu, lui qui a dû se hisser de toute la force de son intelligence pour exister.

La chaleur, André est allé la chercher ailleurs. Dans le football, avec ses potes du lycée Rollin, puis ceux d'HEC. La solidarité, la sueur, la fraternité des vestiaires lui tenaient lieu de tendresse. Henri n'a pas eu besoin de cette affection de remplacement, depuis toujours il se suffit à lui-même. Dès l'enfance il était grand, beau, et hautain. André n'a rattrapé Henri que tard, à dix-sept ans. En quinze jours d'une angine mémorable à plus de quarante de fièvre il a pris quinze centimètres. Fallait-il qu'il soit très malade pour oser grandir et se poser face à son frère comme égal ?

Ils sont devenus complices. Leur goût commun pour le grand large les a rapprochés. Avec leur cousin Robert, ils ont acheté un voilier, un gros sloop sur lequel ils parviennent juste à remonter au vent par bonne brise, mais qu'ils mènent à la cravache au risque de dessaler. Le bateau les attend ancré au Val-André. Dès qu'il peut, André y file. Seul à bord, menant de front foc et grand-voile, les vagues claquant sur la coque, les embruns lui fouettant le visage, il respire la vie à grandes goulées. Il aurait dû naître quelques siècles plus tôt, il aurait été corsaire, pour la mer, pour la ruse des combats sur l'eau et pour la bonne cause, celle du roi. Leur vaillant rafiot sert aussi, plus prosaïquement, à embarquer quelques flopées de jolies filles attirées comme des mouches par le profil princier d'Henri. André en a consolé quelques-unes. Aucune n'a retenu son attention. Des coquettes, plus malignes qu'intelligentes, des filles pour les vacances.

Quand il a rencontré Éliane, dans le train de Bondy, il a d'abord été amusé par son sérieux, le nez dans ses cours pendant tout le trajet, et la gêne qu'il devinait quand elle cachait ses chaussures éculées sous la banquette. Puis il a été ému par sa rage de s'en sortir, l'énergie qu'elle déployait pour se faire une place au soleil. Et puis il y avait ces délicieuses taches de rousseur sur ses joues, sur son nez, ses gestes enfantins pour relever ses cheveux, sa gravité appliquée lorsqu'elle parlait de ses espoirs. Inquiète, incertaine mais tendue vers autre chose qu'elle ne voyait pas encore. Il lui plaisait c'était clair, mais il n'avait pas envie d'en abuser, ce n'était pas une fille qu'on séduit et qu'on laisse sur le bord de la route. Elle ne méritait pas ça.

Son année aux USA l'a transformée. Elle est revenue femme, marche avec assurance, s'est mise à être élégante, mieux, ravissante. Et passionnée par son travail. André n'avait jamais rencontré de femme aussi acharnée à réussir. Pour être reconnue – elle a dû cruellement manquer de cette reconnaissance – mais pas seulement, pour le plaisir de mener à bien ses projets. André qui n'a aucun projet précis, pour qui l'idée d'un plan de carrière évoque les murs étroits d'un couloir à sens unique, est ébahi par cette petite boule d'énergie en marche.

Elle avait l'air d'attendre de lui bien plus que son amitié, même admirative. Mais il ne se sentait pas plus prêt à s'engager avec une femme que dans une carrière. Le monde est si vaste, les hommes si divers, il avait envie de voir d'autres horizons que la ligne bleue des Vosges, de naviguer sur d'autres flots que ceux de la Manche, d'escalader d'autres montagnes que les Alpes enneigées… Il avait devant lui toute une vie pour parcourir le désert, pénétrer dans Tombouctou l'interdite, s'immerger dans les foules asiatiques, nager dans les lagons de la ceinture de corail australienne… Quand il songe à tous ces lieux, à tous ces peuples, il se demande ce qu'il fabrique dans un amphi de droit. Il est tellement plus exaltant, mais aussi plus simple, d'affronter la faim, la soif, l'inconnu, le danger, que de manœuvrer un conseil d'administration ou de négocier un contrat avec un partenaire retors. Si André est sûr de la nécessité de la loi pour réguler les relations humaines, il n'est jamais certain de son droit à lui à défendre son petit pré carré. Ce qui l'épate le plus, au fond, chez Éliane, c'est cette certitude qu'elle a de son bon droit.

De toute façon, il faut qu'il quitte la maison. Sa mère aura du mal à le voir partir, mais il est grand temps de mettre de l'air entre lui et son père. Qu'a-t-il besoin de la reconnaissance de cet homme, il a son soutien, le reste est de l'enfantillage. Pour finir de grandir, il doit s'en aller.

Quand Éliane s'est fiancée la première fois, André en a senti du dépit.

« Il faudrait savoir ce que tu veux », s'est-il admonesté.

Quand elle a rompu, il était soulagé. Quand elle a recommencé, il s'est agacé. Au troisième fiancé, il n'a pas résisté, en guise de reproche il l'a emmenée voir *Manon* à l'Opéra-Comique et s'est fendu d'un ruineux bouquet de chez Baumann pour fêter ses fiançailles. Le fiancé l'a rassuré, on ne pouvait faire plus cuistre. Elle ne le garderait pas plus que les deux autres.

Cette fille est agaçante à vouloir à tout prix se marier, ne peut-elle pas attendre un peu, qu'il y voit clair en lui ?

Et puis la guerre a été déclarée. Il s'y attendait, mais il y a une différence entre prévoir le pire et recevoir un ordre de mobilisation. Les journaux et les imbéciles clament qu'on ne fera qu'une bouchée de ces sales Boches. Henri, comme André, comme le pater, savent qu'ils s'abusent. La France n'est pas prête, son armée est mal équipée, elle n'a presque pas d'aviation. Les autres, les sales Boches, sont disciplinés, organisés et armés jusqu'aux dents. Le conflit sera long, douloureux, destructeur. Dieu sait où seront les siens dans un an. Et la petite Éliane, la gamine acharnée devenue journaliste de pointe, la retrouvera-t-il après la tourmente ? Ce n'est pas très honnête de se marier au moment de partir sur le front et de risquer de faire une veuve, mais la crainte de la perdre, de ne pas avoir réalisé ce qu'il désire au fond depuis longtemps, devient plus forte que ses scrupules. Il a soudain envie d'une vie à lui, d'une femme qui l'attende et d'enfants, de construire quelque chose au moment où le pays va se déliter. Il a le sentiment que cela le maintiendra en vie. Si elle accepte un militaire sur le départ, il l'épouse.

« C'est son dynamisme qui m'a décidé, m'a-t-il avoué un jour. Je voulais une femme énergique. » Comme un rempart à sa propre insouciance ?

38

Cette fois Éliane peut se sentir heureuse : elle épouse André, elle va quitter le square Charles-Laurent, elle fait pleinement partie de l'équipe de rédaction de *Marie-Claire*, Hélène Lazareff s'adresse de plus en plus directement à elle sans passer par Olga, et elle vient d'être augmentée. Bien sûr il y a cette guerre, mais pour le moment on ne se bat pas beaucoup, et André est officier, pas un homme de troupe qu'on lance à l'assaut.

Elle descend les marches du temple de la rue Madame, au bras de « son mari », le plus beau des maris, fringant dans sa tenue de sous-lieutenant. Elle lui est reconnaissante d'avoir accepté si facilement la cérémonie au temple. Pour lui faire honneur, et ressembler à la Parisienne chic qu'il admire, elle s'est fait faire une robe de jersey bleu Nattier, sur laquelle elle porte crânement le manteau d'astrakan qu'elle a enfin réussi à s'offrir et une petite toque assortie. Avec la guerre et le froid glacial de cet hiver, il eût été indécent et ridicule de se marier en blanc vaporeux.
- Très bonne pioche, lui glisse Nelly à l'oreille.
- Ferme ton col, il ne faut pas attraper froid avant ton voyage de noces, grommelle Marion.

Son père a un grand et large sourire, ce gendre le rassure par sa gentillesse et sa culture. Son beau-père la serre sur son cœur, c'est un petit monsieur rond et affable qui hisse bien haut le cou pour paraître un peu plus grand au bras de sa raide épouse. Ils l'ont très bien accueillie, tous les deux, quand André l'a emmenée dîner chez lui.

Son beau-père l'a fait parler de ses voyages, de la création de *Marie-Claire*, de son travail aujourd'hui…
- Il était temps que la presse s'aperçoive du rôle que jouent les femmes dans la cité.

- Vous savez, nous leur parlons surtout de leurs problèmes de tous les jours, tenir une maison tout en travaillant, restée séduisante, prendre soin des enfants…
- Notre vie serait bien triste si les femmes ne cherchaient plus à nous séduire, ce qui change c'est qu'on leur reconnaît le droit de faire une carrière.
- Reste plus qu'à leur donner le droit de vote, a coupé André gaiement.
- Tais-toi, nous sommes la honte du monde civilisé.

Pendant toute cette conversation, la mère d'André est restée debout à écouter entre deux allers-retours à la cuisine. De temps en temps, elle lâchait :
- Incontestablement, en hochant la tête avec vigueur.

Est-elle idiote ou tellement confite en adoration devant ses hommes qu'elle ne voit pas l'intérêt d'avoir un avis personnel ? L'anti Marion, mais Éliane se demande si elle ne préfère pas sa râleuse de mère à cette servante vigile. Et eux, les hommes, qui continuent à pérorer, à plaisanter, sans même songer à la faire asseoir. Pourtant, André n'a rien d'un mufle, avec Éliane il s'est toujours montré prévenant, et pas seulement pour la forme. Quelle marque cette mère a-t-elle pu laisser sur ses enfants ? Elle ne connaît pas Henri, le frère aîné, qui vient de partir en Indochine. D'après les deux photos qui ornent le *cosy-corner* du salon, il est encore plus beau qu'André, beaucoup plus arrogant aussi. Pourvu qu'il ait capté toute la raideur de la mère, espère-t-elle, et qu'André se soit surtout nourri de la gentillesse de son père.

Il a amadoué Marion en une seule rencontre, l'a décidée sans crise et sans hurlements à accepter pour le repas de noces un restaurant de la rue de la Convention qu'elle jugeait trop cher, et il est arrivé avec quatre bouteilles de champagne. Marion, assise à côté de lui, bavarde comme une écolière. Ce petit monsieur est un sorcier.

Et son jeune mari est un aimant, tous les regards sont tournés vers lui, il a un mot gentil pour chacun, il parvient à faire venir un sourire heureux sur le visage triste de tante Marthe, il veille au bon déroulement de la fête, se lève pour verser à boire, tape chaleureusement sur l'épaule de deux vieux messieurs discrets, les frères d'Albert Lamarque, contient la fougue démonstratrice de sa tante Jeanne, la sœur de son père, complimente Nelly sur sa tenue et Nadine sur ses brillants succès à la fac de pharmacie… Éliane n'a presque rien à faire, si ce n'est sourire et remercier pour les cadeaux arrivés la veille.

Et dans la chambre du bel hôtel ouvrant sur la Méditerranée qu'André a retenu pour leur voyage de noces, elle découvre la beauté du corps de son mari, son tact, la jouissance.

- Sois prudent, garde-toi bien en vie, murmure-t-elle, lovée contre lui.
- L'imprudence est de la sottise en temps de guerre, et j'aurai trop envie de te retrouver. Mais ne me demande pas d'être lâche.

Sa voix est devenue coupante.
- Bien sûr, affirme-t-elle.

Où est la frontière entre prudence et lâcheté ? Elle se coule dans les bras d'André, plus il aura envie de la retrouver, plus la prudence s'habillera de dignité.

La guerre ne fait pas encore de morts, les Allemands se contentent d'envahir le Danemark et la Norvège pour assurer leur approvisionnement en fer suédois. André, cantonné à Châteaudun, piaffe d'impuissance. Chaque week-end Éliane le retrouve dans un petit hôtel du centre-ville.
- Les Allemands se rapprochent, nous avons juste assez de munitions pour tenir un jour, et je ne parle pas des armes. Un révolver de 1892 ! Tu te rends compte qu'on en est à récolter les vieilles casseroles, des outils usagés, pour « fabriquer de l'acier victorieux » ! C'est à pleurer de rire !

Pour André la politique est un art noble, celui de la lucidité et du courage, il ne supporte pas l'impéritie de ceux qui sont en train de conduire la France à l'abattoir. Elle voudrait lui hurler de se taire, mais elle redoute qu'il ait raison.

Hitler le lui prouve en entrant en Hollande puis en Belgique comme dans un ventre mou. Quatre jours plus tard les panzers de Rommel, se moquant de la ligne Maginot, traversent les Ardennes, enfoncent le malheureux front que les Français ont aligné sur la Somme et sur l'Aisne et marchent sur Paris qui est déjà submergé par le flot de réfugiés belges, hollandais, français du Nord et des Ardennes, entassés à dix par voiture, matelas sur les toits pour se protéger des mitraillages des avions.

Éliane entend la nouvelle en se levant. Elle a réussi à dormir quelques heures malgré l'inquiétude qui lui ronge le ventre. Elle a reçu la veille une lettre d'André annonçant, laconique mais amoureux, qu'il monte en ligne avec une batterie anti-char. Maintenant que l'armée française est écrasée, la guerre va se terminer, André n'aura peut-être pas à se battre. Elle grignote son pain, boit deux gorgées de thé, et se précipite aux cabinets pour tout vomir. Le docteur Lombard lui a confirmé il y a deux jours qu'elle était enceinte. Elle va l'écrire à André, ça lui donnera envie de rester vivant.

Rue d'Aboukir, elle trouve tout le monde dans le bureau de Philippe Boegner.
- Nous partons cette nuit, en même temps que l'équipe de *Paris-Soir*. Vous empilez ce qui vous semble le plus utile dans les caisses et les cartons qui vont arriver, puis vous filez chez vous faire une valise et vous revenez. Des voitures nous emmènent ce soir à Clermont-Ferrand, Pierre Laval, le directeur de *La Montagne*, met des locaux à notre disposition et s'occupe de nous trouver de quoi loger.

Pour soutenir ses troupes, Jean Prouvost fait apporter du café et des croissants qu'Éliane va immédiatement vomir.
- Tu es si anxieuse ? s'inquiète Hélène.
- André est monté en ligne et je suis enceinte. Je me demande comment je vais supporter ce voyage.
- Je préviens Jean, que tu aies un lit pour dormir au moins.

Hélène se sait menacée du pire si elle tombe entre les mains des nazis, elle a des parents en Allemagne, certains ont réussi à fuir à temps pour la France ou les USA, le peu de nouvelles qu'elle a des autres sont terribles, mais ça n'altère en rien sa gentillesse. Ce n'est pas elle qui abat le plus de travail à *Marie-Claire*, sans doute une des raisons pour lesquelles elle apprécie Éliane qui ne refuse jamais une mission, mais elle met dans sa légèreté tant de charme et de générosité que tous l'adorent.

Éliane doit attendre une heure sur le trottoir de la rue Lecourbe avec sa lourde valise pour qu'un taxi accepte de la conduire rue d'Aboukir. Paris n'est qu'une immense cohue, les rues sont pleines de voitures et de charrettes que chaque famille charge au maximum, persuadée que les Allemands vont piller la ville.

Mais Jean Prouvost, comme les Lazareff, se méfie très vite de Pierre Laval, et Clermont paraît encore trop proche de Paris. À peine remise d'une nuit de route épuisante, Éliane s'enfourne de nouveau dans une Citroën avec sa secrétaire, un metteur en pages et un photographe direction Bordeaux et les locaux de *La Petite Gironde*, où, à peine arrivés, Pierre et Hélène Lazareff leur annoncent qu'ils prennent le dernier *clipper* pour les USA. La publication de *Marie-Claire* est suspendue, chacun reçoit un chèque substantiel et son congé.

Éliane se retrouve sur le trottoir, au milieu d'un magma de piétons désorientés, de voitures bloquées, de klaxons rageurs, de charrettes lourdement chargées tirées par des hommes épuisés, d'enfants pleurant, de femmes angoissées... Le seul service que leur rend encore le journal est de garder les valises en attendant qu'ils aient trouvé où se loger.

Comme prévu, les hôtels sont pleins. Éliane sonne à toutes les portes pour quémander une chambre, mais d'autres sont déjà passés, des familles entières s'entassent dans des pièces de huit mètres carrés.

Saloperie de guerre, au moment où elle se trouve un mari magnifique, où elle a un job passionnant et attend son premier bébé, sa vie va être foutue en l'air. À dix-sept heures, après des dizaines de refus désolés, elle s'effondre. Adossée au mur du dernier immeuble exploré, elle éclate en sanglots. Une jeune femme s'arrête, lui prend le bras.

- Vous êtes en peine ? demande-t-elle avec un joli accent du Sud.
- Un peu, mon mari est au front, je n'ai pas de nouvelles, j'attends un bébé et je ne sais pas où dormir ce soir.
- Vous partageriez mon lit ?
- Vous voulez bien m'accueillir ?
- Mon mari aussi est mobilisé, mais il n'est pas encore au front. Si je peux vous aider, ce sera avec plaisir.

Comme quoi, se dit Éliane, il ne faut jamais renoncer à demander de l'aide. Et elle embrasse la jeune femme sur les deux joues. Tant pis pour sa valise, elle est trop fatiguée pour aller la chercher, elle la récupérera demain.

La jeune femme habite une de ces petites maisons sans étages qui bordent les rues de Bordeaux dès qu'on quitte le centre. Elles s'apprêtent à dîner de courgettes et d'un œuf à la coque, qui réjouissent Éliane, lorsque la première bombe éclate tout près de là, puis une seconde, puis une troisième. Pendant deux heures, le tonnerre gronde, la maison tremble, Éliane, terrée dans la cave, écoute la mort tomber. À chaque sifflement annonçant la chute d'une bombe, elle se ratatine, ses entrailles se rétractent en une boule de nœuds, sa respiration se bloque. La bombe explose, à côté. Et le sifflement recommence. Le grondement des avions ne s'éloigne qu'à la nuit tombée car ils ne distinguent plus leurs cibles.

Le lendemain, elle découvre qu'une maison voisine, à moins de cent mètres de là, a été touchée, les canalisations d'eau crevées, et ses habitants noyés dans la cave où ils s'étaient réfugiés.

C'est à ce moment, qu'à son immense soulagement, Pétain annonce l'armistice.

39

Les bombardements semblent définitivement terminés, Éliane reprend vie. André ne risque plus rien, à condition qu'il soit vivant. Personne ne sait comment joindre les soldats au front, ni où sont cantonnés les restes de l'armée française. Pendant le repas traditionnel du nouvel an, sachant la guerre inéluctable, le beau-père d'Éliane avait prévenu :
- Si la France est envahie, rendez-vous à Albi, chez M. Viala le Directeur des Postes, c'est un excellent ami. Avant que les Chleus arrivent dans le Tarn, on aura le temps de se retourner.

Dans les locaux de *La Petite Gironde*, elle retrouve sa secrétaire et le jeune metteur en page qui ont partagé sa voiture jusqu'à Bordeaux, complètement désemparés. Elle leur propose de partir avec elle à Albi où elle pense leur trouver un gîte, eux l'aideront à traîner sa valise de quai en quai.

Des trains partent encore de la gare Saint-Jean, ils réussissent à monter dans un omnibus poussif pour Albi. Le train est bondé, ils ont une place pour trois, les valises empilées dans le couloir servent de sièges, les arrêts dans les gares n'en finissent pas, Éliane redoute à chaque fois que le train ne reparte pas. Quand, au bout de deux heures, il arrive en gare de Gaillac, à trente kilomètres d'Albi, elle est prise d'une impulsion :
- On descend.

Sa belle-mère a été receveuse ici, c'est une petite ville, on doit la connaître, elle trouvera bien une âme charitable pour l'héberger.

À la poste, elle se présente comme la belle-fille d'Albert et Jeanne Lamarque. Silence surpris du jeune receveur, il a à peine trente ans, il n'a pas connu sa belle-mère, mais la solidarité fait partie de la culture des postiers, et elle a vraiment l'air à bout de forces. Le jeune receveur lui donne l'adresse d'un facteur qui a peut-être une chambre à offrir.

Soudain l'air paraît doux, l'ombre des grands platanes protectrice. Elle rassemble ses forces pour marcher jusqu'à la maison indiquée. Une forte dame en sarreau vient lui ouvrir en s'essuyant les mains :
- Je viens de Paris, on m'a dit que vous auriez une chambre à louer, je suis madame Lamarque.

La dame se met à rire.
- Faut pas me raconter d'histoire, se moque-t-elle avec un accent claironnant, vous n'êtes pas madame Lamarque, je la connais bien madame Lamarque.

C'est le ciel qui a conduit Éliane ici !
- Je ne suis pas madame Albert Lamarque, corrige-t-elle, mais madame André Lamarque.
- Bou Diou, c'est-y que vous êtes la femme du petit Dédé ?
- Le petit Dédé fait 1 m 80, il est marié et officier dans l'armée.

Mme Bouillousse serre Éliane contre son cœur, lui demande des nouvelles de toute la famille, pousse des cris de joie en apprenant qu'elle attend un bébé, lui offre une citronnade et lui assure qu'elle peut rester chez elle autant qu'elle veut. Sa secrétaire peut loger avec elle, la chambre a deux lits, et on trouvera des amis pour loger le troisième voyageur.

Mme Bouillousse se met en quatre pour rendre à Éliane un teint rose et des joues rondes, elle ne comprend pas pourquoi les nausées ne passent pas avec sa bonne cuisine. Éliane n'ose lui avouer que l'odeur de ses magnifiques chapelets d'ail entreposés au sous-sol lui soulève le cœur dès qu'elle ouvre la porte de sa chambre.

Mais toujours impossible de localiser André. Aucun des soldats ou des officiers en fuite qui envahissent la ville n'est capable de lui donner des nouvelles claires de la situation de la France : certains disent qu'on se bat encore en Normandie et en Bretagne, d'autres que les hommes sont tous démobilisés mais que leur retour n'est pas organisé, d'autres que seules les troupes de l'Est sont laminées, qu'il y a des réserves de soldats ailleurs …

Un jeune officier vient chaque jour chez les Bouillousse à 20 h 30 écouter à la TSF l'émission diffusée depuis Londres « Ici la France », il guette les interventions d'un certain général de Gaulle qui a été secrétaire d'État à la Guerre dans le dernier cabinet de Paul Reynaud.
- Qu'est-ce qu'il fait à Londres ?
- Il représente la France auprès de ses alliés, et il prépare la suite des combats.
- Mais Pétain a signé l'armistice avec les Allemands, ce général n'en tient pas compte ?

- Ce n'est pas parce que quelques généraux terrifiés capitulent que la France est vaincue. De Gaulle a dit : « La France n'est pas seule, avec l'aide de notre empire, de l'Angleterre et de l'immense puissance industrielle des États-Unis, nous vaincrons. »
- Alors la guerre va continuer ?
- Elle ne s'est pas arrêtée, les Britanniques se battent comme des lions, les Canadiens et les Australiens aussi.

Pourvu qu'André ne soit pas envoyé en Afrique ou à Londres rejoindre ce général utopiste.
- Vous croyez qu'on a des chances de gagner ?

Les Allemands semblent tellement puissants, tellement organisés et galvanisés par leur Führer.
- L'Allemagne va avoir le monde entier contre elle, elle perdra à la longue. Mais il faut que la France participe à cette victoire. Je pars à Londres rejoindre de Gaulle dès la semaine prochaine.

« Je n'y comprenais rien, cela me semblait fou. » Comment imaginer que les Africains aient envie de se faire tuer pour la France, quant à ce qui reste de l'armée, il faudrait un miracle pour transformer en bataillons redoutables les soldats démoralisées qui affluent dans la zone sud. Les hommes se réfugient dans des rêves de gloire pour ne pas voir la défaite en face. Il faut qu'elle retrouve André avant qu'il lui vienne l'idée de partir pour Londres.

Le lendemain, elle décide de prendre le car pour Albi rencontrer M. Viala, c'est la seule personne qui ait des chances d'avoir des nouvelles de la famille Lamarque. Elle n'a pas encore grossi d'un gramme à force de vomir les plats épicés de Mme Bouillousse. Elle rentre encore dans sa plus légère robe de coton, la seule supportable avec la lourde chaleur qui pèse sur Gaillac.
- Vous n'allez pas visiter M. Viala comme ça ? s'insurge Mme Bouillousse.
- C'est ce que j'ai de plus léger.
- Ah non ! Pour aller voir Monsieur le Directeur, il faut mettre une robe de soie.

Éliane sourit, mais retire de sa valise sa plus élégante robe de mousseline. La gentillesse de Mme Bouillousse mérite cet effort. M. Viala ne remarque pas sa robe, mais il l'accueille à bras ouvert. Non seulement il a des nouvelles, mais il héberge Jean, le demi-frère d'André, sa femme et sa petite fille, porteur d'excellentes nouvelles : André est bien en vie, il vient de rejoindre ses parents à Bondy à pied depuis la Bretagne où son unité s'est dissoute d'elle-même faute d'ordres et d'officiers supérieurs. La mater a refusé d'abandonner aux Allemands son bureau de poste et son coffre-fort rempli de l'argent de l'État. Elle n'a d'ailleurs pas été inquiétée. Le pater est resté auprès d'elle.

Éliane s'effondre de soulagement, André est vivant. Mais la France est maintenant coupée en deux, il est au nord en zone occupée, elle au sud en zone libre.
- Il n'a qu'à me rejoindre.
- Trop risqué, il n'y a eu aucun ordre de démobilisation, il peut être considéré comme déserteur, ou fait prisonnier par les Chleuhs.
Au moins, ça l'incitera à rester caché.
- Tu ferais mieux d'attendre que la situation s'éclaircisse avant de remonter à Paris. Va à Vieux chez les cousines de maman, c'est à vingt kilomètres de Gaillac. Elles sont adorables et la maison est grande et fraîche. Tu pourras t'y reposer, dans ton état ça ne serait pas du luxe. La France est peut-être envahie, mais la poste fonctionne. On va faire savoir à André où t'écrire.

Dès que les trains entre Montpellier et Paris sont rétablis, Éliane décide de rentrer, avec Nadine, passée en zone sud dès le début de l'exode pour mettre ses compétences de pharmacien au service des armées et qui l'a rejointe dans le Tarn.

Ce mois dans la grande maison de Vieux chez les cousines Odette et Marguerite, des vieilles demoiselles provinciales aussi surannées que généreuses, lui a rendu un peu de couleur et assez de force pour affronter des heures de trajet. Elle est assez ronde maintenant pour obtenir un billet prioritaire, avec Nadine comme accompagnatrice.

La découverte des soldats allemands au passage de la ligne de démarcation, à Vierzon, est un choc. Bottés, casqués, impénétrables et suspicieux, ils contrôlent longuement les papiers d'identité. Tout le compartiment frémit. L'occupation sera amère. Tant pis, Éliane avalera la potion. La guerre ne lui a pas pris son mari, elle s'accommodera du reste.

Elle le retrouve à Bondy, aussi beau, loquace, amoureux qu'elle l'espérait dans ses insomnies anxieuses. Heureux de son ventre qui s'arrondit, heureux de la serrer contre lui, heureux de raconter sa désolante guerre, la batterie anti-char qu'il a dû noyer pour qu'elle ne tombe pas en mains ennemis, ses hommes dispersés tentant tant bien que mal de rentrer chez eux, et maintenant cette France couchée, trop contente de s'en remettre à un vieillard pour la protéger des Allemands… Heureusement, il y a de Gaulle qui refuse l'armistice, et réfute la défaite.

- Il a réussi à faire reconnaître la France libre par Churchill, et maintenant les colonies se rallient l'une après l'autre : la Nouvelle-Calédonie, le Tchad, le Congo, l'Oubangi Chari, Tahiti, même les Comptoirs de l'Inde…
- Pour se débarrasser d'Hitler, il faudra plus que ces troupes indigènes, qui ne connaissent pas la France et n'ont même plus de flotte.
- Bien sûr, sans l'aide américaine on n'y parviendra pas, mais l'important c'est le maintien d'une existence légale du pays. La France n'a pas disparu parce qu'elle est en partie occupée. Certains se chargent de le clamer, ce Rivet du musée de l'Homme avec son manifeste, les socialistes qui ont créé un journal rebelle, des réseaux se tissent…

Oh non, il ne va pas s'engager là-dedans ! La peur déjà grignote le ventre d'Éliane, que serait-ce s'il se lance dans une activité clandestine. Il ne peut pas lui faire ça, pas maintenant qu'il est revenu vivant, entier et qu'il va être père. Elle se souvient de son tranchant : « Ne me demande pas d'être lâche. » Si elle veut le garder, il va falloir ruser.

- Les Américains finiront par nous aider, tente-t-elle prudemment, tout au moins les Anglais. Ils ne pourront pas laisser l'Allemagne dévorer leur principal allié.
- Ils résistent bien pour le moment.

L'habileté des pilotes de la RAF, leur courage, et la ténacité anglaise dans la bataille qui les opposent depuis trois mois aux chasseurs de la Luftwaffe ouvrent une petite fenêtre sur l'espoir.

- Il y a même des pilotes américains qui sont venus les rejoindre. Roosevelt et son fichu Congrès ne pourront pas refuser des armes à l'Angleterre après toutes les destructions qu'elle a subies.
- Tu as raison, les pilotes de la RAF ont peut-être commencé à sauver le monde libre.

Grâce au ciel, André n'est pas pilote !

- Les Américains ont mis trois ans à se décider à entrer en guerre en 17, ils tarderont moins cette fois. Ils ont vu dans quel état la dernière guerre a laissé l'Europe, ils ont besoin de nous comme alliés, mais comme clients aussi. À qui vendront-ils leur pétrole, leurs armes, leurs films, leurs voitures si nous sommes ruinés ?

Ses cours d'économie à Western College lui serviront peut-être à convaincre André.

- Tu as des arguments imparables, dit-il amusé en la prenant dans ses bras.

Merci Seigneur, de Gaulle est oublié ! Et comme l'ordre de démobilisation d'André arrive deux jours plus tard, il n'a plus besoin de –

se cacher, il peut chercher du travail, ce qu'il trouve très vite, il n'y a pas beaucoup de jeunes hommes diplômés sur la place de Paris en ce moment. Il sera directeur commercial d'un limonadier. Pas très glorieux, mais suffisant pour faire vivre une famille et payer un loyer.

Deux semaines plus tard ils emménagent dans un petit appartement, un salon, une chambre, une minuscule salle de bains et une cuisine, villa Poirier, à deux pas de leurs deux familles. C'est avec un mélange de triomphe et de soulagement qu'Éliane y dépose trois lourdes valises, tout ce qu'elle a emporté du square Charles-Laurent. Elle coud une housse de serge brun pour un divan qui servira de canapé dans le salon, quelques voilages pour les fenêtres, André apporte un table de bois qu'il a confectionnée lui-même, fabrique deux étagères du même bois pour encadrer le divan et installer ses livres. Ils achètent un bon grand lit dans lequel ils font l'amour aussitôt, et un berceau.

La tutelle allemande ne se laisse pas ignorer. Un régiment est installé dans la caserne de l'avenue de Suffren, des soldats vert-de-gris montent la garde aux guérites, on croise à chaque déplacement des patrouilles armées, raides dans leurs uniformes, et les denrées de première nécessité, captées par l'Allemagne, commencent à manquer. Le beurre devient rare et cher, la viande, les pommes de terre aussi. Il n'y a plus de journaux libres, tous ceux qui paraissent en zone occupée sont sous contrôle allemand.

Philippe Boegner, installé à Lyon avec une équipe de rédaction reconstituée a demandé à Éliane de passer dans leurs bureaux récupérer tout ce qu'elle pouvait pour les aider à reprendre la publication. Rue d'Aboukir, la plaque de *Marie-Claire* n'a pas été retirée de la porte. Apparemment une nouvelle équipe de rédaction a repris le journal.

Une jeune femme méfiante, inconnue d'Éliane, sort du bureau d'Olga.
- Je viens chercher mes affaires.
- Je préviens le rédacteur en chef.

La fille disparaît. Éliane s'empresse d'enfouir dans un grand cabas tout ce qu'elle peut rafler sur sa table de travail et dans les casiers du classeur où l'équipe rangeait les documents indispensables à tous, répertoire de leurs interlocuteurs, correspondants, photographes, pré-maquettes, idées à l'étude…
- Vous avez vraiment besoin de tout ça ?

La voix est moins assurée que la posture de coq. Éliane met quelques secondes à reconnaître dans ce nouveau rédacteur en chef, Émile l'ancien garçon d'ascenseur. Belle promotion, aboutissement, sans doute, de services rendus à l'occupant. Comme pour celui qui a pris la place de Pierre Lazareff à *Paris-Soir*. Ce type doit pouvoir être très néfaste.

Éliane sourit, avec une petite moue d'excuse :
- Nous sommes partis dans une telle précipitation que j'ai laissé ici des tas de choses tant personnelles que professionnelles. Je vais essayer de faire quelques piges jusqu'à la naissance de mon bébé, j'aimerais les récupérer.
- Vous voulez revenir parmi nous ?
- Je vous remercie, mais je n'aurai pas la force d'assurer un emploi régulier. J'aimerais juste gagner un peu d'argent et ne pas perdre la main.

Elle continue tranquille et terrorisée à vider les tiroirs de son bureau, et se paie le luxe d'emporter les dossiers qu'Hélène laissait à son intention et celle d'Olga dans l'armoire métallique derrière elle. Emile ne bronche pas, il est là pour contrôler ce qui s'écrit, il ne sait peut-être même pas ce que contiennent les armoires. Elle soulève avec aisance son cabas qui pèse un âne mort et s'en va en remerciant. Le rythme de son cœur ne ralentit que trois stations de métro plus loin.

Avant d'expédier à Philippe Boegner le gros de sa récolte, par une filière que son beau-père lui a indiquée, elle recopie ce qui lui sera utile pour travailler, car elle n'a aucune intention de rester chez elle à astiquer ses meubles en regardant son ventre gonfler. Elle a déjà tricoté plus de brassières et de culottes que son bébé pourra en user.

Guerre ou pas guerre, occupants ou pas, si elle s'en donne la peine, elle trouvera bien des articles de mode ou de beauté, politiquement neutres, à proposer ici ou là.

Il n'y a plus grand monde à Paris capable de torcher très vite, à partir de pas grand-chose, des articles conseils pour les femmes. Traînant son ventre de rédaction en rédaction, elle récolte tout de suite des commandes, au *Petit Echo de la Mode*, au *Petit Parisien*, à *Candide*... Elle déniche des photographes ou des dessinateurs pour illustrer ses articles. Elle s'amuse et réussit à gagner assez d'argent pour s'offrir un landau anglais carrossé comme une Rolls, des gants fourrés, un vaste gilet de mohair et un gros pull à côte pour André.

L'hiver est glacial, le charbon manque. La chaudière de l'immeuble de la villa Poirrier marche au ralenti. André est parvenu à trouver un peu de bois pour la cuisinière, Éliane écrit ses articles dans sa cuisine. Les trottoirs sont verglacés, la neige tombée fin décembre n'a pas fondu. Tassée par les pas des passants, elle s'est transformée en une couche dure et sale. Éliane est obsédée par la peur de glisser et de choir sur le ventre.

Il est temps que cet enfant naisse, elle ne dort plus tant son ventre lui pèse, elle ne peut plus lacer ses chaussures, le matin elle se lève lasse, se traîne à la cuisine. Faire la queue pour les courses l'épuise. Heureusement Marion, qui est revenue de Printania où elle s'était réfugiée à l'arrivée des Allemands, se charge de l'approvisionnement.

40

La guerre va être longue et dure, Marion ne se fait pas d'illusion. Elle connaît l'orgueil allemand, et sa redoutable efficacité. À Hinsdale, les familles d'origine allemande étaient celles dont les enfants étaient les mieux tenus, les maisons les plus astiquées. La famille a été jusqu'à présent épargnée par la tourmente, André est rentré du front, Henri ne sera pas mobilisé, Éliane et Nadine sont revenues indemnes de l'exode, il faut seulement s'organiser pour continuer à vivre.

La guerre a rendu sa fierté à Marion. Chaque jour comptera un défi à relever : nourrir les siens, protéger ses biens, relayer ses filles ou son mari en peine... Chaque jour son courage, son sang-froid et son intelligence tactique, qui d'ordinaire ne servent à rien, seront à l'honneur. Pendant quatre ans, elle donnera la mesure de son âme de pionnière, elle sera presque heureuse.

Alors que Paris se vidait, elle n'avait aucune envie de partir.
- Ridicule. Ils ne vont pas entrer dans les maisons pour nous égorger.

Mais ses poules mouillées de belles-sœurs, affolées par la marée de fuyards qui traversait Paris, ont fait le siège d'Henri jusqu'à ce qu'il capitule. Marion finit par céder, mais pas question de descendre dans le sud comme tout le monde. Pour aller où d'ailleurs ? Ils ont un toit en Normandie, ils y resteront jusqu'à ce que la situation s'éclaircisse.

Bien sûr, les routes sont bloquées, les voitures roulent au pas, et les pompes à essence, prises d'assaut, n'ont plus de carburant.
- Ridicule, continue de grommeler Marion.

Il leur faut deux jours pour arriver, grâce à un client d'Henri qui peut les ravitailler en essence à Villedieu-les-Poêles. Cette fuite stupide a au moins l'avantage de la ramener à Printania. Deux maisons seulement sont occupées, la leur et celle des Lérin. Tout est calme, au moins ici la foule des fuyards n'aura pas vidé les réserves de vivre.

Tandis que Marion sillonne à vélo la campagne en quête d'œufs, de légumes, de lapins…, Henri, l'oreille rivée à son poste de TSF, guette les nouvelles. Les Allemands sont entrés dans Paris, mais pas de signe de pillage ni d'incendie. Les employeurs de Marthe et d'Henri finissent par demander à leur personnel de les rejoindre dans le Midi. Les Allemands continuent à avancer, ils seront sous peu en Normandie. La maison de Printania, dans ce hameau quasi vide, est autrement plus vulnérable que leur appartement parisien. Pas question de la laisser sans protection.
- Je reste ici, annonce tranquillement Marion, j'en profiterai pour faire des provisions, et des conserves.

La mine estomaquée de Marthe et Gabrielle lui est un miel savoureux. En fait elle n'est pas mécontente de rester seule, elle pourra peut-être se baigner et s'accorder de grandes promenades sur les dunes, sans avoir à subir le caquètement de ses belles-sœurs.

Sa tranquillité ne sera pas longue. Bloqués sur les routes, les employeurs de Marthe et d'Henri annulent les rassemblements dans le Midi et disent à chacun de se débrouiller. Henri fait demi-tour et repart vers Printania, pour lui aussi c'est un port d'attache.
- Marion n'y sera sûrement plus, elle a dû fuir devant les Allemands, s'alarme Marthe.
- Ça m'étonnerait, sourit Henri.

Bien sûr, Marion est là. Les Allemands pas encore, mais ils ne vont pas tarder. Un jour arrive un camion plein de soldats vert-de-gris qui commencent par explorer l'hôtel des Anglais vide. Ils vont découvrir la voiture d'Henri, garée dans le garage de l'hôtel. Une belle proie.

Marion ne les quitte pas des yeux. Ce sont de jeunes recrues, excitées par la perspective d'un peu de pillage, mais ils n'ont pas l'air féroce. Ses cheveux blancs (à cinquante ans son abondante chevelure, qu'elle remonte en bandeaux, est déjà entièrement blanche) et sa mine respectable devraient la protéger. Quand ils ouvrent le garage, elle sort de chez elle et demande, en allemand, à parler à leur officier. Elle jouit de la surprise qu'elle lit sur leur visage, et comme prévu, les Allemands étant gens disciplinés, ils obtempèrent.

L'officier n'a pas non plus une tête de Gestapiste. Elle a peut-être de la chance.
- Cette voiture est celle de mon mari, explique-t-elle crânement, il en a besoin pour son travail, et nous pour repartir à Paris. Ce n'est pas une arme, nous ne sommes que des civils inoffensifs. Alors vous seriez bien aimable de demander à vos hommes de ne pas y toucher.

Le capitaine sourit, allons ce n'est pas un méchant homme.

- Bien sûr, nous respecterons votre voiture, mes hommes ne sont pas des voleurs, mais dites-moi, comment se fait-il que vous parliez si bien notre langue ?

Marion se fait un plaisir de lui raconter son père autrichien, sa mère quadrilingue et son enfance itinérante. Que cet officier allemand sache que les Français ne sont pas tous des paysans les pieds dans la glèbe. « *Je me souviens même de ce qu'il m'a dit :*
- *C'est amusant, une Française qui parle autrichien avec un accent anglais.* »

Bien lui en a pris de rester. En quelques jours les soldats dévastent l'hôtel, pillent ce qui est pillable, cassent vitres et portes, et détruisent toutes les provisions utilisables. Ils essaient quand même de voler la voiture d'Henri, mais comme le réservoir est vide, ils se contentent d'emporter deux roues. Et ils n'osent pas pénétrer dans leur maison.

Puis l'armistice est signé, Paris ne risque plus d'être bombardé, Henri, ses sœurs et Nelly – que Marion avait mise en pension à Créances par précaution – repartent pour la capitale. Après l'hôtel, Marion a vu piller, puis dévaster chaque maison vide du hameau. Seule la leur et celle du vieux couple Lérin sont encore épargnées. Dès qu'elles seront vides, la razzia commencera. L'idée lui est insupportable. Elle reste.

Chaque matin, pour bien afficher sa présence, Marion sort sur le pas de la porte. S'il fait assez beau, elle s'assoit sur une chaise pour tricoter dehors au soleil, elle étend son linge sur les fils de séchage, en essayant de ne pas trop regarder du côté de l'hôtel où les soldats sont installés.

Cette petite maison de rien du tout lui a offert les plus beaux moments de sa vie d'épouse, elle l'a meublée avec tendresse et rendue très pratique malgré le confort limité. Pas question de laisser à ces vandales son linge, sa vaisselle, ses conserves de haricots, ses confitures de mûres sauvages, ses bocaux de fruits au sirop, produits de ses heures de travail. Elle va tout emporter, enfin tout ce qu'elle peut. Chez les commerçants du village, elle récupère d'énormes sacs à grains en jute dans lesquels elle roule sa literie, matelas compris. Quelques caisses entreposées au grenier servent à emballer le reste, et pour les clouer, elle trouve un menuisier en la personne de l'ordonnance de l'officier parti rejoindre son État-major pour quelque temps. Elle avait repéré son gentil sourire chaque fois qu'elle venait se plaindre des exactions des soldats. Un brave garçon, qui se trouve là contraint et déteste cette guerre.
- *Dieser Scheisskrieg*, grommelle-t-il loin de ses pairs.

Pour le remercier, elle lui confectionne des plats de pudding de semoule ou de riz sucré.

Mais cette bonne femme d'origine américaine, qui comprend l'allemand, finit par paraître suspecte à la Kommandantur. M. Koch, le propriétaire de l'hôtel des Anglais, venu porter plainte pour les dégâts commis, a capté des rumeurs.
- Vous êtes signalée comme femme à la plage, parlant allemand, à surveiller. Vous devriez partir.

Elle n'a pas encore tout emballé et vient de passer un accord avec l'épicier de Pirou pour qu'il passe chercher ses colis et la conduise à la gare pour les expédier, les Boches lui laisseront bien encore un peu de temps. Mais le lendemain un homme en uniforme de la Gestapo, avec son chien, apparaît sur le chemin. Elle risque d'être gravement punie de son audace. Elle regarde l'homme casqué venir vers elle, puis s'arrêter devant la maison et s'asseoir dans l'herbe, sans la quitter des yeux. En faisant semblant d'éplucher des légumes, Marion tente de calmer son cœur. S'il venait l'arrêter, d'abord il ne serait pas seul, et puis ce serait déjà fait, se rassure-t-elle. La Kommandantur veut seulement savoir ce que fabrique cette femme atypique. Elle va leur montrer.

Elle ouvre grand portes et fenêtres pour que l'homme puisse observer ses faits et gestes de banale ménagère. Il reste à son poste jusqu'au soir, puis il part. Elle ne ferme pas l'œil de la nuit, l'oreille aux aguets de tous les bruits de moteurs annonçant l'arrivée des Gestapistes, mais aucune jeep ne vient à Printania. Le lendemain, le type revient à la même heure, s'assoit au même endroit, et n'en bouge pas. Même chose le surlendemain : c'est un sous-fifre qui applique une consigne. Prudemment, Marion commence à l'apprivoiser. Elle lui parle d'abord de son chien, qu'il a l'air d'aimer beaucoup, puis de sa famille. Il n'a rien du gentil menuisier ordonnance du capitaine, mais il répond. Et au bout de deux semaines, il ne revient plus.

Dans la maison il ne reste que les meubles, trop difficiles à expédier. Marion ferme les portes, le cœur serré. Puis elle rentre à Paris prendre en main le ravitaillement familial.

Pendant les quatre années de guerre, Marion mettra sa fierté et son énergie à assurer la subsistance des siens. Levée à quatre heures du matin pour faire la queue chez un crémier lointain qu'on dit approvisionné, envoyant Henri, qui ne regimbe pas, faire de même ailleurs, patientant quatre longues heures pour quelques kilos de pommes de terre, organisant ses vacances dans les campagnes riches, Normandie, Vendée, qu'elle sillonne en vélo avec Henri pour tenter, de ferme en ferme, de récolter quelques œufs que les fermiers parviennent à distraire du contrôle allemand, un peu de beurre, un morceau de lard. Elle devient experte dans le repérage des lieux de ravitaillement, dans la tricherie pour obtenir deux rations de farine, de pommes de terre, au lieu d'une, dans la négociation des tickets de tabac, que personne n'utilise dans la famille, contre des tickets de pain… Confectionner deux repas par jour est un exploit auquel elle ne faillira pas, pas plus que de rendre grâce au Seigneur d'avoir réussi ce jour-là, en n'oubliant pas de lui demander de l'aider le lendemain.

Faire vivre les siens, c'est sa guerre à elle et elle a bien l'intention de la gagner. La fatigue qui l'effondre en fin de journée sur son lit ressemble à du bonheur.

Même son mari trouve à ses yeux une dimension héroïque. En truquant les bons de commande d'acier pour les presses de la société Baldon, il réussit à obtenir des Allemands largement plus que les besoins de l'usine. L'acier supplémentaire est revendu à d'autres usines, et l'argent converti en nourriture distribuée aux employés. Et il continue à aller travailler malgré l'absence de métro. Il part le matin en vélo, par *black-out* complet, roule quinze kilomètres et revient à la nuit noire, finissant même un soir par se faire bousculer par un camion. Pour la première fois de sa vie, Marion a peur pour lui, pour la première fois elle a de la peine en le voyant rentrer contusionné et trempé de pluie.

« *C'était exténuant de faire ce trajet deux fois par jour pour un homme de 66 ans* », écrit-elle dans ses mémoires. Il n'en avait que 57 ! Pour Marion, même héroïque, Henri est déjà un vieux monsieur.

Entre deux journées de queue, elle retourne à Printania, pour tenter de sauver ses meubles. Elle n'a pas de laissez-passer, alors elle ruse. Elle prend le train jusqu'à Coutances avec sa bicyclette, dort une nuit à Coutances, une autre à Lessay, l'autre à Créances pour que les Allemands, qui contrôlent les fiches d'hôtel, ne repèrent pas sa présence régulière au même endroit. Pour plus de sécurité, elle part de l'hôtel à l'aube, avant le relevé des fiches. Un gros gilet sous son imperméable, un chapeau de pluie enfoncé jusqu'aux yeux, elle circule par tous les temps. Ce n'est pas une petite bourrasque normande qui effraie l'ancienne écolière d'Hinsdale, et elle en profite à chaque fois pour faire du ravitaillement, revenant exténuée mais triomphante à Paris, ses sacoches de vélo remplies de pommes de terre, d'œufs, parfois même de beurre ou d'un rôti.

Elle réussit à évacuer les meubles, à les cacher chez une marchande de légumes de Pirou. Peine perdue, dans la tourmente du débarquement ils seront pillés quand même, sans doute par des Français. Et les Allemands brûleront la maison.

La guerre finie, Marion aurait pu couler des jours tranquilles jusqu'à la fin de sa vie, ses filles ont de bons métiers et bientôt toutes des maris, Henri est désormais un des piliers de la maison Baldon où il restera jusqu'à sa retraite. Mais lorsque l'exceptionnel n'a plus masqué le quotidien, la rage de s'être flouée elle-même a repointé son nez avec son exutoire, les vociférations : pour des placements boursiers inconsidérés, l'achat d'une voiture trop grande, une simple remarque maladroite, une contradiction…

C'est Henri qui va renoncer à se battre. Son esprit curieux l'a conduit vers la théosophie. Un jour il a décidé ne plus tenir tête à Marion. Supporter sa femme, apaiser leur relation, devint l'épreuve à lui destinée pour l'aider à accéder à un niveau supérieur de spiritualité. Il a vécu jusqu'à quatre-vingt-neuf ans. Puis un bel été, il est parti paisible, malgré les douleurs d'un infarctus. Il se savait attendu de l'autre côté du miroir.

La mort d'Henri libère Marion de ses devoirs d'épouse, et aussi du regard de cet homme qu'elle n'estimait pas mais qui était quand même plus instruit qu'elle.

Elle s'achète un mois de séjour à vie dans un studio à Mandelieu face à la mer. Elle se fait inviter par ses enfants, va d'une famille à l'autre, les suit dans leurs voyages en Italie dont sa mère lui a tant de fois parlé, visite Florence, Vérone, Venise… Elle prend ses finances en main, fait d'excellents placements, et décide de boucler la boucle de sa vie, retourner aux USA.

Elle organise son circuit de familles en amis. Elle est accueillie à Boston par la fille aînée de Nadine installée là avec son jeune mari étudiant à Harvard, puis elle s'envole pour Nantucket, chez Agnès la fille de Robert où elle se laisse gaver de homard. Elle part à Hartford dans le Massachussetts chez les Desnoyer qui lui feront visiter les plus jolis sites de Nouvelle Angleterre en pleine gloire de l'*indian summer*. Elle retourne chez sa petite fille à Cambridge découvrir le campus d'Harvard et la ville de Boston. Et elle repart, sans essayer de revoir Chicago ou Hinsdale.

Certes, m'a expliqué Marion, elle n'y connaissait plus personne, mais outre que c'était sans doute faux, en cherchant bien elle aurait trouvé trace des fils Schmidt ou d'autres voisins, ce genre de détail n'a jamais arrêté Marion. Je crois tout simplement qu'Hinsdale était resté trop douloureux pour qu'elle supporte de revoir les lieux de ses bonheurs d'enfance.

41

Fin février 1941, alors que l'hiver semble agrippé à la France pour ne plus la quitter, Éliane ressent enfin les fameuses douleurs annonciatrices de délivrance. André la conduit à l'hôpital Trousseau, un des rares à garder une maternité ouverte, mais il n'est pas autorisé à entrer en salle de travail. Elle reste seule, ou presque, la moitié de la nuit. Des sages-femmes très jeunes et débordées entrent constater l'avancement du travail et repartent après quelques mots d'encouragement. Pas de médecin, on ne les dérange pas pour un banal accouchement. À une heure du matin, enfin, la dilatation est suffisante, le bébé devrait arriver, on aperçoit ses cheveux, mais il ne sort toujours pas. Il est comme coincé. La douleur devient insupportable. Éliane hurle.
- Vous voyez bien que ce n'est pas normal. Réveillez le médecin, bon sang, débrouillez-vous.

Une des filles revient avec une femme d'âge mûr. Il faut être à l'agonie pour qu'on s'occupe de vous ici.
- C'est un occipito-sacré, constate-t-elle aussitôt, on doit retourner l'enfant. Je vais vous faire mal, annonce-t-elle, en saisissant les cuillers à forceps.

La torture ne peut pas être aussi effroyable, Éliane doit être déchirée de partout, mais à deux heures du matin, l'enfant sort.
- C'est une belle petite fille, annonce la sage-femme en tenant à bout de bras un paquet sanguinolent et hurlant qu'elle présente à Éliane.

Elle est affreuse, minuscule, maigre, des cheveux noirs collés au crâne par le liquide amniotique, une tête osseuse de paysanne berbère, tout le portrait de la mère d'André. Éliane fond en larmes.

Tant qu'Éliane est à la maternité, tout va à peu près bien. Catherine, c'est le nom qu'ils ont donné au bébé, perd les marques laides du forceps, mais sa mutation en belle petite fille tarde à venir. Peut-être qu'en grossissant… Éliane a du lait en abondance, Catherine tète, ce qui la calme une heure au plus. Ce bébé ne veut pas dormir. Pour récupérer un peu, Éliane demande aux infirmières d'emmener l'enfant la nuit.

Mais de retour villa Poirrier, plus personne n'emporte le bébé qui pleure beaucoup trop souvent, grossit peu et se couvre d'eczéma, jusque sur son petit crâne osseux qui se marbre de croûtes jaunes. Incapable de dormir plus de deux heures d'affilée, Éliane sanglote dans son appartement en attendant le retour d'André. Une sage-femme appelée au secours, conseille la patience, les bébés pleurent la nuit jusqu'à l'âge de trois mois, il faut lui laisser le temps de se réguler.

- Et l'eczéma ?

Elle donne une pommade. Mais l'eczéma devient purulent, un abcès se forme sur le minuscule mollet, on doit l'inciser pour en vider le pus, changer les compresses toutes les heures. Nadine, alarmée, conseille de faire analyser le lait d'Éliane, qui se révèle trop gras, donc mal digéré par l'enfant qui hurle de coliques et de faim. Il faut la passer au biberon.

La famille se mobilise pour trouver des crémiers approvisionnés. L'eczéma diminue, mais la petite ne dort pas plus, elle ne grossit guère, ne termine pas ses biberons. Bercée dans les bras, surtout ceux de son père, elle finit par s'assoupir, une heure au mieux. Petit à petit, cependant, les pleurs s'espacent, le bébé prend un peu de poids, entre deux crises de désespoir, elle sourit.

Éliane se tire de son lit pour la promener, le balancement du landau la calme, mais au bout d'une demi-heure de marche, Éliane vacille, exténuée par le manque de sommeil et cette sangsue de môme. Marion la relaie autant qu'elle peut, sa belle-mère autant qu'on veut, elle est complètement fondue de sa petite-fille. Dès qu'elle est en compagnie, dans les bras de préférence, la petite gazouille, mais ne veut toujours pas finir ces foutus biberons, au point qu'Éliane lui enfonce la tétine de force dans la bouche.

À la fin de l'été Éliane est à bout. Elle en hoquète de désespoir et d'impuissance, comme aux plus noirs moments de son adolescence. Plus la petite la sollicite, plus elle s'effondre. Le bon sens de Marion s'alarme.

- Pars te reposer à la campagne, laisse-la moi. Tu reviendras quand ça ira mieux.

Sur les photos de mes premiers mois – c'est vrai que je ne suis pas un « bébé Guigoz » – le regard qu'Éliane me porte est vide, elle me tient d'ailleurs loin de son corps, comme un colis encombrant. Sur une autre photo, prise dirait-on le même jour, dans le même jardin public, je suis sur les genoux de Marion, son visage tourné vers moi est un discours de tendresse, de ceux dont un bébé se nourrit plus encore que de lait. Je lui dois sans doute d'avoir trouvé l'envie de grandir.

Soulagée, Éliane fuit. En deux jours elle se trouve une ferme en Bretagne où on veut bien lui louer une chambre et la nourrir. Elle n'a qu'à dormir, manger, marcher un peu, bref prendre soin d'elle. Elle se lève à onze heures, fait la sieste jusqu'à dix-sept heures et se recouche à vingt et une heures. Le reste du temps, elle tricote et surtout s'occupe de trouver des vivres pour les Parisiens. Sur une lettre de six pages qu'elle écrit à Marion, une et demi est consacrée à sa santé, trois au ravitaillement, une au tricot et une demie au bébé, pour s'émerveiller des changements qu'elle voit sur les photos. Il lui faudra deux mois pour retrouver la force de revenir à Paris.

Entretemps Marion aura calmé mes pleurs à coup de paroles rassurantes, elle m'aura mise à la bouillie que je digère mieux que le lait, m'aura promenée chaque jour au Champ-de-Mars pour m'ouvrir l'appétit, j'aurai pris deux kilos, des joues, une dent, et je commencerai à rire aux éclats. Mes cheveux se mettent à boucler, mon regard à vibrer. Je suis devenue un joli bébé. Éliane ne me reconnaît pas, je mettrai un bon mois à me réadapter à elle.

André est heureux de voir Éliane revenir, et toujours aussi amoureux. Elle doit lui demander de contrôler ses ardeurs, elle n'allaite plus, elle ne veut pas retomber enceinte tout de suite. Elle aimerait retravailler un peu, le salaire d'André n'est pas mirobolant, quelques articles seraient bienvenus et ça lui changerait les idées. Elle confie Catherine à ses grands-mères pour faire le tour des rédactions, y compris celle du nouveau *Marie-Claire* – après tout, ce qu'elle écrit n'a rien de politique – et elle parvient à retrouver quelques piges.

L'occupation se durcit. Nadine a quitté sa paillasse de laborantine pour des missions, officiellement pour l'Église Réformée, en fait pour réorganiser le scoutisme, interdit comme mouvement paramilitaire. Elle sillonne la France, passant de zone libre en zone occupée, transportant messages, papiers d'identité et autres documents dangereux. Éliane l'admire, mais pour rien au monde ne prendrait de tels risques.

Elle se contente de subsister, le mieux possible. Elle sent bien chez André une insatisfaction latente, son frère est dans les armées de la France libre, sur le front de l'Extrême-Orient, de Gaulle n'est plus un solitaire, mais le centre d'une organisation politique et militaire de combat et de résistance. Des réseaux clandestins de lutte contre l'occupant se sont organisés en France, des agressions contre des officiers ou des patrouilles allemandes, des dépôts d'armes se multiplient, sans compter ce qu'on ignore… Mais chaque semaine aussi, la presse fait état de fusillades d'otages en riposte aux attentats contre les officiers allemands et d'arrestations de « terroristes ». S'il n'y avait Catherine, André serait sûrement parti à Londres ou embarqué dans Dieu sait quelle aventure à haut risque.

En apportant chez *Marie-Claire* un article sur des chaussures à semelles de bois, Éliane rencontre un des photographes avec qui elle a travaillé avant la guerre. Ils passent une grande heure à se raconter comment ils survivent. Éliane parle d'André, de Catherine qui est devenue si jolie qu'elle voudrait la montrer au monde entier.
- Viens à mon studio, je te ferai des photos.

Les photos sont ravissantes, les yeux noirs de la petite y brillent comme des escarboucles, Éliane en tapisse tout l'appartement, la commode, le bureau, la bibliothèque. André est bluffé.
- La vendrais-tu pour un milliard ? demande Éliane amusée.
- Tu plaisantes !
- Dix milliards ?
- Qu'est-ce qui te prend, tu as trouvé acheteur ?
- Je voulais juste te démontrer que nous sommes multimilliardaires.

Il l'embrasse et commande une dizaine de photos pour les distribuer à la famille. Il ne va pas s'en aller avec un trésor pareil à la maison.

Le problème c'est que le trésor attire toutes les convoitises. Catherine s'est mise à trotter vite et à parler encore plus vite, et même à commencer à reconnaître les lettres sur les panneaux publicitaires. En vingt mois d'existence elle est devenue le centre d'intérêt de trois familles, et la passion de ses grands-parents paternels qui ne cessent de la solliciter pour lui apprendre de nouveaux mots, lui montrer des livres d'images, lui raconter des histoires.
- Elle va devenir insupportable, si on continue à l'aduler comme ça.
- On demandera de la modération à mes parents.
- Ils en sont incapables.
- Tu as raison, rit André. On la leur prêtera moins souvent.
- Il y a peut-être une solution plus… radicale.
- Malgré toute ma bonne volonté, je ne peux pas t'offrir les services d'une nurse anglaise.
- Sans aller jusque-là, il suffirait de lui faire partager la scène avec un autre enfant.

Il marque un temps d'arrêt, il n'y avait pas songé, puis il la prend dans ses bras :
- Allons régler ce problème tout de suite.

Le mois suivant, elle est enceinte. Cette fois elle n'est pas obligée de traîner son ventre sur les routes de France, mais la vie à Paris est tout aussi angoissante. Les sirènes d'alerte mugissent presque chaque jour, les usines de Billancourt sont bombardées pour la seconde fois par la RAF, il ne se passe pas de semaine sans qu'Éliane ne se précipite à la cave en pleine nuit, Catherine enveloppée dans des couvertures, pour attendre la fin de l'alerte, ou la fin de sa vie, enfouie sous les décombres de l'immeuble. André assure que la chute du Reich est désormais inévitable. L'armée allemande a été vaincue à Stalingrad, les alliés préparent un débarquement en France, ce n'est pas pour rien que de Gaulle s'est installé à Alger afin de constituer un gouvernement de la France libre hors de la protection britannique… Pourvu qu'il ait raison, que la défaite allemande soit rapide car elle n'en peut plus d'angoisse.

Cette fois, elle accouchera dans de bonnes conditions, à la clinique des Diaconesses, où elle sera assistée d'un médecin. Elle met au monde un superbe garçon de plus de trois kilos. Depuis la salle de travail où elle est encore allongée, elle entend André téléphoner à la terre entière qu'il vient d'avoir un fils de première qualité. Il est heureux, merci Seigneur.

Pour fuir à la fois les bombes et la chaleur de Paris cet été-là, Éliane parvient à convaincre André de louer pour le mois d'août une petite maison dans la campagne. Pendant un mois, elle revit, elle peut se ravitailler sans faire des heures de queue, les nuits sont calmes et fraîches et Catherine se met à manger. C'est une drôle de petite fille, vive comme l'éclair, mais qui n'aime ni les câlins, ni les baisers. Heureusement François ronronne de plaisir quand Éliane le prend dans les bras.

Puis il faut rentrer à Paris où se nourrir est chaque jour un tour de force plus difficile, et où les bombardements continuent. Au mois de septembre, ce sont les Allemands qui bombardent l'usine Citroën du quai de Javel, à guère plus d'un kilomètre de chez eux. Réfugiée une fois de plus à la cave, les deux enfants dans les bras, Éliane ne peut calmer ses tremblements, elle en vomit par terre. Ce cauchemar ne finira donc jamais ?

Il fallait peut-être les vomissements pour qu'André prenne sa peur au sérieux. Le lendemain il se met à chercher une maison pas trop loin de Paris, avec une gare à proximité pour y retourner travailler chaque jour. *« Nous déménageâmes pour la Dauberie, hameau tranquille entre Versailles et Pontchartrain. Nous y avions trouvé une toute petite maison avec un grand jardin. C'était le calme, c'était le paradis… La gare était à 6 km, André se levait avant le jour, marchait sur des routes obscures en essayant d'éviter les fossés. Mais cet exercice quotidien lui fit le plus grand bien et le désintoxiqua des heures de métro qu'il avait connues depuis trois ans. »* (sic !)

Une ferme voisine veut bien les fournir chaque jour en lait, et souvent en autres denrées. Le jardin est bordé de mûres, Éliane se procure du sucre pour faire des confitures, elle parvient à dénicher des pommes et des poires avant l'hiver pour les mettre en bocaux, Catherine prend des joues, François prospère, elle trouve une chambre à louer tout près pour ses beaux-parents qui ne peuvent se passer longtemps des petits et ne conduisent pas avec leur vue trop basse, ses parents viennent souvent. Le bonheur dure sept mois, et en avril la gare de Trappes toute proche est totalement détruite par les bombardements anglo-américains : *« Le ciel était noir de forteresses volantes, la maison tremblait, les déflagrations faisaient battre les volets et j'étais assise sous la table de peur de voir la maison s'écrouler sur ma tête. »* Éliane apprendra plus tard qu'il s'agissait de couper les voies de transport de troupes allemandes vers la Normandie, en vue du débarquement.

La ronde des avions grondant dans le ciel s'intensifie. Une nuit, l'un d'eux, touché par la DCA allemande, s'écrase à une centaine de mètres de chez eux après avoir rasé le toit de la maison. Puis l'aviation de chasse américaine se met à mitrailler en piqué tout ce qui bouge dans le pays alentour. André s'obstine à partir à Paris chaque jour, et chaque jour Éliane tremble jusqu'à son retour.

Et un matin, on apprend que les Américains ont débarqué en Normandie. André écoute fébrilement les nouvelles qu'il peut capter sur son poste de radio, mais le bouche à oreille fonctionne aussi, on parvient à suivre l'avancée des troupes alliées. Un beau jour la campagne autour de la Dauberie se couvre de tentes, de camions, de soldats américains… Le cauchemar est fini !

Éliane veut voir de près les sauveurs qui ont eu la bonne idée de s'installer à côté du maraîcher. Le cabas à la main pour se donner une contenance, elle dévore des yeux ces grands garçons costauds si rassurants, les écoute rire, hume l'air de liberté qu'ils apportent et elle entend venant d'une tente voisine « *Look at this girl with her freckles* ! » Il y a un moment qu'on ne l'a pas traitée de « *girl* ».

- *What's the matter with my freckles* ? lance-t-elle ravie.

En quelques secondes elle est entourée, fêtée, une fille de France qui parle américain ! Pleine de reconnaissance et assez contente d'elle, elle invite à déjeuner le capitaine qui a repéré ses « *freckles* » et ses amis. Ils arrivent avec du pain blanc, du chocolat, du café, de la citronnade en poudre… C'est Noël ! Elle retrouve la gentillesse américaine, la simplicité des relations qui lui ont tellement plu pendant ses séjours aux USA, et l'audace aussi qu'elle y a développée.

Elle explique ses problèmes d'approvisionnement en bois.

- C'est la seule façon de nous chauffer et de cuisiner, j'ai réussi à en trouver à vingt kilomètres d'ici, mais je n'ai pas de voiture pour aller le chercher. Vous croyez que vous pourriez m'aider ?

Le soir le bois est dans la cour, les soldats ont mis un point d'honneur à le lui débiter et ranger. En rentrant de Paris, André en reste baba. C'est un peu ce qu'elle voulait.

À mesure que la déroute allemande se confirme, que l'on voit sur les routes fuir des soldats, à pied, à vélo, en char… André devient sombre. C'est à n'y rien comprendre, il était aussi heureux qu'Éliane en apprenant le débarquement, il suit avec une attention quotidienne les progrès des alliés, mais quand Éliane veut en savoir plus, car par les réseaux de son père il a des informations encore confidentielles, il se contente d'explications laconiques. Lui qui a toujours aimé commenter la politique, ça ne lui ressemble pas. Et puis, il devient cassant… L'autre jour, alors qu'ils étaient ensemble à Pontchartrain pour acheter du pain, ils se sont trouvés nez à nez avec un char Tigre, le canon pointé vers eux. Prise de panique, Éliane a voulu faire demi-tour.
- Continue, a dit André d'une voix dure, en lui tenant le bras.

Évidemment il ne leur est rien arrivé, le char n'était pas là pour eux, mais pourquoi le lui dire si méchamment ? Que rumine-t-il pour être aussi agressif alors que tout le monde se réjouit ?

Elle comprend une semaine plus tard, après le passage près de la Dauberie, sur la route de Rambouillet, de la division Leclerc sur son chemin triomphal vers Paris. Le surlendemain, André prend le vélo et disparaît sans explication… Le soir il ne rentre pas, ni le lendemain matin.

Totalement folle d'inquiétude, Éliane confie les enfants à ses beaux-parents réfugiés dans le village voisin, emprunte une bicyclette, et prend la route de Paris, en s'informant partout des attentats, des accidents, des blessés…

Et à quelques kilomètres de Trappes, elle aperçoit son mari, marchant au milieu la chaussée en pousant son vélo, la mine sombre.
- Mais enfin, où étais-tu ? hurle-t-elle. Je me suis fait un sang d'encre, je te croyais mort, ou arrêté ou blessé…
- Je suis parti voir la division Leclerc entrer dans Paris.
  C'est sec et brutal.
- Mais… pourquoi ne m'as-tu pas prévenue ?
- J'avais l'intention de m'engager. Tu ne m'aurais jamais laissé partir.
  Elle en laisse tomber son vélo.
- Mais pourquoi ? La guerre est finie…

- Pas encore, elle continue sur le front de l'Est et en Extrême-Orient. Le Japon est loin d'être vaincu.
- Tu vas rejoindre les troupes ?
- J'y ai renoncé. J'ai simplement dormi chez tes parents et je suis revenu.
- Mais, tu aurais pu me parler, m'expliquer…
- Je ne pense pas que ça t'aurait convaincue. Ces décisions-là c'est à moi de les prendre, seul.

« J'avoue que j'ai eu du mal à comprendre. Cette logique masculine dépassait de beaucoup ma façon féminine de voir la vie de famille. J'étais décidément peu douée pour l'héroïsme et ça remplissait mon mari d'amertume. »

André finit par retrouver le sourire, du moins avec les enfants, mais il reste distant avec Éliane. Avec le temps, se dit-elle, quand la guerre sera vraiment terminée, ça lui passera. En attendant elle a d'autres chats à fouetter : il faut déménager. Les propriétaires de la Dauberie récupèrent leur maison. Éliane ne veut pas rentrer déjà à Paris. Dans un village voisin, les Mousseaux, elle réussit à trouver une maison, vaste et inchauffable. L'hiver est à nouveau glacial. Les doigts fendus d'engelures, elle remplit sans cesse le petit poêle à bois et colle les enfants autour. François a un rhume, Catherine est secouée de toux comme un petit chat asthmatique. Avec ces longs trajets quotidiens, André n'a pas le temps d'améliorer le chauffage, et depuis la scène de l'autre jour, Éliane veut lui demander le moins de services possibles.

Elle trouve, dans un journal, des publicités vantant l'efficacité des poêles à sciure. Ils habitent en face d'une scierie, voilà la solution. Laissant les enfants à la bonne, Éliane part très tôt le matin sur son vélo et rapporte le soir le poêle sur son porte bagage, manquant dix fois de chavirer sous le poids. À partir de ce moment, il fait tiède au moins dans la pièce principale. André la félicite, uniquement en parole.

Elle n'ose pas se plaindre que la pompe du puits tombe en panne tous les deux jours. Elle doit descendre le seau avec la chaîne, le remonter en pataugeant dans la neige. Allons, ce n'est pas si terrible, ils ne sont pas condamnés à rester là, et il y a une ferme à côté, la nourriture ne manque pas. Ils peuvent attendre la fin des hostilités pour rentrer à Paris.

Et, un beau dimanche d'hiver sec et lumineux, alors qu'ils promènent les enfants dans la campagne, André lui annonce :
- Je viens de m'engager dans les forces qui combattent encore en Extrême-Orient. Je pars dans cinq jours.

42

André a cru qu'il n'y arriverait pas. Impossible de faire comprendre à Éliane qu'il crève de honte depuis trois ans à jouer les livreurs de bière pendant que d'autres continuent à se battre. Hitler finira par être vaincu, trop de voracité, trop d'orgueil brouillent son discernement. De Gaulle l'a compris tout de suite. Si Éliane ne l'avait pas retenu dans ses filets, André l'aurait rejoint à Londres dès sa démobilisation.

Quand il lui a annoncé, un an plus tard, qu'il ne pouvait rester passif, il entrait en contact avec les FFI, il a déclenché un cataclysme.
- Tu ne peux pas me faire ça. Tu te rends compte de la terreur dans laquelle je vivrai, au moindre de tes retards, de tes absences.
- Pour accélérer la chute de l'Allemagne, tous les moyens sont utiles.
- Les Américains et les Anglais s'en occupent avec des avions, des tanks, des soldats entraînés…
- Je suis un soldat entraîné. Et les actions de renseignement sont aussi utiles que les batailles. Il y aura un jour un débarquement des alliés en Europe, très certainement en France, c'est le pays occupé qui a le plus de littoral, il faut le préparer
- Tu risques d'être arrêté, torturé, fusillé…
- Je sais, mais je ne vais pas rester là tranquille et laisser d'autres prendre tous les risques. J'ai un devoir envers mon pays.
- Parce que tu n'en as pas envers ta fille et moi ? On ne compte pas ? Nous sommes mariés depuis deux ans et tu veux me priver de toi !

Elle avait fondu en larmes. La fille débrouillarde et bagarreuse, capable de tenir tête aux grands patrons de la presse, se révélait terrorisée par la souffrance et la mort. Il ne sait pas se conduire en mufle comme Henri. Il a capitulé. Mais la honte était toujours là, d'autant que la presse était pleine des actes des « terroristes », que son père l'informait des progrès du réseau qui s'était créé à l'intérieur des PTT, qu'Henri s'était engagée dans les forces de la France libre, et que Nadine, la sœur d'Éliane, risquait sa liberté et peut-être sa vie à chaque passage de la ligne de démarcation, pendant que lui vendait des tonneaux de bière aux bistros parisiens.

Quand le débarquement a commencé, puis progressé, et que la division Leclerc s'est approchée de Paris, il a pris sa décision. La France n'avait plus besoin de soldats de l'ombre, mais le territoire n'était pas nettoyé et dans le Pacifique la victoire était loin d'être acquise, il allait s'engager comme volontaire. Et faire de son mieux pour participer à la fin de cette guerre qu'il s'était jusqu'ici contenté de regarder. Quoiqu'en pense et dise Éliane.

« 1ᵉʳ février 45. Engagement 3ᵉ bureau recrutement boulevard Brune. Visite médicale expéditive... signature du contrat remise au lendemain.

2-2-45. Engagement pour la durée de la guerre, y compris les opérations contre le Japon. Volontaire pour le FFFED », écrit-il dans le carnet qu'il tiendra quasi quotidiennement pendant toute la durée de son engagement.

Il ne peut plus revenir en arrière, alors seulement il rentre prévenir Éliane. Il s'était préparé à une scène grandiose, des cris, des hurlements, elle est assommée.

- Tu m'abandonnes.
- Je ne t'abandonne pas, je pars me battre pour mon pays. Tu m'en as empêché jusqu'ici, mais je ne pourrais pas vivre si je continue à me défiler. C'est un comportement de minable, honteux et indigne.
- Me laisser seule avec deux enfants, ce n'est pas minable et indigne.
- Je ne te laisse pas sans aide, tu recevras l'essentiel de ma paie.
- Une paie d'aspirant, je n'irai pas loin avec ça.
- Je demanderai à mes parents de t'aider.
- Je n'ai pas besoin d'aide, l'argent je le gagnerai, j'ai l'habitude, c'est de toi dont j'ai besoin.

Bien sûr elle se met à pleurer. Impossible de ne pas la prendre dans ses bras.

- Essaie de comprendre, j'ai vécu planqué pendant l'occupation alors que d'autres continuaient à se battre. Si j'ai fait une préparation militaire, ce n'était pas pour rester à l'arrière, à mon tour de prendre le relais.
- Et pour ça tu dois me laisser avec les enfants dans un pays en plein chaos, pour un temps indéterminé, et peut-être toujours ? Effectivement, j'ai du mal à comprendre.

A-t-elle jamais essayé ? A-t-elle jamais su qui il était, sous son plumage de beau garçon brillant ? A-t-elle imaginé ce qu'il avait enfoui d'envie d'ailleurs, d'aventure, d'héroïsme ? Est-ce important pour elle, qui ne pense qu'à se faire une place dans la société ? A-t-elle compris que ce monde dans lequel elle veut tellement briller, est pour lui un étouffoir,

une société de boutiquiers, il y perdrait le peu d'âme qu'il se reconnaît. D'ailleurs il n'est même pas certain d'y réussir, il n'est pas assez cupide, ni assez ambitieux, de cette ambition-là s'entend. Mais il l'aime, cette fille rousse insupportable et décidée. Elle l'épate.
- Je te promets de revenir entier, dès que je pourrai.

Elle le regarde atterrée, puis elle se blottit contre lui et pleure jusqu'à leur retour à la maison. Il ne sait plus s'il doit être ou non fier de lui, mais il ne résiliera pas son engagement.

Il repart à Paris le soir. Deux jours plus tard, il revient embrasser les enfants. Est-ce bien raisonnable de laisser ce petit garçon de dix-huit mois, et cette gamine maigre et bavarde sans protection paternelle ? Est-ce correct ? S'il entre dans ces considérations, il ne s'en ira pas. Il les serre contre lui et se sauve. Un train doit l'emmener à Bordeaux le 6 février au soir, Éliane vient passer la journée avec lui à Paris. Elle ne récrimine plus. A-t-elle accepté son choix ? Rien n'est moins sûr, mais elle a compris qu'il ne reviendrait pas dessus. On l'envoie à Bordeaux d'abord, puis à Agen pour attendre une affectation. Il avait oublié à quel point la vie à l'armée peut être routinière et ennuyeuse, la plupart des militaires stupides et les distractions bêtes et vulgaires. Ce n'est pas pour traîner de caserne en café le soir qu'il a quitté Éliane.

Enfin, début avril, on a vraiment besoin de leur régiment pour nettoyer la Pointe de Grave. Sa guerre durera quinze jours. Il avancera lentement, à travers les marais infestés de moustiques, avec son escadron de soldats, algériens pour la plupart. Il passera la nuit dans des trous les pieds dans l'eau, tirera un coup de canon, récupérera avec ses hommes les bagages abandonnés par les « Frisés » dans le village de Vensac, parviendra à sauver les biens du curé, trouvera un magot de quatre mille cinq cents francs, qu'il suppose laissé par les Allemands, et le remettra bien sûr à son commandant. Il avancera difficilement, à moitié dans l'eau, de Talais à Soulac, tirera plusieurs fois sur des cibles peu visibles, en atteindra au moins une, entendra les grondements des forteresses volantes au-dessus de la poche de Royan, et parviendra à la Pointe de Grave libérée pour trouver des cadavres partout, allemands, français, somaliens, fusillés et embrochés… Il aura fait son travail de soldat et sera cité à la Croix de Guerre.

Puis il revient à Bordeaux en cantonnement jusqu'à la déclaration d'armistice le 8 mai. Nanti d'une permission exceptionnelle de quarante-huit heures, il file à Paris. Depuis son départ, Éliane a déménagé dans une autre maison aux Mesnuls, plus facile à entretenir et à chauffer. Elle est sans doute triste, mais elle n'a pas perdu son énergie.

« *Je vois la maison fraîche dans le feuillage. Surprise. Joie générale et personnelle. Je dois repartir le jeudi, Éliane m'accompagne à la gare des Essarts à 17 heures.* »

Éliane est tellement heureuse de le voir revenir entier qu'elle n'a pas un mot de reproche et ils font l'amour une partie de la nuit.

Il repart à Paris pour des stages qu'il réussit brillamment. Toujours rien de son départ outre-mer, on lui propose une perm de détente de dix jours. Il a juste le temps d'arriver aux Mesnuls *« joie nouvelle, baisers, caresses, amour »*, qu'un ordre le rappelle à Paris : on l'envoie tout de suite à Agen, et puis à Marseille où il embarquera pour Madagascar début juin et de là pour l'Extrême-Orient. Il n'a que le temps de téléphoner à Éliane, qui en perd le souffle.

Madagascar, c'est le chemin des Indes, de Cipango, des Iles « Au bord mystérieux du monde occidental »... Loin de la France étroite et de ses marchands de bière.

Avant de larguer les amarres, il peut faire venir Éliane à Marseille. Le souvenir de leurs dernières caresses est si vif qu'il voudrait en jouir encore une fois, dans le décor lumineux des calanques. Elle s'arrange pour se libérer une grande semaine. Il l'accueille avec des fleurs, l'emmène se baigner à la Madrague, déjeuner de friture aux Goudes (deux cents francs la friture !), dormir à l'auberge d'Allanche, dîner le soir sur la terrasse... Un second voyage de noces en apparence, mais Éliane n'est pas tout à fait là, elle mange sa friture, ses crevettes, ses oursins, elle ne rit plus, et au lit, elle n'a plus d'enthousiasme.

Dans la nuit, après l'amour, elle éclate :
- Je ne comprends plus rien, tu t'es battu, tu as contribué à libérer la Pointe de Grave, l'armistice est signé et tu pars quand même à l'autre bout du monde sans savoir si ça servira à quelque chose. Le temps que tu arrives en Indochine, la guerre d'Extrême-Orient sera finie.
- Ça n'en prend pas le chemin d'après ce que me dit Henri.
- Henri a envie de te voir le rejoindre.
- Je ne serai pas avec lui, je serai dans l'armée...
- Oui, je sais. Tu vas voir du pays, voguer sur la mer, te soûler avec les officiers. C'est plus amusant que de rentrer à la maison chaque soir pour t'occuper de tes enfants, pour être avec moi.
- Tu es mesquine et injuste. Je vous aime, je te l'ai assez dit et prouvé, je ne vous fuis pas, je me mets en règle avec mon honneur, que tu as l'air de considérer comme de la merde.
- Parce qu'il y a de l'honneur à abandonner une femme et deux enfants, sans prévenir, du jour au lendemain ? J'appelle ça de la lâcheté et de l'irresponsabilité.

La garce ! Tous les arguments lui sont bons. Pour elle, un homme ne serait-il qu'un type qui doit gagner de l'argent pour faire vivre sa famille, une sorte de domestique au service de Madame ? La dignité, sait-elle même ce que ça veut dire ?
- Je découvre un abîme entre nous que je ne soupçonnais pas. Je ne te savais pas si intéressée.
- Mais enfin, hurle-t-elle, tu ne comprends pas que j'ai un besoin vital de toi, pour vivre, pour respirer, pour être heureuse…
- Mais pas pour respecter mes choix. Je ne suis pas un automate obéissant.

L'aime-t-elle vraiment ? Il lui tourne le dos et fait semblant de s'endormir, il ne veut plus l'entendre, mais il n'est pas près d'oublier la dureté des mots. « *Scène pénible le 3 ou 4 juin au soir. Réflexion brutale, reproches d'Éliane de ma brusque décision, mes reproches de son manque de compréhension. Au bord du gouffre. Je remonte à la surface. Cette soirée restera dans mon souvenir.* »

André est blessé et malheureux. Éliane est devenue muette, le visage tiré de fatigue, elle n'a pas dû dormir. Il s'en va ce soir, c'est terrible de se quitter sur cette incompréhension.

Et puis, il n'a pas le bon billet pour s'embarquer, son départ est retardé de deux jours. Il suffit peut-être de tendre la main à Éliane ?
- Tu peux rester jusqu'au 7 ? demande-t-il.

Elle essuie une larme et se jette dans ses bras.
- Évidemment.

Ils passent les journées suivantes à arpenter les rues de Marseille, à faire des courses, à se baigner, à manger des fritures (moins chères que celle des Goudes) dans des caboulots du bord de mer, à s'aimer. « *Nous ne songeons qu'à nous. Nos premières vacances seuls depuis notre mariage.* »

Sur une photo prise à Marseille dans la rue, sans doute par un photographe ambulant, on la voit, menue, accrochée au bras d'André, avec un petit visage d'oiseau perdu, et lui, très droit, sa belle mâchoire verrouillée pour surtout ne pas céder.

Le 7 au soir, elle reprend le train pour Paris et il embarque sur le *Suffren*.

43

Éliane se retrouve seule avec deux enfants, ses économies quasi épuisées. La maigre paie d'André va mettre un temps à lui parvenir et de toute façon elle couvre à peine le loyer de la villa Poirier. Elle n'a plus le temps de s'apitoyer sur son sort.

Aussitôt rentrée de Marseille, abrutie de fatigue et de chagrin, elle prend son téléphone. Cette fois il ne s'agit pas de quémander des piges par-ci par-là, elle ne fera pas vivre la maisonnée avec quelques centaines de francs par mois. Il lui faut un vrai travail, une denrée rare à Paris en ce moment. Mais elle ne risque rien à essayer, n'est-ce pas ?

Elle a gardé les adresses et numéros de téléphone de ceux avec qui elle a travaillé chez *Marie-Claire*, des membres de l'équipe de *Paris-Soir*, et même de la secrétaire de Jean Prouvost à qui elle a eu plusieurs fois affaire. Certains sont aux USA comme les Lazareff, d'autres sont encore mobilisés, quelques-uns sont peut-être morts, mais en testant toutes ses sources, elle trouvera peut-être quelqu'un.

Elle a de la chance, quelques personnes clés sont à Paris. Dès son second coup de fil, on lui apprend que le Groupe Prouvost cherche quelqu'un pour remettre en état les magazines des Laines du Pingouin. Si ça l'intéresse, qu'elle prenne rendez-vous avec Jackie Prouvost, le fils de Jean, qui en est chargé. Elle obtient le rendez-vous tout de suite.

- C'est un gros travail, explique-t-il. Les publications ont été suspendues pendant la guerre, les anciennes maquettes sont vieillottes, il faut renouveler tout ça, montrer aux Françaises que le pull en laine peut être le must de l'élégance, leur donner envie de se procurer de la laine pour les tricoter.
- Et vous auriez besoin de moi pour faire quoi, dans tout ça ?
- L'ensemble. Mon père m'a dit qu'Hélène Lazareff vous tenait en grande estime : du goût, intelligente, habile avec les gens et très efficace. Tout à fait la femme dont nous avons besoin. Ça vous intéresse ?

C'est la proposition la plus excitante qu'on lui ait jamais faite, mais elle redoute la montagne de travail qui va avec.
- Je pense avoir assez d'expérience de la mode et du fonctionnement d'un magazine pour y arriver, par contre je ne peux pas faire ça seule.
- C'est évident. Constituez votre équipe, les bureaux de *mon Tricot* sont à votre disposition. Vous commencez quand vous voulez.

Et le salaire est le double de ce qu'elle gagnait à *Marie-Claire* ! C'est tout juste si elle ne fait pas des claquettes dans la rue en sortant. Il semblerait qu'un ange gardien veille sur elle. Elle n'a plus qu'à s'organiser, comme on le lui a dit, la première chose étant de trouver quelqu'un de sûr pour garder les enfants et de rentrer à Paris.

La Providence continuant à veiller sur elle, il ne lui faut pas plus d'une semaine pour dénicher Marguerite S, cinquante ans, gentille, dévouée, sérieuse, habitant le quinzième, dont le mari ne peut plus travailler, et qui cherche une place à plein temps. Ses parents viennent l'aider à déménager, remporter en particulier la cuisinière de fonte, et la voilà réinstallée à Paris.

C'est le cœur un peu serré qu'elle quitte les enfants dès huit heures du matin pour enfourcher son vélo et se rendre au bureau. Puis très vite, l'excitation du défi l'absorbe tout entière, souvent jusqu'à des heures tardives, mais Marguerite a accepté de l'attendre chaque soir.

Recruter ne lui pose pas de problème, Paris est rempli de gens compétents que la guerre a privé de leur job. Elle en connaît d'ailleurs certains et son instinct est bon pour ce genre de choix : elle trouve assez vite rédactrices, dessinateurs, modélistes, tricoteuses, monteurs, photographes... La conception des maquettes par contre demande un savoir-faire très pointu, et c'est la maquette qui fait l'image du journal. Elle se rappelle avec quel soin Hubert Giron, le directeur artistique, les travaillait à *Marie-Claire*. Or il se trouve qu'il fait partie de l'équipe du *Figaro-Magazine*, racheté par Jean Prouvost. Elle demande son aide et l'obtient.

Sa vie devient passionnante et harassante : « *Il m'arrivait de ne rentrer que bien tard le soir pour trouver mes enfants au lit. Ils avaient lutté contre le sommeil et me couvraient de reproches : Marguerite les obligeait à manger une soupe au tapioca qu'ils détestaient, elle exigeait qu'ils aillent au lit avant mon retour, elle était trop sévère... Enfin, mille doléances vraies ou imaginaires pour soulager la rage d'être privés de leur maman. J'en avais le cœur chaviré, mais qu'y faire ? Et le matin lorsque je quittais l'appartement, mon petit garçon (deux ans et demi) accroché au grillage du balcon, hurlait à plein poumon : « Te s'en va pas ma maman, moi quand js'ra grand et que j'sra une maman, j'laissera pas tout seuls mes p'tits enfants. »*

Et je retrouvai mes problèmes au bureau, le cœur partagé entre les deux pôles de ma vie : mes enfants et mes magazines. »

Elle est maîtresse à bord, ça l'empêche souvent de dormir, mais ça lui permet de donner toute la mesure de sa compétence et de sa créativité. Elle sépare les photos glamour des pulls, gilets, écharpes, portés par les mannequins, des explications techniques de fabrication renvoyées en fin de journal, ce qui donne au magazine le même côté vivant et attractif que *Marie-Claire*. Elle contrôle tout, les modèles, l'exécution par les tricoteuses, les photos… Elle a l'idée de chercher des mannequins en dehors des professionnels, pour que les vêtements paraissent à la portée de tous.

« *Je me souviens d'un numéro spécial sur le ski, avec de magnifiques pulls Jacquard dessinés par Denise Maldès, exécutés à la perfection par ma meilleure entrepreneuse et qu'il fallait photographier dans la neige. Or les stations de ski n'étaient pas encore ouvertes et je dus faire toutes les photos à Paris. Je louai donc des studios de cinéma à Boulogne, puis il me fallut trouver des mannequins nouveaux et nombreux. Je m'adressai à René Simon qui dirigeait alors son cours d'art dramatique, j'y trouvai tout un groupe d'apprentis acteurs jeunes et charmants… la doublure de Jean Marais, Cécile Aubry à qui René Simon interdit de poser comme mannequin à son désespoir car les séances étaient très bien payées.*

J'eus la chance d'avoir Gérard Philippe, encore élève inconnu, bref une équipe de six ou sept futurs acteurs qui trouvèrent l'idée amusante. Je les emmenai chez Tunner, le grand magasin de sport, pour les équiper en skis, chaussures, chaussettes, gants de ski. Je louai pour le grand jour quatre taxis, denrée rare à l'époque, et nous passâmes la journée à Boulogne avec Shall, le grand photographe de l'époque. Le décor était un chalet de montagne entouré de fausse neige et il fallait beaucoup d'habilité et d'artifice pour donner l'illusion que nos skieurs étaient en pleine montagne. Pour imiter la lumière de la neige, Shall éclairait les mannequins par en dessous grâce à des projecteurs reflétés par une grande plaque d'aluminium brillant posé par terre. L'effet était saisissant. »

Une autre fois elle décide de concevoir un numéro pour les dix-huit vingt ans qui commencent à affirmer des goûts différents de ceux de leurs parents. Son directeur artistique suggère de trouver, là aussi, des mannequins non professionnels.

Avec un photographe et une assistante, elle descend le boulevard Saint-Michel et choisit parmi la foule des étudiants une douzaine qui lui semblent photogéniques, leur propose un bon cachet et les emmène dans une grande propriété prêtée par des amis. Thème : un week-end décontracté à la campagne.

Heureusement ses parents et ses beaux-parents ne demandent pas mieux que de prendre les enfants pendant les chaleurs de l'été ou le dimanche, et Catherine entre à la petite école de la rue des Volontaires.

André donne régulièrement de ses nouvelles, laconique quant à ses activités qui ne semblent pas passionnantes. Il est toujours bloqué à Madagascar d'où il expédie des colis de café vert, poivre, vanille, des denrées rares qu'Éliane peut troquer contre d'autres de première nécessité.

Un soir, épuisée par une longue journée de bureau, puis par le coucher des enfants : une demi-heure à persuader Pouf, le petit nom donné à François par André, qu'il n'y a pas de loup sous son lit, trois quarts d'heure à écouter les histoires d'école de Catherine, elle peut enfin s'asseoir à dix heures du soir pour lire une lettre d'André qui vient d'arriver, une lettre d'un autre monde ! Il se répand en détails strictement emmerdants sur ses relations avec le colonel, la route qu'il doit faire réparer, et les *sakafy* (repas) royaux auxquels il est invité chez une famille de colons. Il termine en disant qu'elle lui manque et qu'il l'aime. Elle n'en peut plus de tant d'insouciance, et de sa plus belle plume, elle vide sa bile. Qu'il sache un peu ce qu'elle assume pendant qu'il se dore au soleil des tropiques, qu'il sache le désarroi de son petit garçon, dont il était si fier, le tour de force quotidien des repas de Catherine, qui reste un petit singe maigre aux yeux trop grands, et sa fatigue à elle, son immense lassitude et sa solitude.

Sans relire, elle expédie la lettre. La réponse mettra trois mois à arriver, Éliane ne se souvenait plus de ce qu'elle avait écrit, mais elle ne risque pas d'oublier les mots d'André :

« *Tu es complètement égocentrique, incapable d'envisager, encore moins de comprendre un point de vue qui n'est pas le tien. Je ne sais pas si nous pourrons nous entendre à nouveau...* »

Elle déchire la lettre en mille morceaux, l'ordure, le salaud, c'est lui qui se tire, qui lui laisse tout sur le dos, et c'est elle qui serait égoïste... Elle sanglote toute la nuit, et le lendemain, elle part au bureau où, grâce au ciel, elle est appréciée. Qu'il aille se faire foutre son magnifique sous-lieutenant plein de fierté !

Mais bien sûr, il lui manque. Il y a peut-être de l'espoir, il continue à envoyer des colis, c'est sa façon à lui de montrer qu'il se soucie d'elle, puis il réécrit. Il ne s'excuse pas, ce serait s'abaisser, mais il dit qu'il espère que les malentendus se dissoudront, qu'ils trouveront les moyens de se comprendre. Et, en mars, il annonce qu'il n'ira pas en Extrême-Orient, l'armée le libère, il rentre. Voilà maintenant six mois que le

Japon, écrasé sous les bombes atomiques, a capitulé et il a fallu tout ce temps à l'armée française pour décider qu'elle n'irait pas se battre en Asie. Quand elle tient des volontaires, l'armée ne les lâche pas !

Elle doit attendre encore deux mois pour qu'il annonce son arrivée à Marseille. Il lui demande de venir l'accueillir.

La séparation est finie, la lettre dit qu'il se réjouit. Elle va retrouver son grand et beau mari. Elle frémit de tout son corps, s'achète un ravissant chapeau à voilette, un élégant manteau de chez Patou, qu'elle a eu à bon prix par un mannequin.

Puis, pour le besoin des magazines, elle part à Roubaix prendre les photos d'un album pour enfants chez un collaborateur de Jean Prouvost. Elle est fatiguée, elle se dépêche de terminer pour avoir le temps de repasser faire sa valise à Paris avant de filer à Marseille. Les photos à peine finies, elle est prise d'une très grosse fièvre, mal à la gorge. On diagnostique une scarlatine, et on l'hospitalise d'urgence à Roubaix avec les contagieux. À croire qu'une moitié d'elle-même refusait son bonheur à l'autre.

Elle fait prévenir André, qui se précipite à son chevet mais ne peut l'apercevoir qu'à travers une vitre. Il loue une ambulance pour la ramener à Paris, mais il ne pourra l'approcher qu'après vingt et un jours de quarantaine. Elle n'a plus de force, elle a perdu trois kilos.

Il aura fallu ça pour lui faire comprendre ce qu'elle a assumé en son absence.

44

Madagascar 1945

En fait de dépaysement, André a été servi.

Il s'est promené le long des côtes d'Afrique, a côtoyé les felouques égyptiennes à voile rouge, longé les rives arides du canal de Suez, subi la chaleur écrasante de Djibouti, découvert les étals surchargés des commerçants indiens de Monbasa, le rayon vert sur la rade de Diego Suarez, la ville blanche de Tamatave et sa longue baie plantée de cocotiers, la ville rouge de Tana arrimée à ses collines, la route vertigineuse des gorges de la Mandraka qui relie Tana à Tamatave... Il a rencontré des colons capables de doubler les rendements de riz ou de vanille pour leur propre fortune, mais aussi celle du pays. Il a croisé des administrateurs, des chefs de postes s'investissant dans le développement de leur fief comme s'il leur appartenait en propre, asséchant les marais, construisant des routes, créant des dispensaires pour tenter d'éradiquer les deux fléaux de l'île : le paludisme et la syphilis. « Madagascar est un immense bordel et un immense hôpital », lui a expliqué un commandant peu après son arrivée. Il s'est dit que ce métier lui aurait convenu, mais c'est Henri qui a fait l'École de la France d'outre-mer, pas lui.

Ces moments-là ont été bons, mais ils ont été rares et courts.

Le reste du temps, il l'a perdu. *Cette vie est désolante d'inaction, de perte de temps, d'agitation stérile...* » Assigné à son cantonnement de Moramanga, il gère le quotidien d'un tronçon d'armée oisive. Il organise popote, réfection de la piste du camp, prépare et supervise des défilés, des levées aux couleurs, des fêtes de mess, il s'agace de querelles de caserne, il festoie, tape le carton, joue au foot avec les quelques copains qu'il se fait parmi les officiers subalternes, il tombe souvent malade, crise de palu, dysenterie, au point de rester au lit, lui qui a toujours traité la maladie par le mépris. Une fois il s'amuse, lorsqu'on l'envoie avec cinquante hommes à Mahanara, dans les marais le long du canal des Pangalanes, couper des bambous et des ravenalas pour construire quelques cases et échafaudages, tâche qu'il mène à bien en liaison étroite avec le chef de poste : « *Nous laissons un bon souvenir.* »

Plus sa vie est vide plus il pense à Éliane, aux « *gosses* », particulièrement à Noël où il joue le père Noël pour une ribambelle d'enfants de toutes couleurs. Chaque fois qu'il peut, il expédie en France du café, du poivre, de la vanille, des tissus, des chaussures, pour bien montrer qu'il se soucie d'eux, et il guette l'arrivée du courrier...

Ses dernières lettres auront-elles fait réfléchir Éliane ? Elle dit qu'il lui manque, mais quel André lui manque, le fringant lieutenant ou l'homme en quête de dignité, qui ne sait toujours pas dans quel combat il la trouvera ? Sera-t-elle plus compréhensive, capable d'admettre d'autres aspirations que les siennes ? Et lui, de quoi a-t-il vraiment envie ? De cette femme et des contraintes qui vont avec, ou d'être libre de ses choix ?

« *Je pense souvent au feu qui reprend mal. Je rentrerai sans rien, meurtri et désabusé sans doute et il faudra s'y remettre, chercher une situation. Éliane sera déjà en selle. Qu'en résultera-t-il dans nos rapports ? L'amour sera-t-il le plus fort ?*

Si je devais la perdre, je fous le camp au loin, à l'aventure. Même l'idée des gosses ne me retient pas. Je veux la garder et pourtant je me demande si je pourrai, si je lui donnerai les motifs d'admiration dont elle a besoin. Serai-je à la hauteur de mon espoir ? Pour l'instant, je perds mon temps, mais je crois que l'avenir nous réserve pas mal de bouleversements et d'occasions de nous signaler.

Février s'enlise dans la banalité et l'ennui ou du moins la rage impuissante. »

Et puis, après des semaines de tergiversations, une note annonce la démobilisation pour le 1er mars. Un bateau devrait ramener bientôt les volontaires en France.

Elle sera à Marseille sur le quai pour l'accueillir. Il se rase de près, repasse son plus bel uniforme, sa malle est pleine de cadeaux, depuis le pont il scrute la foule qui attend sur le quai. Éliane n'est pas bien grande, mais il devrait l'apercevoir.

Elle n'est pas là. La déception lui creuse un trou dans la poitrine. Elle ne peut pas avoir changé d'avis à ce point depuis sa lettre, elle peut être injuste, égocentrique, mais c'est une femme de parole. Il s'est passé quelque chose.

Quand il l'aperçoit, si pâle dans son lit blanc, les joues creuses, les yeux battus, et son pauvre sourire tourné vers lui, il a du mal à retenir ses larmes. Il est le pire des imbéciles, elle l'aime, elle a besoin de lui, il l'aime, il a besoin d'elle, ils vont repartir ensemble la main dans la main.

45

Paris 1946

Éliane s'est juré de ne plus faire le moindre reproche à André. Il est là, il est heureux de découvrir les progrès des enfants, de jouer avec eux, il est amoureux, le passé est oublié.

Il a organisé une fête somptueuse pour l'accueillir à la sortie de sa quarantaine, champagne, langouste, fleurs… une ruine, mais s'il n'était pas grand seigneur, ce ne serait pas lui. Il a entrepris des démarches pour trouver du travail, pour le moment il n'est pas satisfait, mais il n'en parle pas et elle ne lui pose aucune question, malgré l'envie qui l'en démange. Ça aussi elle se l'est promis.

Elle a d'ailleurs fort à faire au bureau pour rattraper son mois d'absence. Elle a deux projets sur le feu qui la passionnent autant l'un que l'autre. Elle songeait au premier depuis longtemps en habillant ses enfants et les changeant sans cesse parce que les couches étaient mouillées, en remontant régulièrement les pantalons sur les ventres à l'air, en recouvrant la nuit les petites jambes qui avaient rejeté les couvertures… Elle voulait faire un album de layette et de vêtements pratiques et faciles à entretenir (inspirés de ceux que les mères américaines mettent à leurs enfants) avec des conseils aux mamans rédigés par un pédiatre. À côté des brassières, robes et culottes tricotées faciles à réaliser, elle proposerait de larges sacs à bretelles à enfiler pour la nuit, des pantalons guêtres pour ne pas se retrouver pieds nus quand les chaussons se défont, une combinaison de toile d'une seule pièce, sorte de bleu de travail facile à laver, pour les petits garçons qui adorent bricoler et se traîner dans la boue. Et surtout, pour mettre fin au calvaire des lavages et séchages de couches, la culotte imperméable à remplir de ouate qu'on jette à la poubelle quand elle est sale et qu'on remplace.

Elle a voulu un énorme chou bien vert en couverture. C'est le nom qui restera à l'album, on en vend huit cent mille exemplaires *« ce qui ne s'était jamais vu de mémoire de magazine. »*

Son deuxième projet est un album de tricot pour les petites filles, qui expliquerait comment faire soi-même une garde-robe de poupée. La direction des Laines du Pingouin a trouvé l'idée excellente. Une de ses modélistes lui conçoit les vêtements faciles à réaliser, mais pour l'illustrer il lui faudrait montrer une petite fille en train de faire les gestes d'une débutante : la maille à l'endroit, la maille à l'envers, arrêter les mailles, un trou-trou, un gros pompon... Pourquoi pas Catherine ? Elle a appris à tricoter avec Marion, à la méthode suisse, mais elle est assez intelligente pour s'adapter à la méthode française. Le défi devrait lui plaire et l'argent gagné sera mis sur un livret de Caisse d'Epargne à son nom.

Catherine est ravie d'être le centre d'intérêt de tant de gens, elle se plie docilement aux consignes pourtant barbares du tricotage à la française et aux demandes du photographe. Elle ne rechigne pas à refaire dix fois la même prise. Et le photographe, qui est un ami, offre à Éliane, en prime, six portraits de sa petite fille avec ses nattes qui lui tombent dans le cou, son visage attentif tourné vers l'objectif, *les plus beaux portraits de moi*.

Pour introduire l'album, Éliane se livre à un de ses plaisirs favoris : écrire un conte pour enfants, l'histoire de la poupée Primevère, du pingouin Freddy et du petit avion Cyclone, les jouets qui se sauvent du magasin du Père Noël et atterrissent dans le jardin de Catherine et François.

L'album a un énorme succès, il est réédité maintes fois, et paraîtra pendant cinq ans, en France, au Canada et même au Mexique. Éliane est devenue une des journalistes de modes les plus cotées de la place de Paris.

C'est alors qu'André trouve du travail pour diriger une entreprise de construction et de travaux publics... en Bretagne.

Quand il le lui annonce, elle en reste aussi muette que lorsqu'il lui a appris son engagement dans les troupes d'Extrême-Orient. Si elle ouvre la bouche, elle va déclencher une catastrophe. Voilà quatre mois qu'il est rentré, il n'a jamais voulu lui parler de ses démarches, elle sait seulement qu'il a rencontré l'association des anciens d'HEC, qu'il a eu plusieurs rendez-vous dont il rentrait souvent la mine sombre. Que voulait-il faire d'ailleurs ? Ne plus vendre de la bière, elle avait compris, mais en dehors de ça, qu'est-ce qui le passionne ? L'histoire ? Mais il n'est pas professeur. La politique ? Dieu la préserve qu'il entre dans cette fosse aux lions. Elle sentait qu'un interrogatoire serait vécu comme un harcèlement. Il fallait lui laisser le temps, elle gagnait très bien leur vie, il pouvait explorer des tas de pistes, rencontrer des tas de gens... les choses finissent par arriver si on s'en donne la peine.

Ça a dû lui paraître trop long, ou trop humiliant. Quand son père, qui dirige au ministère des PTT le bureau de construction des postes et connaît des quantités d'entreprises de bâtiment sur toute la France, lui a parlé de l'antenne de Thomas Tidel à Ploemeur qui cherchait un directeur, il a accepté tout de suite. Sans lui demander son avis. Il ne l'abandonnait pas, comme en 45, mais c'était tout comme. L'espace d'un moment, elle a balancé : rester à Paris et le perdre ou partir et perdre le reste ? Pourrait-elle vivre sans mari, et sans ce mari-là ?

« *Adieu mes magazines, mes collaborateurs et ma vie professionnelle. J'étais une épouse et mon devoir était de suivre mon mari.* »

Elle déteste tout de suite la grande maison froide, un cube de granit couleur béton dont le premier étage, au bout d'un raide escalier, leur sert de logement. Elle aime encore moins les habitants du coin, des paysans presque tous ivrognes ou de petits notables bambocheurs et incultes. Il y a bien la paroisse, mais le pasteur est désespérément ennuyeux et les protestants de Lorient terriblement conventionnels. La seule chose merveilleuse, c'est la proximité de la mer : l'été 47 est un des plus chauds du siècle, dès qu'il a du temps, André les emmène se baigner dans le gros dodge de la société qui lui sert de voiture. Mais elle ne peut pas feuilleter un magazine de mode sans que son cœur se serre.

À végéter dans ce trou, elle va mourir d'ennui et de désespoir.

Elle est restée en relation avec ses collègues parisiens, on lui répète que ses modèles de tricot ont toujours autant de succès et que ses idées manquent à toute l'équipe… Et si elle continuait, ici, à inventer des pulls ? Il y aura bien, dans les environs, quelques femmes habiles pour les tricoter.

L'épouse du contremaître d'André, qui habite la maison d'en face, est de la région, elle en connaît peut-être.
- Vous trouverez sans difficulté, les femmes cherchent toutes à gagner un peu d'argent à elles. Mais il faudra leur fournir les patrons, les explications et la laine.
- Vous m'en présenteriez ?
- Si je peux me permettre, je peux aussi vous aider, enfin si vous le souhaitez, je suis patronnière de mon métier.

Si elle osait, Éliane l'embrasserait, d'autant qu'elle lui est sympathique. C'est une femme ouverte et vaillante, à l'opposé des bobonnes de notaires, de médecins ou d'entrepreneurs locaux. Outre la tenue de sa maison et de ses enfants dont le petit dernier, sujet à des convulsions, nécessite une surveillance constante, elle entretient un potager pour nourrir sa famille et réalise elle-même leurs vêtements.

Éliane dessine une dizaine de modèles, Nicole Marceau en fait les patrons, Éliane commande la laine, puis elles vont ensemble rencontrer les tricoteuses, épouses d'ouvriers ou de pêcheurs : « *Le contact de ces femmes courageuses me réconforta. Beaucoup d'entre elles avaient besoin de l'argent que je leur donnais car, à l'époque, nombreux étaient les hommes qui buvaient leur paie.* »

Les tricots finis, Nicole Marceau l'aide à monter les modèles. « *Un modèle mal monté perd tout son chic* ». Nicole Marceau est très douée, le travail qui sort de ses mains est absolument parfait. Nantie de sa première dizaine de réalisations, Éliane prend le train pour Paris faire le tour des rédactions de magazines féminins.

Évidement elle commence par *mon Tricot*. En montant l'escalier, le son des voix familières la ramène dix mois plus tôt et dès qu'elle pousse la porte, l'ambiance affairée et joyeuse lui étreint le cœur. Dieu que c'était bon de travailler ici ! Et dire qu'elle était la patronne ! Elle serre les lèvres et avance, son gros sac à la main... L'accueil est si chaleureux qu'elle oublie sa nostalgie. On admire son travail, on lui prend trois modèles. Ailleurs on lui en prendra deux, puis là quatre. En deux jours elle a tout casé. Les magazines gardent les modèles le temps de les photographier puis les lui renvoient, elle fournit les explications techniques, on lui paie un droit de reproduction.

« *Quand j'eus équipé toute la famille, je vendis les modèles qui me revenaient à des magasins de laines pour leurs vitrines. Puis j'eus des clients attitrés, je n'avais plus besoin de me déplacer. Il me suffisait d'expédier les modèles et ils les retournaient après les photos avec mes droits de reproduction. J'avais environ une vingtaine de tricoteuses, je dus acheter une petite voiture pour leur porter le travail à domicile.* »

Désormais elle porte moins d'attention aux plaisanteries lourdes des amis d'André, du moins de ses relations de travail. Elle est seulement surprise qu'il s'en accommode.
- Tu ne serais pas un peu snob, ma chérie ?

Peut-être, si être snob c'est ne pas apprécier l'esprit de corps de garde. Mais comme il la dispense de certains dîners arrosés entre hommes « du bâtiment », elle glisse. Elle s'active à rendre leur appartement accueillant, elle fabrique des rideaux verts et blancs qui donnent au salon une jolie lumière, elle demande à André de faire confectionner, par ses ferrailleurs, un tortillon de métal dont elle dessine le modèle, comme pour ses pulls. Elle y veut des trous pour accrocher des pots, elle le peindra en vert et y renouvellera en permanence des plantes au feuillage léger, aux fleurs de couleurs tendres qui adouciront la grande pièce rectangulaire. Elle achète quelques meubles chez des antiquaires et suggère à André d'installer dans leur entrée un gros poêle à sciure, comme celui qu'elle avait aux Mousseaux. La scierie de l'entreprise produit sciure et copeaux en abondance, le poêle, énorme, à deux cuves, ronfle et réchauffe tout l'appartement.

Le dimanche ils font de longues promenades dans les bois en quête de champignons et de châtaignes, les enfants sont heureux, en bonne santé, Catherine adore l'école et Pouf va y entrer en septembre prochain. André aime son travail, ils ont retrouvé un équilibre, un autre enfant ne serait pas malvenu.

Comme d'habitude, elle est enceinte tout de suite et André semble soudain s'éloigner. Elle ne comprend pas, ils ont pourtant parlé de ce troisième enfant, il était content, et on dirait qu'il fuit.

Un soir où elle a attendu jusqu'à minuit son retour d'une réunion de chantier, elle éclate :
- Qu'est-ce qui se passe ? Tu n'es plus jamais là.
- Comment ça plus là ? s'énerve-t-il aussitôt. J'ai passé tout le week-end avec toi et les enfants, lundi soir j'ai installé les rayonnages de la bibliothèque, mardi je suis allé chercher Nane (c'est le petit surnom de Catherine) à l'école…
- Excuse-moi, je suis désolée, je ne voulais pas t'agresser, je trouve seulement que depuis quelque temps tu t'absentes beaucoup, tu rentres surtout très tard.
- Je participe à des réunions politiques.
C'est donc ça !
- Mais pourquoi ne pas m'en parler ?
- Ce sont mes affaires. Et je sais que tu méprises ce genre d'engagement.
- Mais… pas du tout, il y a des gens remarquables qui font de la politique, on en a besoin. Je pense seulement que c'est un milieu très dur où les loups se dévorent entre eux.
- Tu ne me crois pas capable d'y faire ma place ?
- Tu veux te présenter aux élections ?
- Je ne sais pas encore.

Quelle idiote elle a été, prise dans ses projets de tricot, elle n'a rien vu venir.
- Tu me tiendras au courant ?

Il consent du bout des lèvres. Encore un territoire interdit, elle a décidément beaucoup de mal à comprendre son mari. Elle se garde de poser d'autres questions. Pendant quelques semaines, il est plus présent, et quand il part à ses réunions, maintenant il l'avertit.

Puis les réunions s'accélèrent, il y a des élections législatives l'année prochaine. Elle n'ose pas lui demander de détails, et il se garde d'en fournir. Elle en perd complètement l'appétit. Mais enfin, que lui a-t-elle fait pour qu'il se méfie d'elle à ce point ? Que redoute-t-il ? Ses critiques ? Qu'elle trouve son engagement ridicule, les gens qui l'entourent minables ? Peut-être n'a-t-il pas tort. Le milieu des politiciens de province ne doit pas voler beaucoup plus haut que celui des petits notables. André n'aura aucun mal à paraître le plus cultivé, le plus intelligent… Il a besoin de se sentir admiré, elle ne l'admire peut-être pas assez. Après tout, si ça lui fait plaisir…

Mais les absences se prolongent, André sent l'alcool quand il rentre et un soir elle lui trouve un drôle de parfum. Un parfum de femme. C'est peut-être une voisine, une amie…, elle se méprise de ses soupçons. André ne lui ferait pas ça, il a des défauts qu'elle commence à connaître, mais c'est un homme droit et honnête.

Pourtant le doute est installé, et avec lui un mal de ventre qui ne veut pas cesser. Un soir, elle n'en peut plus, elle demande à la bonne de rester garder les enfants, elle prend sa voiture et file à Lorient. Elle connaît l'adresse de la permanence du parti radical dans lequel il milite, près du port dans les baraquements provisoires qui remplacent les immeubles détruits par les bombardements. Elle se colle à la fenêtre, c'est l'avantage de ces baraques, elles n'ont pas d'étages. Le local n'est pas très grand, il est fortement enfumé, et plein. André est assis à une table, il parle, apparemment on l'écoute. Puis on l'applaudit, et la personne assise à sa gauche se penche à son oreille pour lui glisser un petit mot, il sourit, de son large et magnifique sourire, elle pose tendrement la main sur son bras. Elle est brune, jeune, pulpeuse, avec une large bouche rieuse. Une belle femme.

Éliane reste un long moment immobile à les regarder rire, se toucher, parler aux autres, puis elle s'en va.

Les hommes trompent leur femme, se moque-t-elle, tu ne fais pas exception à la règle. Elle se tape la tête contre le volant. Pourquoi maintenant, alors qu'il lui a fait quitter Paris et son merveilleux travail, qu'elle s'est adaptée de son mieux à ce trou de culs-terreux, qu'elle a fait de leur grand appartement sinistre un lieu accueillant, qu'ils attendent un troisième enfant, c'est ignoble, c'est injuste.

Il y a six mois, il était on ne peut plus amoureux, joyeux, il préparait avec un tel bonheur les cadeaux de Noël des enfants, un dodge à pédale pour Pouf, qu'il a façonné et soudé lui-même dans l'atelier de ferraillage, pour Catherine une petite cuisine avec placards intégrés, réservoir à eau, une prise pour une cuisinière électrique qu'Éliane a trouvée dans un magasin de jouets… Il était si heureux de ce Noël, et puis, patatras, c'est fini.

Elle ne peut pas se coucher, elle ne dormira pas de toute façon, elle a mal au ventre.

Quand il arrive à deux heures du matin, il est surpris de la trouver recroquevillée dans le canapé du salon :
- Tu es souffrante, lapin, ça ne va pas, tu veux que j'appelle Lecarme ?
- Je suis allée assister à ta réunion, je voulais comprendre ce qu'elles ont de si passionnant. J'ai vu.

Il ne répond pas, une tempête doit bouillonner dans son crâne, mais il ne prononce pas un mot. Il sort et va se coucher. Elle reste toute la nuit sur le canapé. Elle ne veut plus le croiser, elle n'en a pas la force. Elle attend qu'il s'en aille pour s'habiller, elle conduit les enfants à l'école, elle est prise de tremblements incoercibles. Puis de spasmes. Depuis un moment, elle se sent bizarre, anormalement fatiguée. C'est peut-être la grossesse qui se déroule mal. Ce qu'elle ressent ce sont des contractions, le bébé va naître avant terme.

Tant pis pour son amour-propre blessé, il y a urgence, elle fait chercher André par la bonne, il est sur un chantier. Elle est pliée en deux de souffrance, elle demande aux voisins du dessous de récupérer les enfants à l'école, elle appelle le docteur Lecarme, le toubib du village qu'elle n'aime pas beaucoup, mais elle n'a pas le choix.
- Je crois que j'accouche avant terme.

Elle en perd le souffle, elle se déchire, le médecin a juste le temps d'arriver pour la délivrance. C'est une petite fille, elle est morte. André reviendra en fin de journée. Il lui fera une tombe dans le fond du jardin.

Éliane n'a plus la force ni l'envie de discuter. Elle ne sait pas si le bébé est mort du choc qu'elle a ressenti, ou s'il avait cessé de vivre depuis un moment. Elle ne veut pas savoir. Elle veut simplement s'en aller, ne plus le voir.
- J'ai appelé Nelly, elle va venir s'occuper des enfants. Je pars à la montagne.
- Tu as besoin de repos.
- Pas seulement. Je te laisse à ton travail, à ta politique et à ta maîtresse.

46

Ploemeur 1947

J'ai quelques souvenirs ponctuels de la première partie de ma vie : la cave de la villa Poirier où c'était un jeu de descendre pendant les bombardements, François faisant pipi contre la paroi de la tranchée qui nous servait d'abri aux Mousseaux en cas d'alerte, la recherche de trésors parmi les débris de l'avion américain tombé dans le bois voisin, le feu qui dansait sur le pré devant la maison de la Dauberie, les milliers de planeurs blancs traversant le ciel en silence, comme des oiseaux de bon augure, après l'armistice... Je me souviens avec plus de précision des séances de photos pour l'album *J'apprends à tricoter*, je devais m'appliquer pour faire ces fichus points de tricot à la française qui me semblaient inutilement compliqués comparés à la méthode que Marion m'avait apprise. Je trouvais cette méthode catholique ridicule. Pourquoi n'apprenait-on pas aux enfants la simple méthode protestante ? La remarque ne pouvait m'être soufflée que par Marion. Je faisais mon entrée dans la lignée. Avec mon autre grand-mère, bonne-maman, j'ai surtout des souvenirs de cuisine, des rituels à respecter pour que les plats soient réussis : les commandes au boucher pour les meilleurs morceaux : tournedos dans le filet, côtes d'agneau de lait, le grill de fonte chauffé au rouge, au-dessus duquel elle passait la main pour juger si la température était bonne : « La viande doit être saisie », m'expliquait-elle sérieuse et heureuse. La mère de mon père m'a montré que nourrir les autres pouvait être un plaisir. Bon-papa, mon grand-père paternel, m'a nourrie de récits héroïques, tirés de *l'Iliade* et *l'Odyssée*. Ulysse me semblait la quintessence de la virilité : fort, courageux, mais malin, trompant sans scrupule quand il le fallait, les Troyens aussi bien que les dieux, afin de retrouver sa femme, sa terre et ses biens. Pour tenir sa place dans le monde, un homme, un mâle s'entend, devait avoir les deux vertus. La force sans la ruse finissait par s'épuiser, comme celle des Troyens, la ruse sans la force n'avait pas de dignité. Etait-ce parce que les récits de bon-papa étayaient les vagues remarques que je pouvais capter de maman, que j'en ai si bien retenu la morale, ou parce que dès la naissance j'étais formatée à révérer ces clefs de la réussite sociale ?

Tous les souvenirs de cette époque sont plaisants à une exception près : la soupe au tapioca de Marguerite dont les grumeaux gluants me soulevaient le cœur. Mais c'était une sensation, plus qu'une émotion négative. Ma petite enfance me semble avoir été heureuse, maman était gentille et pressée, mes quatre grands-parents prenaient, chacun à sa façon, bien soin de moi, papa n'était pas là.

À partir de Ploemeur, papa passe au centre de ma vie. Son large sourire, son rire, son odeur de forêt, de bois fraîchement scié et de linge propre, sa façon de me soulever de terre à bout de bras, me sont encore présents. Ma première rédaction de 9ᵉ était une ode à sa gloire : « *Il est grand et marche à grands pas, tellement grands qu'il en fait trembler la maison...* » Une vraie déclaration d'amour !

Maman devient moins gentille. Je n'aime plus l'embrasser. Avais-je aimé ça avant ? Je l'ignore, mais je me souviens d'avoir eu l'impression qu'elle me retenait de force, qu'elle m'agrippait. Peut-être était-ce l'ébauche de la harpie qui, quarante ans plus tard, me tenait encore dans ses serres ? Et puis elle me gâchait mon père : il n'était pas capable de se faire attribuer une voiture, heureusement qu'elle en a acheté une avec ses gains, il ne se rend jamais compte qu'on le mène en bateau, il n'a pas le courage de réclamer une augmentation, il est encore parti au rugby au lieu de chercher un nouveau travail alors que Thomas Tidel est en train de sombrer... J'aurais voulu me sauver, mais elle ne me lâchait pas tant qu'elle n'avait pas vidé son sac, elle était capable de pleurer des larmes de crocodile pour se faire plaindre, elle était très forte à ce jeu.

Pour l'éviter, je m'enfermais dans ma chambre avec mes livres : les romans de la comtesse de Ségur, où les mères sont douces et sereines, sauf Mme Fichini, mais c'est une marâtre. J'ai dû relire trois fois *Les vacances*, à cause de Paul dont j'étais amoureuse. À défaut de Paul, je retrouvais mes héros familiers de *l'Iliade* et de *l'Odyssée* : le bel Achille effondré sous sa tente après la mort de Patrocle, Astyanax dans les bras d'Andromaque, effrayé par le casque de son père, et, le plus jouissif, Ulysse se redressant de toute sa taille et bandant son arc devant les prétendants médusés. Pénélope, contrairement à maman, n'avait jamais douté de la force et du triomphe de son mari.

Mais les plaintes de maman n'étaient que de courts moments désagréables, le plus clair de mon temps se passait à jouer avec François. Les entrepôts de l'entreprise qui entouraient la maison étaient notre terrain d'aventure. Nous y puisions les matériaux de nos cabanes, nous nous faisions peur en explorant les souterrains de la carrière dont on extrayait le granit. Puis, à l'abri dans nos cabanes, nous inventions des tortures pour les gens que nous détestions : le docteur Lecarme, le pasteur Roux, M. et Mme Marceau qui habitaient la maison d'en face, surveillaient nos jeux de leur fenêtre et toute nouvelle tête qui ne nous revenait pas. François et moi rivalisions d'ingéniosité dans la cruauté et on se tordait de rire. C'était notre façon de dompter le monde extérieur.

Le seul territoire que je n'avais pas besoin de remodeler en rêve était l'école. Telle quelle, elle me convenait tout à fait. Les maîtresses étaient bienveillantes, de certaines j'étais sans doute la préférée. J'aimais la rentrée, la découverte des livres nouveaux que je commençais à feuilleter aussitôt, et le rituel de couverture des livres, un moment qui me valait l'aide de maman. J'aimais l'odeur du poêle à charbon qui chauffait la classe et celle, âcre, du cuir humide des galoches séchant à côté. Le poêle, comme la maîtresse, veillaient sur moi, j'en étais sûre.

C'était moins clair pour les dames qui nous faisaient l'école du dimanche au temple de Lorient chaque semaine, mais j'écoutais avec plaisir les histoires d'Abraham, de Moïse, de Jacob, de Joseph représentées sur les images qu'on nous donnait à colorier. Le Nouveau Testament ne m'intéressait pas beaucoup, trop de mélo et pas assez de héros vainqueurs.

Il y avait cependant quelques endroits où maman était aussi gaie que papa : la forêt où nous allions chercher des girolles, chasse au trésor dont nous revenions toujours gagnants, et la plage du Fort-du-Talus, petite crique tranquille dont nous étions presque toujours les seuls occupants.

Autant que je m'en souvienne, les plaisirs quotidiens l'emportaient largement sur les désagréments, jusqu'aux vacances de l'été 49.

Maman avait été malade, c'est du moins l'explication qu'on m'a donnée, elle était partie longtemps à la montagne pendant que tante Nelly nous gardait. J'aimais bien tante Nelly, elle était beaucoup plus gaie que maman. Puis maman était revenue, et pour les vacances les parents avaient loué une maison au Pouldu, au bord de la plage. C'était la maison d'un imprimeur qui avait laissé des bandes de papier multicolores plein les poubelles. François et moi avons passé l'été à en faire des guirlandes.

On commençait à jouer sérieusement aux cartes, au rami et à pons, François était très bon. Et nous passions de grandes journées sur la plage, qui est immense.

C'est là que nous avons fait connaissance avec les fils L. trois garçons de dix, huit et cinq ans. Celui du milieu, Yves, qui avait mon âge, m'a plu tout de suite. C'était un joli garçon au visage ouvert, habile et gai, plus calme que son petit frère et plus dégourdi que son aîné.

- De charmants enfants, disait maman qui s'était entichée de leur mère.

Moi, je ne l'aimais pas beaucoup, madame mère, je la trouvais maigre, mal habillée et sévère.
- Excellente famille, continuait maman, des catholiques lyonnais, un père polytechnicien, des garçons brillants, bien élevés, qui feront sûrement aussi bien que leur père.

Maman en avait plein la bouche de ce mot de « polytechnicien », comme si c'était la distinction suprême. Yves m'en paraissait d'autant plus précieux. Chaque soir dans mon lit, je me racontais le moment sublime où nous serions seuls sur la plage tous les deux et où il m'embrasserait sur la bouche. J'en fondais de bonheur.

Yves m'aimait bien, sans doute même un peu plus. On se débrouillait pour jouer toujours ensemble, au grand dam de François qui se retrouvait avec Hugues l'aîné, qu'il trouvait pompeux.

Puisqu'Yves m'aimait, j'en étais sûre, je voulais lui faire un cadeau à la hauteur de nos sentiments. Dans une petite boîte de carton, trouvée dans l'imprimerie, j'ai déposé une photo de moi sur un nid de pétales de roses. C'était un merveilleux cadeau, mais quelque chose me disait que l'idée était peut-être audacieuse. Malgré ma réticence, j'en ai parlé à maman, je n'avais personne d'autre sous la main pour me conseiller.

Elle a ri, gentiment :
- C'est une jolie idée, ma chérie, mais tu sais, ce genre de cadeau avec des pétales, ce n'est pas toujours du goût des garçons. Trouve-lui plutôt un beau coquillage.

Le ton de maman était tendre, mais elle m'avertissait, pour la première fois de ma vie, qu'avec les garçons, il y avait des codes à respecter.

Je ne lui ai pas donné ma photo, je lui ai juste demandé si ça lui ferait plaisir. Il a dit « Bien sûr », mais il était clair qu'il aimait mieux ma compagnie que ma photo, maman devait avoir raison. Nous avons continué à construire des digues contre la marée, à attraper des dormeurs coincés sous les creux de rochers, à nous baigner, et je crois, mais le souvenir en est très flou, qu'il réussit à déposer un petit baiser sur ma joue, tout près des lèvres.

Puis le ciel m'est tombé sur la tête. Là non plus je ne me souviens plus exactement des paroles qui ont été prononcées, je ne sais même plus si on m'a dit quelque chose, mais dès le lendemain je compris que je n'étais plus bienvenue chez les L.

On ne me mettait pas dehors, pas une petite fille de huit ans, mais on me faisait clairement comprendre que je devais garder mes distances. Yves était un garçon de bonne famille, très bonne même, qui ne devait pas se fourvoyer avec une gourgandine, à qui ses parents, une famille sans principe, n'ont pas appris à se tenir.

Ce ne fut sûrement pas dit comme ça, peut-être même n'était-ce que des regards, voire une ou deux remarques sèches, mais c'est exactement ce que j'ai compris, et la honte et l'humiliation qui allaient avec.

Me sont revenus alors des bouts de phrases, des disputes, que je ne voulais pas entendre, maman hurlant à papa qu'il n'était même pas capable de se trouver seul du travail, qu'il lui fallait l'aide de son père, que cette boîte le traitait comme un « chaouch », que sa foutue politique n'était qu'une fuite de plus devant la réalité, des termes que je ne comprenais pas tous, mais qui reprenaient les mêmes litanies que celles que maman m'assénait quand elle parvenait à me coincer au salon. D'ailleurs papa s'en allait en claquant les portes derrière lui.

Depuis toujours je me savais laide, même si maman me disait, en m'essayant une robe neuve qu'elle venait de confectionner : « Tu es ravissante, comme ça. » Le « comme ça » c'était la robe, pas moi. J'étais un sac d'os maigre, avec des jambes courtes et arquées et un nez de sorcière, François me le répétait assez. Mais parce que bon-papa me l'avait beaucoup dit sans doute, que la maîtresse me le faisait comprendre, je me croyais intéressante. Pour le prouver, j'en rajoutais, déclamant des vers, tenant le crachoir, je faisais l'intéressante. On venait de me signifier que je ne valais pas grand-chose, que je me conduisais comme une traînée que ses parents ont mal élevée, ce qui n'a rien de surprenant avec ce père inconsistant. On ne m'avait jamais dit qu'une fille doit être réservée, baisser les yeux, ne pas chercher à embrasser les garçons. Au contraire, j'avais l'impression que mon petit flirt enfantin amusait maman, pire, que ça la flattait.

Je ne serai jamais ni Camille, ni Madeleine, ni Marguerite. Paul, le beau, le juste, le noble de naissance et de cœur, à qui Yves me faisait tant penser, ne tomberait jamais amoureux de moi. Je n'en étais pas digne.

Cette leçon s'est gravée dans ma chair, aussi fort que si on l'avait imprimée au fer rouge.

Puis je suis tombée malade. L'imprimeur dont nous avions loué la maison était tuberculeux, la femme de nos voisins du dessous aussi, ils ont dû me transmettre quelques bactéries. Je n'étais pas très solide, j'avais fait du rachitisme après la guerre, d'où mes jambes arquées, et bien sûr je ne mangeais rien. Peut-être étais-je aussi malheureuse pour la première fois de ma vie, mais il paraît que ça n'influe pas sur la propagation du bacille de Koch.

Ce n'était qu'une primo-infection, dont on pouvait guérir par un séjour prolongé en montagne. Nadine, la sœur de maman qui vivait dans le Queyras, connaissait un home d'enfants à Guillestre. Maman m'y a conduite, en précisant que j'étais un paquet de nerfs, qu'il me fallait une chambre seule ou, au plus, avec une autre fille, et surtout pas de café. J'ai été mise dans une petite chambre sans fenêtre, avec une fille grasse et stupide au lieu de partager le grand dortoir clair avec les filles de mon âge. Et j'ai été condamnée à une bouillie gluante et ignoble le matin, à la place du grand bol de café au lait fumant dont jouissaient tous les autres pensionnaires. Pour la seconde fois j'ai détesté maman.

Je suis restée quatre mois à Guillestre, je n'ai pas le souvenir de m'y être sentie abandonnée, ni que la maison m'ait manquée. Comme je grossissais bien, je finis par obtenir le droit de dormir dans le dortoir des filles qui avait un petit autel avec une statue de la vierge, au pied de laquelle nous placions des bouquets de narcisses cueillis dans les champs. J'en sens encore l'odeur sucrée qui accompagnait les prières à genoux, une nouveauté exaltante pour la petite protestante que j'étais. À la fin du séjour, je voulais devenir catholique.

La vierge, les bouillies et l'air de la montagne m'ayant retapée, papa est venu me chercher en plein été avec François, dans la voiture familiale, maman était restée à Ploemeur, elle venait d'avoir un nouveau bébé. Nous avons fait tous les trois un long et joyeux voyage à travers la France, nous arrêtant dans de petites auberges ou chez des amis de papa, pique-niquant sur des bords de rivière et chantant des chansons à boire.

Ce voyage fut un moment d'ineffable bonheur.

47

Pour effacer la trahison d'André, les Bretons vulgaires, le bébé enterré dans le jardin, Éliane avait eu besoin de silence, de vacuité et d'un manteau de ouate pour cacher le monde. Elle s'était réfugiée dans un petit hôtel d'un village de Savoie. La neige recouvrait les collines et les flancs de montagnes, l'hôtel était presque vide, un bon cocon. Elle ne se faisait pas de soucis pour les enfants, sa sœur Nelly s'en occuperait bien, mais elle ne pouvait rester plus d'un mois, elle venait de s'engager comme dentiste dans l'armée pour partir en Indochine. Éliane n'avait pas l'intention de rentrer si vite.

Après la naissance de Catherine, qui ne voulait ni manger ni dormir, elle était tombée dans un épuisement tel qu'il lui avait fallu deux mois pour se remettre, mais elle n'avait pas d'autre préoccupation que sa santé. Cette fois, elle était épuisée par sa fausse couche, certes, mais c'est moralement qu'elle était détruite.

Elle avait laissé André bourrelé de remords, il était bien temps ! Il ne trouvait pas les mots pour s'excuser, il ne se pardonnait pas de ne pas avoir été auprès d'elle ce jour-là. Mais avant ? Ça lui aurait écorché la bouche de dire qu'il avait honte de l'avoir fuie pour cette brune vulgaire ? Il avait réussi à marmonner : « La chair est faible… pardonne moi… » Trop facile.

Elle qui lui faisait confiance, qui se démenait pour gagner un peu plus d'argent, surtout pour garder un pied dans la vie professionnelle, parce que son entreprise de bâtiment ne marchait pas très fort. Mais c'était plus amusant de se prendre pour un politicien, d'écrire des discours, de s'imaginer utile à l'intérêt général, sous les applaudissements de piliers de café du Commerce et les caresses d'une pouffiasse aux gros seins.

Elle s'était trompée du tout au tout, elle avait cru épouser un homme intègre, intelligent, généreux, avec un bon bagage lui permettant de travailler dans n'importe quelle branche, elle se retrouvait avec un timoré, un homme qui ne savait ni ne voulait se faire une place au soleil. Qui n'en avait ni l'ambition ni l'envergure. Alors il fuyait, dans l'armée où on ne vous demandait que d'obéir, dans la politique où il se croyait mieux capable de défendre les causes publiques que les siennes. Il déchanterait vite, les hommes politiques sont bien plus féroces que les hommes d'affaires. Et pour ne pas voir la réalité en face, il se laissait caresser par une flatteuse qui devait le faire jouir avec des trucs de pute. Elle en avait la bouche.

Éliane n'est pas revenue quand Nelly est partie. André n'avait qu'à se débrouiller avec les enfants, il verrait ce que ça représente de temps et de peine. Elle ne savait même pas si elle voulait vivre encore avec lui.

Elle pourrait remonter à Paris, reprendre ses magazines, il n'y avait pas si longtemps qu'elle était partie, on se souvenait de ses compétences. Elle pourrait aussi élargir son entreprise bretonne, créer elle-même un magazine pour faire connaître ses créations... il y avait mille pistes à explorer.

André écrivait des mots tendres, navrés, il voulait lui rendre visite. D'après Nelly, il n'était plus allé à aucune réunion politique, il rentrait tôt chaque soir, il se donnait du mal pour sortir les enfants le dimanche, pour répondre aux questions mitraillettes de Catherine, pour calmer les colères de Pouf qui voulait sa maman. Parfait.

Elle a répondu qu'elle était enore lasse et ne savait pas si sa visite ne serait pas trop douloureuse. André a fait venir ses parents pour l'aider, les enfants allaient être pourris gâtés, tant pis. Il finirait peut-être par avoir honte de l'absence obstinée de sa femme.

Il lui a fallu trois mois pour se mettre en colère : d'accord il l'avait trompée un moment, ça arrivait à tous les hommes, il s'en est excusé cent fois, ça ne lui suffisait pas ? Quant au bébé, absolument rien ne prouvait que ce soit en le suivant à sa réunion nocturne qu'elle l'avait perdu. Elle avait mal au ventre depuis un moment. Bien sûr il n'était pas là ce jour-là, il s'en voulait encore, mais après il ne l'avait pas quittée, c'est lui qui avait creusé la tombe du bébé dans le jardin, à sa demande, elle n'allait pas ressasser cet événement toute sa vie ? Des enfants, ils pouvaient en avoir d'autres, à condition qu'elle veuille bien rentrer, partager sa vie et son lit. Un homme a besoin d'une femme, si elle ne voulait plus faire l'amour, il en tirerait les conclusions et irait chercher ailleurs plus de compréhension.

Ce sont, de mémoire, les termes utilisés par André dans une lettre retrouvée dans les archives d'Éliane, après sa mort, et qui a été égarée depuis.

Elle avait réussi à l'humilier, le cherchait-elle ? Peut-être pas, elle voulait qu'il comprenne, dans sa chair, ce que ça fait d'être abandonné. Il ne comprendrait sans doute jamais. Il y avait quelque chose en lui de trop solide pour tomber dans ce gouffre qui aspire Éliane lorsque les événements contrarient trop fort et trop longtemps ses désirs. Peut-être qu'au fond, c'est cette solidité qui l'avait attirée chez lui, et son magnifique sourire, et ses larges épaules…

Sa convalescence avait assez duré, il était temps de rentrer.

André ne trichait pas, il était bien plus que soulagé de la revoir, il était heureux. Il l'aimait ce diable d'homme, alors pourquoi l'avoir trompée ? Si elle continuait à remâcher sa colère, elle se rendrait à nouveau malade, elle ne pouvait pas se le permettre, il y avait du boulot pour reprendre les enfants et la maison en main.

L'accueil de ses tricoteuses l'a touchée autant que celui des siens. Elles sont toutes venues la voir, avec un petit cadeau, un bouquet, un gâteau… Elles étaient inquiètes, allait-t-elle reprendre son travail, en avait-t-elle la force ? Si quelque chose pouvait la stimuler, c'était bien l'attente et l'amitié de ces femmes. Elle les a rassurées, elle allait très bien, elle s'y remettait tout de suite.

Et pour sceller leurs retrouvailles, André a loué une villa en août dans la station du Pouldu, afin qu'ils puissent se baigner chaque jour sans faire des kilomètres de voiture. Ce serait excellent pour la santé d'Éliane et celle des enfants.

Comme la location était chère et la maison grande, il a proposé de la partager avec son cousin, Robert Socolover, un bon vivant, serviable et gentil. L'été a été très gai, sur la plage. Éliane a fait la connaissance d'une charmante famille de trois garçons qui ont été de bons compagnons de jeux pour les enfants, le temps a été splendide, ils ont pu dîner dehors le soir très souvent, Robert apportait de bonnes bouteilles, et à la fin de l'été elle était enceinte.

André a fêté la nouvelle au champagne. Sa grossesse se déroulait sans problème, sans nausées, elle n'était même pas fatiguée. Son entreprise de tricot était relancée. Puis Catherine a perdu sa belle mine de l'été et son appétit, elle s'est mise à tousser et à traîner une petite fièvre. On lui a trouvé une légère ombre au poumon.
- Une primo-infection tuberculeuse, pas très étendue. Un bon séjour en altitude devrait lui donner la force de l'éliminer, a assuré Lecarne.

C'est André qui a appelé Pascal, le mari de Nadine qui est médecin dans le Queyras et pédiatre. En une semaine il a trouvé un lieu et une place pour Catherine. Éliane l'a accompagnée, la nuit dans les couchettes du train a beaucoup amusé Catherine. Elle était en bonnes mains, Éliane pouvait rentrer tranquille mener à bien sa grossesse.

Début juin, elle met au monde le plus beau bébé qu'elle ait jamais vu : une petite fille brune, dodue, ravissante, aux yeux vert océan. « *Nous nous demandions de quel ancêtre inconnu nous arrivait ce regard intense et lumineux.* »
Catherine est guérie, André est allé la chercher dans ses montagnes, Véronique, le nouveau bébé, tète, dort, grandit et grossit sans histoire, André monte deux fois par jour de ses bureaux du rez-de-chaussée pour l'admirer, Éliane a trouvé un nouvelle bonne, bien plus efficace, gentille et honnête que la précédente. Le monde est en ordre.

La sérénité dure quatre mois. En septembre, Éliane s'aperçoit qu'elle est à nouveau enceinte. Elle vient juste d'arrêter d'allaiter, elle se croyait encore protégée. Et la maison Thomas Tidel ne va pas bien. André refuse d'en parler, mais Nicole Marceau, sa voisine devenue une amie, l'a avertie qu'ils étaient obligés de licencier le personnel de l'atelier de ferraillage, que les chantiers se raréfiaient et qu'il y avait sans doute des problèmes de gestion au niveau de l'ensemble de la société.
André le sait, il ne bouge pas. Il s'est trouvé un nouveau dérivatif, le rugby.
Le dernier bébé est encore une fille, Caroline, brune aux yeux bruns cette fois, ce qui est plus conforme à l'hérédité familiale. Elle est douce et facile. C'est au moins un soulagement, car Éliane est débordée.
La direction des Laines du Pingouin, impressionnée par le succès de son premier album de layette, lui en commande un second. Elle explose de joie, elle est toujours dans la course à Paris. Si André perd son job, elle pourra prendre le relais.
Toute son énergie, sa capacité de création et d'organisation sont intacts. Elle se jette dans le travail à corps perdu : « *Je conçus et fis exécuter tous les modèles, j'écrivis les textes et partis pour Paris pour les mettre en page avec un talentueux dessinateur bien connu à l'époque : Demachy. Nous y travaillâmes plusieurs semaines tandis que mes beaux-parents supervisaient la maison et les soins des enfants. Tout cela me semble aujourd'hui un peu fou et insouciant, mais à trente-cinq ans cela me semblait normal et tout simple. L'album fut réalisé et ce fut un succès.* »
Du côté de Thomas Tidel, par contre, les choses se dégradent à toute vitesse. D'après sa voisine et amie, il est question de faillite. Un soir elle n'en peut plus :
- Mais enfin André, tu sais bien que la boîte va fermer sous peu.
Il se raidit, serre les mâchoires.

- Rien n'est encore décidé.
- C'est une question de mois, peut-être de semaines. Qu'est-ce que tu vas faire si la maison est mise en faillite ?
- Je chercherai autre chose.
- Il faut du temps pour trouver un job qui te convienne.
- Tu ne peux pas me faire un peu confiance ? Ne t'inquiète pas, je ne te laisserai pas sans ressources.

Il sort en claquant la porte, comme chaque fois qu'il est en colère, et redescend dans son bureau où, au moins, elle ne viendra pas le questionner. Il a quatre enfants maintenant, il pourrait se conduire, enfin, comme un père de famille responsable ! Ils vont se retrouver à la rue, car l'appartement est à la société, il va falloir remonter à Paris, où elle est sûre de trouver du travail, mais il leur faudra aussi un logement, pour six. Ça doit coûter une fortune. Elle pourra laisser les enfants aux grands-parents, un premier temps… Enfin pourquoi André refuse-t-il à ce point d'anticiper, de faire des démarches ?

Puis, un soir glacial et tempétueux de février, il rentre les pieds boueux avec le sourire. C'est anormal.
- Aimerais-tu vivre dans un pays de soleil, un pays sans hiver ? dit-il en l'embrassant dans le cou.

Qu'a-t-il bien pu trouver ?
- Nous partons à Madagascar, Madaléna me propose une situation à Tamatave.

« *J'en restais bouche bée.* » Madagascar ? Mais c'est à l'autre bout de la Terre, et c'est encore un de ses potes, Madaléna, qui lui a déniché ça ! Dieu sait ce que le mot « situation » recouvre. Évidemment, le soleil, le ciel bleu, les palmiers… c'est peut-être tentant.

Elle se précipite sur les atlas, les dictionnaires, les manuels de géographie de Catherine. Elle y lit : « Tamatave, situé sur la côte est de Madagascar, climat chaud, très humide et malsain, surnommé "le cimetière des Européens". Il y tombe 3,50 mètres d'eau par an…. »
- C'est un cloaque, ton paradis tropical.
- Ces informations datent de Mathusalem. Tamatave est une très jolie ville, propre, aux maisons blanches. Les Madaléna y vivent depuis dix ans, ils sont enchantés.

Ce qui enchante les Madaléna, ne sera pas forcément du goût d'Éliane. Mais que faire ? Il ne changera pas de plan, ses yeux brillent trop de la tentation des mers du Sud. C'est à Madagascar que l'armée l'a envoyé quand il s'est engagé à la fin de la guerre, il n'en est pas revenu enthousiaste, mais ses conditions de vie n'étaient pas idéales, par contre, il a rencontré des colons audacieux, et le goût des tropiques lui est resté.

C'est la deuxième fois qu'il cède à l'attirance des contrées lointaines, la France lui semble étroite et ennuyeuse. Il n'y a pas de projet comme elle, il ne s'y sent pas intégré. Si elle refuse de l'accompagner, il risque de partir quand même. Et s'il reste, il lui en voudra toute sa vie.

Encore une fois, elle n'a pas le choix.

André, heureux comme un jeune homme, part en éclaireur leur préparer un logement. Il s'est peu étendu sur la « situation » qui l'attend, il sera le directeur d'une grosse maison d'import-export indienne.

« Bien entendu me reviendrait tout le tracas des bagages, du déménagement de nos meubles pour la mise en garde-meuble, de l'emballage des caisses que nous emportions, et qu'il fallait expédier par la mer, de la vente de la voiture et de l'achat d'une neuve, des formalités de passeports, vaccins, connaissements... Mais cela avait toujours été mon lot, et mon heureux mari semblait jouir à ce propos d'une immunité due à la protection spéciale de la Providence. »

Elle doit embarquer à Marseille avec les enfants début novembre, elle a six mois pour tout régler, ce qu'elle fait, avec Véronique vingt-six mois et Caroline quinze mois, trottant au milieu des monceaux de papiers à trier et éliminer.

Le 6 novembre, épuisée, elle grimpe l'échelle de coupée du *Maréchal Joffre*, après s'être assurée que sa toute nouvelle 2 CV était embarquée, ainsi que les dix-sept caisses qu'elle a remplies de leur linge, vaisselle, livres, ustensiles de cuisine, appareils ménagers, cuisinière, bicyclettes, le train électrique de François, le landau et la poupée de Catherine... et mis en laisse les deux petites pour les empêcher de piquer une tête dans l'eau sale du port, à travers la rambarde qui n'est qu'une main courante.

48

Madagascar 1952

Je souhaite à tous les enfants de la terre de faire un voyage comme celui qui m'a conduite de Marseille à Madagascar en 1952.

Je quittais la Bretagne sans trop de tristesse. J'étais entrée en sixième au lycée de Lorient. Le changement de professeur m'amusait, les élèves étaient plus variées qu'à l'école, plus curieuses, ce qui me plaisait. Mais je n'avais pas eu le temps de bâtir des amitiés profondes. L'idée du voyage, vingt et un jours à voguer sur les mers sans aller à l'école, m'excitait autant que François.

Le paquebot élégant, immense et blanc, qui nous dominait sur le quai était déjà, en lui-même, une promesse de plaisirs. Les salons luxueux, les multiples ponts, les stewards en uniforme pleins d'égards pour nous, confirmaient l'impression première. François et moi partagions une cabine, à côté de celle de maman et des petites, mais indépendante. Nous serions libres d'entrer et sortir sans qu'elle le sache.

La salle à manger des premières classes – je n'avais jamais voyagé en première classe dans le train ou même le métro à Paris – était intimidante avec ses cohortes de maîtres d'hôtel, serveurs, échansons… mais j'appris vite à adopter le dos droit et le ton pointu des demoiselles qu'on sert à table.

Je n'avais pas à garder mes sœurs, il y avait une nursery pour ça, maman ne se souciait pas de nous non plus, le commissaire de bord et sa troupe de stewards se chargeaient de nous surveiller. Nous n'avions qu'à jouer toute la journée, avec les six ou sept enfants de notre âge qui étaient du voyage.

Un paquebot est un terrain de jeux fantastique, plein d'escaliers, d'échelles, de recoins, de portes interdites, de cachettes… À condition d'éviter de croiser le terrible commissaire de bord, nous nous autorisions quelques audaces qui nous faisaient frissonner : ouvrir les portes de la salle des machines et descendre de quelques échelons le long des escaliers métalliques menant tout au fond aux moteurs grondants, grimper jusqu'au poste de pilotage pour tenter d'apercevoir le commandant à la barre, nous risquer du côté des cuisines, de l'infirmerie, du troisième pont où étaient logés les militaires...

Et puis il y avait cette lente descente vers la chaleur, les robes d'été que l'on sort des valises en plein mois de novembre, la piscine qu'on met en eau et dans laquelle on plonge toute la journée, les soirées tièdes sur le pont où on projetait spécialement pour les enfants *Aladin ou la lampe merveilleuse* en technicolor, les festivités du passage de la ligne, où les adultes ne m'ont jamais paru aussi ridicules... Les divines surprises des escales, les marchands égyptiens envahissant le pont avec leurs produits de bazar qui dégageaient des odeurs déroutantes et sucrées, les Gali Gala, ces magiciens capables d'extraire un poussin vivant des décolletés des dames et des braguettes des messieurs, Djibouti écrasée de chaleur, sale, poussiéreuse et triste, heureusement ce n'est pas là que nous allions... Et puis, tout au long du voyage, la mer, la traîne d'écume que nous laissions derrière nous et que je ne me lassais pas de contempler, les dauphins qui nous accompagnaient, de temps à autre une baleine, un soir un ballet de poissons volants rose et argent, aux nageoires déployées comme des voiles, bondissant de vague en vague, en une chorégraphie impeccable.

Tout était excitant, y compris le joli garçon qui avait un petit faible pour moi et a fini par m'embrasser furtivement sur les lèvres dans une partie de colin-maillard. Ce n'était pas Yves, je n'étais pas amoureuse, mais c'était bien agréable d'être courtisée.

Mais si j'ai autant joui de la magie de ce voyage, c'est surtout parce que pendant vingt et un jours la vie normale n'existait plus, maman ne pouvait plus se plaindre de ce que papa n'avait pas fait aujourd'hui, hier, et le jour d'avant, ou qu'il ne ferait pas demain, ni grincer des dents en maugréant qu'il jouait au rugby au lieu de se préoccuper de l'avenir de sa famille, qu'il était inconscient, irresponsable et incapable... qu'elle n'aurait jamais dû l'épouser... D'ailleurs, si elle avait voulu, elle serait comtesse de M. Je ne verrai pas papa partir, muré dans le silence, le dos raide, au lieu de lui flanquer une bonne paire de gifles en lui disant de se taire. Pendant vingt et un jours, l'emprise du moule qui était en train de me façonner s'est desserrée. J'avais l'illusion d'être sans attaches.

Et puis le voyage s'est terminé, nous sommes arrivés à Tamatave et tout a recommencé en pire. Papa est pourtant monté à bord dès que nous eûmes accosté, maman en pleurait de bonheur, mais dès que nous sommes entrés dans le grand appartement qui serait le nôtre, dans la rue la plus commerçante de la ville, au-dessus des bureaux et des entrepôts du patron de papa, elle s'est assise sur une valise et elle a éclaté en sanglots. C'est son truc : quand elle veut vraiment lui faire mal, elle pleure et il ne peut plus partir en claquant la porte.

Cette fois, j'étais un peu d'accord avec elle. On s'attendait à une jolie maison blanche au bord de la mer, comme celles que nous avions croisées en arrivant, nous découvrions un très grand terrain de jeux, il y avait au moins trente mètres entre la salle à manger et la cuisine, presque vide, juste des lits pour dormir, une table et quelques chaises dans la cuisine, rien dans la salle à manger ni l'immense salon. Par contre, tout autour courait une large terrasse ombragée comme sur les dessins des palais de mes *Contes des mille et une nuits*. Ça sentait l'oignon et le girofle.

La vie normale m'avait rattrapée, et ça promettait d'être pire qu'à Ploemeur.

Je crois que c'est papa qui m'a permis de fuir.

- Je vais où en sixième ? ai-je demandé le troisième soir, quand on a eu une table et des chaises à la salle à manger et un divan très dur dans le salon.
- Il y a un collège à Tamatave, tout près, tu pourras même y aller à pied, a dit maman.
- Pourquoi un collège ? À Lorient j'allais au lycée.
- Le collège ne va que jusqu'en troisième, après tu iras au lycée.

Je ne sais pourquoi je sentais qu'on ne me disait pas tout.

- Et il y a les mêmes professeurs, on apprend les mêmes choses ?
- Pas tout à fait, au collège tu ne feras pas de latin.

Je n'aimais pas beaucoup le latin, c'était une matière ingrate et difficile, mais je me souvenais très bien du mépris dans lequel on tenait, au lycée de Lorient, les classes « modernes », celles qui n'avaient pas de cours de latin. C'était les plus mauvaises.

- Il y a bien un lycée, dit papa, mais il est à Tananarive. Tu devrais être pensionnaire et ne revenir que pour les vacances.
- On y fait du latin en sixième et du grec après ?
- Bien sûr.
- Alors je pars à Tana.
- Mais…, ma mère ne parvenait pas y croire, ça ne te peine pas de vivre loin de nous pour une langue qui ne sert plus à rien ?

À rien, sinon à marquer la différence entre les nuls et les autres. Cette fois c'était pour me vampiriser que les serres tentaient de se refermer sur moi.

- Ça me va très bien d'être pensionnaire, c'est important de suivre de bonnes études, tu me l'as souvent répété.

Papa souriait, j'avais gagné. Maman a encore bataillé un moment, mais au fond, tenait-elle tellement à ce que je reste auprès d'elle ? Elle avait

François et les petites, et je devenais de plus en plus insolente. L'internat me ferait du bien.

Pourquoi étais-je si fière en me couchant le soir ? J'avais gagné contre ma mère, certes, mais ça n'avait pas été si difficile. La vérité était ailleurs : j'étais moche, même si le regard de certains garçons me disait le contraire... Ma famille ne faisait pas partie des « gens bien », mon père n'était pas « polytechnicien », ma mère était une mégère, ma seule et unique fierté c'étaient mes études, si on me les enlevait, je n'existais plus.

49

Éliane n'en peut plus de rage et de désespoir.

De nouveau elle a tout quitté pour suivre André, cette fois à dix mille kilomètres de la France, des quelques personnes qui pourraient la soutenir, pour une aventure incertaine et glauque, comme elle le redoutait. Fakra, le gros importateur indien pour qui André fait office de directeur, n'a tenu aucune de ses promesses, sauf celle de leur payer des cabines en première classe, histoire d'endormir la méfiance d'Éliane sans doute. Le salaire d'André n'est pas mirobolant et leur logement, qui devait être une maison blanche bien meublée, s'est révélé un hangar à courants d'air vide, sinistre, traversé de temps en temps par des rats gigantesques qui montent des entrepôts du rez-de-chaussée.

Et si ce n'était que le logement, mais la rue qui le borde est certes la plus commerçante de la ville, mais c'est aussi la plus bruyante et la plus encombrée, et la jolie cité proprette au bord de la mer est bien le pot de chambre étouffant dont parlait les livres de Catherine. L'humidité rend les cheveux poisseux, les parasites prolifèrent, les indigènes sont stupides, paresseux, voleurs, et se nourrir est un tour de force. André l'a flouée dans les grandes largeurs, et il voudrait qu'elle ait envie de faire l'amour !

« Il fallait défaire les caisses alors que la sueur ruisselait le long de mon cou, ranger dans l'unique armoire sans portemanteau le contenu de nos valises… François eut bientôt une forte fièvre, le médecin diagnostiqua une violente crise de paludisme. Je me reprocha de faire dormir les enfants sans moustiquaire. Je me précipitai « Au Printemps » acheter le tulle nécessaire pour les confectionner.

Imaginez-vous étalant par terre neuf mètres de tulle sur quatre mètres de haut et essayez de vous y retrouver avec Caroline quinze mois et Véronique deux ans et demi, pleurant de chaleur et d'énervement, trottant en geignant sur mon tulle et s'asseyant finalement au beau milieu en refusant de bouger… »

Autre sujet de désespoir : le marché, des bouchers indigènes assis derrière des tas de viande coupée en menus morceaux, couverts de mouches… « *Allez reconnaître là-dedans un morceau de pot-au-feu d'une tranche de rumsteck. Ce que j'achetais était régulièrement immangeable. Et les légumes, petits tas de haricots fanés, de carottes minuscules, de fruits étranges, boules rouges qui ressemblaient à des fraises en carapace, d'énormes fruits verdâtres, les yaks, dont la vue et l'odeur me soulevaient le cœur.*

Et comme nous n'avions pas de frigidaire, le beurre était de l'huile et les achats à renouveler chaque jour. »

Son amertume atteint un sommet une nuit où une des petites en sueur lui demande à boire. Elle parcourt les trente mètres de terrasse pour atteindre la cuisine, l'oreille bientôt alertée par un étrange grignotement. Quand elle allume, elle hurle : « *Les murs et le sol de l'immense cuisine étaient tapissés de cafards noirs et plats, carrossés comme des DS Citroën, fourmillant en tous sens en remuant leurs mandibules à la recherche d'un petit détritus à dévorer.* »

Ivre de rage, elle vide une bombe entière d'insecticide sur l'armée des monstres qui s'enfuient dans les canalisations d'où ils étaient venus.

Il a fallu qu'elle le harcèle tous les jours pour qu'André se décide à exiger de son patron les meubles qu'il lui devait par contrat. Mais lorsqu'un mois plus tard ils arrivent de Tana, ils sont tellement lourds, laids et inconfortables, qu'elle les refuse et va elle-même demander qu'on lui en loue d'autres, aux frais de la maison Fakra. Elle finira par dénicher dans les entrepôts de jolies commodes cachées, et par les obtenir de haute lutte.

Jamais Noël ne fut aussi sinistre.

Puis, comme elle n'a pas le choix, lentement, elle reprend des forces et s'organise. Elle trouve une école maternelle tout près pour Véronique, des amis pour François qui s'est muré dans un silence triste depuis leur arrivée et le départ de sa sœur à Tana. Elle est invitée à prendre le thé chez les femmes de directeurs de banques, d'agents de compagnie de navigation, de directeurs d'usine… pas vraiment passionnantes, mais gentilles. Elles l'aident à recruter ses premières « nénènes » pour s'occuper des petites, son premier boy cuisinier pour faire le marché et les repas, une *ramatoa* pour s'occuper du linge… On l'abreuve de conseils : laver au permanganate fruits et légumes, filtrer l'eau, prendre de la nivaquine tous les jours, en donner aux enfants, ne pas trop acheter dans le magasin qui fait venir les produits de France, ils sont hors de prix, goûter les letchis, c'est la pleine saison et grâce à leur carapace, ils ne sont pas parasités… Elles lui indiquent le Chinois où on trouve tout, depuis le permanganate jusqu'au fil à repriser en passant par l'huile, les enveloppes et les ampoules, l'Indien chez qui se procurer des cotonnades

pour faire des robes légères, sans col ni manche pour les petites, et le boucher chez qui elle trouvera du filet de zébu.
- Aussi tendre et bien plus savoureux que le filet de charolais...

Peu à peu, elle émerge de la panique qui lui mordait les entrailles. Après plusieurs essais catastrophiques, elle trouve une nénène qui ne reçoit pas de marins du port la nuit pour arrondir ses fins de mois, une lingère intelligente, un boy qui sait cuisiner. Elle remise au fond des cantines les casques coloniaux et chapeaux de liège qu'elle avait consciencieusement achetés dans un magasin parisien hors de prix, dont l'enseigne « Tout pour la colonie » l'avait rassurée. Personne ici ne porte ces attributs de films hollywoodiens. Pas même un chapeau, on circule en pousse-pousse à l'ombre de la capote, on vit sur les vérandas. Le soleil, on le prend à la plage ou à la piscine, tempéré par la fraîcheur des bains.

Puis, de thés ennuyeux en dîners guindés, elle finit par rencontrer des femmes qui pourraient devenir des amies. Édith, une Alsacienne joyeuse, mère de trois enfants dont deux de l'âge des petites, qui peint avec un vrai talent, Colette, toute jeune et peu conformiste épouse d'un riche colon d'une vieille famille locale qui lui fait un enfant par an, connaît tout Tamatave, peint elle aussi, et habite à deux rues de chez eux, la femme du nouveau pasteur pleine d'humour et de bon sens…

Sur leurs conseils, Éliane s'achète un short, un nouveau maillot de bain, inscrit la famille au club nautique et commence à goûter les joies de la vie coloniale sous les tropiques. La saison chaude, avec sa canicule écrasante de mi-journée et les pluies torrentielles du soir est passée. Tamatave apparaît enfin comme la charmante petite ville des souvenirs d'André. Contrairement à Tananarive qui est avant tout une ville indigène dans laquelle les Européens se sont glissés, Tamatave n'est qu'une ville française bâtie par les Français et pour eux, autour du port, espace stratégique à surveiller de près. La ville s'étale tout le long de la baie, blanche et fleurie, entre de larges avenues et des rues transversales paisibles. Les indigènes sont relégués à l'écart, loin de la mer, à Tanambo, quartier exclusivement malgache. Ils viennent en ville pour travailler et repartent le soir. Les rues restent ainsi propres et calmes, les seuls perturbateurs sont les marins ivres qui rentrent à bord après une virée dans les bars et les bordels de Tanambo. Éliane apprécie.

Elle commence à remarquer les verts et violets sombres de la mer, les oranges et turquoises des couchers de soleil, elle commence à ressentir le vent léger de la saison fraîche sur sa peau et le plaisir de rôtir doucement au soleil avant de plonger dans les vagues tièdes et transparentes, pas trop loin du bord, car les requins rôdent. Son corps se remet à exister.

Les enfants se sont adaptés beaucoup plus vite au changement, Catherine réclame des bikinis dès qu'elle arrive en vacances, François s'est déniché quelques copains avec qui il part pêcher sur la digue, Véronique se plaît à la maternelle, Caroline ira l'année prochaine, Éliane trouve enfin le temps de fabriquer des rideaux pour habiller les immenses fenêtres de la salle de séjour, recouvrir un canapé du même tissu, et commencer à peindre avec Colette et Édith. Elle parvient à ne pas penser trop souvent aux relations tendues d'André avec son patron.

Puis, à la fin de l'année, quand elle a réussi à se faire envoyer de France des cadeaux pour, cette fois, fêter un vrai Noël en famille, Véronique, son merveilleux petit tigre, attrape une saloperie en forme de dysenterie qui ne guérit pas.

Elle fond presque à vue d'œil, les médecins diagnostiquent l'un des amibes, le second une autre bestiole, les traitements accélèrent la dysenterie, épuisent la petite, lui coupent tout appétit. Elle ne pèse plus que dix kilos, son poids à dix-huit mois, son ventre est gonflé comme un ballon, elle ne digère plus rien, elle n'a plus la force de marcher, ni même envie de jouer. Encore un mois comme ça, et ils la perdront.

Dieu ne peut pas permettre ça, sa joie, sa gloire, son enfant bonheur, sa merveille insupportable, qui vide ses tubes de vernis à ongle, de rouge à lèvres, ses pots de crèmes, qui disparaît sans prévenir et qu'on retrouve une heure plus tard au rayon des jouets du Printemps, de l'autre côté de la rue, sa petite fille indomptable et superbe, ne peut pas disparaître…
- Il y a un bon pédiatre, à Tana, Pardon, je viens de te prendre un rendez-vous, j'ai retenu des places d'avion pour toi et les deux petites, demain matin. Je me charge de Bus (le nouveau surnom de François), tu pars, les Boulay t'attendront à l'aéroport.

Dans les cas graves, André devient d'une redoutable efficacité, sans jamais perdre son sang-froid. Il obtiendrait audience du Pape si c'était nécessaire. Il a sauvé le bras de Catherine qui avait été mal remis d'une fracture par un chirurgien ivre de Lorient. Le bras se paralysait, personne ne savait pourquoi. André a pris sa fille sous le bras et fait le tour des pontes parisiens, jusqu'à ce qu'il croie l'un d'entre eux.
- Le nerf radial a été pris entre les callosités de l'os, plus il se ressoude, plus le nerf dépérit. Quand l'os sera solidifié, le nerf mourra, la petite perdra la mobilité de son bras.
- Il faut faire quoi ?
- Opérer le plus vite possible.
- Demain vous pouvez ?

C'est ainsi que Catherine a une grande cicatrice mais un bras gauche qui fonctionne normalement. Pourquoi André n'est-il pas capable de la même fermeté quand il s'agit de ses intérêts à lui ?

Le docteur Pardon est meilleur que les médecins de Tamatave, la diarrhée se calme un moment, puis reprend. C'est Pascal, le mari de Nadine, qui fait enfin le bon diagnostic, par téléphone et par courrier. Une histoire de parasite dans l'intestin grêle qui empêche toute digestion. Il donne un régime à base de banane écrasée, un traitement, des piqûres de vitamine B12, de Foldine… et lentement, très lentement, la diarrhée s'arrête et la petite reprend du poids. Pascal conseille de rester à Tana, sur les plateaux, surtout en cette période chaude, jusqu'à guérison complète. Dans la fournaise humide de Tamatave, elle risque de rechuter.

Il faut quatre mois pour que Véronique retrouve ses joues rondes et sa vitalité. Éliane migre avec ses filles de maison amie en maison amie, puis finit par louer un petit appartement en ville. Elle s'apprête à repartir pour les vacances de Pâques, quand André lui annonce qu'il met François à l'avion pour qu'il la rejoigne,
- Un peu d'air des plateaux ne lui fera pas de mal.

Elle voit débarquer un petit chat maigre et triste au regard absent, qui perd ses cheveux par touffes à cause d'une pelade. C'était trop demander à André, sans doute, de prendre sur son temps pour tenir compagnie à son fils, de rentrer dîner à la maison au lieu de se faire inviter avec lui chez des amis, de l'aider dans ses devoirs, ou de l'emmener à la pêche… Évidemment il y avait Hélène la nénène lingère qui veille à tout, et le boy cuisinier, l'enfant ne manquait de rien. Sauf d'attention. Quel homme a-t-elle donc épousé, qui est capable en deux heures de prendre des décisions vitales pour Véronique, mais ne s'aperçoit pas que son petit garçon s'étiole à ses côtés ?

Pendant que ma mère se débattait pour se fabriquer une vie à peu près plaisante à Tamatave, puis qu'elle luttait pour garder Véronique en vie, je découvrais les affres de l'adolescence, dont l'intensité variait avec les lieux. Au lycée j'étais tranquille. Les études ne m'ennuyaient pas, j'étais mauvaise en sciences, faible en latin, mais le français et l'histoire me passionnaient et rattrapaient le reste. J'avais du temps pour lire tout ce qui me tombait sous la main, j'ai d'ailleurs été virée trois jours pour lectures interdites, *La guerre des boutons*, pensez, des garçons qui se battent tout nus ! J'avais des amies qui n'étaient pas mieux dans leur peau que moi, mais qui comme moi aimaient s'évader dans les histoires. Nous en écrivions ensemble pour les donner en spectacle à la fin de l'année. Une fois par semaine, nous allions au stade, seul moment où nous apercevions les garçons. Nous passions deux heures à nous astiquer en prévision de ce moment palpitant. Je ne bougeais guère, je mangeais trop, des tartines à la crème de marron pour le goûter, des sambosses achetés à une petite marchande créole à la récréation, à la fin de la quatrième j'avais des fesses et des joues de matrone libanaise. J'ai dû m'ennuyer comme tous les pensionnaires, mais le souvenir ne m'en est pas resté. À l'internat comme sur le bateau, j'étais à l'abri du monde.

À proximité du lycée, il y avait les correspondants qui me recevaient le week-end. Les premiers m'ont fait découvrir Arsène Lupin, encore un héros fort et malin ! Les seconds m'ont offert ma seconde histoire d'amour. C'était une famille protestante rigoriste, père pasteur partisan de la confession publique des péchés, mais nantie de quatre jolis garçons, dont l'aîné avait le charme irrésistible d'un fruit dangereux. Un sosie de James Dean, blond aux yeux verts, des cils noirs et une peau dorée au soleil des tropiques. Je le voyais chaque dimanche jouer au volley-ball torse-nu. Irrésistible. Je ne devais pas encore être trop grosse à l'époque, j'étais en cinquième, et peut-être un peu plus délurée d'allure que les filles de pasteur de son entourage, j'ai eu l'air de lui plaire. Je m'en suis aperçue. Bien entendu tout cela se passait au niveau des regards et des échanges de ballons. Notre idylle a duré quelques mois, sous la surveillance méfiante de la mère de mon amoureux. Hélas le bel Étienne était trop sollicité pour m'accorder longtemps son attention. Un jour il a cessé de me chercher des yeux, j'ai été fort malheureuse. Maman m'a trouvé d'autres correspondants, une famille nombreuse, protestante également, mais beaucoup plus ouverte, le père était un éminent anthropologue. Cela devait mieux me convenir, j'ai rangé le bel Étienne au rayon des souvenirs.

Et puis, tous les trois mois, je rentrais à la maison. Et les choses devenaient compliquées.

À chaque fois, je me réjouissais de retrouver les miens, mon père aussi impeccable en short tuyau de poêle, chaussettes anglaises, et chemisette légère qu'en complet veston, toujours aussi souriant, François qui s'éloignait un peu de moi pour de nouveaux amis plus baroudeurs et sa pirogue à balancier, mes deux petites sœurs qui me saturaient de tendresse et attendaient que j'exerce sur elles mes talents de conteuse ou de costumière en les changeant en princesses ou en fées, et maman, sur la réserve, se demandant de combien de nouvelles épines je m'étais hérissée cette fois-ci, mais qui m'avait préparé mon dîner préféré et déjà organisé pour moi quelques sorties.

C'est là que le bât blessait.

À Tana, j'étais une adolescente normale, ni mieux ni moins bien lotie que mes amies de pension. Le climat sec et lumineux, la ville essentiellement malgache, tout en escaliers grimpant et dégringolant les collines, n'excitait que raisonnablement la sensualité. En arrivant à Tamatave, je plongeais dans la chaleur moite des tropiques. La ville blanche étalée le long de la baie pour le seul bien-être des Français, m'ôtait toute capacité de réflexion et de résistance. Mon corps ne demandait qu'à chauffer et brunir au soleil, se rafraîchir dans l'eau transparente, s'affaler à l'heure brûlante de la sieste sur le canapé avec un roman, se parer le soir de robes neuves qui serreraient la taille et exaltait la peau brune, et danser dans la nuit tiède contre la poitrine d'un garçon bronzé sur le sable du club nautique et musclé sur les courts de tennis. J'en tremblais d'envie comme d'un verre d'eau après une course dans le désert, seulement je n'étais pas formatée pour le rôle. Inventer des histoires, je savais, réussir une composition, les contrôles de l'époque, je savais, expliquer mes idées, je commençais à savoir, mais plaire ? Avec quoi pouvais-je plaire, puisque je n'étais pas plaisante ?

Plus maman me poussait à sortir, c'est-à-dire m'amuser et me faire des relations dans ce joli monde privilégié de la jeunesse coloniale, plus je me paralysais. Je m'asseyais du bout des fesses à côté de la moins jolie des filles, je parvenais à lui poser quelques questions banales, je faisais semblant de rire aux plaisanteries des garçons que je trouvais stupides – mais c'était impossible n'est-ce pas, ils étaient si beaux, si décontractés, si contents d'eux – c'est moi qui étais stupide. Et quand j'étais conviée aux multiples surboums des vacances, je n'en revenais pas d'être invitée à danser. Je finissais même par faire des conquêtes, pas celles que j'espérais, mais faute de grives… D'ailleurs ils n'étaient pas si mal, les garçons qui voulaient m'embrasser, l'un d'eux était un remarquable danseur de paso doble. Mais quand arrivait la fin des vacances, j'étais infiniment soulagée de repartir pour mon austère lycée de briques.

Et puis, à force sans doute de ruses maternelles, j'ai fini par être admise dans « la bande », celle des enfants rois, des jeunes dieux nés et grandis au soleil et à l'abri des belles fortunes accumulées par leurs parents en partie anglais dont ils avaient la silhouette longue, la blondeur et la morgue, en partie français dont ils tenaient le goût de la jouissance, l'élégance, et le pouvoir de séduction. Ils étaient tous plus ou moins cousins, ne sortaient quasiment qu'entre eux, dans les lieux à eux dévolus, le Sport Club à Tana, le Tennis Club à Tamatave. Des péquins ordinaires pouvaient accessoirement y mettre les pieds, mais s'y sentaient vite intrus.

Et moi, bien sûr, comme Cyrano un de mes héros, je suis tombée follement amoureuse du plus beau, du plus noble, du plus charmant. Je m'arrangeais pour être invitée à chaque soirée où il pourrait apparaître. Maman en piaffait de satisfaction, pensez de si beaux garçons, avec de si belles espérances !
- Pour cette soirée je peux te faire une robe d'organza. Tu seras ravissante.

C'est terrible l'organza, cette transparence qui se fronce en volants légers, cette mousse irisée qui enveloppe le corps, enchâssant les épaules, le visage, comme une offrande. Un présentoir pour princesse à marier. Je ne savais pas résister à la robe d'organza. Quand je me regardais dans la glace, je me sentais reine, mais dès que j'entrais dans la salle de réception, je voyais les autres, l'exquise Danièle, sa cousine, si longue, si blonde, au nez le plus mutin que j'aie jamais vu, en simple robe de vichy à carreaux, je me découvrais déguisée. J'aurais tellement voulu que minuit sonne pour que je puisse me sauver vers l'obscurité de ma chambre et le confort de ma vieille chemise de nuit.

Mais je restais, bien au-delà de minuit souvent, en essayant, le moins mal possible de faire illusion. Avec un peu de chance, il dansait une deux fois avec moi, j'en chavirais d'ivresse, puis il filait serrer contre lui sa belle cousine dans un slow langoureux. Je revenais meurtrie.

J'étais sotte, incapable des plaisanteries légères qui les faisaient tous rire, j'étais un petit tas aux jambes trop courtes, au nez trop busqué, aux cheveux trop frisés, j'étais laide pour toujours.

50

Tamatave 1955

Le contrat d'André avec la maison Fakra se termine dans six mois, il la quittera sans regret. Il a appris beaucoup sur les différences culturelles, sur le fonctionnement d'une maison de commerce, sur l'importance des réseaux dans les affaires. Ce n'est pas son monde, il n'est pas assez retors, et sans doute trop légaliste pour s'y plaire, et ses relations avec Fakra se détériorent.

Seulement d'ici novembre, il va lui falloir trouver autre chose. Éliane se prépare déjà à rentrer en France. Que vaudra là-bas son expérience malgache ? Il lui faudrait chercher à se placer dans une autre maison de commerce, recommencer en métropole les mêmes trafics, mais dans un maquis de réglementations plus dense et avec des concurrents plus gros et mieux armés. Il n'y serait pas plus satisfait qu'ici.

La vérité c'est qu'il n'a aucune envie de replonger dans le monde étroit et frileux de la métropole. La vérité aussi, c'est qu'il ne sait pas s'il y sera plus à l'aise qu'avant, s'il parviendra à se tailler cette « place au soleil » dont Éliane rêve pour lui. La vérité c'est que c'est au soleil d'ici qu'il veut rester. Auprès d'amis qui le connaissent et l'estiment, auprès de l'océan Indien à la douceur infinie, de la variété des peuples et des cultures qu'on y côtoie…

Depuis un moment, une idée lui trotte dans la tête, née lors d'une discussion avec son ami Tinayre qui a une grosse entreprise de menuiserie tout près de Tamatave.
- Mon problème c'est cette foutue comptabilité. Tous les trois mois je dois aller à Tana chez l'expert-comptable faire vérifier mes comptes, et j'ai besoin de lui pour établir mon bilan de l'année.
- Il n'y a pas d'expert-comptable à Tamatave ?
- Trois petits comptables créoles, pas très fiables. Et pas d'expert.

La comptabilité André connaît, il en a fait à HEC et pendant sa licence de droit, il a passé beaucoup de temps à mettre au carré celle de Fakra et il a accepté de tenir celle du Club Nautique. Il n'a pas le titre d'expert-comptable, mais la plupart des « experts » de Tana non plus, il s'en est aperçu en faisant valider les comptes de Fakra. On est à dix mille kilomètres de la France, les règles sont un peu plus souples. Avec ses diplômes, il peut prétendre, ici, au titre d'expert.

Il est rigoureux, une qualité assez rare sous ces latitudes, il a d'excellentes relations avec plusieurs petits entrepreneurs comme Tinayre, des planteurs aussi, ces gens savent qu'il est homme de parole et de confiance. Il faudra un certain temps pour se constituer une clientèle, mais il est à peu près certain d'y parvenir.

Le problème sera de le faire comprendre à Éliane. Elle se plaît pourtant à Tamatave maintenant, ils ont un bon groupe d'amis, Véronique est guérie, Caroline nagera bientôt aussi bien que sa sœur, François a des copains et mourrait de tristesse s'il devait quitter la rade et sa pirogue. Le lycée de Tana est de bon niveau, il conduira Catherine jusqu'au bac sans problème.

Mais de là à vouloir rester, pour une entreprise qui reposerait sur les seules compétences d'André, il y a un pas qu'Éliane n'est pas prête à franchir. Pourquoi est-elle incapable d'apprécier les aspects heureux de sa vie, comme les femmes des autres : Colette Aubry, Édith Fritch, Mireille Bertrand, comme l'autre Colette... non, celle-là n'est pas tout à fait heureuse. Elle a été séduite par un baroudeur qui tranchait sur la bienséance guindée de sa famille. Elle n'a pas compris qu'elle épousait un rustre. Mais elle est trop droite pour se laisser aller à l'attirance qu'elle éprouve pour André, qu'elle a devinée réciproque.

Pourquoi sa femme à lui s'est-elle muée en angoissée perpétuelle, susceptible à tout moment d'exploser en avalanche de mots tellement blessants que s'il y répond il est capable de la détruire. Il préfère se taire, et s'en aller. Certains jours il s'attarderait bien jusqu'à la nuit au bar du club ou chez Tinayre autour d'un whisky.

Éliane a du mal à comprendre les aspirations de son mari, mais elle a un flair infaillible pour subodorer le retour des moments difficiles.

Les rapports d'André avec Fakra sont de plus en plus houleux. À tout moment il doit s'attendre à un coup fourré, un bout de pouvoir qu'on lui retire, des requêtes refusées, ou des manœuvres commerciales pas vraiment légales à cautionner, ce à quoi son intègre mari se refuse. Un de ces jours, ça va péter.

Heureusement, le contrat d'André se termine en novembre 55, elle partira pendant l'été avec les enfants, ils s'installeront là où André aura trouvé du travail. Il les rejoindra plus tard. En attendant, elle aimerait acheter un appartement à Paris avec un peu d'argent qu'ils ont de côté et un crédit, ils le mettraient en location, le séjour à Madagascar aurait au moins servi à se constituer un petit capital.

Mais André, comme d'habitude, ne cherche rien. Les relations avec Fakra se tendent. Éliane parvient à se retenir jusqu'aux vacances de Pâques. S'ils veulent organiser le retour, c'est maintenant qu'ils doivent s'en occuper.

- Il faudrait s'assurer auprès de Fakra qu'il nous paie bien le voyage de retour comme prévu dans les contrats, avance-t-elle un soir particulièrement paisible.
- Tu rentreras si tu veux, moi je reste.

Un frisson lui parcourt le dos.

- Fakra prolonge ton contrat ?
- Non, je le quitte comme prévu. Je vais créer une affaire à moi.

Qu'est-ce que c'est que cette lubie ?

- Un cabinet comptable. J'ai toutes les compétences nécessaires, et il y a ici des tas de petites entreprises, des colons, qui ont besoin d'un bon expert-comptable, sérieux et honnête.
- Mais… expert-comptable, c'est un ordre, tu n'en fais pas partie.
- La règlementation est plus souple ici, avec la formation que j'ai, je peux y être assimilé.
- Et tu comptes ouvrir ce cabinet quand ?
- En novembre, à la fin de mon contrat. En fait je vais m'en occuper dès maintenant, prendre des contacts. J'en ai assez de dépendre d'un patron, j'ai envie d'être mon propre maître. Il n'y a pas d'expert-comptable à Tamatave, c'est une opportunité à saisir.

Il va les lancer encore une fois dans une aventure incertaine.

- Mais, le temps que tu trouves des clients, de quoi vivrons-nous ?
- Les cent mille francs que nous voulions mettre dans l'appartement me serviront à démarrer.

Adieu veau, vache, cochon, couvée…

- Nous allons chercher une maison pour nous loger et y installer mon bureau.

Le cauchemar se répète. La première fois il l'a quittée vraiment, les autres, il lui a laissé le choix entre le perdre ou le suivre et repartir pour des années d'angoisse. Ce coup-ci, il l'a emmenée assez loin de la France pour qu'elle ne puisse pas revenir en arrière. Ils vont être coincés au bout du monde avec quatre enfants dont les aînés auront bientôt besoin d'une université ou de bonnes grandes écoles, ils vont dévorer leurs maigres économies, leur famille tournera au « petit blanc » créolisé qui végète ici sans espoir de retour. Comment a-t-il pu imaginer un plan pareil ?

- Ça prendra combien de temps, à ton avis de te faire une clientèle ? ose-t-elle.
- Un ou deux ans, pas plus.
- Tu rêves ! Ils sont tous copains comme cochons ici, tu crois qu'ils vont venir chercher un nouveau pour régler leurs petites affaires.
- Il ne s'agit pas de régler leurs affaires, mais de les mettre en ordre. Les colons ne sont pas tous des truands, il y aussi une administration du fisc ici, contrairement à ce que tu penses. Tu crois peut-être que je n'ai pas réfléchi ? Que je ne me suis pas renseigné ?
- Si, bien sûr, bafouille Éliane, mais as-tu bien mesuré le risque ?
- Nous y voilà, tu me juges sans doute assez inconscient pour nous conduire tous dans le mur ? Tu ne peux pas, de temps en temps, me faire confiance ?

À un homme qui a entraîné sa famille au bout du monde pour se mettre dans les pattes d'un Fakra, non elle ne fait aucune confiance. Mais si elle le lui dit, il est capable de la renvoyer en France et de rester seul ici.

Pendant trois mois, jusqu'en juin, elle argumente, mais plus elle tente de le faire plier, plus il se braque. Il a d'ailleurs déjà trouvé une maison et commencé à négocier un départ plus précoce avec Fakra. Il faut sortir au moins les deux aînés de ce piège. Puisque Fakra leur doit un voyage, il paiera celui des grands. Elle va les envoyer à Paris chez leurs grands-mères. Ils leur verseront des pensions, ce sera moins cher que des internats, et plus rassurant. Avec une maison organisée, Hélène, leur excellente nénène, pour prendre soin des petites, Ibrahim pour les courses et la cuisine, elle peut chercher du travail, d'assistante commerciale par exemple, dans une compagnie comme la Havraise, elle en a les compétences et le bagage.

Et la chance ou la Providence, qui semble veiller sur elle dans les moments difficiles, lui vient une fois de plus en aide. À moins que ce soit elle qui, d'instinct, provoque les rencontres ou les réactions porteuses d'espoir. En dînant un soir chez des amis avec le principal du collège, elle raconte sa vie d'étudiante aux USA.
- Vous parlez anglais couramment j'imagine ?
- Couramment, je l'écris aussi, j'ai rendu des devoirs de plusieurs pages à mes professeurs.
- Vous accepteriez de l'enseigner ?
Est-ce la bouée de sauvetage espérée?
- Je n'ai aucune expérience, prévient-elle quand même, et je n'ai pas les diplômes agréés par l'Éducation nationale.
- Ce n'est pas important, je peux vous prendre comme contractuelle.

Elle ne sait pas comment elle s'en sortira face à trente gamins indociles, mais elle accepte tout de suite.

Elle découvre qu'il suffit de passionner les enfants et d'être ferme pour obtenir des résultats. Elle y prend vite plaisir, et reçoit en plus des élèves en cours particuliers pour améliorer l'ordinaire car du côté d'André les clients ne se bousculent pas. « *Notre petite maison était située à côté d'un camp militaire où tous les matins on sonnait le réveil. C'est au son du clairon que je sortais de mon sommeil pour retrouver la réalité quotidienne et mon angoisse de nous savoir loin de chez nous avec des enfants qui grandissaient… Pendant dix ans je ne pus entendre le son du clairon sans que, de mon inconscient, monte une onde de terreur.* »

Puis, peu à peu, le bouche à oreille fait savoir qu'un Français de qualité a ouvert un cabinet comptable à Tamatave. André récupère un ou deux nouveaux clients à chacune de ses tournées en brousse, quelques grosses maisons commencent à s'adresser à lui plutôt qu'aux cabinets de Tana. Il a besoin de la voiture presque en permanence, il commande une 4 CV pour Éliane. Il s'épanouit à vue d'œil.

Du coup, il s'autorise des loisirs de notable, il accepte la présidence du Club Nautique et entre dans une troupe de théâtre amateur qui produit chaque année une pièce légère et drôle dans laquelle il est sans conteste le meilleur comédien, et le plus bel homme. C'est lui que tout Tamatave vient applaudir. Éliane fait les costumes, puis se glisse dans des petits rôles, trop de jolies femmes tournent autour de sa vedette de mari. Quel drôle d'homme elle a épousé, vraiment.

Au bout de deux ans de cette lente remontée, épuisée par son travail, plus encore sans doute par l'angoisse qui lui a rongé le cœur, elle tombe gravement malade. Une spirochétose ictéro-hémorragique, qu'elle transmet en plus atténuée aux filles et à François, rapatrié de France au bout d'un an pour cause d'incompatibilité avec les habitants et le climat de la métropole. Éliane DOIT rentrer. Il lui faut une année de fraîcheur et de repos pour se refaire une santé. L'affaire d'André se développe, son salaire n'est plus indispensable. Elle peut décrocher.

Avec l'aide d'une des seules familles d'amis qu'elle a gardée en Bretagne et une part des cent mille francs qui n'ont pas entièrement fondu, elle achète un appartement à Lorient, où elle s'installe avec les quatre enfants, ramenant Catherine de Paris.

Un an de pluie bretonne suffit à la requinquer, son mari lui manque. Elle trouve cinq places pas chères dans les quelques cabines d'un cargo norvégien qui relie Bordeaux à Tamatave en passant par le Cap. Voyage lent et paisible, accompagné d'un tropique à l'autre par l'ombre protectrice d'un immense albatros planant au-dessus du navire.

Cette fois Éliane est détendue, les affaires d'André prospèrent, il lui a écrit des tas de lettres tendres et inquiètes, ils auront bientôt les moyens de déménager, il a trouvé une maison, qui pense-t-il, va ravir Éliane.

L'accueil est digne des plus jolis exploits d'André, il se débrouille pour monter à bord avec le pilote qui guide le navire dans la rade, un ami. Il a fait sertir d'or une aigue marine de l'eau la plus limpide, il la lui glisse au doigt. Il est superbe, bronzé, joyeux, en forme.

Il ne lui a pas raconté d'histoires, la maison qu'il a trouvée est une des plus belles de Tamatave, une villa mauresque blanche, élégante, ceinturée de terrasses en arcade qui lui assurent une fraîcheur toute l'année. Ils habiteront le premier étage, le rez-de-chaussée recevra les bureaux d'André et un petit appartement qui sera sous-loué à une amie.

Elle ne sera libre qu'en mars, il faudra y faire des travaux mais en avril, ils pourront aménager. En attendant, il a rendu la maison près de la caserne, trouvé des bureaux en ville et Jacques Escande, le nouveau pasteur, propose de leur louer une petite villa dans le parc de la mission.

Ils y essuieront le plus beau cyclone de leur séjour à Madagascar, le parc de la mission sera inondé, ils ne pourront plus rentrer chez eux qu'en barque et, au plus fort de la tempête, trouveront refuge dans la maison du chef de province. Mais ce ne sont que péripéties exotiques à raconter aux amis de France. Rien n'altère plus la bonne humeur d'Éliane. André a de plus en plus de clients, son instinct avait vu juste, des tas d'entrepreneurs, de planteurs, de tout l'Est de l'île, font appel à lui. Il a maintenant quatre employés, il a été nommé expert auprès du tribunal, et bientôt l'association des experts-comptables de Madagascar va être assimilée à l'ordre métropolitain. Ces messieurs garderont le titre et pourront exercer en France.

Comme une bonne fortune en entraîne souvent une autre, Sabine Escande, l'épouse du pasteur, une musicienne assez peu conformiste devenue très vite une amie, lui signale que le lycée tout neuf qui vient d'ouvrir en bordure de la mer, où elle enseigne la musique, cherche un professeur d'anglais. Éliane postule et obtient le poste en une journée, elle sera mieux payée qu'au collège pour moins d'heures de cours.

Catherine est partie dans un foyer à Tana pour faire sa philo, les autres sont autour d'elle. François devient fin barreur et réussit brillamment son brevet. Les filles sont de plus en plus jolies, les garçons commencent à leur tourner autour. Et en avril, après des travaux qu'elle a minutieusement suivis, ils emménagent, cette fois, dans une somptueuse maison : « *Les vastes bureaux sont au rez-de-chaussée. Au premier étage nos appartements spacieux sont entourés de larges vérandas auxquelles on accède par un escalier royal à double révolution. Arrivée en haut, dominant l'espace autour de moi, je me fais l'effet d'être la reine d'Angleterre en son balcon. »*

Elle se met à la sculpture, des amies l'y rejoignent, elles forment bientôt un petit atelier qui se réunit tous les vendredis. Et un jour, sans prévenir, elle voit débarquer dans sa classe deux inspecteurs de l'Éducation nationale. Elle n'avait rien préparé, mais elle ne panique pas. Elle connaît les capacités de ses élèves. Comme ils sont en train d'étudier la Seconde Guerre mondiale, elle lance un débat sur les qualités respectives des aviations anglaises et allemandes. Devant les inspecteurs médusés, elle déclenche un feu roulant de questions, de critiques, d'arguments, en anglais car c'est la seule langue autorisée dans sa classe. Les inspecteurs s'en vont sans rien dire. « *J'étais un peu déconfite, car en somme, ils ne m'avaient pas vue faire mon cours. À 17 heures on me reçoit et j'entends, émue et ébahie, les compliments les plus inattendus. Il paraît que j'ai des dons pédagogiques <u>extraordinaires</u>, c'est le mot qu'ils ont employé.* »

Le lendemain, lors d'un dîner chez le chef de province, elle apprendra que l'inspecteur n'a cessé de parler de sa visite dans sa classe : « Dire qu'il n'y a qu'un seul professeur remarquable dans ce lycée, et qu'elle n'est même pas diplômée de l'Éducation nationale. »

Depuis qu'elle est mariée, Éliane n'a jamais été aussi sereine et heureuse.

Il faut croire que le destin lui compte les bonnes années. Dès l'été 1960, le ciel s'obscurcit. De Gaulle est en train d'organiser l'indépendance des colonies. Il est à peu près certain que Madagascar va la prendre, en restant dans l'Union Française, les Malgaches ne sont pas fous, ils savent d'où vient l'argent, mais le pouvoir va changer de mains et les conséquences seront catastrophiques. On l'a déjà vu quand le chef de province, M. Lafitte-Dupont, un homme énergique et intègre, a été remplacé par Jarrisson. Le copinage a aussitôt fait office de compétence, les pots de vin ont ouvert ou fermé les dossiers.

L'île va plonger dans la désorganisation et la corruption et les Français, trop longtemps enviés, seront les premiers à en pâtir. Déjà les compagnies de commerce ferment leurs agences et rapatrient leurs directeurs, les ventes de plantations ou d'usines s'accélèrent. Dans deux ou trois ans André aura perdu la moitié de ses clients.

Cette fois c'est lui qui parle le premier de reconversion, il annonce qu'il va à Paris pour un entretien à l'Énergie Électrique de Côte d'Ivoire, filiale d'EDF, qui cherche à compléter l'équipe de direction. C'est bien la première fois qu'il postule seul à un emploi et aussi haut placé. Sa réussite professionnelle l'a transformé.

Il revient assez fier de lui, dans un mois il sera le nouveau directeur du personnel de l'EECI, le quatrième dans la hiérarchie de l'entreprise, avec contrat d'expatrié rattaché à EDF, logement, vacances en France tous les ans, assurance santé… Un pactole et une sécurité comme ils n'en ont jamais connu.

Il vend le cabinet à toute vitesse et laisse Éliane avec les enfants finir l'année scolaire et organiser le déménagement. Elle va surtout réparer les dégâts de sa vente expéditive.

« *Comme l'acheteur, Comte, n'avait pas le moindre centime disponible, le contrat de vente stipulait qu'il paierait par versements échelonnés… De ma terrasse j'observais un défilé d'inconnus qui hantaient les bureaux du rez-de-chaussée, dont aucun ne faisait partie de la clientèle d'André.*

Je pus, grâce à notre amitié avec le directeur de la banque, jeter un regard sur les comptes et je m'aperçus que ce Comte émettait de nombreux chèques payables à des inconnus… Nous eûmes tôt fait de comprendre qu'il réglait ainsi des dettes criantes à des créanciers menaçants.

Grâce à Jacques Duhamel, qui était un ami du procureur, nous pûmes, dans un guet-apens cousu de fil blanc, prendre notre bonhomme sur le fait. Menacé de poursuite, il disparut sans laisser d'adresse. J'eus la chance de trouver un autre acheteur sérieux et de réussir à revendre l'affaire, tout ceci en enseignant et en vendant un à un tous nos meubles, nos voitures, mettant en caisse tout ce qui partait pour Abidjan. J'étais tellement tendue et épuisée que je n'arrivais pas à goûter aux repas que me préparait Ibrahim.

J'avais expédié les enfants en France. La veille de mon départ, je dormis dans le seul meuble restant, mon lit. Je pris le bateau le lendemain, exténuée (j'avais perdu dix kilos) pour quitter nos amis et ce petit paradis où nous avions vécu dix ans. »

Comme après l'engagement d'André la laissant seule avec deux enfants, le départ pour la Bretagne lui faisant perdre son poste de journaliste, puis l'exil à Madagascar, elle avait réussi, à force d'angoisse, d'acharnement et d'intelligence tactique, à changer une situation désespérante en « paradis ». Tout Éliane est dans ce tour de force.

Éliane, studieuse à 10 ans...

...radieuse chez Lucien Lelong...

rédactrice à Marie-Claire...

...et mariée, au bras d'André.

André, dandy à Paris

... et joyeux drille sur l'eau.

Éliane et André à Marseille en 1945 : il part pour Madagascar comme engagé volontaire.

Cet album, conçu et rédigé par Éliane en 45 pour « mon Tricot » modernise l'habillement des tout-petits :
on en vend 800 000 exemplaires !

Le Pouldu 1949 :
l'été de la réconciliation ....

... et famille nombreuse dès 1951 !

Tamatave 1960 : la Villa Mauresque

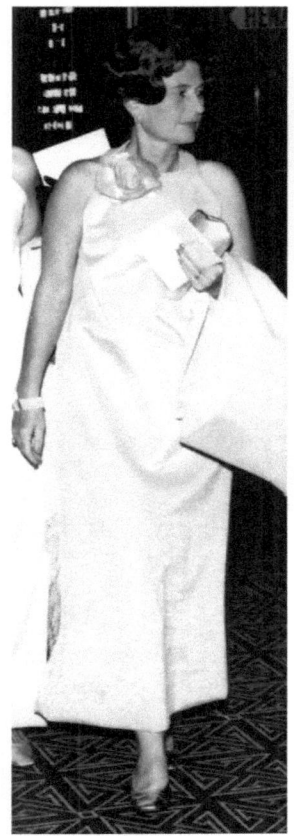

Éliane professeur d'anglais

Éliane et André notables en Abidjan, et retraités à St Georges, mais André toujours à la barre !

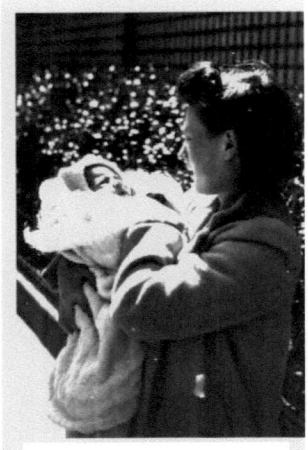

Éliane, jeune mère désemparée par ce bébé hurleur, qui ressemble à sa belle-mère...

Catherine, 5 ans, photo cadeau de professionnel

10 ans, en Cyrano

Gérard à 23 ans, en Argentine... et un peu plus tard avec son fils

Un garçon et trois filles, qui ouvrent une autre lignée.

51

Paris 1955

Avec le recul, j'ai le sentiment d'avoir été, pendant les dix années qui vont venir, une coquille vide roulant de droite et de gauche au gré des circonstances ou de sursauts de résistance, espérant à chaque fois me remplir un peu de quelque contenu qui ralentirait ma course et me permettrait de lever les yeux de mon nombril pour regarder le monde autour de moi, et en jouir.

Dans ce parcours en zig-zag, le retour à Paris en 1955, j'ai quatorze ans, est une étape rassurante. J'étais contente de rentrer, mais je n'avais pas imaginé avec quel plaisir je retrouverais la ville bruyante, la foule pressée et l'anonymat qui va avec. L'odeur qui remontait des grilles d'aération du métro me fit l'effet de la fameuse « madeleine », je reprenais racines.

Les gens que je côtoyais n'étaient ni exceptionnels ni impressionnants. Mes camarades de lycée étaient normalement jolies, normalement fagotées, normalement mal dans leur peau, comme mes compagnes du lycée de Tana. Il y avait bien parmi elles une fille très brillante, que j'admirais, elle a d'ailleurs fait une très belle carrière politico-culturelle, mais elle était assez austère pour ne pas être intimidante, et elle était seule dans son genre. À force de bavarder à la sortie des cours, je me suis trouvé quelques amies, puis par l'intermédiaire d'une tante qui me voulait du bien, j'ai été présentée à deux ou trois garçons, fils de ses amies, qui n'étaient ni des Don Juan ni des enfants gâtés. Avec les unes et les autres, je me suis constitué un petit groupe de copains. Je n'étais plus une exclue. L'un des garçons m'a d'ailleurs assez plu pour en faire un flirt, nous dansions le slow sur l'air de *Petite Fleur* dans les surboums, le rock à la Huchette et on rentrait le soir sur son vélo, moi assise sur le cadre. Ce n'était pas la grande vie, mais ça me convenait tout à fait.

Habiter chez Marion ne me déplaisait pas non plus. Avais-je perçu les fêlures et les souffrances derrière ses obsessions de l'organisation, d'une hygiène de vie réglée au métronome, de l'économie, de l'impudence du maquillage et des talons hauts, ou deviné de façon instinctive, sous ses bougonnements, la tendresse qui m'avait redonné le goût de vivre lorsqu'elle m'avait récupérée à six mois quand ma mère avait fui ?

C'est pendant ces années chez Marion, et les suivantes lors de mon passage à Sciences Po, que Marion m'a confié les souvenirs heureux de son enfance à Hinsdale, que je l'ai vue maintes fois essuyer une larme en évoquant les larges épaules de son père et les fabuleuses parties de luge, c'est aussi là que j'ai assisté aux scènes atroces qui la dressaient contre Henri, écumante d'une rage qui lui remontait des tripes et qu'elle ne parvenait pas à contenir. J'ai aussi été témoin de la lente transformation d'Henri, d'adversaire raidi en fuyard s'absorbant dans ses traductions de braille, puis en sage, laissant se déverser les hurlements de Marion sans intervenir jusqu'au tarissement de la source, puis se repliant dans une longue méditation dont il sortait serein. Il n'a jamais, en revanche, pu faire plier Marion.

C'est aussi pendant ces années que Marion a achevé de m'inscrire dans le protestantisme.

J'avais l'âge auquel la coutume protestante place la confirmation. Lorsqu'on les juge capables de comprendre la portée de leur engagement, on donne aux adolescents une année d'enseignement pour les conduire, avertis et désirants, à cette entrée dans l'église. Marion m'a donc envoyé suivre les cours d'instruction religieuse du temple de la rue Madame qui avait été le sien, avant qu'elle fréquente l'Église américaine du quai d'Orsay. C'était aussi celui des étudiants et des professeurs du quartier latin, sans doute le moins porté sur le pathos, et le plus axé sur la connaissance.

Sans s'en rendre vraiment compte, je pense, Marion a réussi son coup. Les maîtres que j'y ai rencontrés m'ont attachée définitivement à la vision protestante du christianisme en m'apprenant à chercher derrière le sens premier du texte, le second, le symbolique. Je me souviens de mon plaisir à décortiquer chaque moment du récit des Noces de Cana pour en dénicher le message caché et de ma fierté à restituer mes découvertes. On m'écoutait avec intérêt, ma parole comptait. J'ai fait ma confirmation avec ferveur, cette maison était la mienne. Encore aujourd'hui, lorsqu'il m'arrive d'entrer dans un temple et que monte le chant des cantiques familiers, je me sens chez moi.

En revanche, pour l'assemblée des paroissiens, surtout des paroissiennes, je n'étais pas plus conforme que pour la bande du club nautique. Ma mère, tout à l'espoir de me voir conquérir le plus beau parti possible, ne m'avait jamais enseigné les codes de la bienséance protestante, et mon père jamais rien interdit. J'ai dû me vêtir et me

conduire comme il ne fallait pas. Pendant ma retraite de confirmation, le hasard a voulu que mon lit se trouve à côté de la porte donnant sur la salle de réunions de nos accompagnateurs.
- Il y en a quand même une qui me fait souci, a dit la voix de la plus raide de ces dames.
- La petite Lamarque ?
- Elle est pourtant très impliquée dans les cours, et tout à fait sincère, a tenté de me défendre mon professeur préféré.
- Sans doute, mais ça ne lui donne pas une ligne de conduite, la façon dont elle regarde les garçons n'est pas très… réservée. Cette petite est un cas.

Le mot était prononcé sur un ton catégorique et désolé, le même sans doute que celui de la mère de mon amoureux de huit ans. Le protestantisme ne voulait de moi que comme catéchumène, pas comme membre de la communauté, de ce groupe-là aussi j'étais exclue.

Alors je continuais, cahin-caha, à avancer dans ma vie sans boussole, avec les quelques étais que je m'étais fabriqués.

Bien sûr il a fallu que maman bouleverse mon fragile équilibre en m'emmenant à Lorient dans ses bagages lorsqu'elle est revenue une année en France pour se soigner. Elle avait François et les filles, qu'avait-elle besoin de m'arracher à mon petit monde parisien ? Mais il lui fallait son troupeau au complet pour faire barrage à ses constantes angoisses. J'étais folle de rage, et finalement Lorient se révéla aussi une ville normale, j'y ai retrouvé des amies et deux professeurs qui m'ont éblouie : une vieille demoiselle à cape noire et cheveux blancs qui m'a fait aimer Voltaire, puis Marivaux, puis Musset. Une jeune professeure de grec qui nous emmenait au bord de la plage pour nous parler de maïeutique. Mon beau cousin servait d'exutoire à ma libido lorsqu'il venait passer les vacances à la maison.

Et puis, alors que je me préparais à retourner dans mon cocon parisien, maman a décidé qu'elle nous ramenait tous avec elle à Madagascar, elle avait trouvé des places de bateau pas chères sur un cargo norvégien qui prenait quelques passagers et faisait le tour de l'Afrique en passant par le Cap. Ce fut un beau voyage, moins exaltant que sur le *Maréchal Joffre*, plus lent, mais je m'en moquais, plus il durait, plus tard je serai confrontée à la frustration.

Cette année-là fut la pire des quatre que j'ai passées dans ce paradis de la jeunesse européenne. J'avais dix-huit ans, la conscience de ma différence était plus aigüe, j'avais compris que les romans étaient un faux refuge, mais j'étais toujours aussi incapable de me vivre comme une personne honorable.

Je ne retournais pas en pension, mais dans un foyer à deux pas du Sport Club, où trônait la bande des demi-dieux. Ce fut un supplice de voir que mon si bel amour avait encore grandi en séduction et que cette fois il ne me voyait même pas. Le pire était que pendant ses vacances à Tamatave, c'est à ma petite sœur qu'il s'amusait à faire la cour.

J'ai dû avoir très mal, un mal que je ne pouvais pas dire, même à moi seule. Mais je ne devais pas être complètement détruite. Sans savoir que revivait en moi l'énergie de Charlotte et des autres, je décidais de tout mettre en œuvre pour quitter cette île vénéneuse. Je préparais mon bon de sortie, mon bac, comme je n'avais jamais préparé un devoir, m'astreignant même à apprendre par cœur les cours auxquels je ne comprenais pas grand-chose comme celui de physique.

Le devoir de philo m'a bien convenu, il s'agissait de parler de la volonté. Je me suis appliquée à montrer que la volonté était un mythe, ou plutôt la résultante d'un faisceau de désirs qui propulse l'être avec assez de force pour passer pour de la ténacité, j'en étais le vivant exemple. J'obtins la meilleure note de l'île et une mention bien.

Et, pour narguer les vedettes de la bande des demi-dieux qui s'en moquaient éperdument, aussitôt à Paris j'ai annulé mon inscription à l'atelier de dessin que maman avait choisi pour moi dans l'idée de me faire intégrer les Arts Déco, et je suis entrée à Sciences Po, qui était le rêve et l'ambition des garçons du Sport Club. C'était aussi une façon de me protéger de la dévorance de ma mère. Avec les Arts Déco, je restais sous sa coupe. Avec Sciences Po, je choisissais le chemin de mon père. Le mien propre n'avait pas de substance.

L'école de la rue Saint-Guillaume se révéla tout de suite un choix héroïque : je n'avais ni le niveau ni la culture pour dominer les contenus des cours, encore moins les codes et l'assurance pour trouver ma place parmi les jeunes bourgeois parisiens qui constituaient le gros des étudiants. Je n'allais pas renoncer pour autant, démissionner c'eût été renoncer à ma seule bouée de sauvetage. J'ai serré les dents et cravaché la bête. J'ai réussi à passer d'une année à l'autre, jusqu'au grand oral final, que j'ai dû repasser en septembre, appréciant quand même au passage quelques cours insolites comme l'histoire de la route de la soie racontée par Charles Morazé.

J'envisageais de compléter l'enseignement de Sciences Po par un cursus de sociologie, lorsque je me laissai convaincre par mon père de postuler à une bourse d'études d'un an aux USA. Etais-je consciente de m'insérer ainsi dans la lignée des femmes de la famille ? Pas clairement, mais j'étais fière et heureuse d'annoncer à ma mère et à ma grand-mère que j'avais obtenu cette bourse.

J'avais demandé les prestigieuses universités de l'Ouest, j'ai été envoyée à Mount Holyoke College, Massachussetts, un des établissements bon chic bon genre de Nouvelle-Angleterre, mais le niveau du dessous.

Cette erreur d'aiguillage m'a rendu un fieffé service. Puisque les *Fulbright men* m'avaient jugée indigne de Berkeley, je n'allais pas m'échiner à travailler pour décrocher un certificat d'économie sans grand intérêt, j'allais m'offrir une année quasi sabbatique.

Commençais-je à me dire qu'à courir sans cesse derrière l'honorabilité, ma vie perdait toute saveur ? Avais-je fourni trop d'efforts pendant les trois ans à Sciences Po, sans en tirer beaucoup de bonheur ? À moins que ce soit tout simplement l'effet libératoire de l'Amérique sur les femmes de ma tribu : la coquille était peut-être vide, mais elle voulait s'arrêter de rouler.

Je décidai donc que pendant cette année américaine j'allais me laisser vivre. Ça n'a pas été sans mal, rendre un devoir bâclé me demandait plus de courage que de le réussir, mais moins de temps. Ce temps je le récupérais pour mon bon plaisir : lire d'abord, en français, tout ce qui me tentait, dans n'importe quel ordre. Paresser ensuite, dans les canapés de la bibliothèque en feuilletant les livres d'arts. Je me pris de passion pour les primitifs italiens, peut-être pour la sérénité qu'ils dégageaient et que je cherchais si avidement. Je profitais de la liberté que je m'accordais pour filer le week-end à New York découvrir leurs œuvres dans les musées. À moi aussi l'Amérique donnait des ailes. J'eus un peu de mal à rester totalement mauvaise élève, je ne résistai pas à la tentation de réussir brillamment un exposé, mais dans l'ensemble je parvins à préserver mon tout nouvel égard pour moi-même.

Je suis même allée plus loin dans l'audace. Je cohabitais, dans le même *dormitory*, ces maisons confortables où logent les étudiantes, avec le petit contingent d'étudiantes *post graduate* qu'acceptait le *college*, essentiellement des étrangères, japonaise, argentine, italienne, suédoise, une autre française, et quelques américaines. Elles me semblaient toutes remarquables par leur intelligence, leur culture, leur élégance, l'engagement politique de certaines. Je caressais le rêve, quelle prétention, de m'en faire des amies. Cette fois, au lieu de fuir dans les romans, je me suis tenue droite, fesses serrées d'angoisse, j'ai posé des questions, j'ai écouté, j'ai donné mon avis, on l'a entendu, puis discuté, j'en ai donné un autre et lentement j'ai cessé de me mettre en scène pour être simplement présente. Nous avons passé des soirées, des week-ends à bavarder, nous sommes parties faire du ski ensemble, nous avons organisé des *parties*, nous avons acheté une voiture et loué une maison pour un mois au bord de l'Atlantique, nous avons fait de terribles régimes pour perdre nos kilos américains, j'ai revu certaines de ces filles longtemps après mon retour des USA, l'une d'elle est encore une amie. Bien sûr, c'étaient des filles, avec des garçons, je n'aurais pas été aussi audacieuse. Mais l'Amérique m'avait aidée, comme ma mère, à oser sortir de mes ornières.

À peine rentrée, on m'a offert un job dans un bureau d'études, filiale de la Caisse des Dépôts, qui s'occupait d'aménagement du territoire. La sociologie me tentait toujours mais le job n'en était pas si éloigné et il m'était proposé par la tante du garçon dont j'étais amoureuse avant de partir aux États-Unis, et qui m'attendait encore au retour. Je ne pouvais pas le refuser.

Ça n'a pas arrangé mes amours, mais dans ce domaine, je ne savais pas m'épargner les échecs.

Pendant mes années d'étudiante, j'avais connu un vrai premier amour partagé, pour un immense Danois blond bien élevé et bien bâti, mais à la lippe un peu molle, j'aurais dû me méfier. Il était fils d'un auguste professeur d'université à Copenhague et étudiait en France pour devenir lui-même professeur de français. Notre idylle a duré deux ans, le temps pour le garçon de s'apercevoir que je n'avais de fille que l'apparence, je n'étais ni assez sensuelle ni assez distinguée pour entrer dans la catégorie qu'on épouse. J'ai mis un an à m'en remettre.

La seconde passion était un éblouissement. J'avais à nouveau rencontré « Paul », beau, passionné, prometteur, d'excellente lignée protestante. Il m'aimait, et sa famille s'intéressait suffisamment à moi pour me proposer un travail par l'intermédiaire de sa tante. J'avais connu assez d'abandons, j'étais devenue prudente, j'avançais pas à pas dans le bonheur en faisant bien attention à ne pas trop y croire. Mais comment résister à la terrible tentation des projets, comment ne pas se dire, sans l'exprimer tout haut : « Des enfants de lui auraient belle allure. » Comment ignorer l'espoir d'entrer dans une famille honorable qui revêtirait de pourpre mon indignité. Le « jour le jour » ne me suffisait plus, j'avais besoin de voir plus loin, mais comment donner envie à un homme de vous proposer cette merveilleuse ultime consécration : le mariage, lorsqu'on soupçonne confusément qu'on le trompe sur la marchandise, qu'on lui propose une apparence de femme, qui ne sait pas, n'a jamais su, ce qu'était la plénitude paisible de la féminité.

Alors la mécanique à tuer l'amour s'est mise en marche. J'ai commencé à avoir peur et la peur me paralysait. Pour la cacher, je déployais des efforts surhumains, je perdis toute spontanéité, et très vite tout attrait. Incapable de dire ma détresse, incapable de recréer les armes de la séduction que j'avais réussi à manier au début, je me vidais peu à peu de ma substance. Et, inexorablement, l'inévitable se produisit.

Il ne fallait plus tomber amoureuse, c'était trop dangereux, ça faisait trop mal. À la rigueur m'accorder quelques passades, pour me prouver que j'étais encore capable de plaire. Je ne vivais pas assez dans le présent pour me satisfaire de libertinage, jouir pris vite un goût de cendres. Tant pis, je me contenterais du reste : croire à mon travail, devenir une personne utile à la société, en recueillir peut-être des honneurs. Ce n'était pas un choix honteux. Mais je n'étais pas dupe.

Et je ne renonçais pas. Les femmes de ma lignée ne renoncent jamais, à l'époque j'ignorais que c'était d'elles que me venait cette persévérance. J'ai serré les dents, je me suis botté les fesses et j'ai continué d'avancer dans la vie en espérant une autre rencontre.

Puis il m'est arrivé une chance : une femme, de l'âge de ma mère, a cru en moi. Plus que cela, elle m'a aimée. J'étais l'amie de sa fille, rencontrée au temple de la rue Madame, je devins la sienne et celle de son fils. La famille m'adopta, non comme une enfant, mais comme un disciple.

C'était miracle, leur raison d'être était cette excitation qui m'avait saisie en étudiant les Noces de Cana, en filant dans les musées new-yorkais, mais que je n'étais pas outillée pour développer seule : le goût de décrypter le sens caché derrière la surface des choses. Ils m'ont expliqué, longuement, affectueusement, comment l'émotion ressentie en entrant sous la voûte de Vézelay, en contemplant l'annonciation de l'Angelico, en écoutant Don Juan séduire Zerline, me liait à l'éternelle quête des hommes pour tenter de répondre à leurs impossibles questions sur l'existence. Et ils m'ont offert des clefs pour comprendre.

Je découvris qu'écouter était un don à double effet : il nourrit celui qui entend, et il rend heureux celui qui parle. C'est eux, elle particulièrement, qui m'ont révélé que ce don était mien et qu'il était précieux. Dans ses yeux, je devenais quelqu'un d'unique.

« Si nous prenions une tisane, ma p'tite Cat, me disait-elle en s'asseyant en face de moi dans le fauteuil en rotin de son salon. »

Je faisais la tisane et nous bavardions jusqu'à minuit. Je n'étais plus ni laide, ni sotte, ni malheureuse, je n'avais plus besoin de m'agiter pour être utile comme Marthe, j'étais Marie s'abreuvant de paroles de vie.

Mon errance amoureuse a certes continué, on ne change pas en un tournemain la citrouille en carrosse, mais je savais désormais que sous mes hardes, se cachait quelque chose de valable. C'est peut-être ce qui m'a empêchée de saboter la rencontre suivante.

Car le miracle s'est à nouveau produit. Cette fois, je ne devais pas y croire, pas trop. Voir venir, ne pas faire de projets, surtout pas, et m'empêcher de tomber dans cet éblouissement amoureux qui m'était fatal. Mais bien sûr, le venin a fini par s'instiller malgré moi et un jour la phrase fatale m'est tombée sur la tête.

« Je ne sais pas si nous sommes vraiment faits pour vivre ensemble, nos idées politiques sont trop différentes. »

Les leçons d'avant avaient-elles porté ? Etais-je trop assommée pour retomber dans mes habituelles ornières ? Celui-là avais-je plus fort envie de le garder que les autres ? Peut-être avais-je pressenti qu'il était forgé d'un métal un peu différent, plus intègre, plus rustique aussi, plus solide, capable de résister à mes angoisses, de s'en moquer même, capable aussi d'apprécier cette petite chose maladroite et bâtarde que j'étais, entre la femme et la combattante. Capable de s'en amuser.

Je ne me suis pas effondrée, je n'ai pas balbutié, blanche de désespoir, sachant que le jugement était mérité : « Si tu le crois. »

J'ai argumenté. Je n'en revenais pas de mon culot. Comme un bonimenteur de foire, j'ai essayé de le convaincre de la qualité de la marchandise.

Il m'a écoutée, c'était sidérant. Il a demandé trois jours pour réfléchir. Ma condamnation était juste reculée.

En attendant le couperet, j'ai plongé dans les six tomes de *La comtesse de Charny*. Seul Alexandre Dumas, mon vieil ami d'enfance, était capable de m'empêcher de penser. Il n'a pas attendu les trois jours. Il a téléphoné, il est venu dîner, nous ne nous sommes pas quittés de la nuit. Il m'a accordé un sursis de trois mois.

C'était il y a quarante ans. Pourtant je me réveille encore la nuit, moite d'angoisse, rêvant qu'il est parti. J'en ai réalisé des exploits pour me parer du plus d'attraits possibles et lui donner des raisons de me garder : avaler toute la presse de gauche, me présenter à des élections municipales sur une liste PC, me tailler une petite place dans l'aménagement du territoire car il méprisait les femmes oisives et les métiers d'exécution, fait quatre enfants et me débrouiller pour qu'ils soient vifs, attirants et qu'ils réussissent dans leurs études, avoir une maison accueillante et une table ouverte sans m'enfouir sous les problèmes d'intendance… Un tour de force après l'autre, un pied sur le serpent revendicateur qui sommeille en moi, épuisée mais ne m'accordant pas de répit. Trop risqué.

Bien sûr « nous eûmes des orages », mais notre attelage n'a pas versé.

À quarante-sept ans, ayant rempli les obligations de ma lignée, trouvé mari, mis au monde un garçon et trois filles, comme Henriette, comme Charlotte, comme Éliane, pas tout à fait comme Marion qui n'a pas osé faire de garçon, tracé ma route dans une profession estimable, je me suis sentie assez lestée pour partir sur les chemins de traverse et laisser remonter un désir déraisonnable, dont je n'avais pas encore compris qu'il me venait aussi de Charlotte, de Marion et d'Éliane : je me suis mise à écrire des histoires pour les enfants. J'en ai éprouvé un plaisir et une fierté jusqu'alors inconnus. Ce dernier exploit a amusé mon mari, et je crois, flatté.

« Si tu laissais tomber la restauration des banlieues, c'est un tonneau des Danaïdes ? Tu me sembles plus heureuse à inventer tes histoires. »

Cet homme ne m'aimait pas seulement pour les tours de forces que j'accomplissais quotidiennement, il m'aimait, moi, la gamine mal dans sa peau qui s'évadait dans les romans des autres et dans ceux qu'elle inventait maintenant pour décorer son existence. Je n'en reviens encore pas.

52

Abidjan 1961

Avec ce poste à Abidjan, André a répondu à toutes les aspirations d'Éliane. Ils n'auront plus de problèmes d'argent, ils sont logés dans une grande villa climatisée à Cocody, le quartier résidentiel huppé de la ville, avec gardien payé par la société, André a une voiture de fonction et un chauffeur… tous les signes extérieurs de la réussite.

Bien sûr, Éliane ne parvient pas à y croire. Ça ne va pas durer, André ne se fera pas respecter. D'ailleurs il n'a même pas obtenu que sa villa californienne soit meublée correctement, alors que les autres directeurs se sont fait offrir un superbe mobilier neuf…

Mais cette fois elle a tout faux. André reste, il est apprécié parce que, justement, il ne marche pas sur les pieds des autres et est inaccessible aux combines. Les employés de l'EECI l'appellent « le commissaire », tant sa rigueur est connue. De directeur du personnel, il devient directeur financier. Il tiendra dix ans les finances de l'EECI entre ses mains, et quand le poste de directeur général passera aux mains d'un Ivoirien, celui-ci demandera à André de rester auprès de lui en prolongeant sa mission au-delà de sa retraite, en rempart contre la coutume locale de considérer les caisses publiques comme trésor de guerre privé.

Ils resteront dix-huit ans à Abidjan, mais il en faudra dix à Éliane pour croire à la pérennité d'un tel ancrage et aux capacités de son mari à le faire durer.

Elle s'y fera cependant, elle en deviendra presque dépensière, de façon très raisonnable quand même. Surtout, en digne fille de Marion, elle orientera le surplus de la manne abidjanaise vers des investissements sérieux : un appartement en région parisienne, des studios à la montagne, une maison dans le midi pour préparer leur retraite.

Elle n'a plus besoin de travailler, mais on ne sait jamais de quoi l'avenir est fait, n'est-ce pas ? Et puis, définitivement, elle ne se contente pas d'une existence de femme oisive. Comme elle a pris goût à l'enseignement, elle y revient, d'abord dans un collège bas de gamme, car elle n'a toujours pas les diplômes requis pour entrer dans l'Éducation nationale (le gros de l'enseignement est assuré par des enseignants français en contrat de coopération).

Qu'à cela ne tienne, elle s'inscrit à l'université, passe sa licence, la clôt par un mémoire sur la violence dans la littérature américaine, elle est reçue avec mention et peut postuler à l'école Sainte-Marie, filiale de Sainte-Marie de Neuilly, dirigée par des religieuses d'un tiers ordre, d'une efficacité très protestante bien qu'elles soient catholiques. Elle est en plein accord avec l'ambiance maison et y donnera toute la mesure de son talent. Ses élèves, de petites Africaines venues souvent d'un village de brousse, parleront couramment anglais dès la quatrième et Éliane les emmènera rendre visite à Madame la femme de l'ambassadeur des États-Unis, en récompense.

Car Éliane fréquente maintenant le gratin abidjanais. À travers les réseaux d'André, son enseignement, la peinture à laquelle elle s'est remise, elle se constitue un groupe d'amies à son goût, dont certaines auront la bonne idée d'avoir des ambassadeurs pour maris. Et comme les ambassadeurs sont des gens curieux et aimables, ils sont séduits par la cordialité et la culture d'André... Les Duhamel, parmi leurs meilleurs amis de Tamatave, ont été nommés à Abidjan, les frères de Taizé qui ont en charge les paroisses protestantes d'Abidjan, ont des personnalités assez complexes pour attirer autant Éliane qu'André, et la paroisse de Cocody rassemble des familles de bons vivants sportifs et rigolards. De quoi séduire André, qui deviendra un pilier de leur club de volley-ball. Ils se constitueront ainsi plusieurs cercles amicaux qui leur feront, tout au long de leur séjour, un cortège chaleureux.

Leur villa étant située près du lycée, ils recevront en pension ou demi-pension, les enfants d'amis qui habitent loin. Ils hébergeront et soigneront les jeunes engagés du Peace Corps américain foudroyés par les maladies tropicales... leur maison sera toujours pleine.

Quand en 79, ils quittent Abidjan pour s'installer à Saint-Georges-d'Orques, à côté de Montpellier, ils ont de quoi se concocter une retraite de rêve : de l'argent, une maison ravissante, une grande part de leurs amis installés pas très loin, la proximité d'une ville universitaire... Leurs quatre enfants vivent plus au nord, mais les trains sont rapides. Les trois filles sont mariées, pas si mal en apparence, elles leur ont déjà donné cinq petits-enfants. François a trouvé un travail et un mode de vie compatible avec son allergie aux tâches bureaucratiques : il partage avec d'autres la propriété et l'animation d'un club de bridge au cœur de Paris.

Seulement maintenant, ils n'ont plus ni activités, ni enfants pour faire écran entre eux. Et Éliane compte bien que son mari, conservé de haute lutte à travers quarante années de tribulations conjugales, passera enfin du temps avec elle pour faire les courses, marcher dans la garrigue, dîner en tête à tête…

Mais André ne se laissera pas plus mettre en laisse maintenant qu'il y a quarante ans. Le comité départemental de la Croix-Rouge a besoin d'un financier compétent, il propose ses services. Il est en pleine santé, il a de l'énergie à revendre, sa générosité d'homme de gauche ne s'est pas trop sclérosée outre-mer. Maintenant qu'il a gagné assez d'argent pour finir ses jours confortablement et aider sa progéniture, il va mettre ses compétences au service de l'intérêt général.

Et puis cette Croix-Rouge est un panier de crabes, un peu de rigueur et d'honnêteté ne lui fera pas de mal. André s'amuse, Éliane ronge son frein. Elle peint de plus en plus, du travail d'amateur sans prétention mais agréable. Elle expose, vend même des toiles. Elle écrit, des romans pour enfants un peu sucrés, des poèmes pour petits, bien meilleurs car derrière les vers légers, les histoires cocasses, elle glisse ses peurs, ses angoisses, ses blessures.

Puis elle a une idée de génie : la mort de Marion lui laisse un modeste pécule avec lequel elle achète dans l'île d'Oléron un ensemble de petites maisons groupées autour d'un figuier, réplique charentaise de la concession africaine, un lieu de vacances semi-collectif parfait pour les familles de ses enfants, où elle réserve deux pièces pour elle et André. Il y a tout à réparer, ça occupera André, et pendant au moins deux mois chaque été, ils seront entourés de vie.

C'était bien joué, mais ça n'a pas suffi.

Aussitôt rentré à Saint-Georges, André repart à la Croix-Rouge, et en plus, quand il est à la maison, il a le culot de passer une partie de ses soirées devant la télévision, cette invention vulgaire où on ne voit que des catastrophes et des matchs de foot.

L'été 86, vers la fin des vacances, elle se découvre une boule au sein. Ils rentrent à Montpellier, c'est un cancer. Il fallait au moins ça pour lui ramener son mari. André ne peut que démissionner de la présidence de la Croix-Rouge pour s'occuper d'elle.

Pendant l'année où elle sera soignée, il est très présent et inquiet, puis elle guérit. Il trouve un autre exutoire « Le pain de l'espoir », sans doute aussi une femme plus compréhensive que la sienne, mais elle ne s'en doute même pas. Petit à petit, à mesure que sa vitalité s'amenuise, ses qualités d'inventivité s'érodent. Ses peurs et ses frustrations, ressassées en boucle, lui rongent le ventre, elle n'est plus qu'amertume.

Quoi qu'elle invente, André lui échappe. Elle ne peut plus refaire un cancer, trop risqué, alors elle plonge dans la dépression, se déclare malade des nerfs, se bourre d'anxiolytiques et de somnifères à des doses de plus en plus massives. Elle ne supporte plus le moindre bruit, la moindre contrariété, la moindre visite… toute la maison doit être organisée autour de sa souffrance, sinon elle hurle et se roule par terre de rage. Elle n'a plus aucune décence ni aucune retenue.

André, prisonnier de son rôle de protecteur, se plie à ses exigences. Accepte la maladie des nerfs, c'est moins déroutant qu'une dépression, ça soulève moins de questions. André n'aime pas remuer la vase de l'inconscient. Il l'emmène consulter des tas de médecins, mais il commence à craindre d'être asservi jusqu'à la fin de ses jours à un zombi terroriste.

Fin 1992, après deux ans de soumission au mal-être de sa femme, c'est lui qui se sent brusquement fatigué. Un mois plus tard on détecte un cancer du poumon, il fait semblant de se battre, il met ses affaires en ordre. Il rassemble ses enfants autour de lui pour son soixante-dix-huitième anniversaire, il commande du foie gras, des tournedos à la moelle et du Pomerol 1975. Son sourire est celui d'un homme qui s'en va. Un mois plus tard, alors que nous sommes descendus le voir pour le week-end de la Pentecôte, il fait une embolie pulmonaire. Le soir il est mort. De nouveau, il a filé ailleurs, mais cette fois définitivement.

Éliane s'organise un moment pour vivre seule, elle semble s'adapter, puis son col du fémur se brise spontanément, on l'opère et on détecte une floraison soudaine de métastases osseuses. Elle est de plus en plus faible, elle parle enfin avec douceur de ce qu'ils ont fait, André et elle, pour aménager cette maison qu'elle aime, mais jamais elle n'oublie de rappeler qu'il l'a plusieurs fois abandonnée. Jamais non plus il ne lui vient à l'esprit que ses envies à lui étaient légitimes. C'est toujours André, même mort, qui a tort.

Elle ne lui survivra qu'un an, mourant sans doute de son absence à lui.

53

Chambourcy 2012

Il faut sans doute un certain temps de vie pour cesser de se battre contre sa mère, pour que nous quitte le mirage de vouloir exister par nous-mêmes et nous vienne l'humilité de reconnaître comme nôtre ce qu'elle nous a transmis, et les autres avant elle. C'est le cadeau de ce long travail à pister ce qui fit de Charlotte, de Marion et d'Éliane ce qu'elles ont été.

Je partais dans cette quête avec l'espoir qu'à exhumer de vieilles souffrances, ma hargne fondrait de compassion. C'est pratique, la compassion, ça donne un plaisant sentiment de supériorité. Mes aïeules ont dû bien rire de ma prétention. Elle allait voir, la petite dernière, de quel métal elles étaient forgées ! Quand, épatée par ma récolte, je me suis mise à raconter autour de moi la pauvreté de Fresnoy, Ostervolde, Chicago, Hinsdale, Printania, Western College, Marcelle Auclair… j'ai vu les regards s'allumer. Les petites filles blessées de ma lignée sont peut-être des emmerdeuses, mais quand la vie les malmène, elles ne se couchent pas pour gémir, elles se cabrent et partent en guerre.

En 1874, à la mort de Charles Delinotte, la société française ne concevait, pour les femmes de la modeste bourgeoisie provinciale, qu'un destin d'épouse et de mère. Mais son père avait investi Charlotte d'une autre ambition. Elle ne l'a jamais remisée. Quand Éliane passe son bac en 1932, seuls 2,5 % de Français sont bacheliers, parmi les candidats les filles ne représentent qu'un quart, et dans ce quart celles qui font des maths seulement 13 %. Et elle ne veut pas s'arrêter là. C'est à leur acharnement que je dois ma liberté.

Et beaucoup plus. Il m'a fallu entrer dans ce récit pas à pas pour découvrir derrière les errances de Charlotte, les rides amères d'Éliane ou le front buté de Marion, bien plus qu'une histoire, une identité.

Bien sûr demeure la blessure : « *Je suis de ceux qui ne sont rien* », écrit lucidement Charlotte, « *mais le cœur me bat tout de même* », ajoute-t-elle rageuse. Ainsi sommes-nous toutes les quatre.

Toutes les quatre aussi, pour parer notre vacuité, nous sommes drapées dans le protestantisme de Charles. Tout autant que de foi, il nous sert de distinction, façon Bourdieu. Même moi qui ne mets plus les pieds dans un temple, j'en éprouve toujours la fierté.

Nous n'avons pas de racines terriennes. En rompant avec le catholicisme, Charles a coupé les ponts avec Noyer-sur-Serein. Charlotte ne s'est jamais fixée longtemps quelque part. Le Printania de Marion a été détruit, Éliane suivra, malgré elle, l'humeur vagabonde d'André, et j'ai changé neuf fois de demeure en quarante ans. Comme les juifs nous portons nos racines avec nous dans le tabernacle de nos souvenirs d'enfance.

C'est peut-être ce qui nous fait écrire. Surtout notre histoire, plus ou moins habillée de fiction. Même Marion, qui se pensait peu douée, n'a pas résisté à la tentation de noter soigneusement, sur cent soixante-dix pages, tous les événements de sa vie. C'est notre système de transmission. Et puis il faut bien faire savoir aux suivantes que nous ne sommes pas des femmes ordinaires. Pas d'odalisque ou de servante dans la lignée. Les filles de chez nous sont toutes éduquées et enjointes de faire reconnaître leurs talents par la société, au prix d'épuisantes batailles.

Alors, bien sûr notre relation avec les hommes n'est pas facile. Un soldat, même femelle, n'est pas vraiment une femme. Le droit à l'amour, pas plus que la clef de la séduction, ne pouvait me venir de cette lignée. Mais elles m'ont aussi appris, ces femmes insupportables, que ce qui semble inaccessible peut se conquérir avec beaucoup d'efforts. J'ai donc droit à l'amour à condition de le mériter, de la seule façon qui m'ait été transmise, en m'agitant dans tous les sens.

Ainsi sommes-nous tissés d'un écheveau de fibres, certaines filées bien avant nous, certaines tordues en route, d'autres nées avec nous, et derrière nous l'écheveau continuera sa route. Chacun se construit avec et contre son héritage, y introduit sa propre marque, déformant lentement l'empreinte première, passant le nouveau trophée à celui d'après.

Qu'ai-je pu, qu'ai-je su léguer à mon tour à mes enfants ? Quel genre de femmes peuvent être mes filles avec une mère tellement raidie dans son rôle de petit soldat ? Savent-elles se laisser aller sur une épaule de temps en temps ? Et mon fils ? Que c'est difficile d'élever un fils, de s'empêcher de le serrer trop contre soi ! Comment m'en suis-je sortie ?

Maladroitement, bien sûr, comme les autres avant moi, mais le temps et le métissage ont fini par briser le moule. Mes enfants ne se sentent pas protestants, ils n'ont pas fréquenté l'école du dimanche. Notre protestantisme était sans doute de trop fraîche date pour s'ancrer. Aucun n'a éprouvé le désir de faire quatre enfants. Mes filles n'ont pas eu besoin de se marier pour se sentir honorables, et si l'une d'elles écrit, ce ne sont pas des souvenirs. Tous par contre ont un métier passion, choisi et revendiqué. Cette part de l'héritage était notre flambeau, pas question de le laisser s'éteindre. D'autant qu'il s'accordait avec les ambitions de leur père.

Quatre générations c'est peut-être le temps qu'il faut pour remanier une empreinte et clore une lignée. Seulement, pour me tenir tête, il fallait une détermination au moins aussi forte que la mienne, et mes enfants ont grandi entre ces deux tensions. Ils ont peut-être eu une mère un peu moins frustrée, mais ils ont aussi eu un père plus exigeant, dont parfois l'exigence s'ajoutait à celle de leur mère.

Cet héritage-là n'est peut-être pas plus facile à assumer pour eux que celui de Charlotte. Ce sera leur affaire, ils ouvrent un autre cycle.

Histoires de vie
aux éditions L'Harmattan

Dernières parutions

UNE PAROLE ARRACHÉE AU SILENCE
Vivre la paralysie cérébrale
Bourque Jean-Eudes
Atteint dès sa naissance de paralysie cérébrale, Jean-Eudes Bourque a été dépendant des autres pour tous ses soins quotidiens. Profondément croyant, il a assisté en 1974, à l'âge de 28 ans, à une retraite prêchée par Jean Vanier, fondateur de l'Arche. Ce fut un tournant dans sa vie. Il découvre qu'il a des choses à dire. A partir de ce moment, il écrit son journal, aidé de nombreux bénévoles. Voici le témoignage unique d'un être qui a su s'accomplir en dépit des obstacles.
(Coll. Histoire de vie et formation, 22.00 euros, 204 p.)
ISBN : 978-2-343-03781-3, ISBN EBOOK : 978-2-336-35869-7

SENS (LE)DE L'EXPÉRIENCE DANS L'HISTOIRE DE VIE
L'ouverture à l'historialité
Honoré Bernard - Préface de Gaston Pineau
En se référant à la manière dont sa propre expérience s'est mobilisée pour une donation de sens à quelques moments de son histoire, Bernard Honoré expose une approche « expérientielle » de l'histoire de vie dans le courant de recherche sur l'autoformation. Dans cette perspective, l'histoire de vie est considérée comme histoire du sens de l'expérience. L'autoformation est alors comprise comme dévoilement de notre « historialité » nous ouvrant aux possibles dont nous héritons du passé dans une réplique tournée vers l'avenir.
(Coll. Histoire de vie et formation, 22.00 euros, 224 p.)
ISBN : 978-2-343-04452-1, ISBN EBOOK : 978-2-336-35896-3

DIRIGINDO-SE AQUELE QUE É
Crônicas de um Convite à Vida (Volume 4)
Trubert Yvonne
Dirigindo-se Àquele que é constitui o quarto volume das entrevistas que Yvonne Trubert concedeu ao Livre d'IVI, revista da associação Convite à Vida. Através de temas tais como a Saúde, a Água, a Peregrinação, a Paz interior e o Voluntariado, ela propõe a cada pessoa, elementos de reflexão consagrados tanto às mais cotidianas das preocupações, quanto às mais sutis das questões sobre o destino do homem e seu lugar no cosmos. (Ouvrage en portugais.)
(14.50 euros, 136 p.)
ISBN : 978-2-343-04479-8, ISBN EBOOK : 978-2-336-35728-7

NA FONTE DE MARIA
Crônicas de um Convite à Vida (Volume 5)
Trubert Yvonne
Na fonte de Maria constitui o quinto volume das entrevistas concedidas por Yvonne trubert ao Livre d'IVI, revista da associaçao Convite à Vida. Através de temas como a maternidade, a educaçao, as provas, a sabedoria e Maria, Mae de Cristo e da humanidade, Yvonne Trubert propoe a cada um elementos de reflexao consagrados tanto as mais cotidianas das preocupaçoes, quanto às questoes mais sutis sobre o destino do homem e sobre o seu lugar no cosmos. (Ouvrage en portugais.)
(14.50 euros, 138 p.)
ISBN : 978-2-343-04480-4, ISBN EBOOK : 978-2-336-35736-2

JOVENS COM ESPERANÇA
Crônicas de um Convite à Vida (Volume 6)
Trubert Yvonne
Jovens com esperança constitui o sexto volume das entrevistas concedidas por Yvonne Trubert ao Livre d'IVI. Através de temas tais como a comunicação, os jovens, as raízes terrestres, as origens celestes e a inteligência, Yvone Trubert propõe seguir um caminho de transformação interior. Convidando-nos a um encontro com nós mesmos e com os outros, ela nos incita à conversão, isto é, a uma mudança de estado de espírito, para que o amor e a alegria se tornem os sinais externos da fé. (Ouvrage en portugais.)
(14.50 euros, 142 p.)
ISBN : 978-2-343-04481-1, ISBN EBOOK : 978-2-336-35729-4

A VOZ DA ALMA
Crônicas de um Convite à Vida (Volume 7)
Trubert Yvonne
A Voz da alma constitui o sétimo volume das entrevistas concedidas por Yvonne Trubert ao Livre d'IVI, revista da associação Convite à Vida. Através de temas como O Trabalho da terra, O Pai, O Sonho, O Antigo Testamento, "Amai-vos uns aos outros", As Prisões, Defeitos e Virtudes, Yvonne Trubert propõe que sigamos um caminho de transformação interior. (Ouvrage en portugais).
(14.50 euros, 144 p.)
ISBN : 978-2-343-04583-2, ISBN EBOOK : 978-2-336-35844-4

DISCÍPULOS DO SER VIVO
Crônicas de um Convite à Vida (Volume 8)
Trubert Yvonne
Discípulos do Ser Vivo constitui o oitavo volume das entrevistas concedidas por Yvonne Trubert ao Livre d'IVI, revista da associação Convite à Vida. Através de temas tais como o Corpo, O Retorno de Cristo, O Invisível, Servir, A Transformação, A Morte, O Trabalho, Os Deficientes, O Tempo, Yvonne Trubert propõe que sigamos um caminho de transformação interior. Convidando-nos a um encontro com nós mesmos e com os outros. (Ouvrage en portugais).
(14.50 euros, 144 p.)
ISBN : 978-2-343-04584-9, ISBN EBOOK : 978-2-336-35846-8

DES SOLITUDES
Coordonné par Maudy Piot (Association Femmes pour le Dire Femmes pour Agir)
La solitude peut être choisie, convoitée, subie, imposée. Ce n'est donc pas un phénomène, une situation univoques. Que faire de sa solitude ? Pour la prisonnière, en faire un refuge, une « chambre à soi » ? Pour celle qui a perdu son fils, une épreuve d'où l'on ne sort pas indemne ? Pour celle qui a subi des violences sexuelles, la porte d'un exil bienfaisant ? Et la solitude de la personne handicapée ? Est-elle seulement subie. Ne peut-elle être, parfois, un tremplin vers un autre espace de liberté ?
(19.00 euros, 190 p.)
ISBN : 978-2-336-00390-0, ISBN EBOOK : 978-2-296-50997-9

ANECDOTES D'UN MACHINISTE PARISIEN
Desmet Georges
A travers les observations des faits et gestes et réactions des nombreux usagers des lignes d'autobus, desservies sur l'ensemble du réseau de la RATP, l'auteur nous fait découvrir à sa façon la place et le rôle important joué par le machiniste. Il raconte les anecdotes de son parcours professionnel et du quotidien d'un chauffeur de bus dans l'exercice de ses fonctions.
(12.00 euros, 102 p.)
ISBN : 978-2-296-99296-2, ISBN EBOOK : 978-2-296-50834-7

ROSES (LES) S'ADOSSENT AU MUR – Sagesse pour quand c'est dur
Frank Evelyne
Il est dans l'existence des heures difficiles, alors même que le destin, à ce moment-là, ne frappe pas. Il s'agit de l'usure du quotidien : se lever le matin sans amertume, gérer son argent, assumer

une solitude non choisie, habiter sa demeure et son corps faire de ses vacances un temps favorable. Écrit au féminin avec la certitude que les hommes sauront traduire, jouant du christianisme comme d'un violon avec l'espoir que ceux qui en sont loin n'en auront pas les oreilles agacées, cet ouvrage, optant résolument pour la simplicité et la beauté, tente quelques pas dans cette direction. Car la vie appelle !
(14.00 euros, 136 p.)
ISBN : 978-2-296-99791-2, ISBN EBOOK : 978-2-296-50898-9

HISTOIRES DE NUITS AU COURS DE LA VIE
Coordonné par Martine Lany-Bayle, Gaston Pineau et Catherine Schmutz-Brun - Préface d'André de Peretti
La qualité de nos nuits marque celle de nos jours et inversement, en quoi celles-ci interviennent elles aussi dans notre rapport à la formation. Entre la nuit des savoirs et les savoirs de la nuit, la nuit au cours des âges et des usages, cet ouvrage nous sensibilise ainsi, par un voyage de l'autre côté de la lumière, à ce qui constitue le point obscur de nos histoires comme de nos vies.
(Coll. Histoire de vie et formation, 36.50 euros, 354 p.)
ISBN : 978-2-336-00371-9, ISBN EBOOK : 978-2-296-50795-1

D/S – Les jeux de la soumission et de la domination
Richard Jacques, Maîtresse Léïa
À les croiser dans la rue, ce serait impossible à deviner. C'est entre les murs protecteurs des donjons et autres salles sombres, dans l'intimité de leur relation avec leurs soumis, que ces femmes endossent au mieux leur identité : celle de maîtresses dominatrices. Les auteurs nous abandonnent aux mains expertes de Maîtresse Amazone afin qu'elle nous guide à la rencontre de plusieurs de ces maîtresses femmes, lors d'une soirée privée en Belgique...
(20.00 euros)
ISBN : 978-2-296-57475-5

SOUS LE CIEL DE TA PEAU
Labonde Frédéric
Un nouveau-né, son nombril : sa première cicatrice... Des femmes, des hommes, leurs corps, leur chair refermée... La cicatrice : souffrance physique, souffrance psychique. Que dissimule cette ouverture vers l'intérieur ? Le corps serait-il le miroir de nos peurs ? *Sous le ciel de ta peau* est un travail de recherche sur le corps abîmé et les blessures de l'âme. Un essai audiovisuel composé de témoignages, textes, tatouages graphiques et installations.
(20.00 euros)
ISBN : 978-2-336-00756-4

ITINÉRAIRE D'UNE BIBLIOTHÉCAIRE
Petit Catherine, Bosshardt Martine
Préambule de Gérard Mordillat ; Préface d'Edith Chabot
Cet entretien biographique entre deux amies permet de parcourir le chemin professionnel d'une bibliothécaire, depuis la responsabilité d'une petite bibliothèque de banlieue jusqu'à la rénovation de "la plus grande", en passant par la vulgarisation de fonds scientifiques. Au fur et à mesure du récit de vie, se déploie l'histoire des médias, depuis le livre jusqu'au document en ligne.
(Coll. Histoire de vie et formation, 29.00 euros, 286 p.)
ISBN : 978-2-296-96200-2

PAS TOUT FACILE LA VIE
Des clowns chez Emmaüs
Dewerdt-Ogil Jacqueline
Préface d'Anne Saingier, postface de Monserrat González Parera
Pas n'importe quels clowns. Clown-analyste, clown-formateur, tels sont les titres de celui qui embarque l'auteur vers dix années d'une aventure exceptionnelle avec « La Bande à Léon », troupe de clowns composée de compagnons d'Emmaüs. Sous forme de journaux croisés, l'auteur nous fait partager les bonheurs et les tourments qu'elle a vécus au sein de la troupe. Les portraits de

ces hommes que la vie a poussés en marge de la société nous font toucher du doigt la fragilité des destins individuels, mais aussi la force de la création collective.
(Coll. Histoire de vie et formation, 23.00 euros, 234 p.)
ISBN : 978-2-296-96215-6

RENDEZ-VOUS EN GALILÉE
Journal de voyage à vélo – Tours-Galilée
Pineau Gaston
Préface d'Eloi Leclerc ; postface de Pierre Dominicé
Rendez-vous en Galilée affiche une invitation quasi confidentielle à se rendre en Galilée. Par son lieu, la Galilée, qui peut être prise au propre et au figuré ; et par sa promesse, absolument inédite historiquement, de rencontrer un revenant d'outre-tombe, un ressuscité. Ce journal raconte ce double voyage, vers cette Galilée géographique et personnelle, à travers une Méditerranée, elle-même carrefour très explosif de cultures.
(24.00 euros, 238 p.)
ISBN : 978-2-296-96945-2

12 (LES) ENFANTS DU RABBIN
Bitton Yaël
Les *12 enfants du Rabbin* raconte l'émigration d'une famille juive du Maroc. En 1963, le père, les grands-parents et les 11 oncles et tantes de Yaël Bitton ont tous quitté Marrakech ; ils vivent aujourd'hui dispersés à travers le monde : en Israël, aux USA et en Suisse. À travers des récits croisés, Yaël Bitton questionne les circonstances de cette émigration et ses conséquences sur cette famille ainsi que toute une génération de Juifs marocains.
(20.00 euros)
ISBN : 978-2-296-13510-9

L'HARMATTAN ITALIA
Via Degli Artisti 15; 10124 Torino

L'HARMATTAN HONGRIE
Könyvesbolt ; Kossuth L. u. 14-16
1053 Budapest

L'HARMATTAN KINSHASA
185, avenue Nyangwe
Commune de Lingwala
Kinshasa, R.D. Congo
(00243) 998697603 ou (00243) 999229662

L'HARMATTAN CONGO
67, av. E. P. Lumumba
Bât. – Congo Pharmacie (Bib. Nat.)
BP2874 Brazzaville
harmattan.congo@yahoo.fr

L'HARMATTAN GUINÉE
Almamya Rue KA 028, en face
du restaurant Le Cèdre
OKB agency BP 3470 Conakry
(00224) 657 20 85 08 / 664 28 91 96
harmattanguinee@yahoo.fr

L'HARMATTAN MALI
Rue 73, Porte 536, Niamakoro,
Cité Unicef, Bamako
Tél. 00 (223) 20205724 / +(223) 76378082
poudiougopaul@yahoo.fr
pp.harmattan@gmail.com

L'HARMATTAN CAMEROUN
BP 11486
Face à la SNI, immeuble Don Bosco
Yaoundé
(00237) 99 76 61 66
harmattancam@yahoo.fr

L'HARMATTAN CÔTE D'IVOIRE
Résidence Karl / cité des arts
Abidjan-Cocody 03 BP 1588 Abidjan 03
(00225) 05 77 87 31
etien_nda@yahoo.fr

L'HARMATTAN BURKINA
Penou Achille Some
Ouagadougou
(+226) 70 26 88 27

L'HARMATTAN SÉNÉGAL
10 VDN en face Mermoz, après le pont de Fann
BP 45034 Dakar Fann
33 825 98 58 / 33 860 9858
senharmattan@gmail.com / senlibraire@gmail.com
www.harmattansenegal.com

L'HARMATTAN BÉNIN
ISOR-BENIN
01 BP 359 COTONOU-RP
Quartier Gbèdjromèdé,
Rue Agbélenco, Lot 1247 I
Tél : 00 229 21 32 53 79
christian_dablaka123@yahoo.fr

656853 - Mai 2016
Achevé d'imprimer par